浙江文化名人传记精选修订丛书

原 主 编：万 斌

执行主编：卢敦基

真三不朽

王守仁新传

钱明 著

浙江人民出版社

图书在版编目（CIP）数据

真三不朽 ：王守仁新传 / 钱明著. -- 杭州 ： 浙江
人民出版社，2025. 1. -- ISBN 978-7-213-11831-9

Ⅰ. B248. 2

中国国家版本馆CIP数据核字第20257EE779号

真三不朽：王守仁新传

ZHEN SAN BUXIU WANG SHOUREN XINZHUAN

钱　明　著

出版发行：浙江人民出版社(杭州市环城北路177号　邮编　310006)

市场部电话：(0571)85061682　85176516

责任编辑：陶辰悦　　　　　　　助理编辑：王易天晓

责任校对：陈　春　　　　　　　责任印务：程　琳

封面设计：王　芸

电脑制版：杭州天一图文制作有限公司

印　　刷：浙江新华数码印务有限公司

开　　本：710毫米×1000毫米　1/16　　印　　张：18.5

字　　数：281千字　　　　　　　插　　页：6

版　　次：2025年1月第1版　　　印　　次：2025年1月第1次印刷

书　　号：ISBN 978-7-213-11831-9

定　　价：72.00元

如发现印装质量问题,影响阅读,请与市场部联系调换。

图 1　日本阳明学者诸桥辙次1921年7月1日摄于余姚龙泉山"二王祠"的"王阳明封新建伯塑像"

图 2 竖立于绍兴市越城区阳明广场的 "王阳明先生雕像"，由中央美术学院雕塑系原主任孙伟教授创作于 2022 年，青铜材质，高 5 米

图3　2020年6月摄于绍兴越城区王阳明故居"伯府第"遗址挖掘现场

图4　修复后的王阳明故居内景照，2022年10月摄于绍兴

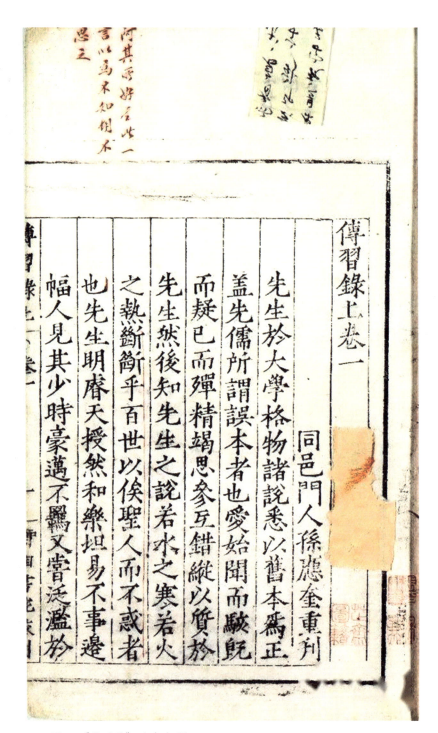

图5 《传习录》古本书影

图 6　浙江古籍出版社 2010 年版《王阳明全集》（新编本）书影

图7　日本阳明学者诸桥辙次1921年7月3日摄于绍兴兰亭鲜虾山南坡王阳明墓前

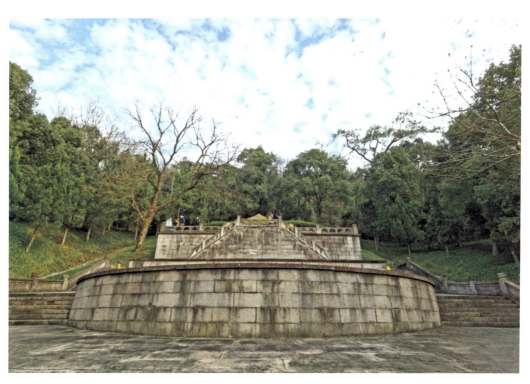

图8 2023年1月9日摄于绍兴兰亭王阳明墓前

"浙江文化研究工程成果文库" 总序

  有人将文化比作一条来自老祖宗而又流向未来的河，这是说文化的传统，通过纵向传承和横向传递，生生不息地影响和引领着人们的生存与发展；有人说文化是人类的思想、智慧、信仰、情感和生活的载体、方式和方法，这是将文化作为人们代代相传的生活方式的整体。我们说，文化为群体生活提供规范、方式与环境，文化通过传承为社会进步发挥基础作用，文化会促进或制约经济乃至整个社会的发展。文化的力量，已经深深熔铸在民族的生命力、创造力和凝聚力之中。

  在人类文化演化的进程中，各种文化都在其内部生成众多的元素、层次与类型，由此决定了文化的多样性与复杂性。

  中国文化的博大精深，来源于其内部生成的多姿多彩；中国文化的历久弥新，取决于其变迁过程中各种元素、层次、类型在内容和结构上通过碰撞、解构、融合而产生的革故鼎新的强大动力。

  中国土地广袤、疆域辽阔，不同区域间因自然环境、经济环境、社会环境等诸多方面的差异，建构了不同的区域文化。区域文化如同百川归海，共同汇聚成中国文化的大传统，这种大传统如同春风化雨，渗透于各种区域文化之中。在这个过程中，区域文化如同清溪山泉潺潺不息，在中国文化的共同价值取向下，以自己的独特个性支撑着、引领着本地经济社会的发展。

  从区域文化入手，对一地文化的历史与现状展开全面、系统、扎实、有序的研究，一方面可以借此梳理和弘扬当地的历史传统和文化资源，繁荣和丰富当代的先进文化建设活动，规划和指导未来的文化发展蓝图，增强文化软实力，为全面建设小康社会、加快推进社会主义现代化提供思想保证、精神动力、智力支持和舆论力量；另一方面，这也是深入了解中国文化、研究中国文化、发展中国文化、创新中国文化的重要途径之一。如今，区域文化研究日益受到各地重视，成为我国文化研究走向深入的一个重要标志。我们今天实施浙江文化研究工程，其目的和意义也在于此。

千百年来，浙江人民积淀和传承了一个底蕴深厚的文化传统。这种文化传统的独特性，正在于它令人惊叹的富于创造力的智慧和力量。

浙江文化中富于创造力的基因，早早地出现在其历史的源头。在浙江新石器时代最为著名的跨湖桥、河姆渡、马家浜和良渚的考古文化中，浙江先民们都以不同凡响的作为，在中华民族的文明之源留下了创造和进步的印记。

浙江人民在与时俱进的历史轨迹上一路走来，秉承富于创造力的文化传统，这深深地融汇在一代代浙江人民的血液中，体现在浙江人民的行为上，也在浙江历史上众多杰出人物身上得到充分展示。从大禹的因势利导、敬业治水，到勾践的卧薪尝胆、励精图治；从钱氏的保境安民、纳土归宋，到胡则的为官一任、造福一方；从岳飞、于谦的精忠报国、清白一生，到方孝孺、张苍水的刚正不阿、以身殉国；从沈括的博学多识、精研深究，到竺可桢的科学救国、求是一生；无论是陈亮、叶适的经世致用，还是黄宗羲的工商皆本；无论是王充、王阳明的批判、自觉，还是龚自珍、蔡元培的开明、开放，等等，都展示了浙江深厚的文化底蕴，凝聚了浙江人民求真务实的创造精神。

代代相传的文化创造的作为和精神，从观念、态度、行为方式和价值取向上，孕育、形成和发展了渊源有自的浙江地域文化传统和与时俱进的浙江文化精神，她滋育着浙江的生命力、催生着浙江的凝聚力、激发着浙江的创造力、培植着浙江的竞争力，激励着浙江人民永不自满、永不停息，在各个不同的历史时期不断地超越自我、创业奋进。

悠久深厚、意韵丰富的浙江文化传统，是历史赐予我们的宝贵财富，也是我们开拓未来的丰富资源和不竭动力。党的十六大以来推进浙江新发展的实践，使我们越来越深刻地认识到，与国家实施改革开放大政方针相伴随的浙江经济社会持续快速健康发展的深层原因，就在于浙江深厚的文化底蕴和文化传统与当今时代精神的有机结合，就在于发展先进生产力与发展先进文化的有机结合。今后一个时期浙江能否在全面建设小康社会、加快社会主义现代化建设进程中继续走在前列，很大程度上取决于我们对文化力量的深刻认识、对发展先进文化的高度自觉和对加快建设文化大省的工作力度。我们应该看到，文化的力量最终可以转化为物质的力量，文化的软实力最终可以转化为经济的硬实力。文化要素是综合竞争力的核心要素，文化资源是经济社会发展的重要资源，文化素质是领导者和劳动者的首要素质。因此，研究浙江文化的历史与现状，增强文化软实力，为浙江的现代化建设服务，是浙江人民的共同事业，也是浙江各级党委、政府的重要使命和责任。

2005年7月召开的中共浙江省委十一届八次全会，作出《关于加快建设文化大省的决定》，提出要从增强先进文化凝聚力、解放和发展生产力、增强社会公共服务能力入手，大力实施文明素质工程、文化精品工程、文化研究工程、文化保护工程、文化产业促进工程、文化阵地工程、文化传播工程、文化人才工程等"八项工程"，实施科教兴国和人才强国战略，加快建设教育、科技、卫生、体育等"四个强省"。作为文化建设"八项工程"之一的文化研究工程，其任务就是系统研究浙江文化的历史成就和当代发展，深入挖掘浙江文化底蕴、研究浙江现象、总结浙江经验、指导浙江未来的发展。

浙江文化研究工程将重点研究"今、古、人、文"四个方面，即围绕浙江当代发展问题研究、浙江历史文化专题研究、浙江名人研究、浙江历史文献整理四大板块，开展系统研究，出版系列丛书。在研究内容上，深入挖掘浙江文化底蕴，系统梳理和分析浙江历史文化的内部结构、变化规律和地域特色，坚持和发展浙江精神；研究浙江文化与其他地域文化的异同，厘清浙江文化在中国文化中的地位和相互影响的关系；围绕浙江生动的当代实践，深入解读浙江现象，总结浙江经验，指导浙江发展。在研究力量上，通过课题组织、出版资助、重点研究基地建设、加强省内外大院名校合作、整合各地各部门力量等途径，形成上下联动、学界互动的整体合力。在成果运用上，注重研究成果的学术价值和应用价值，充分发挥其认识世界、传承文明、创新理论、咨政育人、服务社会的重要作用。

我们希望通过实施浙江文化研究工程，努力用浙江历史教育浙江人民、用浙江文化熏陶浙江人民、用浙江精神鼓舞浙江人民、用浙江经验引领浙江人民，进一步激发浙江人民的无穷智慧和伟大创造能力，推动浙江实现又快又好发展。

今天，我们踏着来自历史的河流，受着一方百姓的期许，理应负起使命，至诚奉献，让我们的文化绵延不绝，让我们的创造生生不息。

2006 年 5 月 30 日于杭州

目
录

第一章 人文世家

王守仁是闻名遐迩的中国古代大哲学家。与中外著名哲学思想家相比，他的一生显得相当不平凡。作为哲学家，他固然有过龙场悟道之类的哲学沉思，但这种沉思并非完成于宁静安逸的书斋，而更多的是以居夷处困、动心忍性、生死拷问等政治磨难为背景，以军事韬略、社会治理、觉民救世等人生历练为积淀，以游学交友、赋诗作画、音乐戏曲等人文激情为媒介。从早年对宗教、道德的哲学遐想，到中年对社会、政治的哲学沉思，再到晚年对人生、宇宙的哲学总结，王守仁的哲学关怀与其曲折的人生旅程处处融合在一起，其为人、为学与为道，治人、治军与治世，则相应地展开为一个统一的过程。这种哲学历程，在中国古代哲人身上虽然或多或少地都会有所体现，但在王守仁那里表现得最为显著、最具豪气、最有成效。诚如明代关学大师冯从吾所言：

> 王文成之学，其得失正不相妨。其得处在"致良知"三字，直指圣学真脉，且大撤晚宋以来学术支离之障。晚宋儒者徒知文公（朱熹）著述之多，而不知其非有意于立言也，往往抛却自家心性……自良知之说行，而人始知"个个人心有仲尼"，不专在著述多寡。①

王守仁的学生应良、好友林俊以及再传弟子赵志皋的评语也颇有代表性：

---

① 刘学智、孙学功点校整理：《冯从吾集》，西北大学出版社2015年版，第304页。

> 我阳明先生反躬力学，伟然一代儒宗，斩伐荒榛，开辟塞路，明孔孟之道，以淑其身，而与海内有志者共焉，此公余波所及，泽未易量也。[①]

> 都宪[②]公阳明擒王功，世其伯爵，玉带麟袍，丹书铁券，书生之极也。[③]

> 夫自良知倡教，启悟指迷，洞揭道体，为万世宗。[④]

因此，晚明儒者祝世禄与清初儒者王士祯曾分别概括道：

> 王新建[⑤]在事业有佐命之功，在学问有革命之功。盖支离之说，浸灌入人心髓久矣，非有开天辟地大神力、大光明，必不能为吾道转此法轮。[⑥]

> 王文成公[⑦]为明第一流人物，立德、立功、立言皆居绝顶。[⑧]

但王士祯所祭出的"三不朽"[⑨]大旗，其实最早为康熙皇帝的意思，也是当时知

---

① 〔明〕应良：《寿大冢宰王公序》，载〔清〕王寿颐修，王棻等纂：《仙居县志》附《仙居集》卷九《文内编（赠序）》，清光绪二十年刊刻。此序名为王华祝寿，实为吹捧王守仁。

② 王守仁在正德十一年（1516）九月以都察院左佥都御史巡抚南、赣，都御史别称"都宪"。

③ 〔明〕林俊：《见素集》卷十一《祭上宰王海日公》，载《景印文渊阁四库全书》第1257册，台湾商务印书馆1983年版，第2页。

④ 〔明〕赵志皋：《明处士钱二绪君墓志铭》，载夏勇点校：《赵志皋集》，浙江古籍出版社2012年版，第107页。

⑤ 王阳明正德十六年（1521）被封"新建伯"，故称王新建。也许是巧合，王守仁建立功勋的南昌附近有个建于宋代的新建县，两者之间似无关联。

⑥ 沈善洪主编，夏瑰琦、洪波校点：《黄宗羲全集》第8册，浙江古籍出版社1992年版，第110页。

⑦ 王守仁于隆庆元年（1567）五月诏赠新建侯，谥"文成"，故称"王文成"。

⑧ 〔明〕王士祯撰，勒斯仁点校：《池北偶谈》，中华书局1982年版，第122页。清儒朱彝尊亦云："新建勋业、气节、文章，皆可甲世，特多讲学一事，谗言惟兴。"（〔清〕朱彝尊著，姚祖恩编，黄君坦校点：《静志居诗话》，人民文学出版社1990年版，第249页）所谓勋业、气节、文章，大致可对应立功、立德、立言。气节有政治气节和个人气节之分，后者即节操，可对应立德。时人常有对王守仁气节提出批判者，其中既有指政治气节的，又有指个人气节的，也有两者皆有的。

⑨ "三不朽"一词出自《左传·襄公十四年》，叔孙豹说他听古人说过："太上有立德，其次有立功，其次有立言。"

识界多数人的共识。所以王士祯接着又说：

> 康熙中，开明史馆，秉笔者訾太甚，亡友叶文敏（方蔼）时为总裁，予与之辩论，反复至于再四。二十二年四月，上宣谕汤侍读荆岘（斌），令进所著诗文，且蒙召对。中有《王守仁论》一篇，上阅之，问汤意云何？汤因对以守仁致良知之说，与朱子不相刺谬，且言守仁直节丰功，不独理学。上首肯曰："朕意亦如此。"睿鉴公明，远出流俗之外，史馆从此其有定论乎！①

同时，王士祯还在《赣州谒王文成公祠》诗中云：

> 新建当年此誓师，森然松柏见灵祠。军声不藉条侯壁，筹策唯应汉相知。万古许孙同庙食，一时张桂太倾危。后来论定烦青史，岘首犹存堕泪碑。②

他将王守仁与历史上的名臣周亚夫、诸葛亮、羊祜相类比，大赞其匡扶社稷、安抚百姓之功。后清人王梓（字琴伯，邵阳人，官崇宁县知县）编王守仁著作，"取明王守仁著述分类编辑，以讲学者为立德，以论事者为立功，以诗文为立言。立德编摘述传习录及文录；立功编载奏疏、咨文、行牒、批呈、告谕；立言编载古今体诗、杂文，末附年谱"，名《三立编》，凡十二卷。③后来余姚建严光、王守仁、黄宗羲、朱舜水"四碑亭"，其中王守仁碑亭的碑文是"明先贤王阳明故里"，楹联是"曾将大学垂名教，尚有高楼揭瑞云"，横额为"真三不朽"，此四字系清道光十二年（1832）所刻。同治五年（1866），叶墀、洪宗敏、诸福膺、邵庆莹、诸观重建余姚"王文成公祠"，在王守仁像的上方是乾隆亲笔

---

① 〔清〕王士祯撰，勒斯仁点校：《池北偶谈》，中华书局1982年版，第122页。
② 〔清〕王士祯：《带经堂集》卷五十六《蚕尾续诗卷二·南海集下》，清康熙四十九年程哲七略堂刻本。
③ 参见〔清〕永瑢等撰：《四库全书总目》，中华书局1965年版，第834页。

题写的"名世真才"之匾额，旁边的一块匾额则写着"古三不朽"四个大字。①由此可见，康熙以后，"古三不朽""真三不朽"之类的褒奖词，已为时人所广泛采纳。

尽管当时在如何评价王守仁的问题上也存在不少杂音，比如主张将阳明学说与阳明事功相分离，批判他的良知学说而肯定他的丰功伟业，清人沈德潜的《阳明书院》诗即为其中之代表。诗云：

> 观人取大节，疵类在所捐。鲁公笃忠贞，成仁重业山。岂以二氏学，苟责俾无完。峨峨文成公，出身当险艰。濒死触逆奄，决机禽叛藩。一战平八寨，余威詟群蛮。忠可贯金石，力能靖烽烟。至今中天阁（书院名），英风留几筵。奈因良知学，多口交诋谰。吠影旋吠声，童昏狂且颠。持论贵平允，出入毋党偏。公应悔讲学，众应戒求全。术业纵未纯，建竖终不刊。寄语陵轹人，甚勿逞哓哓。②

这说明清初诋毁王守仁的良知学说及相关讲学活动的势力非常强大，而沈德潜则主张要公平对待王守仁，认为他虽然"术业纵未纯"，但"建竖终不刊"。所以，虽王守仁本人"应悔讲学"，但众人亦"应戒求全"。总之，在评价王守仁时，要做到"持论贵平允，出入毋党偏"。沈德潜的这一主张代表了清初绝大多数知识精英的立场。因此，即使对王守仁的"三不朽"定位有不赞成者，也十分肯定王守仁的不朽功绩。

总之，无论王守仁是否完全具备儒家圣贤形象的"三不朽"人格，都难以撼动他在中国历史上的特殊地位和巨大的思想感染力，这可以说是他能以独创的心学理论推动中国历史之轮向前滚动的动力和源泉。而这种完整人格的形成，通常是需要一些必备条件的，比如社会历史环境、家庭生活背景、教育成长过程以及个人的天赋与努力等。尤其在尊重家族传统的中国古代社会里，祖先的

---

① 参见钱明译注：《最早来浙考察王阳明遗迹之日本人日记两种》，载《国际汉学研究通讯》第16期，北京大学出版社2018年版，第298页。
② 〔清〕沈德潜：《归愚诗钞》卷七《阳明书院》，清乾隆教忠堂刻本。

行为成就和人格表现，往往会对后世子孙意趣志向的启发和培养产生深远的影响，因此研究王阳明一如研究所有中国古代的哲学思想家那般，不仅要把他本人的身世经历、思想脉络梳理清楚，还要对他的思想渊源及家世情况有所了解。

谱系问题

王守仁，字伯安，生于明宪宗成化八年九月三十日（1472年10月31日），殁于明世宗嘉靖七年十一月二十九日（1529年1月9日），谥文成。幼年随父迁居绍兴府山阴县（今属绍兴市越城区），31岁在离越城10公里的宛委山阳明洞天结庐，自号阳明山人，学者称其为阳明先生。故此，本书在后文中也将以王阳明或阳明称之，以示尊敬。

据王阳明高足钱德洪等编纂的《阳明先生年谱》记载：

> 其先出晋光禄大夫览之裔，本琅琊人，至曾孙右将军羲之，徙居山阴，又二十三世迪功郎寿，自达溪徙余姚，今遂为余姚人。①

称姚江王氏从绍兴山阴经由上虞达溪而迁徙余姚是无误的，但以王羲之为王阳明之始祖，这不符合历史事实。因为这个问题涉及本书后面的论述，所以我们就先从王阳明的先祖开始讲起。

王氏系谱，源自山西太原，后分支于山东琅琊（今临沂地区）。太原王氏开族源自黄帝，出于姬姓，得姓于周灵王太子晋一派。晋受封于魏，为梁王，其后以爵为氏，遂姓王。此后子孙繁衍，至秦代名将王离兵败而亡，其长子元以渭水流域不能久居，举家迁至琅琊，成为琅琊王氏始祖。东汉时，琅琊王氏隔五世有王袭次子王吉迁居山东皋虞（今即墨区东北）。汉光和二年（179），以罪入坐，父子二人死于狱中，事见《后汉书·宦者列传》。王吉六世孙王融徙居山东临沂，《世说新语》遂以王融为琅琊王氏始祖。除太原、琅琊的隆盛地望外，

---

① 吴光、钱明、董平、姚延福编校：《王阳明全集》，上海古籍出版社1992年版，第1220页。

据《广韵》记载，王氏之分布尚有十九地望，至宋代已遍及大江南北。王阳明之祖先即为琅琊王氏之后，其家族世系最早可追溯到王融次子王览。

王览（205—278），字玄通，为二十四孝中"卧冰求鲤"王祥之异母胞弟，以孙王导仕晋贵，追赠光禄大夫，谥曰贞。王览"少笃至行，服仁履义"，以孝友恭恪名于世。时至今日，临沂市名胜地"五贤祠"内仍奉祀有王览像。览生六子，曰裁、曰基、曰会、曰正、曰彦、曰琛，长子裁生导，次子基生敦。[1]王导、王敦皆以盛名显于世。

王导（276—339），字茂弘，历任东晋元、明、成三帝丞相。西晋末，导与堂兄王敦（266—324，字处仲）为琅琊王司马睿献策移镇建康（今南京），遂举族南渡。司马睿称帝（晋元帝），以导为相、敦为大将军，时称"王与马，共天下"，兄弟俩为稳定东晋在南方的统治立下了汗马功劳。自此，王氏一族乃盛于江左。故后人修族谱，均将王导誉为琅琊三王之一（其余二王为王览、王羲之）[2]，其后裔则追尊王导为乌衣大房一世祖，而王导的族弟王旷即为晋代书圣王羲之之父。

说到王导，恕笔者多费几句。据明儒杨慎说：

> 慎尝反复《晋书》，目王导为叛臣，颇为世所骇异。后见崔后渠《松窗杂录》，亦同余见。近读阳明《纪梦》诗，尤为卓识真见，自信鄙说之有稽而非谬也。其自序曰："正德庚辰八月廿八夕，卧小阁，忽梦晋忠臣郭景纯氏以诗示予，且极言王导之奸，谓世之人徒知王敦之逆，而不知王导实阴

---

① 参见〔清〕蒋超伯：《南浔楛语》卷一《琅琊王氏》，载《续修四库全书》第1161册，上海古籍出版社2002年版。

② 后王敦以司马睿抑制王氏势力为由，欲举兵谋反，命郭璞（276—324，字景纯）卜筮，璞谓其必败，因而为敦所杀。明正德十五年（1520），王阳明作《纪梦》诗并序，为忠臣郭璞鸣不平，对先祖王导兄弟则大加挞伐（参见吴光、钱明、董平、姚延福编校：《王阳明全集》，上海古籍出版社1992年版，第777—778页）。对此，浙西阳明学者董穀曾评论道："阳明先生正德庚辰八月廿八夕，梦晋忠臣郭景纯氏以诗来谒，且极言王导之奸，谓世人徒知王敦之逆……阳明能尽忆之。"（〔明〕董穀：《碧里后集·杂存·郭景纯》，上海图书馆藏明嘉靖四十四年董鲲刻本）同为王氏后裔的明代永嘉学者王叔杲也对郭景纯表彰有加，尝作《晋内史郭景纯先生祭文》（张宪文校注：《王叔杲集》，上海社会科学院出版社2005年版，第380页），这说明王氏后人对王导皆有批判。

主之。其言甚长，不能尽录，觉而书其所示诗于壁，复为诗以纪其略。嗟乎！今距景纯若干年矣，非有实恶深冤，郁结而未暴，宁有数千载之下，尚怀愤不平若是者耶！"①

徐树丕《识小录》亦称："千古贼臣孰有过于王导者？……王文成快论乃托之于梦，何胆之不坚耶！"近人张克伟则认为："《纪梦》诗中阳明借晋人郭璞之口以辱骂晋相王导为奸雄，笔者以为此事不无商榷之处。稽之史册谱牒，王导乃阳明之远祖，阳明岂有自骂其祖之理？而此诗作于明正德十五年庚辰（1520）七月阳明重上《江西捷音疏》之后，其后以功高不赏，复又遭谗谤，门人好友中，或有不胜其愤者，假托阳明之名而伪作此诗。阳明谢世后，门人编搜逸文，不稽诸史，只凭似是而非之片言只字，漫不加察而收入《王阳明全集》内，加上时儒好言纪梦，往往失诸考据而持之以为确论，这未免使人纳罕。"②此说不无道理。笔者在查阅上海图书馆所藏之谱牒时，就曾在王阳明撰于嘉靖七年（1528）的《泰和王氏族谱原序》（镇海《蛟川王氏宗谱》卷首，清王世红等纂修，清光绪七年三槐堂刻本）中，发现了一则能为张说提供佐证的材料。在该序中，阳明不但没有"极言王导之奸"，甚至为彰显先祖、激励后人，言"必推太傅（指王导）之世家，明积善之不可诬也"，对王导褒奖有加，赞扬他是"存中华文物于江左三百余年，有功于世道甚大"的王氏高祖，并且嘲笑郭景纯道："故郭璞尝为筮之曰：'淮水绝，王氏灭。'淮水岂有绝哉？太傅后家金陵，久而称盛，有谱牒。"要知道，王阳明撰写此序时，已重病缠身，动笔不易，却仍勉为其难，为泰和王氏族谱作序，反映了他彰显王氏世家的良苦用心，根本看不出所谓《纪梦》诗中痛斥王导时的那种"卓识真见"。

此后，历史跨过了六百余年。北宋初，王导的后裔乌衣大房二十三世孙王祐（923—986），曾植三槐于庭，并追尊其祖父王言（869—930）为"三槐一世祖"。王祐曾孙王巩与北宋大文豪苏东坡交友，苏为之撰写《三槐堂铭并序》。

---

①〔明〕杨慎：《升庵外集》卷七十八《诗品·阳明纪梦诗》，明万历十年张士佩刻本。

②参见张克伟：《记王阳明父子梦兆二三事》，载王晓昕、李友学主编：《王学之魂》，贵州民族出版社2005年版，第174页。

王阳明所属的"姚江秘图山派"即为三槐堂系之支派，故阳明胤子王正亿辑《阳明先生家乘》，收有戚澜撰写的《槐里先生传》，称阳明曾祖王杰"先世尝植三槐于门，自号槐里子"。①

王巩曾孙王道（王彦洪）于北宋靖康、南宋建炎时扈驾南渡，获爵余杭县开国男，居余杭仙宅界（今杭州余杭区余杭镇郎宅村），遂为王氏余杭派之始祖。王道次子王补之，字咎卿，号全甫，宋太学上舍登第，知绍兴府，其弟辅之（泽元公）与他移居上虞达溪之虹桥，是为虹桥派。据清光绪十六年（1890）王鼎新主修的《达溪虹桥王氏宗谱》记载，达溪虹桥王氏的开族始祖为王彦洪，"初名道，宋政和二年（1112）进士，拜朝议大夫，龙图阁直学士，历徽猷阁待制赠少师柱国。生四子：资之，补之，辅之，翊之。建炎中，扈驾南渡余杭县仙宅界。次子补之知绍兴府事，旋与弟辅之至上虞达溪，见虹桥山水清奇，土地肥沃，遂家焉"。到王补之曾孙王季（字万五，号质庵，系乌衣大房三十三世）时，其又从上虞虹桥迁至余姚秘图山，"姚城王氏实始于此"。②而辅之等后人则仍居原地，续虹桥王氏，绵延至今。补之、辅之兄弟后同葬于挂灯穴母坟东西两侧，为母尽孝。王季迁居余姚后，生四子，三子俊；俊生五子，长子士元；士元生三子，长子纲，是为阳明六世祖。③

至于王补之迁居上虞、王季迁居余姚的具体时间，汪柏江先生有过考证。明万历《绍兴府志·职官志二》载："王补之，（嘉定）十年；沈暐，十二年。"可知王补之在绍兴当知府的时间为南宋嘉定十年（1217）。任职后的第三年（1219），王补之即离职，由沈暐接任。王补之因守母墓而迁居上虞达溪，因此王补之迁居达溪的时间，当不迟于嘉定十二年。王季是王补之的曾孙，其间经历了四代，即王补之、王元龙、王松、王季。王季迁居余姚秘图山的时间距嘉定十年至少要有六十年，因此王季迁居余姚秘图山在南宋末年的祥兴元年

---

① 吴光、钱明、董平、姚延福编校：《王阳明全集》，上海古籍出版社1992年版，第1383页。

② 因为与王阳明关系最为直接的《姚江秘图山派王氏宗谱》已不存于世，故只能从与王阳明较为密切的其他王氏宗谱中寻找踪迹。

③ 此处依据为《姚江开元王氏宗谱》《余姚孝义官人宅王氏宗谱》《四明上菁李家塔王氏宗谱》等，版本详见后注。

（1278）前后较为合理。这一年亦即元世祖至元十五年（1278），属宋末元初时期。①

　　然而，《阳明先生年谱》的记载却是"二十三世迪功郎寿，自达溪徙余姚，今遂为余姚人"。同时，受阳明父亲王华教诲"最深，又辱与新建公游处，出入门墙最久"的陆深亦在《海日先生行状》中称：

　　　　其先出自晋光禄大夫览之曾孙、右军将军羲之，由琅琊徙居会稽之山阴。后二十三代孙迪功寿又自山阴徙余姚。②

　　同为阳明弟子的黄绾在《阳明先生行状》中也有差不多同样之记载：

　　　　览曾孙羲之少随父旷渡江家建康，不乐，徙会稽。其后复徙剡之华塘，自华塘徙石堰，又徙达溪。有曰寿者，仕至迪功郎，乃徙居余姚。③

　　陆深、黄绾的记载应在王华、王阳明去世后不久，而钱德洪的记载则是在嘉靖后期，这些记载皆与2007年发现的余姚大岚镇阴地龙潭村王沛万所藏《虞南达溪王氏宗谱》④的记载相吻合，而异于《姚江开元王氏宗谱》⑤《余姚孝义官人宅王氏宗谱》⑥《四明上菁李家塔王氏宗谱》⑦等目前所知的在王阳明家族

　　① 参见汪柏江（天泉山房）编著：《王阳明绍兴事迹考·亲属编》，浙江古籍出版社2016年版，第6—9页。
　　② 吴光、钱明、董平、姚延福编校：《王阳明全集》，上海古籍出版社1992年版，第1391页。
　　③ 吴光、钱明、董平、姚延福编校：《王阳明全集》，上海古籍出版社1992年版，第1406页。
　　④ 清光绪十五年淮泽堂版重修本。该谱世系表为：泽元公（讳成，号小柏，由嵊州东林徙上虞达溪，为达溪第一世祖）——细八（讳炳）——添七（讳融）——伯三（讳仁朗，封大中大夫）——千四（暨阳教授，迁居姚江，王阳明乃其十一世孙）。
　　⑤ 清光绪二十九年存本堂版重修本。
　　⑥ 清光绪二十九年存本堂木活字本。
　　⑦ 《浙江家谱总目提要》（浙江人民出版社2005年版）记录了两部分别刻于清光绪三十二年（1906）和1948年的《四明上菁李家塔王氏宗谱》，其中清刻本由王仁水主修、王仁开编纂，民国刻本由王仁林纂修，为四修本。

史研究中具有代表性的几种王氏宗谱。由于以上谱牒与王阳明都只有间接关系，且时间上又皆晚于陆深、黄绾、钱德洪所记，所以有关余姚秘图山王氏始祖究竟是王季还是王寿的问题便成为一个分歧点，如分别展陈于上虞陈溪乡虹溪村与余姚大岚镇阴地龙潭村的王阳明祖居纪念馆中的文案内容，在这点上的记载就有不一致处。

据《四明上菁李家塔王氏宗谱》收录的明嘉靖二十三年（1544）进士、阳明门生赵锦（1516—1591，字元朴，号麟阳）撰于万历十年（1582）的《姚城王氏族谱序》曰：

> 姚江之王莫著于旧城，其分派自宋文正公旦之后南渡居浙，其后有质庵公者复自浙上虞之达溪徙姚江，居秘图山后，称秘图王氏。

赵锦的记载晚于陆深和黄绾，而与钱德洪差不多同期，因为赵锦也是余姚人，所以他的记载理应受到重视。从目前来看，王季说的谱系史料要明显比王寿说清晰完整，所以应该承认王季说的证据链要强于王寿说，这也是为什么目前学术界一般都以王季为余姚秘图山王氏始祖的重要原因。[①]

综上所述，王阳明先世实出于王导的乌衣大房系；宋代又归属于王言的三槐堂系；南宋嘉定年间王补之、王辅之兄弟迁居上虞达溪之虹桥，是为上虞虹桥派；南宋末年王季从上虞迁居余姚，成为"姚江秘图山派"的始祖。该脉系不仅与王羲之一脉干系甚微，亦非从山阴经剡（今嵊州）再经上虞迁徙余姚，而是由余杭经上虞迁徙余姚。故而王阳明本人在《泰和王氏族谱原序》中不提王羲之，还是比较实事求是的。而陆深所谓"其（指阳明）先出自晋光禄大夫

---

① 如束景南先生经过考证后认为："所有王氏宗谱都不载有'王寿'其人，均明言南宋末王季自上虞达溪徙余姚秘图，断无王寿自山阴徙居余姚之事。可见王寿其人及其由山阴徙居余姚之说，实为王华所想象虚构。至清有所谓《御制太原王氏世荣悠远谱系图》，记载由后稷至余姚王氏始祖王寿以下五代玄孙达百世，实本王华之说妄续世系，其作伪造说一目了然。如该谱称：王彻生三子：王祐、王祉、王祚。王祚传五世孙王寿，开三槐堂王氏之余姚王氏支派。按各种王氏宗谱中都明载王彻只生二子王祐、王祉，何来三子王祚？又何来王祚五世孙王寿？王寿其人之为子虚乌有，由此概可见矣。"（束景南：《王阳明年谱长编》，上海古籍出版社2017年版，第3—4页）

览之曾孙、右军将军羲之，由琅琊徙居会稽之山阴"，戚澜所谓"始祖为晋将军羲之"，以及钱德洪等人的类似记载[1]，估计是出于为姚江王氏攀附名人、彰显世族的目的而故意添加上去的。

以上所述的这些王阳明先世祖，除王导等少数人外，事迹大都不清，只有谱牒、谱系能证明他们的存在。后来由阳明胤子王正亿编撰的《阳明先生家乘》（钱德洪将其改名《世德纪》，载于《阳明全书》）记载，最早的先祖乃是阳明的六世祖王纲。

门第兴旺

王阳明的六世祖王纲（1302—1372），字性常，一字德常，以文学知名，"尤善识鉴，有文武长才"，"少与永嘉高则诚族人元章相友善，往来山水间，时人莫测也"。元末，王纲"尝奉母避兵五泄山中。有道士夜投宿，性常异其气貌，礼敬之，曰：'君必有道者，愿闻姓字。'道士曰：'吾终南隐士赵缘督也。'与语达旦，因授以筮法。且为性常筮之曰：'公后当有名世者矣。然公不克终牖下。今能从吾出游乎？'性常以母老，有难色。道士笑曰：'公俗缘未断，吾固知之。'遂去"。[2]这说明王纲当时对道教半信半疑，儒家思想还在其心中占据主导地位。然其与赵缘督的邂逅，却为其后人常常提及。[3]据说诚意伯刘基未出仕时常同王纲论道，纲谓之曰："子真王佐才，然貌微不称其心，宜厚施而薄受

---

① 参见吴光、钱明、董平、姚延福编校：《王阳明全集》，上海古籍出版社1992年版，第1391、1383、1220页。

② 吴光、钱明、董平、姚延福编校：《王阳明全集》，上海古籍出版社1992年版，第1380页。赵缘督之名出自《庄子》第三《养生主》"缘督以为经"句。"缘督"即循虚而行，庄子把"缘督以为经"作为养生之主。五代以后道教内丹派，大都以此为理论根据。故赵缘督不仅是终南之隐者，而且是道教内丹派的信徒。关于赵缘督的考证，可参见柳存仁：《王阳明与明代的道教》，载安冈正笃、宇野哲人监修：《阳明学大系》第一卷《阳明学入门》，明德出版社1971年版，第264—265页。

③ 如戚澜《槐里先生传》曰："先君（指王杰）幼时，尝闻乡父老相传，谓王氏自东晋来盛江左，中微且百数年，元时有隐士善筮者，与其先世游，尝言其后当有大儒名世者出，意其在先生。而先生亦竟不及用，岂尚在其子孙耶？"（吴光、钱明、董平、姚延福编校：《王阳明全集》，上海古籍出版社1992年版，第1384页）此元之隐士即赵缘督也。

之。老夫性在邱壑，异时得志，幸勿以世缘见累，则善矣。"①其卓然之风骨、出世之志向，于此可以想见。洪武四年（1371），王纲以文学征至京师，时年七十，"齿发精神如少壮，上问而异之，亲策治道，嘉悦其对，拜兵部郎中"。未几，潮民作乱，明太祖遂令纲为广东参议，督运兵粮。纲致书家人诀别，并携子彦达同行。纲至则单舸往谕，潮民感悦，咸叩首服罪，于是威信大增。返回增城时，遇海盗曹真欲拜纲为帅。纲不从，谕之以逆顺祸福。贼不听，还设坛迫纲坐于中堂，日夕罗拜。纲骂声不绝，遂遇害。时彦达亦随入贼中，从旁哭骂求死。贼欲并杀之。然贼首曰："父忠而子孝，杀之不祥。"②遂令其缀羊革裹父尸而出，得归葬禾山。禾山在余姚县西北二十里，今马渚镇境内。洪武二十四年，御史郭纯以其事上奏朝廷，王纲得祀庙于广东增城，以励忠贞。嘉靖七年（1528）十月，阳明上书告病，在归程途中路经增城湛甘泉故居，题诗于壁，诗中有"我祖死国事，肇裎在增城。荒祠幸新复，适来奉初蒸"③之句，流露出缅怀先祖、显彰忠孝大义的真挚情感。后阳明又为文祭之，以"表扬忠孝，树之风声……宣流王化之盛美"④。对于王氏祖孙教化粤人之功德，清儒檀萃评价颇高，认为阳明先祖及阳明本人俱效绩于粤，且宦业亦始于粤，"有造于粤者累世矣"⑤。故至民国时粤城东横街之三贤祠和朝天街北隅社学之阳明祠仍奉祀阳明，春秋致祭以昭其德。也许正是由于阳明祖孙累世之教化的缘故，阳明的广东、海南弟子在与当时较发达的浙江、江西等地学子的比较中，并不显得逊色多少。

王纲殁时，王阳明五世祖王彦达年仅十六，虽以荫得官，然痛父以忠死难，故躬耕养母，粗衣恶食，终身不仕，"人称孝子"⑥。"有隐操"，因居秘图湖之侧，号为秘湖渔隐。曾悉取先世所遗书付子与准曰："但毋废先业而已，不以仕

① 吴光、钱明、董平、姚延福编校：《王阳明全集》，上海古籍出版社1992年版，第1380页。
② 吴光、钱明、董平、姚延福编校：《王阳明全集》，上海古籍出版社1992年版，第1380—1381页。
③ 吴光、钱明、董平、姚延福编校：《王阳明全集》，上海古籍出版社1992年版，第799页。
④ 吴光、钱明、董平、姚延福编校：《王阳明全集》，上海古籍出版社1992年版，第966页。
⑤ 〔清〕檀萃著，杨伟群点校：《楚庭稗珠录》，广东人民出版社1982年版，第105页。
⑥ 吴光、钱明、董平、姚延福编校：《王阳明全集》，上海古籍出版社1992年版，第1387页。

进望尔也。"①为此，阳明对先祖有表扬之辞谓："父死于忠，子殚其孝，各安其心，白刃不见，又知有一祀之荣乎？"②

王与准，字公度，王阳明高祖。少时即秉承父之遗志，闭门力学。遇乡里后进或来从学者，辄辞曰："吾无师承，不足相授。"后从四明赵先生学《易》。赵奇其志节，族妹嫁于与准并劝其出仕。与准以赵"遁世无闷"之诲而谢绝之，后尝得筮书于异人，为人筮，无不奇中。县令闻其名亦遣人来邀筮。与准取筮书对使者焚之曰："王与准不能为术士，终日奔走公门，谈祸福。"县令大怒。与准无奈逃入四明山石室中。时朝廷访求遗逸甚严。使者至余姚，欲起与准。县令污之曰："王与准以其先世尝死忠，朝廷待之薄，遂父子誓不出仕，有怨望之心。"使者遂拘押与准三子为人质，入山求之。与准深遁，坠崖伤足，得免。使者见与准次子杰之贤，谓之曰："足下不仕，终恐及罪，宁能以子代行乎？"与准不得已，乃让杰备邑庠弟子员，后谓人曰："吾非恶富贵而乐贫贱；顾吾命甚薄，且先人之志，不忍渝也。"又曰："吾非伤于石，将不能遂栖遁之计，石有德于我，不敢忘也。"故自号"遁石翁"。与准精究《礼》《易》，著有《易微》数千言，与父彦达"皆以德学为世隐儒"。③

王杰，字世杰，王阳明曾祖，因先世尝植三槐于门，故自号槐里子。杰自为童子，即有志于圣贤之学，年十四，已尽通四书五经及宋儒之说。因父命而补邑庠弟子员。及入试，见众人皆散发祖衣，叹曰："吾宁曳履衡门矣。"遂归，不复应试。后又数次以亲老辞，躬耕授徒，以养其母。母殁乃以名儒硕学应贡，入南雍，官至编修。杰言行一以古圣贤为法，尝谓门人曰："学者能见得曾点意思，将洒然无入而不自得，爵禄之无动于中，不足言也。"④杰著有《易说》四卷、《春秋说》五卷、《周礼考证》六卷，时人每读之，"以为近世儒者皆所不

①　吴光、钱明、董平、姚延福编校：《王阳明全集》，上海古籍出版社1992年版，第1381页。

②　吴光、钱明、董平、姚延福编校：《王阳明全集》，上海古籍出版社1992年版，第966页。

③　参见吴光、钱明、董平、姚延福编校：《王阳明全集》，上海古籍出版社1992年版，第1381—1383页。

④　〔明〕戚澜：《槐里先生传》，载吴光、钱明、董平、姚延福编校：《王阳明全集》，上海古籍出版社1992年版，第1383—1384页。

及"①，但这些著作在明代就已失传，仅《槐里杂稿》数卷藏于其家。

南昌人胡俨、余姚人戚澜在所著王与准传和王杰传中都指出，王氏自汉到东晋，"皆以令德孝友垂江左，联绵数百祀，门第之盛，天下莫敢望"。后中微且数百年，元末时，其先世尝遇异人，谓其后必有大儒名世者出。此语岂非意喻阳明父子耶！

总的来说，王阳明的家世先祖，王吉、王纲以及父亲王华，以忠贞称著；王祥、王览以及祖父王伦，以孝悌闻名；王彦达、王与准、王杰等，以胸次洒脱、隐遁避世而自适。因此，隐隐流淌在阳明血脉里的，既有追求功名的远大志向，又有原创新说的现实冲动，亦有归隐洒脱的仙家气质。性格的多重性，决定了王阳明后来思想的多元性。可以说，在阳明思想的形成过程中，家族文化背景是一个不可忽视的因素。

家庭影响

少年时的王阳明十分顽皮，甚至被当地人视为不自爱者，后来经过长辈们的教育感化，才逐渐"改邪归正"，转而"奋厉读书，以经术自喜"。据吴肃公《明语林》卷九《自新》载："王伯安十一岁②，奕奕神会，好走狗斗鸡六博，从诸少年游。一日，入市买雀，与鬻雀者争。相者异之，出箧钱市雀，送伯安曰：'自爱，自爱！异日万户侯也。'伯安奋激读书，以经术自喜。"③而对少年王阳明产生过较大影响的首先是其祖父王伦。

---

① 参见《余姚县志》卷十七《艺文上》，清光绪二十五年刻本。
② 从心理学上说，11岁男孩的最大特征是以自我为中心，11岁也是烦恼最多的年龄段。关于王阳明的少年时代，文献中记载最多的就是他11岁前后的事（详见后述），这虽然与他随祖父王伦去北京接受系统教育密切相关，但依笔者之见，《明语林》所记恐怕并非阳明11岁的言行，而是以此代指王阳明的少年时期。
③ 〔明〕吴肃公撰，陆林点校：《明语林》，黄山书社1999年版，第169页。

王伦，字天叙，号竹轩，是一位有著作行世，生性爱竹[①]，"门对千枝竹，家藏万卷书"，"环堵萧然，雅歌豪吟，胸次洒落"，犹如陶渊明、林和靖一样的隐士，后朝廷追赠新建伯，封翰林院修撰，赠嘉议大夫、礼部右侍郎。王伦早年承父庭训，德业夙成，被两浙大家争相延聘为子弟师。其父王杰早逝，所遗唯书籍数簏，伦每启簏，辄挥泪曰："此吾先世之所殖也，我后人不殖，则将落矣。"[②]遂穷年口诵心记，于书则无所不读。伦家境贫寒，授徒以养母。弟王粲幼孤，伦少则教之于家塾，长则挈之游江湖，有无欣戚，无不共享。及其子王华官翰林，分禄以为父养，伦即退其半以养其弟。乡人有萁豆相煎者，闻伦之孝悌，无不愧悔痛改。王伦精通经伦，善诗词，高风亮节，洒落人生，其儒道互补的人生态度对少年阳明的成长影响至深。据《阳明先生年谱》记载，王阳明5岁就能默诵王伦平日读的古书，11岁随伦往京师，过镇江金山寺，即席赋诗，语惊四座。王伦著有《竹轩稿》八卷、《江湖杂稿》若干卷，皆藏于家。死后葬于余姚东北十二里的穴湖山。生有三子：长王荣、次王华、季王衮。

王阳明的父亲王华（1446—1522），字德辉，号实庵，晚号海日翁，因常读书于余姚龙泉山，人称龙山公[③]。王华幼时机敏有胆识，为人诚实讲信义。"始能言，槐里公口授以诗歌，经耳辄成诵，稍长，读书过目不忘。"[④]"六岁与群

[①]竹子是中国古代文人最喜爱的自然植物之一，盖因"植物之中竹难写，古今虽画无似者"（张小庄、陈期凡编著：《明代笔记日记绘画史料汇编》，上海书画出版社2018年版，第409页）。义理如同绘画，是以阳明通过格竹训练思维，一如文人通过画竹训练画技。王阳明从小即深受祖父母人格的影响，11岁随祖父抵北京，竹轩公即在宅院内栽种竹子（植物专家认为"80%的可能是早园竹"）。若干年后阳明受祖父爱竹习性的影响，遂邀一钱氏友人在宅院内格竹子，开始了其第一次重要的"思想实验"（参见何俊、刘凤：《阳明格竹的分析：阳明学与植物学的一场跨学科对话》，载《浙江学刊》2020年第1期）。被谪贵州龙场后，又"用王猷、张鷟例，为亭竹间，而手书记于壁。"（〔明〕王世贞著，汤志波辑校：《弇州山人题跋》，浙江人民美术出版社2012年版，第393页）若从实验科学的认知角度分析，"也许阳明正好是在竹笋生长季之外的时候去格竹，看不到竹子显著的动态一面，结果未能引发他的联想和感悟，以致格竹失败"（何俊、刘凤：《阳明格竹的分析：阳明学与植物学的一场跨学科对话》，载《浙江学刊》2020年第1期）。换言之，阳明若是在竹子生长期去"格竹子"，或许每天都会有新发现，甚至每时每刻都会有新发现，而不会失望了。当然，这对于主要进行的是一次"思想实验"的阳明来说，只是一种假设。

[②]吴光、钱明、董平、姚延福编校：《王阳明全集》，上海古籍出版社1992年版，第1384页。

[③]王阳明曾自称"龙泉山主"，这既是对故土龙泉山的眷恋，同时也是对其父龙山公志向的继承。

[④]吴光、钱明、董平、姚延福编校：《王阳明全集》，上海古籍出版社1992年版，第1387页。

儿戏水滨，有醉者濯足，遗所负囊。视之，金也。王度必复来，恐人持去，投之水中，坐守之。已而其人果至，公指其处乃去。"①11岁时，从里师钱希宠学，进步神速，数月后，钱即叹异之曰："岁终吾无以教尔矣！"并对其父王伦说："公子德器如是，断非凡儿。"17岁时，以三礼投试邑中，邑令连命三题，华皆一挥而就，令奇其文，断言："吾子异日必大魁天下。"②刚过弱冠之年，王华受到松江提学副使张时敏的垂爱，亲试其文，以为奇才，故华声名鹊起，张时敏遂将王华推荐给布政使宁良，延聘至湖南祁阳教授其子。王华在外任家塾老师数年，其间，参加乡试未中。明成化十三年（1477），王华再次参加乡试未中，遂归家当起了家庭教师。此时阳明已6岁，便在家与学子一起受教。数十年后，王阳明在出任南赣巡抚时写的《送德声叔父归姚》诗及小序中，曾以"犹记垂髫共学年，于今鬓发两苍然"和"守仁与德声叔父共学于家君龙山先生"之语深情回忆童年时的这段往事。由此可知，王华十分重视阳明的童蒙教育。王华因家境贫寒，不能在家长期安居，其后仍然外出任弟子师。据相关史料记载，他在湖州德清、金华东阳等地任弟子师时，都把阳明带在身边，随时随地教授，从而使阳明自幼就打下扎实的"童子功"，熟悉了儒家经典和诗文技艺，这也就不难理解其日后在镇江金山寺的赋诗献艺之举了。

明成化十七年（1481）春，王华举廷试一甲第一，授翰林院修撰。成化二十年，任廷试弥封官。弘治元年（1488），华奉命修纂《宪庙实录》，任经筵官。弘治六年升右春坊右谕德，命为日讲官，"每以勤圣学，戒逸豫，亲仁贤，远邪佞为劝"，孝宗嘉纳之。③弘治十一年，命主顺天乡试，次年又主应天乡试，得士众多。弘治十五年，迁翰林院学士，命授庶吉士，业修《大明会典》。书成，迁詹事府少詹事兼学士掌院事，编《通鉴纂要》。是年，迁礼部右侍郎兼日讲官。武宗即位，权阉刘瑾专权，朝中大臣纷纷攀附，而王华独不往。刘瑾素慕王华为人，曾两次派人对王华说，他与王华有旧，王华若能去见他一面，可立登相位。王华操守坚定，不肯趋附，又因王阳明而激怒刘瑾，被调离京师，改

———————————

① 〔明〕吴肃公撰，陆林校点：《明语林》，黄山书社1999年版，第20页。

② 吴光、钱明、董平、姚延福编校：《王阳明全集》，上海古籍出版社1992年版，第1393页。

③ 吴光、钱明、董平、姚延福编校：《王阳明全集》，上海古籍出版社1992年版，第1388页。

任南京吏部尚书。次年，刘瑾又借故令王华致仕。华归田后，以读书自娱，侍奉老母，年近古稀，仍行孝于床前，为世人称道。王华为人醇厚，颇有节操，爱憎分明，持身俭朴，利害得失不系于心，博学擅诗，不事雕琢，有《杂录》《龙山稿》《垣南草堂稿》《礼经大义》等行于世。据《越中杂识》载："明吏部尚书王华墓，在府城西南十五里二十二都徐山。墓碣勒：皇明成化辛丑（1481）状元、南京吏部尚书、晋封新建伯、龙山府君，暨德配累赠一品夫人郑太君之墓，孝男王守仁同弟守俭、守文、守章奉祀。"①墓址在今绍兴市福全镇徐山村，村口有"古虹明桥"，又称"合义桥"，桥北有虹明庵，庵后四百米左右即为墓址，与王阳明墓相隔仅一个山头。另有明万历年间王阳明龙游弟子徐天民《拜龙山先生墓》诗云："特拜龙山墓，凄其转夕阳。荒台平落叶，寒涧宿清霜。滋泽留耕陇，英辉寄草堂。西风促归骑，云汉渺苍苍。"②可见，王华墓前曾建有草堂，然墓和草堂早已荒废了，清嘉庆六年（1801）曾重修过，现为绍兴市级文保单位。余姚城内原有王华状元牌坊，毁于20世纪70年代。今余姚龙泉山中天阁上方的一块空地，即为明嘉靖十七年（1538）为纪念王华、王阳明父子而建的"二王祠"（明代称"海日祠新建伯祠"，清代称"龙山祠阳明祠"）遗址。

王阳明弱冠前有三位启蒙导师，一位是上饶的娄谅，一位是杭州的吴伯通③，另一位便是其父王华，其从学于王华的时间最长。娄、吴皆为当时的大儒，精通朱子学，对阳明的早期思想有过一定影响。王华对阳明的影响，则主要表现在礼学与心学两个方面。顾鼎臣《明状元图考》称王华"家素贫，尝访亲于杭，同舟有五庠生讲论，华哂之。庠生怪问，华破其讲非是。众初甚忽之，及闻其言，遂加敬，延于家教授，四方争延讲《礼经》"。④《成化十七年进士登科录》收录的王华廷试卷则反映出"王华理学思想之真貌"以及阳明心学的

---

① 〔清〕悔堂老人：《越中杂识》，浙江人民出版社1983年版，第162页。
② 〔明〕徐天民：《水南先生遗稿》，明万历年间万廷谦刻本。
③ 参见束景南：《王阳明年谱长编》，上海古籍出版社2017年版，第75页。
④ 束景南：《王阳明年谱长编》，上海古籍出版社2017年版，第36页。

家学渊源。①

关于王华以身作则的严厉家教，黄绾②看得比较清楚，他在为王华写的《实翁先生寿序》中说过：

> 公蚤以文章第状元，出入青闼，为讲官，位卿长，获天子眷宠，为士雅望，此固可为公荣，未足为公之至也。公门墙清夷，子孙罗立，同里嘻呴，宾祭以无乏，此固可为公乐，未足为公之至也。公历事三朝，卒以明哲自全，优游垅亩，放浪湖山，以与烟霞、麋鹿乐其余，此固可为公贺，未足为公之至也。抑公行年古稀，而上有太母九十六年，耳聪目明，筋力如少壮，慈间正则，得以尽公孝养之心；而下有令子得圣人之学于无传，方将龙蛇其身，求天地之化、鬼神之妙以为道，以待百世有征；曰仁则公之婿，亦以其学为时伟人。以此为公之至，古今可多有乎？……绾先选部，公同年而好。公子守仁，绾则从而赖其成，即所谓得圣人之学者。于是以为公寿。③

也就是说，王华的最高诉求不是"获天子眷宠，为士雅望"的荣耀，也不是"门墙清夷，子孙罗立"的欢乐，更非"优游垅亩，放浪湖山"的洒脱，而是"尽孝养之心""得圣人之学"。可以说，黄绾的这一评析是符合王华的思想和行为实况的。从晚年王阳明的身上，也的确可以看到王华的身影。据《明语林》记载：

---

① 束景南：《王阳明年谱长编》，上海古籍出版社2017年版，第36页。如王华说："盖人之一心至虚至灵，所以具众理者在是，所以应万事者在是。但为气禀所拘、物欲所蔽，其全体大用始有不明矣……人君之治固本一心，而正心之要，尤在于意诚。……昔宋儒朱熹入对有'戒其勿以正心诚意之说进者'，熹曰：'吾平生所学在此四字，岂敢隐默以欺吾君。'臣尝诵此以自箴警。"（龚延明主编，方芳点校：《登科录（点校本·上）》，宁波出版社2016年版，第568—569页）

② 黄绾父亲是王华的同年挚友，黄绾本人则是阳明的讲友与弟子，后又成为阳明胤子正亿的岳丈（民间亦俗称阿舅，以示亲近），与王家三代人皆有交往。

③ 张宏敏编校：《黄绾集》，上海古籍出版社2014年版，第193—194页。

　　韩尚书邦问，是王文成父执。一日，公卿贺冬至。文成貂蝉朝服，乘马而趋。俄从人报："尚书在后。"文成急下马，执笏道左。尚书至，不下舆，第拱手曰："伯安行矣！"遂去。文成唯唯，俟其过乃上马。[1]

　　韩邦问（1442—1530），字大经，号宜庵，浙江会稽人，与王华是同辈也是好友。嘉靖初年，王阳明已被封为新建伯，身着貂蝉朝服，乘马前行。见到前辈韩邦问时，仍毕恭毕敬，无丝毫居功自傲、目中无人之举。后来顾宪成评价阳明"目空千古"[2]，实际是指其思想的批判性和颠覆性，而并非指人品和人格。从品格上说，王阳明的亲民意识是相当突出的，而这其中就有王华的一份功劳。

　　众所周知，家庭是社会的细胞，家庭环境和教育对一个人的成长具有决定性影响，一个家庭的兴旺与衰微在某种程度上反映着整个社会的兴衰与变迁。王阳明之所以能成为一位"三不朽"的圣人，与其生长的家庭环境和长辈教诲有密切关系。就影响力和感染力来说，对阳明成长产生过重要影响的应是其父亲王华、祖父王伦和祖母岑太夫人三人。其中王伦和王华主要是在童蒙教育上花精力，祖母岑氏则主要是小阳明的身心健康关怀备至。王伦和王华对阳明的童蒙教育各有不同的侧重面，王伦主要是在诗教艺教上对阳明进行启蒙教育，而王华则把主要精力倾注于阳明的儒家经典教育。幼童时期的王阳明在祖父的诗教艺教[3]、父亲的儒家经典训练下受到熏陶，耳濡目染，无疑为他的早年为学之路奠定了扎实的家学基础，并对其早年人格精神的塑造产生了不可估量的影响。这一内源性的家族文化背景和家庭教育因素，可以成为我们考察王阳明为学之路和生命历程的重要视点。

---

　　[1]〔明〕吴肃公：《明语林》卷二《德行下》，清光绪刻本。

　　[2] 王学伟编校：《顾宪成全集》，上海古籍出版社2022年版，第221页。

　　[3] 王应鹏《送王伯宜赴幕广东叙》曰："予少时则闻王伯安先生名。先生自奇士为古文诗赋，一时学者传诵，愿见之。"（〔明〕王应鹏：《定斋先生文略》，北京图书馆藏明抄本）

第二章　立志成圣

我们通常都说"励志"教育，但在《王阳明全集》里没有"励志"这个概念，王阳明强调的是"立志"。"立志"指的是自己给自己树立目标、坚定信念，强调的是自信自立、内心强大，是人的一种内在要求和自我激励；而"励志"指的是用他人（榜样）的成功事例来引导和鼓励众人，激发众人的斗志，强调的是众人众志，是对人的一种外在要求和外在激励。"立志"概念最早出自《左传·襄公二十七年》："志以发言，言以出信，信以立志，参以定之。"在这里，"志"可以理解为"初心"，"参以定之"的意思是"做到安身立命"。因此，王阳明的"立志"教育，其实就是我们讲的初心教育。阳明心学虽然也有"励志"的功能，可以发挥教化民众、治理社会的作用，但更有"立志"的意义，可以滋养、磨炼、凝聚自我的心志。阳明心学是一种"心动力"与行动力兼具的哲学形态，它既可以促使人坚韧内在心力，又可以激励人付诸外在行动，所谓"立志"与"励志"便代表了这两种诉求。这也是"知行合一"的另一种表现方式。

相较于"心即理""知行合一""致良知""亲民""万物一体之仁"等，"立志"可谓贯穿王阳明的一生，既是他的初始信念，也是他的终极追求；从小到大未变，始终如一坚守。王阳明还将"立志"作为家庭教育的主题、讲学授课的主科目。所以在他的家书及同弟子们的论学中，"立志"一词使用频率极高，与儒、道、佛皆贯通。①通行本《王阳明全集》中最早记载"立志"说的是作于正德三年（1508）的《教条示龙场诸生》："志不立，天下无可成之事，虽百工技艺，未有不本于志者。今学者旷废隳惰，玩岁愒时，而百无所成，皆由于志之未立耳。"然后是作于正德十年（1515）的《示弟立志说（乙亥）》："予弟守文来学，告之以立志。守文因请次第其语，使得时时观省，且请浅近其辞，则易于通晓也。因书以与之。夫学，莫先于立志。志之不立，犹不种其根而徒事培拥灌溉，劳苦无成矣……后世大患，尤在无志，故今以立志为说。中间字字句句，莫非立志。盖终身问学之功，只是立得志而已。"②再次为《赠郭善甫归省序（乙亥）》："从吾游者众矣，虽开说之多，未有出于立志者。故吾于子之行，卒不能舍是而别有所说。子亦可以无疑于用力之方矣。"③嘉靖三年至五年（1524—1526）时，阳明仍教导说："故立志者，为学之心也；为学者，立志之事也。"④"立志益坚，谓圣人必可以学而至。"⑤但是，《王阳明全集》在《示弟立志说》文下注云乙亥（1515）作是错误的，应是作于弘治甲子（1504）四月八日。对此，清人王懋竑在《题阳明先生〈立志说〉后》中已有指正："右阳明先生《立志说》卷末自志弘治甲子四月八日，先生是年三十有三矣。《文集》注云乙亥作，卷编集者未尝见此本，而据其藁，以意定去，故不合。"⑥可见，

---

① 在徐爱所记的《传习录》上卷中，就有一段阳明与徐爱之间就儒家"立志"与道家"结圣胎"相类比的对话："问立志。先生曰：'只念念要存天理，即是立志。能不忘乎此，久则自然心中凝聚，犹道家所谓结圣胎也。此天理之念常存，驯至于美大圣神，亦只从此一念存养扩充去耳。'"（吴光、钱明、董平、姚延福编校：《王阳明全集》，上海古籍出版社1992年版，第11页）王阳明的"立志"说既可与儒家的"念念存天理"相融合，又可与道教内丹术通过修炼人体中的"丹"，以实现强身健体、延年益寿、开发人体潜能之功效，达到"天人合一"之境界，也就是所谓"结圣胎"画等号。

② 吴光、钱明、董平、姚延福编校：《王阳明全集》，上海古籍出版社1992年版，第259—261页。王阳明作于正德十二年（1517）四月三十日的《赣州书示四侄正思等》亦曰："吾尝有《立志说》与尔十叔，尔辈可从钞录一通，置之几间，时一省览，亦足以发。"（吴光、钱明、董平、姚延福编校：《王阳明全集》，上海古籍出版社1992年版，第987页）

③ 吴光、钱明、董平、姚延福编校：《王阳明全集》，上海古籍出版社1992年版，第238页。

④ 吴光、钱明、董平、姚延福编校：《王阳明全集》，上海古籍出版社1992年版，第276页。

⑤ 吴光、钱明、董平、姚延福编校：《王阳明全集》，上海古籍出版社1992年版，第213页。

⑥ 〔清〕王懋竑：《白田草堂存稿》卷之八，清乾隆间宝应王氏家刊本。日本著名阳明学家佐藤一斋在《传习录栏外书》中亦据此指出过《刘宗周全集》的这一错误。

"立志"说在阳明心学体系中是阳明本人提出最早、坚持最久的学说之一，说它贯穿王阳明的一生当不为过。

云龙共攀

一、托梦祈子

王阳明一生充满传奇，其中有后世塑造的因素，也是他一生经历曲折艰辛所致。有关阳明的神奇故事，可以从他出生时说起。

中国民间有所谓"十月怀胎"一说，而王阳明的生母郑氏怀上他14个月也没有生产。成化八年九月三十日（1472年10月31日），在余姚县城龙泉山北麓王华向别人租借的房屋内，王伦及妻岑氏一直在为已怀孕14个月的儿媳妇郑氏担心，祈祷儿媳快点生产，让肚子里的龙宝宝（这年正好是龙年）早日降生。

这天晚上，夜深人静，祖母岑氏做了个奇怪的梦（也有文献记载是王华做的梦）：天上阳光明媚，彩云缭绕，有一神仙抱一初生的婴儿，乘云而降，在锣鼓声中将婴儿送到岑氏怀里（有的文献明确说是主管文运的星宿"文曲星与他作子"，即俗话所说的"文曲星下凡"）。岑氏猛然一惊，从睡梦中醒来，只听隔壁房中传来一阵婴儿清脆的啼哭声，随即家人来报，郑氏顺利产下一男孩。欣闻喜讯及事情经过，祖父王伦遂将这个神仙从天上驾云送来的男婴取名为"云"，男婴就是日后大名鼎鼎的王阳明。王阳明声名大振后，当地人将这处位于龙泉山北麓的房屋称作"瑞云楼"。

这处出租房的主人姓莫。王阳明出生后不久，莫氏又将此房屋出租给了一个叫钱蒙的人。钱蒙于明弘治九年（1496）在此处生下长子钱德洪，王阳明时年25岁。正德十六年（1521）九月，王阳明回余姚祭祖，重访瑞云楼。当时他曾指着藏胎衣的地方①哭了很长时间，"盖痛母生不及养，祖母死不及殓也"②。可见，王阳明对于瑞云楼为其出生处但未成为赡养行孝的"家"是深感遗憾的。

---

① 根据古代中医的说法，凡藏胎衣，盛在新瓶内，以青帛裹瓶口，择向阳高燥之地，天德月空处，掘地三尺埋之，儿自长寿无疾。

② 吴光、钱明、董平、姚延福编校：《王阳明全集》，上海古籍出版社1992年版，第1282页。

钱德洪中进士后，莫氏又把这个房屋卖给了钱家。嘉靖三十五年（1556），钱德洪请阳明的私淑弟子罗洪先题写了"瑞云楼遗址"五个大字，遂使瑞云楼声名远扬。此时的瑞云楼已被钱家买下并改建。到了清代中叶，余姚叶氏又在瑞云楼的原址上建私宅"寿山堂"，并请人题写了一块"古瑞云楼"的匾额，以显示此地块的特殊性。这块匾额在20世纪80年代重建瑞云楼时被发现。顺便再说一下，钱家与王家的关系非同一般，除了王阳明、钱德洪都出生在同一住处，钱德洪的两个弟弟及多位子侄后来也都成为王阳明的弟子。

成化八年（1472）起，王云在这瑞云楼中慢慢长大，身体未见异常，普通男孩子有的性格他都有，淘气顽皮，戏耍闹腾，但就是不爱开口说话。有一天，一位老和尚经过他家，见正在玩耍的王云，便伸手抚摸他的头，口中念念有词。这一情景正好被屋里的王伦看到，于是就把老和尚请进屋，询问如何才能让王云开口说话。老和尚只留下一句话："好个孩儿，可惜道破。"[1]意思是说，"云"字把这小孩如何降生的秘密给道破了（有的文献记载，取名"雲"，"雨"把"云"压住，而"云"即有说话之意，所以开不了口）。老和尚离开后，王伦就按照儒家仁义礼智信的道德标准，把王云的名字改为"守仁"。因为守仁是王伦的长孙，所以守仁的亲弟、堂弟也都按照这一排序来取名。很快，改名后的阳明就开口说话了。

王阳明13岁那年，生母郑氏去世[2]，他当时住在京师（今北京），"居丧哭泣甚哀"[3]。自此之后，其祖母岑氏便承担起了少年阳明的全部养育之责。[4]不仅如此，岑氏对王阳明学说的发扬有大贡献。她曾不遗余力地为阳明的讲学活动推荐人才，甚至把亲戚朋友也送到阳明门下，让他们受教于王阳明。比如余

---

① 吴光、钱明、董平、姚延福编校：《王阳明全集》，上海古籍出版社1992年版，第1221页。

② 据民国《姚江烛溪郑氏宗谱》（郑宝瑞、郑最慎重修，1948年木刻本）记载，郑氏为郑昊（阳明外祖父）之女，死后"葬（余姚）胜归山"。

③ 吴光、钱明、董平、姚延福编校：《王阳明全集》，上海古籍出版社1992年版，第1222页。

④ 然而钱德洪说："师（阳明）十二失恃，鞠于祖母。"（吴光、钱明、董平、姚延福编校：《王阳明全集》，上海古籍出版社1992年版，第989页）这与钱氏《阳明先生年谱》中阳明13岁丧母说有异。据笔者推测，郑氏病重后，阳明即"鞠于祖母"，一年后其母病逝，岑氏便完全承担起养育阳明的重任，故称阳明12岁开始"鞠于祖母"，并不为过。

姚的丁行兄弟是岑氏的姑孙，岑、丁二家同为余姚"巨族"，岑氏执意要把丁行兄弟推荐给阳明，并对他们说："尔长无望富贵易门阀，得与闻王门学，成一儒者足矣。"阳明卒后，丁行兄弟又继续从学于其他王门高徒，最后"俱成大儒"。[1]这其中，岑氏的功劳可谓最大。

文献中有关阳明祖母岑氏的史料不算太少。据王孙荣说，王华曾为《余姚上林岑氏家谱》写过序，并有手迹存于世。[2]王阳明也写过一篇与岑氏有关的像赞，即《简卿公像赞》，赞曰："君敬称字，谨饬谦和，克家有子，孙掇巍科，富而且贵，尘寰几何，睹容景仰，泰山嵬峨。姻晚生王守仁拜题。"像赞旁注云："莹房：六世元五，新九长子，讳俊卿，字子秀，娶邑中闻人氏，随奁三百亩，名云柯庄，就产启住石姆山，卒葬云柯塔子岭施家滩。女适王，即海日公之母，阳明先生之祖母太夫人，享年百岁。""恺十一，新九次子，讳简卿，字君敬，赠儒林郎。生元大德十年丙午六月初八日亥时，卒至正七年丁亥二月廿九日戌时，年四十有二，配郑氏，宰相郑清之女，葬游深照面山，子二：沂四、沂五。"岑太夫人是简卿长兄俊卿的四世孙，故王阳明在像赞中自称"姻晚生"。[3]除此之外，陆深《海日先生行状》中亦尝略述岑氏对其次子王华的教诲。其长子王荣（1434—1477，字德光，人称半岩公）六世孙王谋文的《明内阁中书半岩公传》和明朝名宦余姚人黄珣的《明易直先生传》，则对岑氏母子间的关系作过如下描述：

> 公曰荣，字德光。公生而端恪，举止不苟，竹轩先生甚异之。比长，务笃行，喜与贤士大夫游，以礼法绳其乡党，人有急，赴之惟恐或后，人伦由是翕然归……公少承家教，不为帖括学以取仕进，既而以七吕散官授内阁中书，非其好也。年四十三，先竹轩先生五年卒，德懋而年促，时论惜之。[4]

---

[1] 参见吴震编校整理：《王畿集》，凤凰出版社2007年版，第646页。
[2] 参见王孙荣：《上林岑氏望族》，载《慈溪史志》2007年第1期。
[3] 参见《余姚岑氏章庆堂宗谱》，清光绪三十四年章庆堂活字本。
[4] 〔清〕龙山后裔王谋文辑校：《姚江王氏宗谱》，清德逸堂抄本。

初，岑太夫人得先生①最晚，奇爱之，而先生朝夕依膝下，每事必请而行。太夫人或假寐，则时时穴窗纸，窥其动息，五十年孺慕无间。龙山公既登显，仕群从汇，征门第烜赫，而先生依然如儒素，视荣利泊如也。与人交，伛偻恭谨，啮啮蹈绳墨，自内至外，翕然称长者。②

以上内容看似是对长子王荣和季子王衮的褒奖，实际上反映了岑太夫人严厉持家、教子以德的家庭教育方式。是故，刘春《寿王母岑太夫人八十序》对岑氏人品的描述是"含和蕴淑，克相于家"③，而这种重人格、轻仕进的家教理念对王阳明也产生了较大影响。

岑氏还是王家最高寿的长辈，王华为她致仕归养，阳明为她而"两年以来，四上归省之奏"④。黄绾说："公（王华）行年古稀，而上有太母九十六年，耳聪目明，筋力如少壮。"⑤对于这样一位健康睿智的长辈，阳明在敬重的同时受其教诲，应是情理之中的事。岑氏于正德十四年（1519）去世时，阳明近知天命之年，故而她对阳明的影响可谓长久。这也是阳明对岑氏的养育之恩一直怀有很深的情结，甚至不惜为此放弃政治前程的重要原因。弘治十五年（1502），31岁的王阳明告病归越，筑室阳明洞中，行道教导引术，久之而有省悟，遂想离世远去，唯岑氏与王华在念，于是犹豫不决，后又忽悟曰："此念（指爱亲孝养之念）生于孩提。此念可去，是断灭种性矣！"翌年便移疾杭州西湖，并决意

---

① 指王华弟王衮（1449—1498），字德章，号易直，王正宪为其孙。卒后王阳明撰墓志铭，对叔父评价甚高。

② 〔清〕龙山后裔王谋文辑校：《姚江王氏宗谱》，清德逸堂抄本。

③ 〔明〕刘春：《东川刘文简公集》卷十一，载《续修四库全书》集部第1332册，上海古籍出版社2002年版，第236页。

④ 《王阳明全集》中只录有三疏，即正德十四年（1519）六月二十一日的《乞便道省葬疏》、同年八月二十五日的《二乞便道省葬疏》、翌年闰八月二十日的《四乞省葬疏》（又称《四乞归休疏》）。这三道奏疏，内容皆为"父老祖丧"，乞求朝廷恩准归葬省亲。钱德洪在编纂《文录》时何以要删去第三疏？据笔者推测，可能是因第三疏与第二疏或第四疏之间不仅内容一致，而且文字亦大体相同之故。十个月后，阳明又上一疏，即正德十六年六月十六日的《乞便道归省疏》，但此疏内容与岑氏无关，是"以亲老（指王华）多病"为由，"恳乞暂归省视"。（吴光、钱明、董平、姚延福编校：《王阳明全集》，上海古籍出版社1992年版，第451页）

⑤ 张宏敏编校：《黄绾集》，上海古籍出版社2014年版，第193页。

放弃"离世"想法而"复思用世"。①可见，在阳明心目中，无论戎马倥偬还是静久隐遁，"爱亲本性"是始终如一的，其爱的主要对象便是祖母岑氏和父亲王华。

正德十四年（1519）王阳明听说岑氏病重的消息后，便"在赣屡乞终养，弗遂"，后"闻讣，已不胜痛割"。②其奏疏云："臣思祖母自幼鞠养之恩，不及一面为诀，每一号痛，割裂昏殒，日加尪瘵，仅存残喘。"③据阳明自述，其四疏归省的目的，一是为祖母"略为经划葬事"，二是为"省父病"，出于"迫切之至情"，所谓"臣自两年以来，四上归省之奏，皆以亲老多病，恳乞暂归省亲，实皆出于人子迫切之至情"也。不过他又坦陈，归省的另一原因是"权奸当事，谗嫉交兴，非独臣之愚悃无由自明，且虑变起不测，身罹暧昧之祸"，"故其时虽以暂归为请，而实有终身丘壑之念矣"。④归隐也是阳明因政治生态的变化而对自己的人生道路所作出的主动调整。也就是说，在正德十五年（1520）八月以前的三次奏疏中，"归葬省亲"抑或"暂归省亲"的确是阳明的真实动机，"宸濠诸奸之变"（详见后述）使他对当时的政治生态彻底失去信心，才想到了以省亲的名义归养。这无疑是犯了欺君之罪。在"欺君"与"忘父"之间，阳明毫不犹豫地选择了"欺君"，而他的理由又是符合中国传统伦理的，即所谓"世固未有不孝于父而能忠于其君者也"⑤。因此，在四乞归省未被应允的情况下，阳明甚至想到过"冒罪逃归"⑥的极端做法，后见这招行不通，便开始"装病"，从积极为政转为消极避世。诚如其在《与朱守忠手札》中所言："近因祖母之痛，哀苦狼藉，兼乞休疏久未得报，惟日闭门病卧而已。"⑦其实，阳明此

---

① 参见吴光、钱明、董平、姚延福编校：《王阳明全集》，上海古籍出版社1992年版，第1226页。

② 吴光、钱明、董平、姚延福编校：《王阳明全集》，上海古籍出版社1992年版，第989页。

③ 吴光、钱明、董平、姚延福编校：《王阳明全集》，上海古籍出版社1992年版，第436—437页。这段话王阳明在两年四疏中前后说了三遍，足见其"爱亲本性"之深厚。

④ 吴光、钱明、董平、姚延福编校：《王阳明全集》，上海古籍出版社1992年版，第451页。

⑤ 吴光、钱明、董平、姚延福编校：《王阳明全集》，上海古籍出版社1992年版，第452页。

⑥ 吴光、钱明、董平、姚延福编校：《王阳明全集》，上海古籍出版社1992年版，第436页。这句话王阳明在两年四疏中也前后说了三遍。

⑦ 此文未收入通行本《王阳明全集》，详见钱明：《〈王阳明全集〉未刊佚文汇编考释》，载钱明主编：《阳明学新探》，中国美术学院出版2022年版，第299页。

时并非真的有什么大病，而是因祖母之痛和仕途危局，才称病不出。从中流露出的，既有阳明对朝廷不批准自己乞休省亲的严重不满，也有他对当时政治生态的心灰意冷，更有其对祖母养育之恩的报答怀念之情。这从阳明在四次上疏中讲得最多的三句话，即"父老祖丧""祖母自幼鞠养之恩"和"冒罪逃归"里就可感受到。换言之，为祖母尽孝、为父亲养老，是阳明乞归的最主要原因。

对王阳明的所作所为，其高足钱德洪起初并不理解，曾言：

> 洪昔茸师疏，《便道归省》与《再报濠反疏》同日而上，心疑之，岂当国家危急存亡之日而暇及此也？当是时，倡义兴师，濠且旦夕擒矣，犹疏请命将出师，若身不与其事者。至《谏止亲征疏》，乃叹古人处成功之际难矣哉！①

不止钱氏，当时王阳明的其他门人亦几乎无一人表示赞同，据载：

> 初，（阳明）先生在赣，闻祖母岑太夫人讣，及海日翁病，欲上疏乞归，会有福州之命。比中途遭变，疏请命将讨贼，因乞省葬。朝廷许以贼平之日来说。至是凡四请。尝闻海日翁病危，欲弃职逃归，后报平复，乃止。一日，问诸友曰："我欲逃回，何无一人赞行？"门人周仲曰："先生思归一念，亦似着相。"先生良久曰："此相安能不着？"②

"着相"是佛教用语，意指有意识的表现形态。在佛家看来，"着相"即"起知见"，有碍佛性的显现。然阳明认为，像"思归"这样的"着相"是不可能消除的，因为人的亲情孝养之心是与生俱来的，若无此心，便是"断灭种性"。故而为了亲情，即使选择"弃职逃归"这样的极端手段也是情有可原的。但究竟是"归省"还是"归隐"，其实在阳明那里是时有冲突、前后有变的。正

---

① 吴光、钱明、董平、姚延福编校：《王阳明全集》，上海古籍出版社1992年版，第1274页。
② 吴光、钱明、董平、姚延福编校：《王阳明全集》，上海古籍出版社1992年版，第1277页。

德十五年（1520）前阳明选择"归省"，显然与岑氏有着非常大的关系。岑氏卒后，阳明的"归隐"之心愈加强烈，直至取代"归省"。可以说，王阳明一生思想性格的两面性，从一定程度上说与岑太夫人有相当密切的关系。

二、望子成龙

其实，岑氏做梦也好，王华做梦也罢，表达的都是在龙年这个吉祥的年份里对孙子的期待。换言之，瑞云之梦与王阳明及其长辈们心中的云龙崇拜有很大关系。云是龙的隐性存在，龙是云的显性表征和生命化形象，龙被古人视为云神。中国古代典籍中大量出现的这组关系，与远古人的朴素自然观和泛神论思维直接相关。在龙图腾的形成过程中，云参与了龙形象的塑造，与龙形象的诞生和演变息息相关。钱德洪亦曾就云龙关系发表过如下见解：

> 今夫龙兴而云从，云非恩乎龙而从也，嘘吸为变，莫之致也。[1]

意即龙与云随气起伏，吐纳呼吸，密不可分。

在王阳明所作的诗赋中也有大量有关云与龙的描述存在。如《吊屈平赋》云："累忽举兮云中龙。芹崦霭兮飘风。"《化城寺六首》诗云："钵龙降处云生座，岩虎归时风满林。"《忆诸弟》诗云："久别龙山云，时梦龙山雨。"《南游三首》诗云："洞庭何渺茫，衡岳何崔嵬……下有蛟龙峡，往往兴云雷。"《白云》诗云："白云冉冉出晴峰……他日从龙谩托踪。"《又次陈惟浚韵》诗云："云中想见双龙转，风外时传一笛横。"《即事漫述四首》诗云："烟水沧江从鹤好，风云溟海任龙争。"《登小孤次陆良弼韵》诗云："看尽东南百二峰，小孤江上是真龙。攀龙我欲乘风去，高蹑层霄绝世踪。"[2]云龙不分不离，"攀云"即"攀龙"，王阳明在《故山》诗中明确说："鉴水终年碧，云山尽日闲。故山不可到，幽梦

---

① 〔明〕钱德洪：《稽山感别卷》，载钱明编校整理：《徐爱·钱德洪·董沄集》，凤凰出版社2007年版，第219页。

② 吴光、钱明、董平、姚延福编校：《王阳明全集》，上海古籍出版社1992年版，第660、667、672、680、709、748、756、781页。

每相关。雾豹言长隐，云龙欲共攀。缘知丹壑意，未胜紫宸班。"①

正因为云与龙密不可分，所以王阳明发迹后，当地人称其出生处为"瑞云楼"，王华的同僚毛纪则称它为"龙楼"。此事发生在明弘治十二年（1499），阳明举进士南归，毛纪为其送行，并赋诗一首：

> 一代骚坛早著声，时人尽识子安名。地临禹穴游偏胜，云近龙楼梦独清。槐树百年重世荫，桂香二月满春城。长亭一笑幽怀在，未信乾坤负此生。②

众所周知，中国是龙图腾或龙文化的发源地，中国人自称龙的传人。虽然龙图腾起源很早，但是龙真正成为皇帝的化身和权威的象征是从汉代开始的。明清时，龙完全成了皇家的代表，故宫太和殿中能看到的"龙"就有一万多条，统治者禁止民间使用与龙相关的物品和名称，官府和学界也开始对龙加以避讳。王阳明的先祖们信奉道教，而龙在以道教为内核的中国民间图腾信仰中排在首位。所以，属龙的阳明一出生，长辈们便自然将其视为心肝宝贝，并将其与龙及"梦神人自云中送儿下"之人设相呼应。巧合的是，阳明的一生，与"龙"的确有着千丝万缕的联系。可以说，阳明从生到死，从修道到悟道，从立言到立功，都与"龙"有很深的因缘。

王阳明出生的瑞云楼在绍兴府余姚县城的龙泉山北麓，其父王华亦因龙泉山而取号"龙山"，人称"龙山先生"或"龙山学士"。

少年时，王阳明随父迁居与龙山（府山）相对的光相桥，后来阳明在光相桥建新建伯府。其弟子陈九川《新建祠楼晚眺》诗云："祠下行舟剡水来，楼前芳树越王台。日月雉堞天边绕，云拥龙山海上回。桑梓仪刑开庙貌，乾坤声教散风雷。独惭早倚宫墙立，迟莫升堂白发催。"③诗句意指伯府中的新建祠（王

---

① 吴光、钱明、董平、姚延福编校：《王阳明全集》，上海古籍出版社1992年版，第673页。
② 〔明〕毛纪：《龟峰类稿》卷二十一《送王伯安南还》，载《景印文渊阁四库全书》集部第28册，台湾商务印书馆1983年版，第372页。
③ 〔明〕陈九川：《明水陈先生文集》，江西省图书馆藏清抄本。

文成公祠）有龙象龙气。阳明弟子绍兴知府南大吉曾在《龙首书院记》中对与伯府遥相呼应的龙山及龙首书院等作了更详细的描绘：

> 绍兴府治据卧龙山之东麓，由府东廊之南出而东走，南向者为守宅……询之，亦前人藏置典籍之所……然幽草荒榛芜秽而不可游；毁垣倾栋，落莫而不可居矣。爰命工仆雍治而量度之……于是因前屋之旧而增新之，名曰"大观堂"……然兹地也，实卧龙山之首，故于门则大题曰"龙首书院"云。书院云者，盖亦窃取"仕优则学"之义以自励焉尔矣。[1]

28岁时，王阳明参加会试，举南宫第二人，赐二甲进士第七人，观政工部。"是秋钦差督造威宁伯王越坟。"[2]王越墓在河南浚县，浚县县城外有著名的大伾山。据正德《大名府志》卷二记载：

> 此山东南，因崖石镌佛像，高八丈余，以镇河流……西有三穴，深邃阴黯。名阳明洞，龙窟也。

曹学佺的《大明一统名胜志·北直隶名胜志》卷十亦载：

> 阳明洞，去佛岩北百步，一曰龙洞，大小穴三，天欲雨，穴中云气蒸蒸出焉。洞旁建丰泽庙……我明正德间，阳明王公守仁登兹山，有赋，故洞以名之。[3]

有学者据此认为："王守仁自号'阳明'，最大可能是受到大伾山阳明洞的影响，此龙洞祷之则应，宋宣德年间且被封为'康显侯'，王越家族向来十分重视龙洞，阳明很早即有作圣人情节，故王阳明当由此得到启发，要作人中之龙，

---

① 李似珍点校整理：《南大吉集》，西北大学出版社2015年版，第59页。
② 吴光、钱明、董平、姚延福编校：《王阳明全集》，上海古籍出版社1992年版，第1224页。
③ 束景南：《王阳明年谱长编》，上海古籍出版社2017年版，第176页。

其阳明之号是和大禹和龙相关的，其最早当源自浚县大伾山阳明洞。"这里提出了两个问题。

一是"阳明"自号的来源。据笔者调查，阳明洞有四大主洞，即绍兴阳明洞天、贵州修文阳明洞、江西龙南阳明洞和广西平果阳明洞，后三者是真洞穴，以龙南阳明洞面积最大，修文阳明洞最有名；又有四个辅洞，即余姚四明山阳明洞、杭州天真山阳明洞、广西隆安阳明洞和河南浚县阳明洞。①但"阳明"之号无疑源自绍兴阳明洞天，因为王阳明把会稽山阳明洞天选定为修炼地的时间是在他中进士之前，要明显早于赴浚县督造王越墓的时间，阳明本人亦称修文、龙南的阳明洞为"小洞天"或"别洞"。也就是说，在他心目中，绍兴阳明洞天是主洞，修文、龙南的是别洞；绍兴阳明洞天是大洞天，其他的都是小洞天。所以可以肯定地说，"阳明"之号与浚县"阳明洞"无关，后者至多只是让王阳明增添了对家乡阳明洞天之怀念。

二是王越家族向来十分重视龙洞，王阳明要作人中之龙，所以其"阳明"之号与大禹和龙相关。这个说法有一定道理。王越祖父和父亲都为浚县的阴阳训术官，信奉道教，所以特别重视龙洞。王越之父曾为宣德年间的《浚县重建龙祠记》篆额，成化末年王越之子曾重建龙祠。王越在大伾山所存的唯一一首诗，就是为庆祝弘治年间知县刘台祷雨有验而作，且被刘台刻于龙洞。换言之，从王越祖父开始到王越本人都非常看重"云气蒸蒸"的大伾山龙洞，将其视为能够预测人生祸福的灵验之地。王阳明十分喜欢大伾山，应该也与灵验的龙洞有一定关系。

31岁至32岁时，王阳明隐居宛委山瑞龙宫旁的阳明洞天修炼，开启了自己的心学之思，阳明学亦由此发端。②钱德洪《阳明洞有感》诗尝以"侍讲季季龙瑞宫"③赞叹当时阳明洞天的讲学盛况。南大吉的《登会稽山记》则对会稽山的山脉走势作了如下记载："又南五里出长龙、盘龙诸山，折而西南，夹两山之

---

① 参见钱明：《王阳明及其学派论考》，人民出版社2009年版，第14—16页。

② 参见钱明：《思想与社会——王阳明的"事""术""道"》，孔学堂书局2023年版，第132—137页。

③ 钱明编校整理：《徐爱·钱德洪·董沄集》，凤凰出版社2007年版，第330页。

交。"①这说明了地处会稽山麓的大禹陵被长龙、盘龙诸山所夹的优越地理位置。而属于会稽山脉的宛委山阳明洞天，就在大禹陵附近，亦为长龙、盘龙诸山所夹。王阳明选择此处修炼，当有其一定用意。

　　37岁的王阳明抵达贵州龙场，这年正好也是龙年。而阳明启程去龙场的时间一拖再拖，是否与其家人希望他龙年抵达，图个吉利，有机会再次龙腾虎跃有关，亦未可知。②

　　同年，王阳明在龙场悟道，把位于龙场东北的东山（又称东峰）改名"龙冈山"③，将山上一个被当地人称为"东洞"的天然岩洞改名"阳明小洞天"，后"以所居（小洞天）湫湿，乃伐木构龙冈书院及寅宾堂、何陋轩、君子亭、玩易窝以居之"④。阳明将其心目中的神圣之地"阳明洞天"的称号给了龙冈山上的这个岩洞，而把此前暂住的距离龙冈山约2公里的一个洞穴称为"窝"（玩易窝），表明那里只是权宜之地，"小洞天"才是其理想之地。至于龙场悟道的具体时间，根据文献记载，可大致推断出是在阳明搬入"小洞天"后不久。对此，《阳明先生年谱》是这样记载的：

　　　　时瑾憾未已，自计得失荣辱皆能超脱，惟生死一念尚觉未化，乃为石墩自誓曰："吾惟俟命而已！"日夜端居澄默，以求静一；久之，胸中洒洒。而从者皆病，自析薪取水作糜饲之；又恐其怀抑郁，则与歌诗；又不悦，复调越曲，杂以诙笑，始能忘其为疾病夷狄患难也。因念："圣人处此，更有何道？"忽中夜大悟格物致知之旨，寤寐中若有人语之者，不觉呼跃，从者皆惊。始知圣人之道，吾性自足，向之求理于事物者误也。乃以默记

---

① 李似珍点校整理：《南大吉集》，西北大学出版社2015年版，第57页。
② 关于王阳明到达贵州的时间学术界有不同观点，比较一致的看法是在正德三年（1508）春抵达龙场驿，这一年是龙年，王阳明37岁。
③ 王阳明《龙冈漫兴五首》云："卧龙一去忘消息，千古龙冈漫有名。"（吴光、钱明、董平、姚延福编校：《王阳明全集》，上海古籍出版社1992年版，第703页）"漫"意为莫要、不要，"漫有名"意指小山原先无名，因在龙场东边，俗称"东山"，"龙冈"是后来取的名。
④ 吴光、钱明、董平、姚延福编校：《王阳明全集》，上海古籍出版社1992年版，第1228页。

《五经》之言证之，莫不吻合，因著《五经臆说》。①

41岁的王阳明率弟子游四明山，所到之处在今绍兴、宁波地界。其间，道友王世瑞因妲己乃商代纣王宠妃之故，嫌"妲溪"之名不吉利，提议更名为"文溪"，阳明则因溪水的源头在黑龙潭而主张更名为"龙溪"，所谓"龙潭厥源也，称龙溪自兹始矣"②。考察期间，王阳明还坚持到"龙潭"底部探险，以一睹龙潭之真貌，抒己之心绪。嘉靖初，阳明高足王畿号"龙溪"，此号是否为阳明所赐，以及是否与若干年前四明山游学取"龙溪"之名有关，尚待考证。

同年，王阳明升南京太仆寺少卿。南京太仆寺位于滁州丰山东麓，寺署西南就是著名的龙潭（柏子潭），朱元璋当年驻兵滁阳时，曾向龙潭祈雨灵验，后敕封神龙，立御碑亭庙，世代祭祀。翌年十月阳明到滁州上任，"日与门人遨游琅琊、瀼泉间。月夕则环龙潭而坐者数百人，歌声振山谷。诸生随地请正，踊跃歌舞。旧学之士皆日来臻。于是从游之众自滁始"③。阳明滁州讲学的地点就选在龙潭和龙盘山，《南滁会景编》收入的三首阳明诗皆以龙潭为名，又有《龙蟠山中雍用韵》等。④因环境改变、受众不同，阳明的讲学内容和教法亦随之发生转变，黄宗羲喻之为"学成之后"的第二变。⑤滁州讲学经历半年多，阳明不仅踌躇满志、意气风发，欲借龙来抒发积极的淑世精神——"吾欲鞭龙起，为霖遍九州"⑥，而且吸引了来自全国各地的学子，在王门中掀起了又一次讲学高潮。

46岁的王阳明在指挥南赣战役时，曾到龙南玉石岩小憩，见"双洞绝奇，徘徊不忍去，因寓以阳明别洞之号"，兼留诗作数篇，其中有"阳明山人旧有居，此地阳明景不如。但在乾坤俱逆旅，曾留信宿即吾庐。行窝已许人先号，

---

① 吴光、钱明、董平、姚延福编校：《王阳明全集》，上海古籍出版社1992年版，第1228页。

② 钱明编校整理：《徐爱·钱德洪·董沄集》，凤凰出版社2007年版，第79页。

③ 吴光、钱明、董平、姚延福编校：《王阳明全集》，上海古籍出版社1992年版，第1236页。

④ 参见〔明〕赵廷瑞、李觉斯等编纂：《南滁会景编》第2册，黄山书社2016年版，第62、64、77页；《南滁会景编》第6册，第200页。

⑤ 参见〔清〕黄宗羲著，沈芝盈点校：《明儒学案》，中华书局1985年版，第180页。

⑥ 吴光、钱明、董平、姚延福编校：《王阳明全集》，上海古籍出版社1992年版，第764页。

别洞何妨我借书。他日巾车还旧隐，应怀兹土复乡闾""春山随处款归程，古洞幽虚道意生……习静未缘成久坐，却惭尘土逐虚名"①等直抒思乡情怀、后悔追逐虚名之佳句。

龙南因地处百丈龙潭之南而得名，据说与传说中的神龙有千丝万缕的关系。众所周知，王阳明对周易奥秘有深刻领悟，他一走进龙南就感受到萦绕于群峰竞秀间的阵阵"龙"气。龙头滩、龙头塔以及百丈龙潭那些悲壮离奇的传说，让他惊讶、震撼。滚滚奔流的桃江水在龙头滩上激起层层翻滚的浪花，形成美丽奇观。面对这龙南"八景"之一的视觉盛宴，阳明欣然为它起了个美丽名称——"龙头雪浪"。站在龙王庙前，阳明虔诚地礼拜祭祀，小白龙的勇敢正义令他肃然起敬；凝视着神秘深邃的百丈龙潭，对小白龙因斩杀荼毒百姓的孽龙却受到天条惩罚而感到百思不得其解。千百年过去了，遥遥相对的龙头塔没有在岁月沧桑中流逝，依然伫立在龙头山顶，镇守囚禁着为民除害之神龙的百丈龙潭，阳明遥望茫茫无际的苍穹，发出了"龙头塔何时才会倒塌？小白龙何时能重获自由"的慨叹。②巧合的是，龙南所属的赣州曾出土大量恐龙蛋等珍稀化石标本，是江西省内出土恐龙化石和恐龙蛋化石最多的地区，已发现并命名的斑嵴龙、中国赣南龙、赣州江西龙、江西南康龙、南康赣州龙、中华虔州③龙等均属国家一级重点保护化石，故而赣州亦于2017年被命名为"中国恐龙之乡"。

54岁时，王阳明回到余姚龙泉山中天阁讲学，自称"卧龙之会""龙山之会"，在余姚掀起了一阵讲学高潮。一批优秀学子拜他为师，成为余姚王门之中坚。④

王阳明去世前，曾专门前往距离南安府城不远的丫山，又称"双龙山"（双龙即黄龙和青龙），不久长眠于距离丫山5里路的青龙浦的官船上，最后归葬于

---

① 吴光、钱明、董平、姚延福编校：《王阳明全集》，上海古籍出版社1992年版，第751页。

② 参见赖建青编著：《王阳明与龙南》，团结出版社2017年版，第187页。

③ 古代赣州称虔州，宋朝时虔州更名为赣州，故赣州又简称虔。

④ 王阳明有《游龙山》诗，但此龙山非彼龙山，《游龙山》的龙山是指安徽怀宁县的大龙山。（参见束景南：《王阳明佚文辑考编年（增订版）》上册，上海古籍出版社2015年版，第648页）

阳明亲自选定的绍兴兰亭鲜虾山。据说鲜虾山也与龙有一定关系。①

王阳明生前最后的愿望也是从广西回来后，在杭州玉皇山南麓、天龙寺东侧建天真书院，以讲学终其生。玉皇山又称玉龙山，简称龙山，与凤凰山首尾相连，天龙寺上方即为钱镠所建用于祭天的"郊坛"。天真书院选址于此，其用意不言自明。是故，黄绾作《天真书院田记》曰："浙江之上，龙山之麓，有曰天真书院者，立祀阳明先生者也。盖先生尝游于斯，既没，故于斯创书院以讲先生之学，夫人皆知之，奚俟予言?"②

总之，几乎王阳明在每一个人生节点，或者说是每一个决定他命运的地方，都会与"龙"相遇，可以说是遇龙化险、遇龙为吉。这种先天预兆与后天渲染的叠加效应，进一步加强了对阳明的神化。诚如清代诗人沈受宏《阳明洞》诗所云："宛委荒山路，阳明古洞天。道书虚记载，禹穴漫流传。丹井埋何处，珠宫废几年（洞侧旧有葛仙井、龙瑞宫）? 文成名号出，从此夺神仙（王文成尝结庐于此，因以阳明自号）。"③当然，这种龙图腾也会给阳明带来麻烦和危险，人们会说他胆大妄为、目中无人，甚至有犯上作乱的野心。在笔者看来，"龙"既可与"皇"相联系，也可以与"圣"相联系。在时人和后人神化阳明的同时，其弟子后学大都着墨于后者，也就是以"圣化"代替"神化"，而这一点恰好与其祖父母望子成龙的期盼及阳明本人的成圣志向相吻合。后来徐渭写的《新建伯遗像》可谓道出了他们的共同心迹：

> 方袍縠履步从容，高颡笼巾半覆钟。千古真知听话虎，百年遗像见犹龙。夜来衣钵今何在，画里须眉亦似侬。更道先生长不减，那能食粟度春风。④

---

① 王阳明迷恋道教、精通兵法，观天象、测风水是他的拿手好戏。他生前就在兰亭花街鲜虾山南麓选定了自己的墓地。墓坐北朝南，左有青龙（庙山），右有白虎（印山），前有朱雀（大岗山），后有玄武（鲜虾山）。

② 张宏敏编校：《黄绾集》，上海古籍出版社2015年版，第277页。钱德洪编《阳明先生年谱》收录此文，题为《重修天真精舍碑记》，文字略有异。

③ 〔清〕沈受宏：《白溇集》卷九，清康熙四十四年刻增修本。括号内文字为沈受宏所作。

④ 《徐渭集》第1册，中华书局1983年版，第228页。

少年立志

一、毁棋励学

实际上，云也好龙也罢，都是长辈们对阳明这个王家长子长孙的满满爱意和殷切期望，就像我们望子成龙一样，属人之常情。可阳明的成长过程偏偏不太按常理规矩出牌。他个性很强，爱好极多，像普通孩子一样调皮捣蛋，在乡人中的印象很不好。这可以说是阳明长大后敢想敢做、行事出格，朝中人士屡予其"差评"（实为诬陷）的重要预兆之一。对此，其高足邹守益的《王阳明先生图谱》有这样一段有趣记载：

> 成化十九年（1483，阳明11岁）癸卯，龙山公命就塾师，督责过严，先生郁郁不欢，伺塾师出，率同学旷游，体甚轻捷，穷崖乔木攀援，如履平地。公知之，锁一室，令作经书义，一时随所授辄辄就，窃启钥以嬉。公归，稽课无所缺。久而察而忧之。[①]

这段记载说明顽皮的阳明面对"督责过严"的父亲，总有办法逃出"监控"，旷游于大自然，并练就了轻盈敏捷的体魄。父亲因其不务正业，忧心忡忡。

在各种游戏中，象棋是阳明的最爱。他8岁时就对象棋如痴如醉，把私塾先生批评他"玩物丧志"的话当作耳旁风，以致严重影响到其接受儒家教育。一天，阳明不温习功课，又在与小伙伴一起下棋，家人骂了也没用。王华见状，一怒之下把棋盘棋子统统扔进了河里。阳明伤心不已，暗暗哭泣，既是为失去心爱的棋盘和棋子，更是为自己不能随心所欲地与小伙伴们摆阵对垒、自由玩耍。后来他静下心来一想，这样随波逐流、不思进取地混日子，长大后肯定一事无成。于是他非常后悔，下定决心，要引以为戒，好好学习，发奋读书，并且写下了一首《棋落水》诗，全诗如下：

---

① 〔明〕邹守益：《王阳明先生图谱》，民国三十年影印本。

象棋终日乐悠悠，苦被严亲一旦丢。兵卒堕河皆不救，将军溺水一齐休。马行千里随波去，象入三川逐浪流。炮响一声天地震，忽然惊起卧龙愁。①

这是目前所知的王阳明最早的诗。

从此之后，阳明专心致志读书，接受系统的儒家经典训练，同时又习武强身，刻苦磨炼意志，不仅打下了扎实的文化基本功，而且更加坚定了自己的个人意志。

这里有两个问题要说明一下。一是下棋是古人的一大爱好，琴棋书画，棋排在第二位，当然这个棋主要是指围棋。但在这里，象棋只是个象征，编故事的人是想借此来说明小阳明的顽皮和个性。二是"玩物丧志"虽是个贬义词，但若以"物"代指非一般意义上的"物"，比如物理实验、手工劳动等，那就不仅不能放弃，而且还要加强。不然的话，就会对个人身心健康产生负面影响，甚至阻碍科学技术的发展。王阳明后来强调"知行合一""事上磨炼"等，就是吸取自己小时候"玩物丧志"教训的一个很好例证。

二、金山赋诗

阳明10岁那年，他的父亲王华考中状元，在京城做官。第二年，阳明随祖父王伦去北京，直接受严父管教，同时利用京城优越的教育资源接受系统的儒学训练。他们从绍兴出发，沿着大运河一路北上，到镇江时，才走了三分之一的路程。当时的行船速度大约时速15公里，路上还得停船休息，一天大约走150公里，绍兴到镇江水路五六百公里，一般需要三四天。祖孙一行在镇江金山寺停船休息。金山寺原为长江江心的一个岛屿，清代时逐渐与长江南岸相接，成为内陆小山。当地名流听说新科状元的父亲和儿子来了，便来金山寺看望他们。王伦便在寺内设宴招待。酒过三巡，箫声响起，有人提出吟诗助兴。出于

---

① 吴光等编校：《王阳明全集》（新编本），浙江古籍出版社2010年版，第1695页。关于"象棋诗"，褚人穫《坚瓠集》甲集卷一《棋落水》云："一人谈王阳明幼时好棋，海日规之不止，遂将棋抛于水，阳明因作诗。"束景南《王阳明佚文辑考编年》称之为"棋落水诗"。

礼貌，客人让王伦先吟，可王伦因多喝了几杯，一时想不出妙句。阳明见状，就在一旁脱口而出一首七言绝句：

> 金山一点大如拳，打破维扬水底天。醉倚妙高台上月，玉箫吹彻洞龙眠。[1]

这首诗气势不凡，意境很美，其中的妙高台、白龙洞皆为金山之景。

除了诗美，我们还可以从这首诗中推测王伦选择金山寺下榻可能与白蛇传的故事有关。白蛇传是我国民间四大爱情故事之一，讲的是法海和尚骗许仙至金山，白娘子水漫金山救许仙，被法海封印在杭州雷峰塔下。故事起源于北宋年间，明代中叶已为世人熟知，后经过冯梦龙《警世通言》的宣传，成为家喻户晓的民间传说。雷峰塔就在阳明祖孙路经杭州时下榻的净慈寺附近，估计王伦带着阳明去玩过，他们路过镇江时又特地选择金山寺下榻。这可能是阳明在诗中引用白蛇传典故的原因之一。

出席宴会的众人听阳明吟诗后，对眼前这个少年吟出如此美妙的佳句惊叹不已，有点不相信，以为是事先准备好的。于是就让阳明以众人正在饮酒的"蔽月山房"为题即席赋诗。阳明稍作思索，又随口吟出七言绝句一首：

> 山近月远觉月小，便道此山大于月。若人有眼大如天，还见山小月更阔。[2]

其中"山小月更阔"，展现了阳明的远大理想和抱负。11岁的孩子竟然有这样的志向、胸襟；山和月，大和小，远和近，朴素的辩证关系竟然从一个孩子的口中道出，众人听后交口称赞，纷纷看好阳明。

---

① 吴光、钱明、董平、姚延福编校：《王阳明全集》，上海古籍出版社1992年版，第1221页。
② 吴光、钱明、董平、姚延福编校：《王阳明全集》，上海古籍出版社1992年版，第1221页。

三、第一等事

抵达北京后，阳明与祖父王伦、父亲王华一起住在北京的长安街一带。为了阳明长大后参加科举考试，王华特地为他请了家庭教师，让他接受儒家经典和传统文化的系统教育。可是阳明生性顽皮，不能专心致志地读书，经常跑出去与一群小朋友玩耍。他们经常玩的游戏是做一些大大小小、不同颜色的旗帜，每个孩子分别举着各自的旗帜围在阳明周围，阳明则像一个军中统帅，运筹帷幄，指挥调度。小朋友们随着他的号令改变队形，或进攻或退守，很有章法。一心要阳明好好读书的王华看在眼里，急在心里，对他的管教也愈加严厉。可王伦却对孙子的所作所为不以为意，甚至认为这是胸怀大志的表现，将来肯定会成为一名将才。

有一次，王华上朝结束回家，刚好碰见阳明又在玩这类游戏，于是厉声责骂道："你这个小子，我王家世代以读书为本，你却整天带着一批小孩子玩这种游戏，不是玩物丧志是什么？"阳明反问道："读书有什么用？"王华正色道："读书能中进士，当大官，你父亲我为什么能中状元？不就是读书读出来的吗？"阳明就开始认真思考父亲的这番话究竟有没有道理，思考究竟什么才是人生的第一等事，并就这个问题请教自己的塾师。塾师回答："惟读书登第耳！"阳明质疑说："登第恐未为第一等事，或读书学圣贤耳。"也就是说，读书的目的不是为了考试中进士，而是为了学当圣贤。王华得知后嘲笑道："汝欲做圣贤耶？"[1]把阳明的话当作小孩子的狂言，对阳明根本不抱信心。

也许大家会问，通过科举考试出人头地是王华走过的成功之路，那么王阳明为什么对科举考试会如此反感甚至抵触呢？这是因为，在阳明看来："古之仕者，将以行其道；今之仕者，将以利其身。"[2]"近世所谓道德，功名而已；所

---

[1] 对此，《阳明先生年谱》的记载颇有几分神秘色彩，以相士的话切入："一日，与同学生走长安街，遇一相士。异之曰：'吾为尔相，后须忆吾言：须拂领，其时入圣境；须至上丹台，其时结圣胎；须至下丹田，其时圣果圆。'先生感其言，自后每对书辄静坐凝思。尝问塾师曰：'何为第一等事？'塾师曰：'惟读书登第耳。'先生疑曰：'登第恐未为第一等事，或读书学圣贤耳。'龙山公闻之笑曰：'汝欲做圣贤耶？'"（吴光、钱明、董平、姚延福编校：《王阳明全集》，上海古籍出版社1992年版，第1221页）

[2] 吴光、钱明、董平、姚延福编校：《王阳明全集》，上海古籍出版社1992年版，第1044页。

谓功名，富贵而已。"①也就是说，包括他的父亲在内的成功人士，所获得的只是功名，目的是升官发财。当然这是王阳明后来所作的总结，当时他只不过是对世代相沿的科举形式和内容感到厌恶罢了。王华获得功名后，第一件事就是在府城绍兴购地建房；王阳明想做的"第一等事"，不是考取功名，不是升官发财，而是做一个人格健全、真正对社会有用的人，也就是成为他所说的圣贤。所以在钱穆先生看来，王阳明"要做一个超俗拔群的第一等人和第一等事"②。

王阳明想要做的"圣贤"，是"圣"与"贤"的合称。"圣"比"贤"更高一些，是人格最高尚、智慧最高超的人。用今天的话说，就是对国家社会来说崇高而自信，人格独立且有思想、有智慧、有道德、有能力的人。阳明认为这样的标准其实并不高，只要按照古人树立的榜样，确立好自己的人生目标，一步一个脚印踏踏实实地去做，就能够实现。这就是王阳明所说的"立志"。

四、考察边关

自开国以后，明朝北部边境就一直没有太平过。草原上的一些游牧民族依靠强壮的马匹和强大的骑射技术，不事生产，专事战争和掠夺，使明朝边境之乱成为常态。

王阳明15岁那年，他的父亲要他继续接受儒家经典教育，为参加科举考试做准备。要知道，在那个时代，唯有考取功名，才是人生的最好出路。但阳明并不安心于在书斋里苦读由理学家注疏的四书五经，而是一心想着如何为国家做些实事，想着北方边境日趋严峻的军情民情。北京虽是首都，但距离北部边境并不远，最近的地方只是一百多里。有一次，王阳明居然未经父亲允许，独自跑到地处今河北省境内的居庸关、紫荆关、倒马关（即所谓"内三关"）等长城一线做实地考察。他详细了解北部各游牧民族的地情民情，研究他们的军备情况以及明朝军队的防御对策，还按照游牧民族的习惯，练习骑马射箭，认为只有做到兵强马壮、骑射技术娴熟，才能有效地抵御外敌入侵。一个15岁的少年，居然在人生地不熟的北部边境调研、习武了一个来月，放在当下是不可

---

① 吴光、钱明、董平、姚延福编校：《王阳明全集》，上海古籍出版社1992年版，第161页。
② 钱穆：《阳明学述要》，九州出版社2011年版，第13页。

想象的。考察期间，王阳明经常梦见东汉时保家卫国的名将伏波将军马援（前14—后49）。这说明，阳明从小心目中的英雄形象就是马援那样战死沙场的武将，而不是只会死读书的儒生。他的父亲王华总是逼他好好待在家里读书，对他的所作所为予以严厉批评，"斥之为狂"①。祖父王伦则允许他按照自己的个性爱好，读万卷书、行万里路，尤其是包容他对军事战略战术的痴迷，这也是阳明从小就对祖父比较信任而对父亲的教育方法比较抵触的重要原因。

五、格竹染疾

明代要过科举考试这一关，必须研读儒家的四书五经。而当时四书五经的标准解释或答案，都来自以南宋朱熹为代表的理学大家。朱熹说："众物必有表里精粗，一草一木，皆涵至理。"②因此，王阳明就按照朱熹的教导去"格"一草一木。他的祖父王伦喜欢竹子，王华在北京的居所也正好种了一片竹林，于是阳明就从"格竹子"开始，尝试证实朱熹的说法。所谓"格"，简单地说就是"体悟""体验""体认"，"格竹子"也就是从竹子中体悟天理。面对翠绿的竹子，阳明从早到晚默默静坐，整日沉思，竭尽全力地想从竹子中悟得天理，结果以失败告终。道理很简单，阳明体悟的不是竹子自然生长的规律或者竹子的使用价值，而是人伦社会的道德天理，即伦理价值。也就是说，他其实不是在"格物"，而是在"格心"。道德伦理怎么可能从竹子中悟得呢？结果"格"了七天七夜，阳明不仅没有悟得天理，反而"格"出了毛病，大概是多天不吃不喝、身体虚弱而导致的伤风感冒等疾病，也可能是精神上的心理疾病。③原本阳明想通过"格竹子"来体悟天理，成贤成圣，结果反而无功成疾，他就怀疑凭自己的天分恐怕成不了圣贤，只好再回过头去老老实实地复习应考。后来他越想越不理解：难道朱夫子的话有错？就这样整日苦思冥想，不吃不睡，结果"旧病又发"，身子骨更加虚弱。为了调养身体，阳明只好"放情去学二氏，觉得二氏

---

① 吴光、钱明、董平、姚延福编校：《王阳明全集》，上海古籍出版社1992年版，第1222页。

② 吴光、钱明、董平、姚延福编校：《王阳明全集》，上海古籍出版社1992年版，第1223页。

③ 钱德洪纂辑、曾才汉校辑的《阳明先生遗言录下》第49条记载："一日寓书斋，对数茎竹，要去格他理之所以然，茫然无可得。遂深思数日，卒遇危疾，几至不起。乃疑圣人之道恐非吾分所及，且随时去学科举之业。"（吴光等编校：《王阳明全集》（新编本），浙江古籍出版社2010年版，第1606页）

之学比之吾儒反觉径捷，遂欣然去究竟其说"①。也就是从儒家转向佛教和道教，想从二氏之学中弄明白做人的道理。"格竹子"失败的事实告诉阳明三个推论：朱熹的话不一定正确，自己也不一定是这块料，不是人人都能成为圣贤。其中，第一个推论与阳明后来在贵州龙场所找到的答案是相符合的，而第二、三个推论，阳明则通过后来的思想探索和政治实践给了否定，用他自己在著名的《咏良知四首示诸生》中的话说："人人自有定盘针，万化根源总在心。却笑从前颠倒见，枝枝叶叶外头寻""个个人心有仲尼，自将闻见苦遮迷。而今指与真头面，只是良知更莫疑。"②

上下求索

一、南昌问道

王阳明是家中长子，很早就被父母催着结婚生子。他16岁那年，刚刚担任江西布政司参议（相当于如今的副省长）的余姚同乡诸让（字养和）给好友王华写信，敦促王华让早就定下娃娃亲的长子阳明来南昌与自己女儿完婚。王华便让阳明从余姚赶往南昌。次年七月，阳明到达南昌，住进章江门（又名古昌门，位于今章江路西端与榕门路相接处）内的官舍。

就在举办婚礼的这一天，发生了一件匪夷所思的事情。新婚之夜，新郎官居然不见了。原来王阳明一人去了附近的著名道观铁柱宫。进去后见到一位盘腿端坐、精神矍铄的老道士，便与其攀谈起来，主要是讨教养生之道。老道人除了教他养生术，还告诉他养生与心学的关系，指出无论道家讲的清静自然还是儒家讲的静处涵养或佛家讲的自我解脱，根本宗旨都是一致的，没有本质区别。找到共同话题的两个人，相谈甚欢，竟然坐而忘归。次日一早，诸让派人

---

① 吴光等编校：《王阳明全集》（新编本），浙江古籍出版社2010年版，第1606页。
② 吴光、钱明、董平、姚延福编校：《王阳明全集》，上海古籍出版社1992年版，第790页。

找到阳明后，阳明仍不肯回家，诸让只好再派人"追之"①，即逼着他回了家。

南昌铁柱宫又叫铁柱万寿宫，为道教净明道祖庭和当地的重要道场。二十多年后，另一位才子唐寅（字伯虎）应宁王朱宸濠之邀客居南昌，也曾游此地，并作记一篇。王阳明在新婚之日来此问道，与他当时的心理状态和身体状况有很大关系。阳明因"格竹子"大病一场，身体虚弱，结婚生子，没有好的身体怎么行？又因"格竹"失败，阳明对朱子学产生了怀疑。整日整夜地"格竹子"，不仅没有找到成圣之路，而且心头疑虑愈加强烈；不仅对科考失去信心，而且对人生也感到迷茫。这是阳明当时到铁柱宫向道士问道的重要原因。

婚后的王阳明在南昌停留了一年多时间，为了做到心静，加强身心修养，他开始勤习书法。当时诸让的布政司官署内藏有好几箱质量上乘的宣纸，阳明每天取几张练字。等他离开南昌时，数箱纸都被他写光了，书法水平大有长进。他反复临摹的字帖是怀素等人的古帖，后来王阳明成为大书法家，与这一年打下的基础有很大关系，当然更与他所创立的良知心学关系密切。多年后，阳明曾拿着自己写的字教示学者说："吾始学书，对模古帖，止得字形。后举笔不轻落纸，凝思静虑，拟形于心，久之始通其法。既后读明道先生书曰：'吾作字甚敬，非是要字好，只此是学。'既非要字好，又何学也？乃知古人随时随事只在心上学，此心精明，字好亦在其中矣。"②"凝思静虑，拟形于心"可以说是王阳明学习书艺、总结书道之真谛的心得体会。

铁柱宫问道，岳父家习字，其实都是王阳明学圣成圣、立志成圣贤、探索圣人之道的继续。正因如此，弘治二年（1489）十二月，他利用送新婚夫人从南昌归余姚、路过上饶的机会，专门拜访了当时的理学大师娄谅，而娄谅教授的依然是宋儒的"格物之学"。与阳明当年"格竹子"所采用的方法略有不同的是，娄谅告诉他"圣人必可学而至"③，并且告诉他哪些属于"格物"的范畴、

---

① 《阳明先生年谱》载："孝宗弘治元年戊申，先生十七岁，在越。七月，亲迎夫人诸氏于洪都。外舅诸公养和为江西布政司参议，先生就官署委禽。合卺之日，偶闲行入铁柱宫，遇道士跌坐一榻，即而叩之，因闻养生之说，遂相与对坐忘归。诸公遣人追之，次早始还。"（吴光、钱明、董平、姚延福编校：《王阳明全集》，上海古籍出版社1992年版，第1222页）

② 吴光、钱明、董平、姚延福编校：《王阳明全集》，上海古籍出版社1992年版，第1222页。

③ 吴光、钱明、董平、姚延福编校：《王阳明全集》，上海古籍出版社1992年版，第1223页。

怎样才能读好儒家经典、如何才能通过学习成为圣人等道理。阳明听后深信不疑，于是又放弃佛道，回归以朱子学为范本的儒家经典，继续探索圣人之道。

二、举业受挫

王阳明说过："弗工于举业而求于幸进，是伪饰羔雉以罔其君也。"他主张把举业作为向皇帝自我推荐的见面礼，但又说："虽然，羔雉饰矣，而无恭敬之实焉，其如羔雉何哉！是故饰羔雉者，非以求媚于主，致吾诚焉耳；工举业者，非以要利于君，致吾诚焉耳。"[1]他虽然自认"平生举业最疏慵，挟册虚烦五月从"[2]，强调"论圣学无妨于举业"[3]，却又认为立志成圣也需要在举业上用功，"只要良知真切，虽做举业，不为心累；总有累亦易觉，克之而已。且如读书时，良知知得强记之心不是，即克去之；有欲速之心不是，即克去之；有夸多斗靡之心不是，即克去之：如此，亦只是终日与圣贤印对，是个纯乎天理之心。任他读书，亦只是调摄此心而已，何累之有？"[4]尤其对于那些贫困家庭的学子来说，"家贫亲老，岂可不求禄仕？求禄仕而不工举业，却是不尽人事而徒责天命，无是理矣。但能立志坚定，随事尽道，不以得失动念，则虽勉习举业，亦自无妨圣贤之学。若是原无求为圣贤之志，虽不业举，日谈道德，亦只成就得务外好高之病而已"[5]。依据这样的逻辑，王阳明提出刻苦读书、努力复习、积极科考乃是合情合理的事，这也是他所主张的举业观、读书观和圣贤观的重要环节。他从南昌回来后又重习儒家。这其中，既有娄谅开导教诲的因素，还有其父亲、岳父敦促他务必好好学习、全身心投入科考的影响。科考考的就是理学家注疏的四书五经，不读他们的书，科考便无从谈起。

王阳明的举业之路并不顺利。他虽然很聪明，但因爱好太广、想法太多，一开始并没有一心一意地准备科举考试。在科考过程中，他乡试一次成功，非常顺利，但会试连考三次才通过，中间的曲折不再细言，只讲一下他是如何对

---

① 吴光、钱明、董平、姚延福编校：《王阳明全集》，上海古籍出版社1992年版，第875页。

② 吴光、钱明、董平、姚延福编校：《王阳明全集》，上海古籍出版社1992年版，第738页。

③ 吴光、钱明、董平、姚延福编校：《王阳明全集》，上海古籍出版社1992年版，第1291页。

④ 吴光、钱明、董平、姚延福编校：《王阳明全集》，上海古籍出版社1992年版，第100页。

⑤ 吴光、钱明、董平、姚延福编校：《王阳明全集》，上海古籍出版社1992年版，第168页。

待科考失败的。

王阳明10岁时，其父王华高中状元，成了科场的成功者，这对阳明来说有着正反两方面的意义。正面意义是父亲为他树立了最好的榜样，给予他莫大的鞭策；负面意义是给他制造了巨大精神压力和思维方式上的条条框框。王华既是父亲，又是成功人士，两者叠加给阳明的压力比私塾老师的苛责还要大，好在有疼爱他的祖父母在中间起缓和、平衡作用。从性格上说，其祖父母对他所产生的潜移默化的影响要超过父亲王华。

王阳明19岁那年，其父王华从京城回家乡守父孝，并把家族中准备科考的人集中在一起，专心致志地研读儒家经义，以便互相督促、相互促进。阳明复习时并未把精力放在四书五经上，而是"日则随众课业，夜则搜取诸经子史读之"，即博览群书，甚至阅读三教九流的思想，这在野史笔记中多有记载。一起研读的4个同学见阳明的文章进步很快，自愧不如，后来才知道阳明早"已游心举业外矣"，而这才是他们之间真正的差距。阳明宽广的知识面与他的学习方法有极大关系。不仅如此，从小贪玩、喜欢开玩笑的王阳明，经过这段时间的集中学习和自我反省，对自己以往的行为也有所醒悟，曾一本正经地对一起研读的同学说："吾昔放逸，今知过矣。"自此以后，4个同学"亦渐敛容"，大家共同努力，更加专心致志地复习科考。①

两年后，21岁的王阳明顺利考取举人，但第二年赴京参加会试却失败而归，三年后再次赴京会试又以失败告终。两次会试失败的原因，第一次可能与阳明博览群书、未按标准格式做题有关；第二次据传与他的自傲个性有关，有人嫉妒他的才华，在评卷时从中作梗，把他的成绩硬生生地拉了下来。

两次科考落榜，王阳明并没有气馁，声称："世以不得第为耻，吾以不得第动心为耻。"②所谓"动心"，就是自暴自弃。正是抱着这样的良好心态，阳明回乡继续复习，而且坚持自己原来的学习方法，博览群书，甚至趁回余姚的机会，"结诗社龙泉山寺"，交了一批诗友；还始终关注当时的边境形势，坚持研习兵

---

① 参见吴光、钱明、董平、姚延福编校：《王阳明全集》，上海古籍出版社1992年版，第1223页。

② 吴光、钱明、董平、姚延福编校：《王阳明全集》，上海古籍出版社1992年版，第1223—1224页。

书。在他看来，明廷虽有"武举之设"，但"仅得骑射搏击之士，而不能收韬略统驭之才"①。他一心想成为像诸葛亮一样的军事战略家。由此可见，阳明立志成圣的"圣"，是个较为宽泛的概念，并不仅仅局限于文质彬彬的书生层面，而是要做文武双全、实干兴邦的人才。②

三、入职工部

工部掌管土木水利工程及农田、交通等基本建设。王阳明金榜题名后，先被分配到工部"观政"。所谓"观政"，就是"实习"。明朝制度规定，进士及第后不立即授官，而是先到六部等衙门实习政务。

王阳明在复习科考的关键时候依然没有放弃兵法、诗赋、书法等其他爱好。没想到，他的军事才能很快就在河南浚县督造王越墓的实践中得到了运用。

王越比王阳明大46岁。他虽是文官，但却是位战略家、军事家，曾保卫北部边疆，建功立业，被封为威宁伯，因而也成为阳明心目中的英雄（后来阳明也是因建功立业而被封为新建伯，成了王越那般的英雄）。阳明还未考取进士时就曾梦见过他，梦中王越"遗以弓剑"，即把心爱的宝剑赠予阳明。王越死于阳明考中进士的前一年，阳明进入工部后朝廷让他干的第一件事就是"督造威宁伯王越坟"。阳明在工程管理上灵活运用自己掌握的军事学知识，用"什伍法"（每10人或者5人一组，每组责任到人，轮班工作），合理安排人力，灵活调整作息时间，激发了所有人的工作干劲，把一项原本大半年才能干完的工程，用几个月就完工了。王越家人感激不尽，以黄金为谢礼，阳明不收，于是王越家人又拿出王越生前所佩宝剑相赠，这与阳明一年前所做的梦正好符合，他就接受了这一珍贵的礼物。③王越家人之所以要把王越所佩宝剑赠予阳明，完全是因为阳明平日演练"八阵图"、时时思考武备之事的缘故。

王阳明梦见王越，在工程建设中灵活运用兵法，说明他中进士前后依然没

---

① 吴光、钱明、董平、姚延福编校：《王阳明全集》，上海古籍出版社1992年版，第1224页。

② 王阳明去世后，其高足薛侃曾在《题遣官造葬照会》中说："新建伯兵部尚书王守仁，具文武全才，阐圣贤之绝学。"这可谓是对王阳明的盖棺定论。

③ 参见吴光、钱明、董平、姚延福编校：《王阳明全集》，上海古籍出版社1992年版，第1224—1225页。

有改变少年时保家卫国的初心，同时也说明阳明的知行合一理论虽然是日后才提出的，但这一基本精神早就体现在他的工作实践中了，是他的一贯作风和追求。这种实干精神和务实作风，以及把所学知识运用到实践中加以检验的学风，是他后来成就大事业的重要保证。

四、会稽修道

会稽即会稽山，在这里具体指会稽山支脉宛委山的阳明洞天。"洞天福地"是道教术语，指的是神道居住的名山胜地，或修炼养生的好地方。王阳明曾经想从佛道之学中弄明白做人的道理，所以道教不仅是王家世代的信仰之一，还是阳明立志成圣的重要手段。

31岁那年，王阳明因身体原因向朝廷请辞，回乡养病。回家乡后，他选择在道教三十六洞天的第十洞天阳明洞天修炼养生，习长生导气之术。[1]道教中有丰富的养生学、医药学等知识，在道教洞天养生的确是个很好的选择。除了养生，阳明在这里还要养心修学，把自己中进士后学到的各种学问好好作番梳理和总结。

据传言，修炼使王阳明获得了道教的预测神功，能够预知即将发生的事。有一天，他的几位好友要来看他，刚出城就被阳明感知到了，便派手下人带着水果点心下山到途中迎接，并把来者的人数、长相、带什么东西等一一描述了一遍。手下人接到访客，见果真与阳明所描述的完全一样，说出真相，众人都甚为惊讶，一致认定他已"得道"，来访者后来也成了他的门人。正因为在阳明洞天修炼达到如此成效，他便自号阳明子、阳明山人，后人皆称他为阳明先生，他所创立的学说和学派分别称为阳明学和阳明学派。虽然这只是个传说故事，但也侧面证明阳明曾修习过道家之术。

没过多久，王阳明认识到所谓"得道"不过是"簸弄精神"（装神弄鬼），便放弃了。他静下心来沉思后，又进一步意识到自己虽"离世远去"，但心中始终忘不了祖母、父亲等亲人，于是他认为："此念生于孩提。此念可去，是断灭

---

[1] 参见吴光、钱明、董平、姚延福编校：《王阳明全集》，上海古籍出版社1992年版，第1225页。

种性矣。"①

以上故事说明，在阳明心中，亲情、友情等人情是始终挥之不去、放弃不了的心结，而这正是儒家所强调和坚持的人伦道德。因此，抛弃佛道，回归社会，积极用世，就成为阳明的必然选择。至此，阳明少年时就定下的"立志"目标，才真正找到了根基。

五、主考山东

明代科举制规定，乡试一般在省会举行，朝廷会向每个举办乡试的省份派出主考官，监督审查乡试考试。

33岁那年，王阳明刚从家乡休养好返回京城，就获得新的职务，被时任山东巡按御史的宁波人陆偁聘请为山东乡试的主考。这一次，阳明除了为朝廷选拔人才，还通过担任主考官的机会，实现了两个目的。一是到孔子的家乡作实地考察。当时曲阜孔子庙和周公庙刚刚重建，阳明在主考工作结束后，便专程去曲阜拜谒孔子庙和周公庙等儒家圣地，又从曲阜北登上泰山，然后返回济南府。当时陪同阳明考察的是刚参与完孔子庙重建工作的陈镐和李宗泗，这也证明阳明此行不是来旅游的，而是来考察体验的，要不然也没必要让熟知孔子庙的建筑过程、风格、意蕴和目的的专家陪同。可见，这是一次决定阳明思想立场彻底转向儒家的关键之行。二是从众多考生中物色了一批人才，交了一批朋友，其中有些人后来成为他的弟子，为北方王门的形成奠定了人才基础。

关于王阳明思想立场彻底转向儒家的问题，我们还可以从他为主考山东乡试而写的20篇程文当中看出来。②二十余年的思想探索，在此次实地考察中得到了完全印证和落地，从而更加增强了阳明的儒家倾向，确立了其以儒学为根本的思想基础。他还把佛道二氏之学融入进儒家学说中，并以此为基础进一步对儒学中的各种学说加以探索，最终创立了自己的心学体系。这曾经是一条他的父亲为他选择的道路，也是他自己经过创造性转换和创新性发展后开拓的新儒家之路。数年后，阳明在当时的蛮荒之地贵州龙场悟得圣人之道（世称"龙

---

① 吴光、钱明、董平、姚延福编校：《王阳明全集》，上海古籍出版社1992年版，第1226页。
② 参见钱明：《阳明学的形成与发展》，江苏古籍出版社2002年版，第98—102页。

场悟道"）不是一蹴而就的，而是多年探索实践的必然结果。

王阳明在此次山东乡试中录取了75名举人，并亲自判定穆孔晖为第一名。此人虽是阳明所录取的举人，晚年还成了阳明学的信奉者，但当时并没有投其所好，以阳明之说为是而菲薄朱子学。这充分说明，阳明没有利用自己手中权力，要求考生们都按照自己的立场和观点来答卷，戴着有色眼镜选拔人才，而是海纳百川、广罗人才。因此，历史上记载此科对齐鲁大地的学术发展产生了一定的推动作用。[①]

六、反抗权贵

王阳明34至35岁时，发生了两件大事，一件是与湛甘泉"一见定交，共以倡明圣学为事"[②]，另一件是"下诏狱，谪龙场驿驿丞"[③]。这两件事看似不相干，其实联系非常紧密。这两件事都反映了阳明的个性：敢于蔑视权威，敢于反抗权贵。

湛甘泉在当时的名气比王阳明还大，他的老师是当时已很出名的陈献章，湛氏比阳明大6岁，比阳明更早治学。两人在学术上比较接近，阳明选择与湛氏结成学术同盟，说明他们有共同的学术诉求，尽管后来他们走的道路稍有不同，但大的方向还是一致的。因此，他们的弟子也是经常"出入王湛"，即湛甘泉的弟子同时又师从阳明，成为明中叶后思想界一道独特的风景线。

以太监刘瑾为首的"八虎"集团是当时朝中最有权势的权贵集团，朝中官员个个噤若寒蝉，敢怒不敢言。个别敢挑事的，在刘瑾的淫威下，也纷纷沉默，忍气吞声。

阳明父亲王华一直比较反感刘瑾，采取不合作立场，阳明受他的影响，也与刘瑾针锋相对。刘瑾敬重王华的才华和为人，曾两次派人对王华说，王华若能来见自己一面，即可飞黄腾达。可是王华坚守道义操守，不肯趋附。

时任兵部主事的王阳明，不仅不依附刘瑾，还第一个站出来为受迫害的官

---

① 参见吴光、钱明、董平、姚延福编校：《王阳明全集》，上海古籍出版社1992年版，第870—871页。

② 吴光、钱明、董平、姚延福编校：《王阳明全集》，上海古籍出版社1992年版，第1226页。

③ 吴光、钱明、董平、姚延福编校：《王阳明全集》，上海古籍出版社1992年版，第1227页。

员仗义执言。刘瑾没想到，满朝文武都沉默时，一个小小的兵部主事竟胆敢上书直言。他恼羞成怒，以"流氓"手段把言辞并不激烈、态度温和的阳明投进大牢。一个月后，阳明被处以"廷杖四十"的惩罚。王华也被调离北京，迁为南京吏部尚书，次年刘瑾又借故令王华退休回家。

古代多有廷杖大臣之事，明代尤甚，杖死者亦不少。所谓"廷杖"，即皇帝杖责臣下，是对官吏的一种酷刑。正德皇帝以前，廷杖时一般会用厚棉絮垫在衣服里面，故而杖责只是羞辱被廷杖者，一般不会打死人，受罚者卧床数月即可痊愈。但从刘瑾开始，廷杖变成了扒光被罚者的衣服，直接打在屁股上，且由两名执行者轮着打，被打死的人很多。刘瑾曾在午门打死过多位大臣。"廷杖四十"已相当多了，阳明没被打死是因为廷杖分"用心打"和"着实打"。"用心打"就是象征性地打，"着实打"就是真打、用力打，至于采取何种打法则由监刑官按密令决定。阳明上书言论并不激烈，只是批评宦官而未指责皇帝，加上他的父亲、岳父等在朝中的地位，所以廷杖时采取的是"用心打"。就这样，他的命被保住了。没想到，这一"用心打"为大明王朝留下了一位文武奇才，日后的他将为保卫大明江山立下汗马功劳；也为中国历史留下了一位改变思想发展历程的大哲学家，为中华文明贡献了阳明心学。

受廷杖后，王阳明被投入锦衣卫大牢。刚开始他万念俱灰，但很快就振作起精神。他在狱中想到了《史记·太史公自序》中的一段话："昔西伯拘羑里，演《周易》；孔子厄陈、蔡，作《春秋》；屈原放逐，著《离骚》；左丘失明，厥有《国语》；孙子膑脚，而论兵法；不韦迁蜀，世传《吕览》；韩非囚秦，《说难》《孤愤》。《诗》三百篇，大抵圣贤发愤之所为作也。"这就提醒王阳明：古代圣贤在经受磨难之后，不仅不会消沉，反而能让自己的生命焕发光彩，为人类留下历久弥新的精神遗产。阳明便效仿周文王，在狱中演绎起《周易》，为自己占卜，表明心志。同时，他还竭力安慰同牢房的狱友，在狱中讲学论道："累累囹圄间，讲诵未能辍。"这表现出不忘初心、胸襟浩荡的圣人志向："俯仰天地间，触目俱浩浩。"①

---

① 吴光、钱明、董平、姚延福编校：《王阳明全集》，上海古籍出版社1992年版，第676、675页。

七、龙场悟道

正德元年（1506），王阳明因上疏为戴铣等申辩而触怒刘瑾，遂下诏狱，廷杖四十，谪为贵州龙场驿（在今修文县）驿丞。这场大风波，给阳明肉体和精神的打击非同一般。他在正德元年十一月写的《吝言》里曾反躬自问：

> 皇天之无私兮，鉴予情之靡他！宁保身之弗知兮，膺斧锧之谓何。蒙出位之为愆兮，信愚忠者蹈巫。苟圣明之有神兮，虽九死其焉临！乱曰：予年将中，岁月道兮！深谷嶂峒，逝息游兮；飘然凌风，八极周兮。孰乐之同，不均忧兮。匪修名崇仁之求兮，出处时从天命何忧兮。①

年轻气盛，弗知保身，位卑直言，见义勇为，终于锒铛入狱，成了权贵的阶下囚。既然不能实现平生之志，他便决意退而求自我的保全。出狱后，阳明便南下钱塘，移居西湖诸寺，享受恬静清闲的世外生活。飘然凌风，周游八极；不念功名，与天同乐。然而好景不长，刘瑾派人跟踪谋害，阳明只得托言投江，绕道来到贵州龙场。在这里，他遇到的又是另一番境况。据钱德洪说：

> 及其摈斥流离，而于万里绝域，荒烟深箐，狸鼯豺虎之区，形影子立，朝夕惴惴，既无一可骄者；而且疾病之与居，瘴疠之与亲，情迫于中，忘之有不能，势限于外，去之有不可，辗转烦瞀，以需动忍之益，盖吾之一身已非吾有，而又何有于吾身之外。至于是，而后如大梦之醒，强者柔，浮者实，凡平日所挟以自快者，不惟不可以常恃，而实足以增吾之机械，盗吾之聪明。其块然而生，块然而死，与吾独存而未始加损者，则固有之良知也。然则先生之学，出之而愈张，晦之而愈光。鼓舞天下之人至于今日不怠者，非雷霆之震，前日之龙场，其风霾也哉？②

① 吴光、钱明、董平、姚延福编校：《王阳明全集》，上海古籍出版社1992年版，第662页。
② 吴光、钱明、董平、姚延福编校：《王阳明全集》，上海古籍出版社1992年版，第1342页。

在那种内外交困、"百难备尝"①的境况下，阳明的经世济民之志全成为泡影，连在狱中所憧憬的恬静清闲、逍遥自在的生活也无从谈起。"道旁之冢累累兮，多中土之流离兮"②，"吾之一身已非吾有"，生死未卜，谈何逍遥！然而，其"出之而愈张，晦之而愈光"的思想性格，势必会使之重新考虑"圣人处此，更有何道"的根本问题。果然，阳明没多久就悟出了"圣人之道，吾性自足，向之求理于事物者误也"这一心学至道。③这便是所谓的"龙场悟道"。它包括两个方面：一是对程朱格物穷理说的彻底否定。既然圣人只从心上说，因而工夫也只需在身心上做，不必追求外在的格物和事功。二是找到了在特殊环境下实现自我的途径。阳明懂得，要战胜环境，首先要战胜自我，给自己的心灵以最大限度的主动性和创造性，用自我意识消解客观存在的危难险阻，超越肉体、超越生死、超越宇宙万物，从而在困境中达到心灵上的自我满足和快乐。龙场悟道后，阳明的思想境界的确大有升华。他在《君子亭记》中认为君子之道有四，即君子之德、君子之操、君子之时和君子之容。其门人遂曰：

> 夫子盖自道也。吾见夫子之居是亭也，持敬以直内，静虚而若愚，非君子之德乎？遇屯而不慑，处困而能亨，非君子之操乎？昔也行于朝，今也行于夷，顺应物而能当，虽守方而弗拘，非君子之时乎？其交翼翼，其处雍雍，意适而匪懈，气和而能恭，非君子之容乎？夫子盖自谦于自名也，而假之竹。虽然，亦有所不容隐也。④

---

① 王阳明曾对王纯甫说过："及谪贵州三年，百难备尝，然后能有所见，始信孟氏'生于忧患'之言非欺我也。"（吴光、钱明、董平、姚延福编校：《王阳明全集》，上海古籍出版社1992年版，第154页）故钱绪山、罗念庵等人一直把阳明经忧患后的思想升格看得很重。如罗念庵《寄谢高泉》书曰："龙场之事，闻之童时，其惩创所得，近时稍窥其一二，只是描画不尽，如来记所云费却辞说，点不出者……学者舍龙场之惩创，而第谈晚年之熟化，譬之趋万里者，不能蹈险出幽，而欲从容于九达之逵，岂止病躐等而已哉？"（徐儒宗编校整理：《罗洪先集》，凤凰出版社2007年版，第273—274页）由于罗念庵在这里是从渐修"主静""必有致之之功"的立场去理解龙场磨难的意义，所以他只说"龙场之惩创"，而不说"龙场之悟道"，然"惩创"二字足以说明龙场这段经历对王阳明思想形成的重要意义。

② 吴光、钱明、董平、姚延福编校：《王阳明全集》，上海古籍出版社1992年版，第952页。

③ 吴光、钱明、董平、姚延福编校：《王阳明全集》，上海古籍出版社1992年版，第1228页。

④ 吴光、钱明、董平、姚延福编校：《王阳明全集》，上海古籍出版社1992年版，第892页。

文中对其德、其操、其时、其容之境界的描述，已绝非早年阳明那豪迈不羁的性格和建功立业的抱负所能比拟。其所作所为，已堪称时人的入圣之楷模。他甚至还把神仙之道融汇于内圣之学：

> 夫（神仙）有无之间，非言语可况。存久而明，养深而自得之；未至而强喻，信亦未必能及也。盖吾儒亦自有神仙之道，颜子三十二而卒，至今未亡也。足下能信之乎？"①

这是阳明在内圣之学上的一个突破。

尽管如此，阳明追求事功的性格并未因归隐而完全消解，一有机会便不自觉地流露出来，这只要读一下他写给水西彝族土司安贵容宣慰使的两封信就能窥见一斑。朝廷原欲设卫于水西，并已筑城，因故中止，唯驿传尚存。安贵容因其官职不能改土归流，欲削减其驿传，并请求恩赏升职，作为对朝廷不满的表示。安遣人问阳明。阳明为此写了《与安宣慰》第二书，为之详细剖析利害关系，使安贵容放弃了减驿之议和请功之举。不久，阳明又写了《与安宣慰》第三书，以他与安氏的友谊，主动劝安平定了阿贾、阿札等乖西地区（在今贵州省开阳县）的叛乱，史称"尺牍止乱"。因此，当王阳明离开龙场，重新步入仕途后，他能很快适应新的环境，从归隐返回追求事功状态。《居夷集》中《游瑞华二首》②的最后四句"身可益民宁论屈，志存经国未全灰。正愁不是中流砥，千尺狂澜岂易摧"③，似可视为阳明离开龙场前，其经世之志的真切流露。

---

① 吴光、钱明、董平、姚延福编校：《王阳明全集》，上海古籍出版社1992年版，第805页。

② 钱德洪在《阳明诗录》卷之四《青原山次黄山谷韵》末尾的按语中说："右狱中、赴谪、居夷三稿，见《居夷集》，温陵丘养浩刊于嘉靖甲申年，门人韩柱、徐珊所校。"（《阳明诗录》，日本浅草文库所藏明刻本）钱德洪还将此诗录于"庐陵诗"之首。瑞华指的是瑞州（今江西省吉安市北部）的华林山，此时王阳明已赴庐陵上任，故钱德洪所录为实。

③ 吴光、钱明、董平、姚延福编校：《王阳明全集》，上海古籍出版社1992年版，第720页。

第三章 建立事功

与朱熹等理学家相比，王阳明一生的大部分时间都在从事政治、军事等事务性工作，真正集中于讲学、做学问的时间并不多，前后加起来只有十余年。所以与朱熹等人不同，王阳明的所谓"格物致知"，更强调"见诸行事之实""随事精察而力行之"①，要求在处理政务、军务中随时随地进行以道德践履、讲学教化为主的各种实践活动，即所谓"事上磨炼"②。因此，可以说阳明心学与朱子理学的最大区别在于前者以践履体验提高道德修养和实现道德教育，后者以理性认知来提高道德修养和实现道德教育。③本章将重点叙述王阳明的事功，以进一步说明其早年的立志成圣是如何落实在政治、军事等实践活动中的。由于这部分的内容所涉事件颇多、所及地域广泛、所建事功卓著，叙述起来不可能事无巨细、面面俱到，所以将择取王阳明一生中较有代表性的事件及其相关文献来印证其"行事之实"，彰显其丰功伟业。

治理庐陵

正德五年（1510）三月，39岁的王阳明结束了贵州龙场的贬谪生活，赴江西庐陵（今江西吉安）任知县。这是他中进士后首次出任地方主官，也是他尝

---

① 吴光、钱明、董平、姚延福编校：《王阳明全集》，上海古籍出版社1992年版，第913、239页。
② 吴光、钱明、董平、姚延福编校：《王阳明全集》，上海古籍出版社1992年版，第92页。
③ 参见赖忠先：《从贵阳到南昌：致良知说的提出过程》，载《贵阳学院学报》2007年第4期。

试将"龙场悟道"中形成的"心即理""知行合一"等思想理念运用于社会治理实践的开始,庐陵成为阳明"龙场悟道"后的第一个社会治理乃至政治改良的实践场。

一、施政方略

王阳明任庐陵县令后首先碰到的头疼事,就是如何面对千余人的"上访"、处理数千份诉状。经过仔细批阅与调查研究后,他发现收到的诉状要么夸大其词、上纲上线,要么凭空捏造、查无实据。而且这些诉状大都由专业讼棍起草,把一些邻里之间鸡毛蒜皮的小事写得又臭又长,抓不住要害。根据这些情况,阳明上任后做的第一件事就是颁布《告谕庐陵父老子弟》,开篇即告:"庐陵文献之地,而以健讼称,甚为吾民羞之。"[1]接着,他对诉诸法律的条件和起诉状的格式作了严格规定:第一,不是有关身家性命的紧迫之事,不得起诉,"自今非有迫于躯命,大不得已事,不得辄兴词";第二,每诉一事,不得牵连其他人和事,讼词不得超过两行和六十个字,否则一律不予受理,"兴词但诉一事,不得牵连,不得过两行,每行不得过三十字。过是者不听";第三,要求县里懂礼法的长者,经常向乡里子弟宣传新政策,以尽快形成"息争兴让"的社会风气,"县中父老谨厚知礼法者,其以吾言归告子弟,务在息争兴让"。同时,布告强调,不要因一时之愤,走上犯罪之路,遗祸子孙:"一朝之忿,忘其身以及其亲,破败其家,遗祸于其子孙。"[2]除此之外,该告谕书还涉及农耕生产、医疗卫生、银两蠲免、抗旱防火、纲纪整肃、民风变化、社会治安等诸多方面。

告谕中未提及的税赋徭役问题,也是王阳明上任后所要重点解决的。当时拥入县衙的数千乡民,"号呼动地,一时不辨所言,大意欲求宽贷"[3]。原来庐陵这个地方"自来不产葛布,原派岁额,亦不曾开有葛布名色,惟于正德二年(1507),蒙钦差镇守太监姚案行本布政司,备查出产葛布县分,行令依时采办,无产县分,量地方大小,出银解送收买。本县奉派折银一百五两。当时百姓吆

① 吴光、钱明、董平、姚延福编校:《王阳明全集》,上海古籍出版社1992年版,第1027页。
② 吴光、钱明、董平、姚延福编校:《王阳明全集》,上海古籍出版社1992年版,第1027页。
③ 吴光、钱明、董平、姚延福编校:《王阳明全集》,上海古籍出版社1992年版,第1031页。

呶，众口腾沸……愈加惊惶，恐自此永为定额，遗累无穷"①。阳明了解事情的来龙去脉后，遂一边"权辞慰解"、安抚情绪，一边向乡民们明确表态，保证"为尔等申诸上司，悉行蠲免"。葛布税并非国家应收税种，而是宦官们搜刮民脂民膏的一种敛财手段，这对阳明来说，"非惟心所不忍，兼亦势有难行"。他本着"苟欲全信于民，其能免祸于己"的担当精神，自作主张，"除将原发银两解府转解外，合关本县当道垂怜小民之穷苦，俯念时势之难为，特赐宽容，悉与蠲免。其有迟违等罪，止坐本职一人，即行罢归田里，以为不职之戒"②。

不难看出，王阳明采取综合治理的办法，并非头痛医头、脚痛医脚，其社会治理的核心思想是尽可能地把各种社会纠纷放在基层解决，不让纠纷上升为对抗性矛盾和冲突，并力求通过乡里的长老贤达以教化规劝的方式化解，缓和各种社会矛盾，形成包容谦让、和睦相处的社会关系，从根本上解决滥用司法于民事纠纷的社会顽疾。这无疑是对儒家传统"无讼"思想的继承与发展，对于当下中国基层问题的解决也具有一定的借鉴意义。

二、防治瘟疫

王阳明任庐陵县令后还要面对"今灾疫大行，无知之民，惑于渐染之说，至有骨肉不相顾疗者。汤药馈粥不继，多饥饿以死"③的严峻局面，积极探索有效开展治疫防疫工作的方法。这项工作涉及人的生命安全和社会稳定，无论哪个时期，都是件非常重要又棘手的工作。阳明后来在巡抚南赣、平定宸濠之乱时，也都面对过类似的工作，并且在治疫的过程中，把治世与治心联系起来，为"致良知"说的提出累积了丰富的实践经验。

据史书记载，有明一代自朱元璋建国至崇祯殉国，276年间共发生过75场大疫，平均3年多就要发生一次大疫情。在王阳明生活的明代中叶，几乎年年都有疫情发生，每隔几年就有一次大流疫。对为官一方者而言，抗击疫情是最重要的行政事务之一。比如正德五年至七年（1510—1512），南方十五个县发生瘟疫，"横尸填河，不可以舟"，此时王阳明在发生疫情的庐陵任知县。正德十

---

① 吴光、钱明、董平、姚延福编校：《王阳明全集》，上海古籍出版社1992年版，第1031页。
② 吴光、钱明、董平、姚延福编校：《王阳明全集》，上海古籍出版社1992年版，第1032页。
③ 吴光、钱明、董平、姚延福编校：《王阳明全集》，上海古籍出版社1992年版，第1027页。

三年，湖广等地暴发瘟疫，"居民死者十之五"，此时阳明在南赣巡抚任上，管辖范围包括湖广的郴州等地。正德十五年，"瘟疫大行，得疾者，亲友不相访问，染之即不起"，此时阳明在南昌一带平定宸濠叛乱。也就是说，正德年间几次瘟疫蔓延时，阳明都在第一线工作，因此他所提出的一系列治世方略和治心学说，与当时十分迫切的治疫工作多少有些瓜葛。

正德五年（1510），王阳明抵达庐陵后不久，便在大量调查研究的基础上，就如何正确防疫治疫做出全面部署。这在他颁布的《告谕庐陵父老子弟》和《庐陵县公移》中都有具体记载，前者属安民告示，后者是政府文件。在这两篇文献中，阳明针对庐陵早先发生疫情时，全县百姓由于无知而产生惊恐、迷惑的情绪，不愿医治、照顾身染疫病的亲人尤其是老人，还将一切归咎于瘟神，造成迷信盛行、谣言四起的现象，要求全县百姓以德相待，乡邻之间务必"出入相友，守望相助，疾病相扶持"；父老长者，则应"劝告子弟，兴行孝弟。各念尔骨肉，毋忍背弃"，把人的生命放在第一位。王阳明认为"令之不职"即政令不畅的"政治病毒"才是病因之所在，并且明确指出：原本就生活贫困的普通百姓，在遇到瘟疫的特殊年景，还得背上沉重的税赋负担，这无疑将逼迫弱者逃离、强者为盗。因此，在抗疫治病时，充满经世济民情怀的王阳明，时刻不忘"连名具呈，乞为转申祈免"赋税，以纾解民困，避免造成"众情忿怨，激成大变"之恶果。与此同时，他还主张从严治吏，指示"敢有兵快人等擅取民间一草一木"，"照依军法论处"[1]，为建设风清气正、河清海晏的官场风气费尽了心血。在疫情防控的具体措施上，他号召各家各户务必"洒扫室宇"，用生石灰对室内室外、房前屋后以及畜圈等场所进行彻底消毒，通过良好的卫生习惯防控瘟疫、消灭病毒。对于感染患病者，他要求官府组织医生到乡村、里甲行医看病，做到"具汤药，时馈粥"，既要救死扶伤，又要保证患者的日常生活。对于那些没钱医治的"贫弗能者"，则由官府"给之药"，"使人人服之"，确保每个人都能得到医治。他又严令："病者宜求医药，不得听信邪术，专事巫祷……不得大会宾客，酒食连朝。"也就是强调科学治疫，反对利用治疫搞

---

[1] 吴光等编校：《王阳明全集》（新编本），浙江古籍出版社2010年版，第1954页。

腐败。

通过调查研究，王阳明还发现疫情的暴发蔓延与粪便垃圾不作处理有非常密切的关系。若干年后，他在治理南赣地区时，又进一步对"粪秽之所，过者掩鼻""清冽之井，粪秽而不除，久则同于而厕溷矣"的严重环境问题予以痛斥，明确要求"除其粪秽，刮剜涤荡，将不终朝而复其清冽"。①正是基于这样的真知灼见，正德十三年（1518），王阳明对留屯于三浰管理地方事务的官员发出《牌仰留屯官兵》告文，提出"谨风火以备灾，除粪秽以防疫"②的防灾减灾、卫生防疫的乡村治理思路。他认为，生活贫困、环境破坏、不讲卫生与瘟疫流行之间是存在着因果联系的，若任其恶性循环，则不仅防疫治病无从谈起，社会秩序也将动乱不堪。如何施以良策、有效应对，则是对各地官员社会治理能力的真正考验。

三、根治心病

在治疫过程中娴熟施展治世才能的同时，王阳明还强烈意识到抗击身体病毒与防治心体病毒是相辅相成、不可分割的。防治心体的病毒即治心，可以有两种方式：一是借助超越性的力量，二是依靠内心良知的自觉。

王阳明认为，心之本体即良知，正心、诚意、格物就是"致良知"。良知既有平常性又有超越性，是个体生命与超神力量的统一。邓豁渠认为"阳明透神机，故有良知之学"③，就是看到了良知的这种超神性。所谓"神机"，即追求绝对超越的性命之道或曰"圣贤度世超劫大道"④的超神能力。

大流疫会导致心病，在一定意义上甚至可以说源于心病，而战胜心病的有效手段是精神信念或信仰。对此，大多数民族借助神的力量。神的职能之一就是抑制并治愈心病。而中国人主要用道的力量，良知即是道。道或者良知，既是超越性的存在，又是日用性、平常性的存在，所以良知既有其玄虚、奇幻的一面，又有其平常、明快的一面（详见本书"心学工夫"一节）。钱德洪编纂的

---

① 吴光等编校：《王阳明全集》（新编本），浙江古籍出版社2010年版，第1000页。
② 吴光等编校：《王阳明全集》（新编本），浙江古籍出版社2010年版，第1944页。
③ 〔明〕邓豁渠著，邓红校注：《〈南询录〉校注》，武汉理工大学出版社2008年版，第32页。
④ 〔明〕屠隆：《栖真馆集》卷十六《答陈仲醇兄》，明万历二十三年刻本。

《阳明先生年谱》记载先师的临终遗言是"此心光明，亦复何言"。"光明"指的就是良知的灵光通透与日用常行，犹如陈九川所说的"若大明出而爝火熄"①和罗汝芳所言的"如说日光这等明"②。尽管相对于乐观、积极的"亦复何言"之临终遗言，黄绾《阳明先生行状》所记录的遗言是较为悲观、消极的，即"他无所念，平生学问方才见得数分，未能与吾党共成之，为可恨耳"③，但钱、黄二人对良知的信仰却是一致的。而良知信仰又源自它的"光明"性。光，即灵光、虚灵；明，即明德、通明。对于良知的"光明"性，王阳明《传习录》有一系列论述，如"良知是天理之昭明灵觉处""良知即是天植灵根""良知是造化的精灵"④等。要而言之，良知是灵与明、虚与实、超越与实存的统一。照钱德洪的解释："良知即是真面目。良知明，自能辨是与非，自能时静时动，不偏于静。"⑤这样的良知信仰有"日用常行内"的平常之实，又有"先天未画前"的超越之质。⑥而"不离"平常与"直到"先天，则是同一事物的两个方面，所谓"事即道，道即事"⑦也。

众所周知，儒家士大夫的最高理想是内圣外王，亦即个体之心性自由与社会之稳定秩序的和谐发展。王阳明所关注的治心与治疫或治世的关系问题，便关乎内圣与外王、心性自由与社会稳定。在阳明看来，对付瘟疫这种大灾难，最有效也最具持久性的手段，应该是把治疫与治世、治疫与治心结合起来。治疫的最佳效果和最终胜利，必然取决于治世和治心。他在治理庐陵、巡抚南赣等实践活动中，都坚持把治疫与治世、治心相结合，协同施策，综合治理，值得世人认真学习和借鉴。

---

① 陈九川《送别驾萝江潘公擢贰绍兴序（壬子）》："阳明夫子之兴也，始昭揭道心，以息涌说，若大明出而爝火熄，使途之人皆可为豪杰之士。"王阳明的同道挚友湛若水也盛赞阳明是"豪杰之必为圣人者乎！"

② 方祖猷等编校整理：《罗汝芳集》，凤凰出版社2007年版，第166页。

③ 吴光等编校：《王阳明全集》（新编本），浙江古籍出版社2010年版，第1448页。

④ 吴光、钱明、董平、姚延福编校：《王阳明全集》，上海古籍出版社1992年版，第72、101、104页。

⑤ 钱明编校整理：《徐爱·钱德洪·董沄集》，凤凰出版社2007年版，第137页。

⑥ 吴光等编校：《王阳明全集》（新编本），浙江古籍出版社2010年版，第828页。

⑦ 吴光、钱明、董平、姚延福编校：《王阳明全集》，上海古籍出版社1992年版，第10页。

巡抚南赣

"南赣"既是地域概念，又是行政区名，也是官名。南赣之名源起南宋，是南安与赣州的合称。此地北接江西北部，东接福建，南接广东，西接湖南，处四省要冲之地，一直以来都是盗贼出没之地。匪患猖獗，地方无奈，朝廷头疼。明廷于弘治八年（1495）特设南赣巡抚，府治在赣州，辖境屡有增减。与王阳明同时期的祖籍南安府南康县人朱衡曾这样描述当地的地情和匪情：

> 赣郡当五岭之冲，据章贡二水所合流之处，生佀蕃滋，文物昭盛，而辖县十，江南一大郡也。十向与闽、广、湖、郴之地相牙错，五方杂处，统制互异。其壤皆崇岩密菁，盘磲回复，道里动以数千里计。于是不逞之徒，负险竞起，鱼肉乡民，虐焰日甚。至有揭竿张帜，拟官僭号，至数岁不散。谊者谓：萑符狗盗之流，其始甚微，而有司不能预戢，以至此。①

正德十年（1515），历来动荡不安的赣、闽、粤、湘交界地区情况愈加严峻。长期盘踞深山的盗匪武装集团，凭借复杂的地形、薄弱的政权、紊乱的秩序等条件，构筑巢寨，祸害百姓，致使社会失序，民不聊生。朝廷曾多次派兵围剿，但收效甚微，以致官匪勾结，越剿越多。正德十一年，兵部尚书王琼力荐王阳明为都察院左佥都御史，巡抚南、赣、汀、漳等处，全权处理该区域的军事、政治、经济等事务。

南赣巡抚的全称是"巡抚南赣汀韶等处地方提督军务"，首任南赣巡抚是金泽。弘治十八年（1505），朝廷撤销南赣巡抚，正德六年（1511）再设。王阳明是此职再设后的第二位南赣巡抚，功勋最为卓著。之后，在此任上做出重要贡

---

① 〔明〕朱衡：《朱镇山先生集》卷之十二《贺梧台戴太守考满序》，明万历十九年八月汪道昆序刻本。

献的还有在思想上受阳明影响的江一麟①。据阳明弟子朱衡说：

> 当阳明王公荡平诸穴时，用叶芳②为乡导，盖将先瑕而后坚。会赴宸濠
> 之变，未果，及楷③之乱也。天佑我国家，有一方之故，则必生一代之才待
> 之。至是王公未集之业，赖江公始竟。④
>
> 万历三年冬十一月督府江公征黄乡寇叶楷，平之，捷闻……于是县治
> 俨然，百废兴矣……江公之功，不其至伟至伟欤！⑤

江一麟还是明代有名的廉臣和抗倭名将。但他再怎么优秀，在南赣巡抚任上所
做的贡献还是不及王阳明。如果说王阳明是南赣治理的奠基者，那么江一麟则
是完成其未竟之业的继承者。

王阳明在赣州开府后所做的第一件事，就是改变以往分省调兵的方法，行
十家牌法，选练当地民兵，组成精干的征伐部队。结果仅用了两年时间，通过

---

① 江一麟（1520—1580），字仲文，号新源，婺源县人，嘉靖三十二年（1553）进士，任吉安知州。
因战功升右副都御史，兼南赣巡抚。

② 叶芳（约1490—1535），又名叶廷芳，族名惟七。原籍广东兴宁县黄陂龙归峒。年轻时追随"程
乡贼"钟仕锦，明正德五年（1510）率众流劫江西石城等地。王阳明任南赣巡抚后，招抚叶芳及其部
下。正德十一年三月，因池大鬓、黄秀魁流劫信丰等地，王阳明急调叶芳率兵堵截。十月，叶芳率部属
八百人参与王阳明征剿横水谢志珊、桶冈蓝天凤的行动。正德十三年正月，王阳明征剿三浰池仲容部，
叶芳率部从南平入，连破三浰等贼巢八处，擒斩贼首池仲宁、池仲安等十二人，擒斩贼从二百一十一
人，在各路军中战果最大。正德十四年六月，宁王朱宸濠反叛。此时叶芳已拥有久经征战的部卒万人，
成为王阳明与朱宸濠争相争取的对象。叶芳遂用计在鄱阳湖生擒朱宸濠。战后，王阳明将宁王府中除了
必须献给朝廷的特殊物品外，其余金帛都给了叶芳。嘉靖六年（1527）二月，王阳明征剿广西田州，叶
芳派部将曾德礼领兵四千跟随。十一月，王阳明写《牌谕安远县旧从征义官叶芳等》一函，以示谢意：
"往年本爵提督南赣汀漳等处军务，因地方盗贼未平，身亲军旅，四出剿除；尔叶芳等乃能率领兵夫，
来随帐下奋勇杀贼，效劳为多。后遭宁藩之变，尔叶芳又能坚辞贼贿，一闻本爵起调牌到，当即统领曾
德礼等，及部下兵众，昼夜前来，远赴国难。一念忠义，诚有可嘉。"（吴光、钱明、董平、姚延福编校：
《王阳明全集》，上海古籍出版社1992年版，第623页）

③ 叶楷（？—1575），赣州寻乌晨光乡溪尾村叶屋人，叶芳孙。万历三年（1575）九月二十二日被
官军放火烧死于赖舍庙。

④〔明〕朱衡：《朱镇山先生集》卷之十四《新原江公奏绩序》，明万历十九年八月汪道昆序刻本。

⑤〔明〕朱衡：《朱镇山先生集》卷之十三《贺督府江公新原平寇序》，明万历十九年八月汪道昆序
刻本。

三次大战役，便控制住了当地局势。对此朱衡的记载是：

> 浰头、横水、桶冈诸巢，联络盘踞，声势犄角，方数百里之内，居民连蜷震怖，不敢出一气……乃阳明王公至，独秉神机，灼中方宜，谈笑间荡平诸巢，殆破竹拉朽。①

王阳明于正德十二年（1517）二月平定福建漳州的詹师富、温火烧等部，战后奏设平和县；十月平定赣州横水、桶冈的蓝天凤、谢志珊诸部，战后奏设崇义县；次年三月平定广东三浰池仲容部，战后奏设和平县。三次战役，三设新县，为南赣地区的长治久安奠定了稳固的基础。当地官民对王阳明的功绩感恩不尽，在阳明生前即为他建了许多生祠，用于膜拜和教化。

在王阳明上任之前，南赣地区在社会治理模式上，惯性地延续着以行政、军政手段为主导的治理模式，存在缺乏教化、有治无教、富而不教的现象。阳明抵达南赣后，很快察觉到这种治理手段所造成的严重后果，于是在利用行政、军政手段的同时，还大大加强了教化工作，通过设立书院、兴办社学、制定乡规民约等手段，极大地丰富和发展了儒家"建国君民，教学为先；化民成俗，其必由学"（《礼记·学记》）的社会治理模式。他"三征"南赣，并不是采取简单粗暴的军事镇压方式，而是以其心学思想教化、感化当地百姓。他还在征横水战役中提出了著名的"破山中贼易，破心中贼难"②的命题。在他看来，提高当地百姓的道德教育水平，以"扫荡心腹之寇"，实现"廓清平定之功"，才是"大丈夫不世之伟绩"。

---

① 〔明〕朱衡：《朱镇山先生集》卷之十二《贺督府江新原序》，明万历十九年八月汪道昆序刻本。

② 明正德十二年（1517）王阳明在写给杨仕德、薛尚谦的书信中说："即日已抵龙南，明日入巢，四路兵皆已如期并进，贼有必破之势。某向在横水，尝寄书仕德云：'破山中贼易，破心中贼难。'区区翦除鼠窃，何足为异？若诸贤扫荡心腹之寇，以收廓清平定之功，此诚大丈夫不世之伟绩。"（吴光、钱明、董平、姚延福编校：《王阳明全集》，上海古籍出版社1992年版，第168页）横水、桶冈、左溪之战是继漳南战役后一次更大规模的战役，阳明在征剿三浰的战役时，又特地重申了这一命题。可见，这一命题是阳明经过反复思考与实践才得出的。

所谓"心中贼",最早出自道教名著《黄帝阴符经》:"天有五贼,见之者昌。五贼在心,施行于天。""五贼"代表人的眼、耳、鼻、舌、意等官能向外追求的物欲,而"五贼"的根源又在于人心,即"心中贼"。王阳明在平定匪患的过程中发现,山中的盗贼很多是来自偏远山区的山民,这些地方因为山多地少、自给不足,加之"民风不善",故而历来多"乱民""流民"。阳明将这种情况的出现归咎于山民的"心中贼"由于没有教化,缺乏自我约束,贪欲邪念肆意散发,日积月累,形成内在"习气",表现在外在行为上,即成了"山中贼"。而人的习气又是根深蒂固、难以去除的,所以他才有了"破山中贼易、破心中贼难"的感叹,并提出了"莫倚谋攻为上策,还须内治是先声"①的平乱之策。

那么,如何才能"破心中贼"呢?在王阳明看来,"人性之善,天下无不可化之人"②,只要从教化入手,唤醒人心中本有的良知,就能做到去除"心中贼"。关于怎么教化的问题,阳明则根据当地基础非常薄弱的文化教育实情,提出由浅入深、由近趋远、由易到难,从三个方面循序渐进地加以实施。

一、制定乡约

正德十五年(1520),王阳明受蓝田《吕氏乡约》的启发,在原有"十家牌法"的基础上,颁布《南赣乡约》③。这是我国历史上第一部由政府主导制定、广大乡民签署的乡规民约。《南赣乡约》共有十五条,规定了乡民们要共同遵守的道德法则和制度安排,是阳明心学思想的集中体现,也是其"知行合一"说的落实与践行。

第一条规定了乡约的组织制度。《南赣乡约》开篇就说:"同约中推年高有德为众所敬服者一人为约长,二人为约副,又推公直果断者四人为约正,通达明察者四人为约史,精健廉干者四人为知约,礼仪习熟者二人为约赞。置文簿三扇:其一扇备写同约姓名,及日逐出入所为,知约司之;其二扇一书彰善,一书纠过,约长司之。"这足见阳明对乡约组织及其领导机构的高度重视,然后

---

① 吴光、钱明、董平、姚延福编校:《王阳明全集》,上海古籍出版社1992年版,第750页。
② 吴光、钱明、董平、姚延福编校:《王阳明全集》,上海古籍出版社1992年版,第894页。
③ 参见吴光、钱明、董平、姚延福编校:《王阳明全集》,上海古籍出版社1992年版,第599—604页。

才是"彰善纠过"，以落实乡约的各项规定。

第二条规定了乡约的会费制度。会费作为"约众"集会时仪礼、饮食等方面的开支，保障乡约组织的正常运转，由"知约"管理，使用理念以节俭为主，必须取之于民、用之于民。

第三条规定了"约众"的请假制度。"会期以月之望"，"约众"必须出席，因故不到，要事先告知"知约"，无故不到者，要被记录在"纠过簿"，同时罚银一两以作公用。

第四条规定了"约所"制度。作为管理人员办公和广大约众集会的场所，"约所"要选在"均平"地或面积大的寺观。此条还规定了"彰善纠恶"的要求：彰善之言要"显而决"，纠过之言要"隐而婉"；"约长""约副"须对犯错者进行劝诫，约定改错的期限，给他们改错的机会，以期"兴其善念"；即使是重罪者，也应根据其改错的结果和时限，处以不同的处罚方式，直至由同约之人将其送交官府处罚，以"明正其罪"；对屡教不改、罪上加罪者，则由民众与官府"勠力灭之"。总之，要根据情节轻重，德法并重，以期真正达到"彰善纠过"之目的。

第五条规定了"约长"的职责。约长应当秉公执法，有责任担当，并帮助同约之人解决困难，如有渎职或者失职，要受到处罚甚至被撤职。

第六条规定了"寄庄"的义务。所谓"寄庄"即在本籍之外置备土地、设庄收租的人。乡约规定他们必须按时纳粮当差，不得逃避，约长要监督他们"完纳应承，如蹈前弊，告官惩治，削去寄庄"。

第七条规定了本地大户和异境客商的义务。放债收息要按照常例收取，不得累计多收；对于因故暂时无法偿还债务者，要酌情处理；对于"不仁之徒，辄便捉锁磊取，挟写田地，致令穷民无告，去而为之盗"者，要严惩不贷，以防大户逼债、逼良为盗的情况发生。约长要及时与大户沟通，"劝令宽舍"，对于放债收息过分者，要坚决"追还"；对于恃强凌弱，屡教不改者，要"率同约之人"将其交由官府法办。

第八条规定了民事纠纷的处理原则。"今后一应斗殴不平之事，鸣之约长等公论是非"，及时化解亲族乡邻之间的矛盾，"晓谕解释"，耐心教育；"敢有仍前妄为者，率诸同约呈官诛殄”，严惩不贷。

第九条规定了惩治措施。"若有阳为良善，阴通贼情，贩买牛马，走传消息，归利一己，殃及万民者，约长等率同约诸人指实劝戒"；对不知悔改者，要交官府法办。

第十条规定了对公务人员的约束机制。"吏书、义民、总甲、里老、百长、弓兵、机快人等若揽差下乡，索求赍发者，约长率同呈官追究。"坚决杜绝营私舞弊、鱼肉乡民的现象再发生。

第十一条规定了对待新民的措施。"各寨居民，昔被新民之害，诚不忍言；但今既许其自新，所占田产，已令退还，毋得再怀前仇，致扰地方。"这里的"新民"指的是刚从盗贼转化而来的民众。无论原住民还是"新民"，都要"各守本分，有不听者，呈官治罪"。

第十二条规定了对新民的转化教育方式。"投招新民，因尔一念之善，贷尔之罪；当痛自克责，改过自新，勤耕勤织，平买平卖，思同良民，无以前日名目，甘心下流，自取灭绝。"约长等要对其进行督查晓谕，"如踵前非者，呈官惩治"。

第十三条规定了嫁娶应当遵守的约定。不得因嫁妆不丰或者聘礼不足而延误嫁娶时间，约长等要及时晓谕婚嫁双方，不得随便"愆期"。

第十四条规定了丧葬从简的制度。"父母丧葬，衣衾棺椁，但尽诚孝，称家有无而行，此外或大作佛事，或盛设宴乐，倾家费财，俱于死者无益"；反对丧葬时"大作佛事"，铺张浪费，约长等要对此加以监督，"有仍踵前非者，即与纠恶簿内书以不孝"。

第十五条规定了乡约会的操作规程。就约长、知约、约正、约副、约史、约赞等在召开乡约会时的职责及活动方式、开会程序、礼仪制度等作了详细规定，从组织上确保《南赣乡约》的推广和落实。在这一条里，还对如何"彰善惩恶"作了明确规范，这也可视作《南赣乡约》的第十六条。

《南赣乡约》的内容十分丰富，涉及道德法规、乡规民约、礼仪制度、操作程序、乡村自治，乃至红白喜事等各个方面，其核心要义在于以法规制度保障的"善念教化"来破除人心中之贼："若不能改，然后纠而书之；又不能改，然后白之官；又不能改，同约之人执送之官，明正其罪；势不能执，戮力协谋官府请兵灭之。"换言之，先自纠后送官，先以礼后用兵，先教化后惩罚，先"内心"后"外事"，乃是《南赣乡约》的立约基石。

二、崇礼劝学

为了更好更有效地破除"心中贼"，王阳明在南赣期间还大力兴办教育，试图通过崇礼劝学、讲学教化的手段，提高人的素质，改变人的习性，树立良好风尚，净化社会环境。在崇礼劝学、讲学教化方面，他主要做了以下三件大事。

重修濂溪书院。据《阳明先生年谱》载："（正德十三年）九月，修濂溪书院。四方学者辐辏，始寓射圃，至不能容，乃修濂溪书院居之。"[1]濂溪书院旧址在赣州水东玉虚观左（今赣州市章贡区水东镇水东小学内），原名"清溪书院"。理学宗师周敦颐通判虔州（今江西赣州）时，尝与知府赵抃共同讲学于此，程颢、程颐兄弟从其学，后人遂在此建祠以作纪念。元末，濂溪书院毁于乱世。明洪武四年（1371），由赣县知县崔天赐重建。弘治四年（1491），知府何珫又将其改建于赣江边上的郁孤台下，并扩建了百余间房屋，使其大大超过了原来的书院规模。正德十二年（1517），王阳明主政南赣，仰慕周子，又迁建于旧布政司故址，改称"濂溪祠堂"，并于此集聚四方学者，招收门徒，讲学论道。如《崇义县麟潭华山刘氏四修族谱》记载："明正德十三年，阳明公召诸生讲学濂溪书院。〔刘镆（1489—1564），字万镒，号天耀〕与堂弟铿（字佩玉）同赴赣，集讲堂，听受旬余，自是学业益进。"[2]崇祯十三年（1640），知县陈履忠又将其改名为"廉泉书院"，并迁于光孝寺左（今江西赣州一中内）。清顺治十年（1653），巡抚南赣都御史刘武元将廉泉书院改为"濂溪书院"，并在大堂设周濂溪和二程像，招收府属十二县生徒。乾隆年间，濂溪书院处于鼎盛期，为吉安、赣州、南安、宁都四府的中心书院。清同治年间，赣州分巡白启明、知府任进爵又号召邑人捐资，重修濂溪书院。宋荦撰《重建濂溪书院记》，吴湘皋撰《捐修濂溪书院姓名碑引》，前者以理学始祖周濂溪为首，记白启明、任进

---

[1] 吴光等编校：《王阳明全集》（新编本），浙江古籍出版社2010年版，第1263页。

[2] 《崇义县麟潭华山刘氏四修族谱》，民国年间德光堂刻本。

爵复兴濂溪书院之事，并介绍了堂庑等的更新状况；后者记捐资情况，分巡白启明、知府任进爵及士绅、诸生捐金三倍于估计数。其后书院多有扩建，内有东西讲堂、濂溪祠、仰止亭、夜话亭、斋舍等建筑。光绪二十四年（1898），书院内附设"致用中学堂"，开现代新学之先河。光绪二十六年，改称"致用精舍"。两年后，清廷废书院，遂又改称"虔南师范学堂"。民国初，先后改名"省立第二师范""省立第三中学"。新中国成立后，为赣州第一中学所在地。

原濂溪书院有联云："我生近圣人居，教泽如新，敢忘鲁壁金丝，尼山木铎；此来继贤者后，风流未泯，窃愿士崇礼义，俗尚弦歌。"①道光二十二年（1842），巡道陈士枚尝摹勒周子像赞碑于仰止亭。明罗钦顺，清吴文镕、宋荦等名士高流皆有咏濂溪书院诗文传于世。

据《阳明先生年谱》记载，为纪念阳明先生，"（嘉靖）三十一年（1552）壬子，提督南赣都御史张烜建复阳明王公祠于郁孤山。祠在赣州郁孤台前，濂溪祠之后。嘉靖初年，军卫百姓思师恩德不已，百姓乃纠材建祠于郁孤台，以虔尸祝。军卫官兵建祠于学宫右（今赣州文庙），塑像设祀，俱有成式。继后异议者，移郁孤祠像于报功祠后，湫隘慢亵，军民怀忿。至是，署兵备佥事沈谥访询其故，父老子弟相与涕泣申告。谥谒师像，为之泫然出涕……烜如其议，修葺二祠，迎师像于郁孤台，庙貌严饰，焕然一新。军卫有司各申虔祝，父老子弟岁腊骏奔。烜作记，立石纪事"②。这个位于郁孤台前、濂溪祠后的"阳明王公祠"，乃濂溪书院的一部分，并非后来创办的阳明书院。也就是说，赣州阳明书院与濂溪书院曾经并存于世，但濂溪书院显然要早于阳明书院。

创办阳明书院。阳明书院始建于阳明在赣州为官时期，最早可能是濂溪书院的一部分。阳明在郁孤台讲学时，随着来学者日益增多，讲学场所拥挤不堪，遂下令扩建讲学场所。赣州地方族谱中即有选拔优秀学生入濂溪书院受学于阳明的记载。这也从侧面证明了阳明在赣州讲学有个不断扩充的过程，而阳明书院可能即是在此过程中从濂溪书院分离出来的。所以在后人那里，早有将当时

---

① 胡君复编，常江点校：《古今联语汇选》，西苑出版社2002年版，第152页。
② 吴光等编校：《王阳明全集》（新编本），浙江古籍出版社2010年版，第1356—1357页。

的濂溪书院视作阳明书院的相关记录，甚至还有人同时使用这两个书院的印章。①

后书院屡有兴废，崇祯十三年（1640），知县陈履忠将书院迁于光孝寺左，其时光孝寺左有阳明书院，右有濂溪书院。清道光二十二年（1842），赣州知府王藩在郁孤台阳明讲学处重建阳明书院，订立规制，课文校艺，祀王守仁，以何廷仁、黄宏纲配祀。次年，王藩再次扩建书院，并作记。同治年间，知府魏瀛复修建书院，又重订章程。同治十二年（1873），巡抚刘坤一赠书籍，书院生童正附课将近200名。该书院一直是赣州府立书院，与作为道立书院的濂溪书院相对应。光绪二十八年（1902），知府查恩绥改阳明书院为"赣州府中学堂"，后该校易名为"省立第四中学"，于1927年并入省立赣县中学（今赣州一中）。至今赣州一中校内仍设有"阳明院"，以存续阳明之遗志。

由此可见，赣州一中当源自濂溪书院和阳明书院，或者说赣州一中乃是在这两所书院基础上建成的。周敦颐和王阳明都曾在濂溪书院讲过学，并培养出程颐、程颢及何廷仁、黄宏纲、何春、刘潜、谢魁、赖元、李大集、刘润、管登等一大批学者。因阳明书院与濂溪书院不分你我之关系，说它由阳明创办也未尝不可。

2017年8月，赣州民间人士在当地政府支持下，在书院旧址建成"赣州阳明书院"。书院占地2300平方米，室内面积1580平方米，是典型的三进式客家民居，内设仰德堂、良知堂、知行堂、传习堂、望德亭、"三纲八目"茶社、思归轩、阳明精舍（书院）、阳明手迹碑林、格竹园、阳明别苑等，并特地从余姚市买来两口仿古大水缸，以示赣州与阳明出生地余姚的渊源关系。现赣州阳明书院已被评为赣州市郁孤台历史文化街区旅游景点，逐渐成为当地一处著名的公益读书场所和学术研究交流之地，吸引着全国各地的游学者。

新设社学乡馆。正德十二年（1517）四月，阳明班师回赣州后，首先考察和分析了赣州的社学情况，认为"赣州社学乡馆，教读贤否，尚多淆杂，是以

---

① 据崇义县思顺乡思顺村何氏所藏的清光绪二十三年（1897）《思顺何氏族谱》记载，当时曾在同一教材里同时出现过阳明书院与濂溪书院的印章。

诗礼之教，久已施行；而淳厚之俗，未见兴起"[1]。换言之，南赣地区原先虽有不少社学乡馆，但因教学不力、学风不纯、形式呆板，加之约定不严、督导不严，整个社会的淳厚之风并未形成。因此，阳明决定把在龙南等地积累起来的"破心中贼"实践经验推广到整个南赣地区，颁发《仰南安赣州印行告谕牌》，以告谕辖内各府县参照执行。在阳明看来，"民风不善，由于教化未明。今幸盗贼稍平，民困渐息，一应移风易俗之事，虽未能尽举，姑且就其浅近易行者，开导训诲。即行告谕，发南、赣所属各县父老子弟，互相戒勉，兴立社学，延师教子，歌诗习礼。出入街衢，官长至，俱叉手拱立"[2]。经开社学教育以及阳明等人的循循"训诱之，久之，市民亦知冠服，朝夕歌声，达于委巷，雍雍然渐成礼让之俗矣"[3]。

翻阅南赣各地府、县志，其中记载的大量善人、烈女、节妇多始出于阳明巡抚南赣时期。阳明以身作则，在巡抚衙门大门前放置了两个小匣子，上书"求通民情""愿闻己过"，给百姓一个反映批评意见与建议的渠道。[4]同时，他又"立法定制，令赣属县俱立社学，以宣风教。城中立五社学，东曰义泉书院，南曰正蒙书院，西曰富安书院，又西曰镇宁书院，北曰龙池书院。选生儒行义表俗者，立为教读。选子弟秀颖者，分入书院，教之歌诗习礼，申以孝悌，导之礼让。未期月而民心丕变，革奸宄而化善良。市廛之民皆知服长衣，叉手拱揖而歌诵之声溢于委巷。浸浸乎三代之遗风矣"[5]。不仅如此，阳明还要求各县治地方"约长""里长"等都必须延师设教、兴办社学，通过普及文教的方式，"申以孝悌，导之礼让"；敦促教学者，以民为重，以德为要，使"乡里子弟，不但勤劳于诗礼章句之间，尤在效力于德行心术之本，务使礼让日新，风俗日美，庶不负有司作兴之意与士民趋向之心"[6]。阳明的一系列措施意在彻底根治南赣社会数十年之乱象。同治《南安府志》所谓"立社学以训童蒙，为谕俗文

---

① 吴光等编校：《王阳明全集》（新编本），浙江古籍出版社2010年版，第640页。
② 吴光等编校：《王阳明全集》（新编本），浙江古籍出版社2010年版，第1259页。
③ 吴光等编校：《王阳明全集》（新编本），浙江古籍出版社2010年版，第1259页。
④ 参见龚文瑞：《王阳明在南赣》，江西人民出版社2015年版，第162页。
⑤ 吴光等编校：《王阳明全集》（新编本），浙江古籍出版社2010年版，第1357页。
⑥ 龚文瑞：《王阳明在南赣》，江西人民出版社2015年版，第162页。

以化顽梗，百姓遵用其教"，黄绾《阳明先生行状》所谓"又行乡约，教劝礼让。又亲书教诫四章，使之家喻户晓。而赣俗丕变，赣人多为良善，而问学君子亦多矣"，皆证明了王阳明兴办社学、推行乡约所取得的良好效果。

然而，王阳明的"继后异议者"，不久竟"尽堕成规，而五院为强暴者私据，礼乐之教息矣"。嘉靖十六年（1537），"（沈）谧起金江西，为（阳明）师遍立南赣诸祠"①，更"询士民之情，罪逐僭据，修举废坠，五社之学复完。慎选教读子弟而淬砺之，风教复兴，汹汹乎如师在日矣"②。

三、繁荣文教

众所周知，王阳明在赣州时，无论军事政务多么繁忙，都没有忽略讲学论道、著书立说之事，并把出版图书尤其是他的心学著述作为繁荣文教事业的重要手段。据文献记载，他的一些代表性著述，如《传习录》《大学古本》《中庸古本》《朱子晚年定论》等，最早都是在赣州刊行的，从而有力地推进了讲学活动的开展和道德教育的普及。《四库全书总目提要》尝谓："是书（指《王文成公全书》）首编《语录》三卷，为《传习录》，附以《朱子晚年定论》，乃守仁在时，其门人徐爱所辑而钱德洪删订之者；次《文录》五卷，皆杂文；《别录》十卷，为奏疏、公移之类；《外集》七卷，为诗及杂文；《续编》六卷，则《文录》所遗；搜辑续刊者，皆守仁殁后德洪所编次。后附以《年谱》五卷、《世德记》二卷，亦德洪与王畿等所纂集也。其初本各自为书。隆庆壬申，御史新建谢廷杰巡按浙江，始合梓以传。仿《朱子全书》之例以名之。盖当时以学术宗守仁，故其推尊之如此。"③然而《四库全书总目提要》并未点明《传习录》《朱子晚年定论》的初刻时间和地点。其实，《传习录》连同《大学古本》《中庸古本》皆初刻于赣州府治，时间是在正德十三年（1518）七八月间，而《朱子晚年定论》则初刻于赣州于都④，时间是在正德十三年六月。

---

① 吴光等编校：《王阳明全集》（新编本），浙江古籍出版社2010年版，第1347页。
② 吴光等编校：《王阳明全集》（新编本），浙江古籍出版社2010年版，第1357页。
③ 〔清〕永瑢 等撰：《四库全书总目》，中华书局1956年版，第1498页。
④ 参见钱明等：《地缘、血缘与学缘的交织——中国人文和自然境域中的王阳明及阳明学派》，孔学堂书局2023年版，第25页。

初刻《大学古本旁释》。据束景南《王阳明年谱长编》："（正德十三年）七月九日，序定《大学古本旁释》，刊刻于虔。"①而《大学古本旁释》的刊刻者实为在赣州师从王阳明的邹守益。②阳明还特地为此写了序文和跋。现《王阳明全集》收录的是后来经阳明修改过的序文，原序文为罗钦顺《困知记》三续第二十章所引，但罗氏引此原序未说明撰写年月，今有《大学古本旁释序》手迹石刻存于庐山白鹿洞书院，末尾署"正德戊寅七月丙午，余姚王守仁书"。由此可知，阳明原序作于正德十三年（1518）七月，改序则作于正德十六年（1521）。从新旧序文中，我们可以看出阳明思想变化的轨迹。③而跋文也同样未被《王阳明全集》收录。

《大学古本旁释》现存有两种版本：一是《函海》本，李调元序，收入《函海》第九函第九册；二是《百陵学山》本，该书由王文禄编辑。以上两版本，皆收入据原刻景印的《百部丛书集成》。民国学者欧阳渐学读完《大学古本旁释》后，曾撰《大学王注读》，把《大学古本旁释》之要旨归纳为10项：一曰大人之学，二曰天下之欲，三曰孔子之志，四曰忠恕之道，五曰得国之实，六曰格物之实，七曰空颜之乐，八曰真实之知，九曰学庸之事，十曰学庸之序。④

至于王阳明编撰《大学古本旁释》的目的，则与他长期以来对朱熹《大学章句》的怀疑及其深信"人心本善，无不可复"的心学思想有密切关系。阳明到赣州后，前来问学者经常就《大学古本》《中庸古本》等请教于他，所以弄清楚《大学古本》《中庸古本》的来龙去脉及其思想内涵，乃是阳明赣州讲学时必须面对的课题。诚如费宏《移置阳明先生石刻记》所云：

> 昔阳明王先生督兵于赣也，与学士大夫切劘于圣贤之学，自缙绅至于间阎，以及四方之过宾，皆得受业问道。盖濂、洛之传至是复明。而先生治兵料敌，卒有不以平奸究者，皆原于切劘之力。于是深信人心本善，无

---

① 束景南：《王阳明年谱长编》，上海古籍出版社2017年版，第1056页。
② 参见［日］水野实：《王守仁的〈大学古本旁释〉的考察》，载《日本中国学会报》1994年第46集。
③ 参见钱明：《阳明学的形成与发展》，江苏古籍出版社2002年版，第56—59页。
④ 参见张克伟：《试论黄绾对王学的评骘与乖离》，载《宁波大学学报（人文科学版）》1993年第2期。

不可复，其不然者，由倡之不力，辅之不周，而为学之志未立故也。既以责志为教，肆其子弟，复取《大学》《中庸》古本序其大端，与濂溪《太极图说》联书石于郁孤山之上。使登览而游息于此者，出埃墙之表，动高明旷远之志，庶几见所书而兴起其志，不使至于懈惰，盖所以为倡而辅之之虑切也。①

初刻《中庸古本》并作《修道说》。据束景南《王阳明年谱长编》："定《中庸古本》，作《修道说》以发其意，盖为《中庸古本》所作序也。"②阳明《中庸古本》手迹石刻今存于白鹿洞书院碑廊。③该石刻因缺后半段，不知其末尾所署年月，然《修道说》与《中庸古本》连写于一石，笔迹全同，一气呵成，可以确知《中庸古本》亦应在正德十三年（1518）七月。由此可见，阳明于正德十三年在赣州编订《大学古本》和《中庸古本》二书，而其所撰《大学古本序》为前者发其意，《修道说》则为后者发其意。然钱德洪《阳明先生年谱》只说阳明于是年定《大学古本》，遂使阳明定《中庸古本》一事湮没无闻。④

其实，阳明早有为《大学》《中庸》作注的打算，故其定《大学古本》《中庸古本》意在为其作注所用也。遗憾的是，我们今天只能见到阳明注释的《大学古本旁释》，无法见到《中庸古本注》。或许是因公务繁忙，阳明当时没有来得及完成《中庸古本注》。随着其思想的不断变化，他也就放弃了这一计划。

至于阳明当时对《中庸古本》作了怎样的解读，我们似可从《王阳明全集》卷七所收之《修道说》中窥知一斑：

> 率性之谓道，诚者也；修道之谓教，诚之者也。故曰："自诚明，谓之性；自明诚，谓之教。"《中庸》为诚之者而作，修道之事也。道也者，性也，不可须臾离也。而过焉、不及焉，离也。是故君子有修道之功。戒慎

---

① 吴光等编校：《王阳明全集》（新编本），浙江古籍出版社2010年版，第1503—1504页。
② 束景南：《王阳明年谱长编》，上海古籍出版社2017年版，第1059页。
③ 计文渊编：《王阳明法书集》，西泠印社出版社1996年版，第46页。
④ 参见束景南：《王阳明年谱长编》，上海古籍出版社2017年版，第1059—1060页。

乎其所不睹，恐惧乎其所不闻，微之显，诚之不可掩也。修道之功若是其无间，诚之也夫。然后喜怒哀乐之未发谓之中，发而皆中节谓之和，道修而性复矣。致中和，则大本立而达道行，知天地之化育矣。非至诚尽性，其孰能与于此哉！是修道之极功也。而世之言修道者离矣，故特著其说。

很明显，《修道说》突出"诚"和"性"，强调"至诚尽性"，这与阳明后来的"良知本体"论和"致良知"说稍有不同。对于阳明思想的这种前后矛盾，顾应祥在《静虚斋惜阴录》中曾有明确揭示："阳明《修道说》谓：道修性复矣。夫道修性复，惟圣人有中和，常人不能也。及观《传习录》，又云良知是未发之中，人人之所同具者也。其言彼此不同。"这似乎可以佐证上述所谓阳明因思想变化而放弃为《中庸古本》作注之计划的推断。

始刻《传习录》。《传习录》是王阳明阐述其哲学思想的语录体著述，由其弟子徐爱、薛侃、钱德洪等辑录编纂，分为上、中、下三卷，后被统一编入《王文成公全书》首篇卷一至卷三。《传习录》最初刊刻本是正德十三年（1518）七月阳明弟子薛侃刻于赣州本，具体地点在通天岩。此书经过阳明本人审阅，主要反映阳明中年的思想观念。

此本的成书过程较为复杂，其大致经过如下。阳明弟子徐爱从正德七年（1512）开始陆续记录下阳明论学的谈话内容，并根据《论语》中的"传不习乎"一语，取名《传习录》。正德十三年（1518），阳明弟子薛侃将徐爱所录残稿及其另一弟子陆澄与他自己新录部分一起刊刻，仍称《传习录》。据《阳明先生年谱》记载："（正德十三年）八月，门人薛侃刻《传习录》。侃得徐爱所遗《传习录》一卷，序二篇，与陆澄各录一卷，刻于虔。"①这说明薛侃在赣州编刻的《传习录》乃三卷，其中徐爱录一卷、陆澄录一卷、薛侃录一卷，即今《传习录》卷上或卷一。以今《传习录》卷上考之：自"爱问在亲民"至"不觉手舞足蹈"，为徐爱所录一卷；自"陆澄问主一之功"至"亦足以见心之不存"，为陆澄所录一卷；自"尚谦问孟子之不动心与告子异"至"未免画蛇添足"，为

---

① 吴光等编校：《王阳明全集》（新编本），浙江古籍出版社2010年版，第1262页。

薛侃所录一卷。

《传习录》刚刻成，阳明就将新刻本和不久前刻成的《大学古本旁释》《朱子晚年定论》分送好友们。比如将《传习录》和《大学古本旁释》赠与夏镔（1455—1537，字德树，晚号赤城，浙江天台人，明成化年间进士），夏镔收到后即作《答王阳明书》曰：

> 久别，甚想望。稍闻安方干略，为慰。顷又树此大功，益见儒生之用。区区山草中，无补于时，相去何止千万，仰愧，仰愧！承示《传习录》《大学古本》，亟读一过，具见执事用工夫大略。区区何足与此？执事自虚心，不遗疏拙。记曩日盛德若是耳，感悚，感悚！病中先往一得之愚，别当请教。相见未期，临纸惘然。①

此书表达了对阳明在南赣所立大功的由衷钦佩和对《传习录》《大学古本旁释》中阳明"用工夫大略"的高度赞赏，并赞赏阳明"不遗疏拙"的"虚心"品格，表示等自己身体好转后，定要当面请教。再比如，阳明请即将返回广东饶平的杨骥把《传习录》和《朱子晚年定论》带给在西樵讲学的湛甘泉，获得湛氏的好评。②这些都说明，王阳明对自己在赣州的这些著述还是相当重视的。

需要指出的是，《传习录》最早的注释本或评论本，早在王阳明生前即已出现，而且也与赣州有关。据同治《会昌县志》卷二十二载："赖贞，字洛村。兄元，字善长。俱太学生。同及王阳明门，讲学虔台……手抄《传习录》及往来辨学书，复以己所心得者，识于后。"赖贞"识于后"的《传习录》，即可视为《传习录》之注释本。

---

① 束景南：《王阳明年谱长编》，上海古籍出版社2017年版，第1066页。
② 参见〔明〕湛若水：《答顾惟贤金宪》，载黄明同主编，郭海鹰整理：《湛若水全集》第21册，上海古籍出版社2020年版，第279页。

平定宁王

如果说王阳明一生最大的事功成于南赣的话，那么其最大的军功则是平定南昌宁王朱宸濠叛乱。而这两件事在时间上恰好前后衔接，空间上亦彼此相连，又因"宸濠诸奸之变"（详见后述）后阳明曾返回赣州休息调整而形成交错关系，从而构成其提出"致良知"说、揭示"致良知教"背后非常关键的"南（昌）赣（州）"语境。

一、谋划布局

朱宸濠为明太祖朱元璋第十七子朱权的四世孙，朱权原封国位于大宁，永乐时期迁封江西南昌。朱宸濠于弘治十年（1497）成为宁王，即位初年已多行不轨，弘治末年遭到戒谕，被要求遵循祖制。王府最重要的军事力量是护卫，宁王府的护卫在天顺年间（1457—1464）就因事被革除，恢复王府护卫便成为朱宸濠的重要目标。正德二年（1507），通过重赂权阉刘瑾，宁王府护卫得以恢复。正德五年刘瑾被诛后，宁王府护卫再次被罢。朱宸濠并未死心，再次重赂明武宗近幸钱宁及吏部尚书陆完，护卫于正德九年再次得以恢复。朱宸濠见明武宗长期无嗣，还企图让其世子成为武宗的继承者，遭到群臣的激烈反对后作罢。[1]护卫恢复以后，在扩充护卫军队的名义下，朱宸濠在江西等地纠集党羽、盗贼等力量，积极为将来谋反做准备。此外，朱宸濠又遍赂京师群臣，结交权贵，如钱宁、臧贤、陆完等人都成为他的重要政治盟友。[2]

王阳明正是在这样的复杂局势下被时任兵部尚书王琼推举为南赣巡抚的。南赣距离南昌不远，又居于赣江上游，一旦朱宸濠叛乱，在战略上南赣对南昌具有钳制优势。[3]正德十四年（1519）六月，朱宸濠发动叛乱，当消息传至朝

---

[1]《明孝宗实录》卷二二四弘治十八年五月己酉条，"中研院"史语所1962年校印本，第4237页。

[2] 明正德十四年（1519）朱宸濠叛乱失败后，钱宁、臧贤、陆完被抄没其家，陆完被充军福建（参见《明史》，中华书局1974年版，第3596、4956—4957、7891—7892页）。

[3]《明史》，中华书局1974年版，第5232—5233页。

廷，人心惶恐之际，王琼却胸有成竹地说："王伯安居南昌上游，必擒贼。"[1]一个月后，朱宸濠便被王阳明所率领的军队擒获，其叛乱也随之失败。事实证明，王琼推荐王阳明出任南赣巡抚，以及其后在增加南赣巡抚权力职能上予以支持、大力襄助，既是其出于解决南赣等处盗乱的现实需要，更是其防备日后朱宸濠谋反的谋划布局。而王阳明不仅在抚治南赣期间任职忠诚，深谙抚治之道，而且在朱宸濠发动叛乱之后，即凭借其所指挥的南赣地方军队，在四十余天的时间内将其平定，进一步表现出卓越的军事政治才干。不久，阳明便因平定之功而被封为新建伯，成为有明一代文人领兵打仗而被封爵的第三人[2]，也是明代浙江被封伯爵并可世袭爵位的第二人[3]。

王阳明平定朱宸濠叛乱的大致经过是这样的。正德十四年（1519）六月，王阳明平定南赣匪患后，奉命前往福建剿匪，途经距离南昌不远的丰城时，得知朱宸濠集十余万大军准备谋反，企图挥师南京，篡位夺权。由于事发突然，朝廷上下毫无准备，情况万分危急。朱宸濠谋反之事其实早有端倪，只是朝廷主事大臣首鼠两端，担心类似朱棣篡位的事件再次上演，故大多作观望状以保全自己。这时，摆在阳明面前的有两条路，一是以没有得到朝廷授权为由，绕道继续前往福建剿匪，对这场突如其来的国难采取与己无关的回避态度；二是利用手中的调兵权和在吉安、赣州等地的号召力，调兵遣将，平定叛乱，挽救大明王朝于水火之中。王阳明选择了后者，他在国家处于分裂、明朝陷入危难的关键时刻，以勇于担当的历史责任感，肩负起了尚无朝廷授权亦不属于自己职权范围的平叛之重任。

王阳明当时最担心的是叛军挥师占领南京。如果南京失守，朱宸濠就有了改朝换代的资本，所以他必须想方设法拖住叛军。于是，在紧急向朝廷报告宁王谋反之事后，他连夜从丰城返回樟树，开始调兵遣将，筹集粮草，积极备战；

---

① 《明史》，中华书局1974年版，第5164页。

② 明朝以文制武的体制，让很多文官也担负起了领兵打仗的责任，并涌现出一批优秀的儒将，从明初到明中叶，因军功封爵的三位文官分别是靖远伯王骥、威宁伯王越和新建伯王阳明。巧合的是三人都姓王。

③ 另一位是浙江处州府青田县人诚意伯刘基。

同时公布朱宸濠的罪状，发出讨贼檄文，号召各地起兵勤王。为争取时间，他故意放出假消息，并虚张声势，迷惑朱宸濠，致使宁王做出错误判断，以为各路勤王大军已形成合围之势。阳明还使用反间计，让朱宸濠猜忌手下谋臣李士实、刘养正等人。猜忌心极强的朱宸濠果然中计，在南昌城里耽误了半个月，阳明赢得了宝贵时间。

当朱宸濠发现自己上当后，立马率领十万大军顺江向南京进军，只留下一万多人留守大本营南昌。叛军先后攻下九江、南康，渡长江，攻安庆，势如破竹。王阳明此时已调集了周边两三万兵士，向南昌进发，采取围魏救赵的计谋，先攻占南昌，迫使朱宸濠暂时放弃南京，回军救南昌。而王阳明则在朱宸濠回军必经之地设下埋伏，在鄱阳湖大战叛军，最终以少胜多、以弱胜强，活捉朱宸濠，仅用三四十天就平定了叛乱。

然而，明朝行军打仗有御史负责"监军纪功"之惯例[1]，王阳明此次平叛完全是基于君臣大义的自发行为，并未得到朝廷授权，故而自始至终没有朝廷任命的监军御史随行。他只好留本应返京的巡按御史伍希儒、谢源为监军御史，负责军功的"审验记录，另行造册缴报"，以待朝廷确认。这就为平叛后的论功行赏埋下了隐患，也给一直对他心怀敌意的小人留下了口实。事后，说他违反朝廷规制、损害皇帝权威等斥责声铺天盖地而来。朝中个别擅长利用手中权力拉帮结派、结党营私的宠臣奸宦趁此机会，给王阳明加了一系列莫须有的罪责，欲置他于死地而后快。

二、忠泰之变

如前所述，王阳明未动用朝廷资源，仅凭借江西的地方力量，就在短时间内平定了朱宸濠叛乱，避免国家出现大动乱、大分裂，对大明王朝可谓功莫大焉。但他并未因此受到奖赏，反而遭到朝中佞臣的恶意诬陷和无端攻击，阳明为此大受打击。这是他人生中所遭受的又一次重大挫折，《阳明先生年谱》的编

---

① 〔明〕沈德符：《万历野获编》，中华书局1959年版，第495页。

纂者钱德洪将此事件称为"忠泰之变"。①

所谓"忠泰之变"，是指被当时已准备御驾亲征的明武宗朱厚照封为副将军的安边伯许泰和提督军务太监张忠等人在整个事件中对大功臣王阳明的种种刁难、诬陷甚至迫害。除了张忠、许泰，还有明武宗的宠臣江彬等，所以严格说起来应该是许泰、张忠、江彬等"诸奸之变"。又因整个事变的起因是朱宸濠起兵谋反，故称"宸濠诸奸之变"或许更符合实际。整个事变分前后两个阶段，第一个阶段是朱宸濠谋反、王阳明平叛，这在前面已作介绍；第二个阶段是王阳明与诸奸臣纠缠，遭到诬陷，心灰意冷，决意弃官，以讲学终其生。

当朝廷得知朱宸濠谋反并被王阳明平定后，喜欢嬉戏玩乐的朱厚照与其身边的太监张忠、许泰等人异常兴奋，认为这下有出京游玩的理由了，故而要求王阳明把朱宸濠放回鄱阳湖，让自封为"威武大将军朱寿"的朱厚照"御驾亲征"，亲自将其擒获，过征伐抓人之瘾。可战争不是儿戏，再折腾一次，就得使广大百姓再遭殃一次。王阳明便对还有点良知的宦官张永晓之以理、动之以情，极力阻止北军南下。最后协调的结果是明武宗到南京后，再放出朱宸濠，让皇帝来抓捕。提前赶到南昌的张忠、许泰得知王阳明抗旨后大怒，遂放出谣言，污蔑王阳明与朱宸濠一直有勾连，是由于害怕皇上御驾亲征，才将朱宸濠绑了献给皇帝，敦促阳明立即交出朱宸濠。阳明为使南昌百姓不再受战乱之苦，顶住重重压力，押着朱宸濠一路快速北上，走出江西境后，才在杭州将朱宸濠一干俘虏交给张永，让张永押着朱宸濠去南京交由朱厚照处理。阳明则先后上了九华山、庐山，再折回南昌，对付张忠、许泰等带过来的在南昌城内骚扰百姓的北方军士。回到南昌后，阳明以北兵长途劳顿为由说服城中百姓，要求他们对寻衅滋事的北兵以礼相待，多加犒赏。此时恰值冬至，刚刚经历战乱的南昌城内到处都是祭奠死去亲人的队伍，哭声不绝于耳，让这些北方军士也产生了思乡之情，不愿再继续待在南昌。张忠、许泰见状，又邀阳明到教场比试射箭，想借此羞辱阳明，声称若阳明能胜，北兵便打道回府。阳明闻后一口答应，结

---

① 钱德洪说："平藩事不难于倡义，而难于处忠、泰之变。盖忠、泰挟天子以借乱，莫敢谁何？豹房之谋，无日不在畏，即据上游不敢骋，卒能保乘舆还宫，以起世宗之正始。"（钱明编校整理：《徐爱·钱德洪·董沄集》，凤凰出版社2007年版，第134页）

果阳明三发三中，箭箭靶心，弄得一旁观看的北兵们心服口服，赞叹不已。这并非神佑，而是阳明少年时练就的骑射功夫帮了大忙。赛后，张忠、许泰等人自知理亏，遂率师回朝。南昌城在阳明的努力下，终于恢复了太平。

三、乞归尽孝

就在宁王朱宸濠叛乱这一年，江西先遇大旱，"禾苗枯死，继遭濠乱"，天灾人祸叠加，民不聊生。王阳明遂上疏朝廷：

> 夫荒旱极矣，而又因之以变乱；变乱极矣，而又竭之以师旅；师旅极矣，而又竭之以供馈，益之以诛求，巫之以征敛。当是之时，有目者不忍睹，有耳者不忍闻，又从而朘其膏血，有人心者而尚忍为之乎！……故宽恤之虚文，不若蠲租之实惠；赈济之难及，不若免租之易行。①

疏中痛陈南昌百姓疾苦，要求朝廷减免当年税赋。结果朝廷允许"计处宁藩变产官银，代民上纳，民困稍苏"②。

翌年四月，江西又遭洪灾，王阳明遂上疏自劾四罪：

> 自春入夏，雨水连绵，江湖涨溢，经月不退。自赣、吉、临、瑞、广、抚、南昌、九江、南康沿（赣）江诸郡，无不被害，黍苗沦没，室庐漂荡，鱼鳖之民聚栖于木杪，商旅之舟经行于闾巷，溃城决堤，千里为壑，烟火断绝，惟闻哭声。询诸父老，皆谓数十年来所未有也……伏惟皇上轸灾恤变，别选贤能，代臣巡抚。即以臣为显戮，彰大罚于天下，臣虽陨首，亦云幸也。即不以之为显戮，削其禄秩，黜还田里，以为人臣不职之戒；庶亦有位知警，民困可息，人怒可泄，天变可弭；而臣亦死无所憾。③

这两场相继出现的自然灾害不属于"宸濠诸奸之变"中的"人祸"，最多只

---

① 吴光、钱明、董平、姚延福编校：《王阳明全集》，上海古籍出版社1992年版，第427—428页。
② 吴光、钱明、董平、姚延福编校：《王阳明全集》，上海古籍出版社1992年版，第1271页。
③ 吴光、钱明、董平、姚延福编校：《王阳明全集》，上海古籍出版社1992年版，第431—433页。

能算作"宸濠诸奸之变"中的"天灾"。两道奏疏则不仅反映了王阳明事事以百姓利益为重的执政理念，也反映出他对"人祸"的畏惧和对官场的极度厌恶。

对于"宸濠诸奸之变"，王阳明的好友霍韬曾在嘉靖元年（1522）正月的奏疏中作过解释：

> 贼灭功成，江彬、张忠妒忌守仁之功，首倡异论，曰"守仁实同贼谋"，又曰"宁贼金宝俱诸臣满载一空"，随征纪功、给事、御史、党奸扇谤，附和其后。盖将媒孽守仁辈而倾之也。后以守仁名望素著，不能瑕玷，而谢源、伍希儒独当其辜，时有进表。①

他认为对以王阳明为首的平叛功臣的所有诬陷都是不实之辞，是江彬、张忠等人"妒忌守仁之功"所致。

众所周知，王阳明在正德初年曾因得罪刘瑾而遭到极不公平的处罚，这可谓其人生的第一次重大挫折，或称"刘瑾贬谪之变"（包括刘瑾迫害和贬谪龙场）。此次"宸濠诸奸之变"则可谓阳明一生所碰到的第二次重大挫折。经过此番磨难，阳明再无心思于官场，开始全身心地投入讲学活动，从以立功为主转向了立德和立言。郑善夫曾对其师王阳明经过"宸濠诸奸之变"后开始全身心地转入讲学活动赞赏不已："观书中所云，便大非京师时比。经此大患（"宸濠诸奸之变"）之余，正古人所谓困心衡虑者，启其局而进之沛然矣。"②而阳明此时的心理困顿和出处转换则可从其奏疏中窥见一斑。

从正德十四年（1519）开始，王阳明四次上疏朝廷，祈求归省。据阳明自述，其四疏归省的目的，一是为祖母"略为经划葬事"，二是为"省父病"，还说这是出于"迫切之至情"，所谓"臣自两年以来，四上归省之奏，皆以亲老多病，恳乞暂归省视，实皆出于人子迫切之至情"也。不过他又坦承，归省的另一原因是"权奸当事，谗嫉交兴，非独臣之愚悃无由自明，且虑变起不测，身

---

① 〔明〕霍韬：《渭厓文集》，广西师范大学出版社2015年版，第174页。

② 〔明〕郑善夫：《少谷集》卷十八《答马子莘》，载《景印文渊阁四库全书》集部第208册，台湾商务印书馆1983年版，第228页。

罹暧昧之祸"，"故其时虽以暂归为请，而实有终身丘壑之念矣"①。换言之，为祖母尽孝、为父亲养老，是阳明乞归的主要原因，但对官场尔虞我诈的深恶痛绝也是其背后的一大隐情。

四、仕隐之间

"仕"即出仕，"隐"即退隐，在中国古代这两者又分别代表儒家的"处"与道家的"出"。仕隐之间的生态困境、心理纠结与身份转换，在王阳明的一生当中表现得相当明显，其反差也特别巨大，在紧急关头曾多次出现。平定朱宸濠叛乱后，王阳明又一次面临这样的人生抉择。当时不仅他本人受到朝廷猜忌、奸臣诋毁，而且其幕僚谢源、伍希儒等人以及其他跟随他为平叛立下汗马功劳的官员也受到无端指责。这些人有不少在宁王叛乱前甚至与王阳明无任何往来，只是因君臣大义而聚集在一起共同讨贼。平叛后，伍希儒、谢源二人蒙冤去职，更多的人受到怀疑。在这种情况下，王阳明只好请辞回乡，以避凶险。

一般来说，中国历史上的士大夫多多少少都有入世情怀，希望建功立业、出将入相，然而他们越接近权力中心就越是身不由己，若按照官场的那套游戏规则说违心话、做违心事，就会失去自我与本真，进而成为体制的附庸。于是更多的情况是，不少士大夫或知识分子在年轻时接受儒家思想，本欲"居天下之广居，立天下之正统，行天下之大道"（《孟子·滕文公下》），在经过一番奋斗后，或在人生道路上遭遇不测，或在宦海生涯中蒙受打击，从天堂到地狱，常常只在一夜之间，命运遽转，瞬息万变。当他们蒙受挫折、仕途落入绝境时，道家返归自然、追求解脱的思想往往会成为其精神支柱，使之蔑视权贵、淡泊功名，进而选择消极避世、远离尘世的人生之路。老庄那套逍遥、齐物的人生哲学及超然物外的人生态度，有助于安慰甚至抚平他们受伤的心灵，纾解他们的抑郁之情。这时的道家思想，对在仕途和官场遭遇坎坷的文人官吏有一种特殊的亲和力。然而，一旦遇到机会，命运有望突转时，他们又会重新步入仕途，为治国平天下而再次秉持儒家学说，重新踏上"济苍生""匡社稷"以"兼济天下"的人生征途。这种"得志，与民由之；不得志，独行其道"（《孟子·滕

---

① 吴光、钱明、董平、姚延福编校：《王阳明全集》，上海古籍出版社1992年版，第451页。

文公下》）的人生哲学，深刻影响了封建社会一代又一代的文人士大夫。所谓"事在人为，莫言万事皆由命"的进取精神与"境为心造，退一步天高地阔"的超然心态，使他们在人生道路上随着境遇的一步步变化而不断改变心态。一般来讲，处于顺境，儒家意识占上风；处于逆境，道家意识来抚慰。或儒或道，各取所需，因时、因地、因事、因境而制宜。纵观中国古代知识分子的人格塑造，从政治品质到道德诉求乃至人生哲学，可以说都是在这种儒道两家既相互对立又互相补充的纠结中生成的。

选择归隐，其实就是选择道家。但对多数知识分子而言，又很难做到表里合一。他们即使选择了道家的生活方式，骨子里还是念念不忘儒家内圣外王之理想。所以，中国古代知识分子的"隐"是有大隐和小隐、真隐和假隐之分的。王阳明的《四皓论》中就有真隐与假隐的相关论述。①

相比之下，王阳明其实更强调心隐。其好友张璁道出了其中的真谛："夫主一则静，静则寿矣。不然，则虽观山玩水，亦不免为此心之累，难乎其为无适矣！"②王阳明本人所作的《雨霁游龙山次五松韵》诗中所谓"严光亭子胜云台，雨后高凭远目开。乡里正须吾辈在，湖山不负此公来"③，以及《两浙观风诗序》中所谓"吊子胥之忠谊，礼严光之高节"④，则道出了心隐的真谛。他内心深处推崇的是伍子胥的忠义与严子陵的高节，而并非真心想要像严子陵那样长隐山林。

选择心隐的人，也即是王阳明晚年所推崇的"见其良知之昭明灵觉，廓然于太虚而同体"的"有道之士"。嘉靖五年（1526），因当朝厌恶阳明心学，"入觐"的南大吉遂受牵累，加之其性格刚正，与当朝权贵亦多有不和，便被贬黜，从绍兴知府任上罢官回乡。但他并未因此沮丧，而是在乡里继续问道讲学。大吉于见黜之时，曾给王阳明写过一封信。阳明从大吉来信中看到，他虽有此遭遇，但仍"勤勤恳恳，惟以得闻道为喜，急问学为事，恐卒不得为圣人为忧，

---

① 参见吴光等编校：《王阳明全集》（新编本），浙江古籍出版社2010年版，第1872—1874页。

② 张宪文校注：《张璁集》，上海社会科学院出版社2003年版，第400页。

③ 吴光等编校：《王阳明全集》（新编本），浙江古籍出版社2010年版，第1118页。

④ 吴光等编校：《王阳明全集》（新编本），浙江古籍出版社2010年版，第877页。

矗矗千数百言，略无一字及于得丧荣辱之间"①。阳明慨叹大吉真为"朝闻夕死
之志者"，并很快复信大吉，对他力加褒扬和鼓励。阳明在信中指出，面对人生
挫折，往往有三种不同的人及不同的人生态度：一种是"高抗通脱之士"，这样
的人有高远的心态和境界，能"捐富贵，轻利害，弃爵禄，决然长往而不顾
者"；第二种为避世之徒，他们或"好于外道诡异之说"，或"投情于诗酒山水
技艺之乐"，或"发于意气""溺于嗜好"；第三种就是"有道之士"，此类人能
"见其良知之昭明灵觉，廓然于太虚而同体"，故"无一物能为太虚之障碍"，从
而不"慕富贵"，不"忧贫贱"，对诸如"欣戚得丧，爱憎取舍"之类皆能超然
其外。当时的王阳明，自然最欣赏第三种人和态度，便对南大吉的为人为学大
加赞赏，并鼓励大吉要努力为圣贤之学的发扬光大作出贡献，声称关中继张载
之后，"有所振发兴起……变气节为圣贤之学，将必自吾元善昆季始也"②。

　　毫无疑问，中国知识分子的真正脊梁，应该是像范仲淹所说的"先天下之
忧而忧，后天下之乐而乐"、王安石所说的"天变不足畏，祖宗不足法，人言不
足恤"、顾宪成所说的"家事国事天下事，事事关心"，以及顾炎武所说的"天
下兴亡，匹夫有责"那般充满家国情怀的英雄豪杰。但在特定的历史条件下，
对特定的人而言，能够做到独立于权势、独立于功名、独立于物欲、独立于世
俗的人格境界，也不失为一条人间正道！我们歌颂理想主义和英雄主义，但也
钦佩宁静淡泊、视功名如粪土的人生态度和高远境界。对社会、政治的热忱，
是人性的彰显；对自我、生命的保护，并非人性的歧路，而是个人与社会发展
的调节器。一个完整的社会、健全的人格，就应该是这两种人生态度的互补。
经历"宸濠诸奸之变"后的王阳明，正好处在这种仕隐之间的互补人格及内圣
志向最为成熟的阶段，故而选择心隐式仕隐之间的生活方式和人生归途乃是其
时之必然。

---

① 吴光等编校：《王阳明全集》（新编本），浙江古籍出版社2010年版，第224页。
② 吴光等编校：《王阳明全集》（新编本），浙江古籍出版社2010年版，第225页。

巡按广西

经历"宸濠诸奸之变"后，王阳明决意归乡讲学，以宣扬自己新提出的"致良知"说。后朝廷封其为新建伯，他也并未以此为荣，而是更加努力地致力于心学理论的构建及其他学术活动，在家乡掀起了讲学讲会活动的新高潮。嘉靖六年（1527），王阳明在家乡收徒讲学六年后，地处西南边陲的广西少数民族聚集区发生了动乱，两广总督姚镆无力平息动乱。朝廷在无将才可用的情况下又想到了王阳明，征召他赴广西思田平息动乱，在其原南京兵部尚书之职后增加"兼都察院左都御史""总督两广及江西、湖广军务"之职责。

一、治边之策

王阳明于嘉靖六年（1527）十一月二十日抵达广西梧州。十二月初一，阳明给朝廷上了份长奏疏，疏曰：

> 臣于病废之余，特蒙恩旨起用，授以两广军旅重寄……伏念世受国恩，粉骨齑骸，亦无能报。又况遭逢明圣，温旨勤拳若是，何能复顾其他。已于九月初八日扶病起程，沿途就医，服药调理，昼夜前进……思恩、田州之事，尚未及会同各官查审区处，然臣沿途涉历，访诸士夫之论，询诸行旅之口，颇有所闻，不敢不为陛下一言其略。臣惟岑猛父子固有可诛之罪，然所以致彼若是者，则前此当事诸人亦宜分受其责……夫即其已暴之恶征之，诚亦非过，然所以致彼若是，已非一朝一夕之故。且当反思其咎，姑务自责自励，修我军政，布我威德，抚我人民，使内治外攘而我有余力，则近悦远怀而彼将自服，顾不复自反而一意愤怒之。夫所可愤者，不过岑猛父子及其党恶数人而已，其下万余之众，固皆无罪之人也……臣又闻诸两省士民之言，皆谓流官之设，亦徒有虚名而反受实祸。诘其所以，皆云思恩未设流官之前，土人岁出土兵三千以听官府之调遣；既设流官之后，官府岁发民兵数千以防土人之反覆。即此一事，利害可知。且思恩自设流官以来，十八九年之间，反者五六起，前后征剿，曾无休息，不知调集军

兵若干，费用粮饷若干，杀伤良民若干。朝廷曾不能得其分寸之益，而反为之忧劳征发。浚良民之膏血而涂诸无用之地，此流官之无益，亦断然可睹矣。但论者皆以为既设流官而复去之，则有更改之嫌，恐启人言而招物议，是以宁使一方之民久罹涂炭，而不敢明为朝廷一言，宁负朝廷而不敢犯众议……臣始至，地方虽未能周知备历，然形势大略亦可概见。田州切邻交趾，其间深山绝谷，皆瑶、僮之所盘据，动以千百。必须仍存土官，则可借其兵力，以为中土屏蔽。若尽杀其人，改土为流，则边鄙之患，我自当之，自撤藩篱，非久安之计，后必有悔。①

此奏疏非常重要，它不仅完整反映了王阳明的治边之策，也对当代中国的边疆自治有一定的指导意义。阳明在奏疏中主要表达了两层意思，提出了两大主张。其中两层意思：一是自己虽处于"病废之余"，但为报效国家，"粉骨齑骸"亦在所不辞，"扶病起程，沿途就医，服药调理，昼夜前进"；二是思、田之事因"沿途涉历，访诸士夫之论，询诸行旅之口，颇有所闻"，也就是说，阳明在来的路上已做了大量的调查研究，对广西的治边方略已胸有成竹。这为其仅用十一个月即大获全胜奠定了基础。两大主张则分别为：对岑猛等反叛集团采取抚剿并用、分化瓦解、争取多数的对策和对明朝"改土归流"政策进行纠偏与调整。阳明明确反对"尽杀其人，改土为流"的旧政策，提出"必须仍存土官，则可借其兵力，以为中土屏蔽"，即"土流并用"的治边新政策。阳明经过调查研究后认为，"改土归流"并不适合广西。一方面，广西地形复杂，民族众多，民情特殊，若都使用流官，不仅行政成本极高，达不到预期的治理效果，反而让大小土司离心，加剧分离倾向；另一方面，广西与毗邻的交趾（今越南部分地区）时战时和，军事压力始终存在，明朝的劲敌蒙古也在川滇藏接壤处一直保存着大量残军，如果西南动乱，不排除蒙古军复制南宋末年从西南包围中原的可能。所以，广西在军事上也还需要土司戍边，在这种情况下强推"改土归流"，就是"自撤藩篱"。阳明的策略是，强化流官权力，提高流官品级，

---

① 吴光、钱明、董平、姚延福编校：《王阳明全集》，上海古籍出版社1992年版，第462—466页。

同时保留土司制度，并逐步缩小他们的领地和实权。

众所周知，西南少数民族地区长期以世袭土司自治管理为主要地方制度。明初，随着西南地区民族融合日渐加深，明廷开始考虑取消土司世袭制度，代之以定期调任的流官制，这就是所谓"改土归流"。从明初开始，广西地区壮、瑶等少数民族的武装叛乱就从未停息，甚至有愈演愈烈之势。当时广西十一府之一的思恩府（管辖范围大致包括今武鸣、上林、马山、宾阳、大化、都安、平果等地，以及田东、田阳、来宾的部分地区）土州官岑瑛因率军协助明军征剿而获封思恩土州知府。明中期发生在思恩府及周边地区的反叛动乱，几乎皆与岑氏家族有直接或间接之关系。弘治十二年（1499），岑氏家族发生内乱，家族成员田州（今广西田东）知府岑溥被儿子岑猇所杀，田州一时群龙无首，后在明军的支持下，岑溥幼子岑猛承袭父职。此时岑猛正被岑镤之子、思恩州土官岑浚挟持，直到明军出面干预才被送回。岑浚对此耿耿于怀，于弘治十五年（1502）起兵叛乱。明廷遂调集10万大军入广西围剿。次年，明廷又决定在思恩府实行"改土归流"，以结束岑氏土官的世袭统治。然岑猛坚决反对"改土归流"政策，通过贿赂等手段当上了田州同知，并屡屡侵扰周边地区，公然作乱。与此同时，思恩府田州土官卢苏、王受亦起兵作乱，其周边的忻城八寨等地，以及武宣、桂平之间的大藤峡一带，也一直有十分猖獗的壮、瑶等少数民族武装割据势力存在。正是在这样的背景下，王阳明有针对性地提出了"以抚代剿""土流并用"的治边之策，奏请朝廷将思恩府属十三堡改为九土巡检司，设置土官世袭。通过这种多管齐下的治理方式，仅一年不到的时间，王阳明就用政治手段解决了思、田等地的土著之乱，用军事手段消灭了盘踞八寨、大藤峡一带百余年之久的割据势力，为西南边疆注入了稳定剂、安装了减压阀。

二、兴学设教

离开梧州后，王阳明就把行营驻扎在南宁府，运筹于帷幄之中，处置思田之事，平息八寨之乱，并制定了一系列治理南部边疆的政策举措，如按土俗自治原则，析思恩府，置九司；提议南丹卫移建于八寨周安堡，思恩府城从乔利迁至荒田驿，改凤化县治于三里城，增筑守镇城堡于五屯，设立隆安县等。其间，他除了指挥军事行动外，还进行了政治动员、政策调整、稳定社会、保障民生、兴办教育等各项工作。比如在文教方面，同在贵州、南赣等地所实施的教化政策一样，他在广西大力办学，崇文设教，尤其重视乡村社学建设，为思恩府的优秀分子"加以社学师名号"①，为当地德高望重的老人"加以耆老名号"，以加强对少数民族中上层人士的团结与训导，最终提升整个少数民族地区的文化教育水平。他曾在《批立社学师耆老名呈》中说：

> 看得教民成俗，莫先于学。然须诚爱恻怛，实有视民如子之心，乃能涵育熏陶，委曲开导，使之感发兴起；不然则是未信而劳其民，反以为厉己矣。据本县所申，是亦良法，但须行以实心，节用爱民，施为有渐，不致徒饰一时之名，务垂百年之泽始可。②

此文将兴学设教视为化民成俗的关键抓手。除此之外，还须有一颗"诚爱恻怛""视民如子"的初心。唯如此，方能真正起到"涵育熏陶，委曲开导，使之感发兴起"的作用。这也是他任用少数民族中上层人士与优秀分子的基本条件。由此可见，王阳明非常重视本地干部和少数民族干部的培养教育，这也是他"土流并用"治边方略的重要组成部分。

据史料记载，王阳明在出征广西思、田期间，曾先后在梧州、南宁、思恩、田州等地兴办学校，让南宁"府及附近各学师生前来朝夕听讲"③，"与该府县学师生朝夕开导训告"④，以激励他们的"奋发之志"；又派合浦县丞陈近"主教灵山诸县"，弟子揭阳县主簿季本"主教敷文书院"。他还发布告谕：

> 照得安上治民，莫善于礼……若教之以礼，庶几所谓小人学道则易使矣。福建莆田生员陈大章，前来南宁游学，叩以冠婚乡射诸仪，颇能通晓。

① 据黄宗羲《明儒学案》记载，王阳明晚年回家乡讲学，"时四方之士来学于越者甚众，先生（指钱德洪）与龙溪疏通其大旨，而后卒业于文成，一时称为教授师"。"社学师"的安排或许就是王阳明在绍兴讲学时受到"教授师"的启发而在广西办学时变通采纳的。

② 吴光、钱明、董平、姚延福编校：《王阳明全集》，上海古籍出版社1992年版，第626—627页。

③ 吴光、钱明、董平、姚延福编校：《王阳明全集》，上海古籍出版社1992年版，第633页。

④ 吴光、钱明、董平、姚延福编校：《王阳明全集》，上海古籍出版社1992年版，第634页。

> 近来各学诸生，类多束书高阁，饱食嬉游，散漫度日。岂若使与此生朝夕
> 讲习于仪文节度之间，亦足以收其放心……仰南宁府官吏即便馆谷陈生于
> 学舍，于各学诸生之中，选取有志习礼及年少质美者，相与讲学演习。自
> 此诸生得于观感兴起，砥砺切磋，修之于其家，而被于里巷，达于乡村；
> 则边徼之地，遂化为邹鲁之乡，亦不难矣。①

可以说，阳明为振兴广西教育尽了很大努力。王阳明去世后，其门人后学（如
程文德、耿定向、胡直、王宗沐等）又相继到广西兴办书院、讲学教化，进一
步推动了广西教育事业的发展。从王阳明治理广西开始到清代晚期，广西总共
建了44所书院，仅南宁一地就建了19所，其中田州、宾阳等少数民族地区是第
一次建立书院②，足见王阳明对广西教育所起的重要作用。所谓"桂中王门"也
是在此过程中形成、发展起来的，虽人数不多，但仍值得一书。当时不仅书院
（如王阳明在南宁、宾阳建敷文书院，其广西门人在武鸣建阳明书院，王宗沐在
临桂建阳明书院，思恩知府侯国治在思恩建阳明书院，其后学于万历年间在武
缘建阳明书院，知县瞿宗鲁在融县建正心书院）、阳明祠（如王阳明在南宁建立
的敷文书院后改为文成公祠、苍梧名卿祠、平南八公祠③、宣化文成公祠、隆安
王文成公祠，阳明或与其他名卿共祀，或单独受祀，见于地方史志记载的就有
二十多处④）在广西各地出现⑤，而且还出现了一批阳明学信奉者和传播者，如
南宁人陈大伦（字伯言，嘉靖八年进士，尝问学阳明于南宁）、临桂人吕调阳

---

① 吴光、钱明、董平、姚延福编校：《王阳明全集》，上海古籍出版社1992年版，第1317页。
② 参见李彦福、雷坚：《试论宋元明清时期的广西书院》，载《广西社会科学》1986年第4期。
③ 据黄懿《关于王阳明祭祀角色问题的探讨》（《国际阳明学研究》第4卷，上海古籍出版社2014
年版，第214—219页）一文考证：毗邻隆安县的平果县（当时归白山土巡检司管辖）也建有"八公祠"。
该祠先为"五公祠"，祭祀韩雍、王守仁、蔡经、翁万达和毛伯温。后"五公祠"与宋代为祭祀周敦颐、
程颢、程颐而建的"三贤祠"合并为"八贤祠"。
④ 钱德洪主编的《阳明先生年谱》无任何有关广西建立阳明祠的记载，足见因当时交通不便、信息
不畅等，钱德洪不仅忽略了贵州，同时也忽略了广西，而这两地都是王阳明曾经工作、生活过的地方。
⑤ 据《广西历代名人名胜录》介绍，从明嘉靖四十年（1561）至清代末年，广西各地共建有百余处
纪念王阳明的场所。

（1516—1580）、马平人张翀（1525—1579）等①。此外，像《广西通志》《南宁府志》《四库全书总目提要》等所提到的张昌荫、梁汝阳、何世纶、甘思忠及粤西舜山子等，应该也是阳明在广西培养的弟子。

王阳明的绍兴后学徐渭在为季本写的《师长沙公行状》中尝称：

> 新建伯始建敷文书院于南宁，至是遂留先生（指季本）使主教事，至者日以百计。先生为发明新建旨，提关启钥，中人心随，而言论气象，精深摆脱，士翕然宗之，南宁至今传新建（阳明晚年被朝廷封为新建伯，故又以新建代指阳明）学，大抵先生功也。②

南宁至今仍传新建学是符合实际的。但王阳明在广西停留时间不长（据阳明《南宁二首》中的"一驻南宁五月余"句，估计他在南宁只住了五个月），其思想未及充分传播，在广西问学于阳明的士人中有不少为非广西籍人士（如莆田人林富、布政使王大用等），这是《阳明先生年谱》等文献记录下来的阳明在广西的亲传弟子、学术活动相对较少，以及"桂中王门"势单力薄、阳明心学在广西传播不畅的重要原因。亦正因为此，阳明在广西制定的善后处置事宜等被落实的也比较少，如他在《处置八寨断藤峡以图永安疏》中所提出的五条措施就未见落实。即使由阳明上奏朝廷而设的隆安县，也是在他去世后的嘉靖十二年（1533）才"辟为县治"。据嘉靖《隆安县学碑记》记载："南宁在广西为上郡，隆安旧属南宁极西之边地，为诸□出入之门户，去府治稍远，民夷杂处，剽掠无宁日。我皇上初年，总督王阳明公仗节平思恩之乱，思欲严其局钥，于是即今地创为隆安县治，冀以保障此方也。"经诸多努力，终使"邑人沐王阳明之雅化"也。③然而，对阳明学颇有好感的浙江温州人王叔杲却称："夫广西故百粤地，秦汉虽郡县之，而终属羁縻，奈何重支末而轻根本，夺腹心以事四体

---

① 参见孙先英：《宋明理学在广西的传播及其对少数民族文化的影响》，中国社会科学出版社2015年版，第106—127页。

② 《徐渭集》，中华书局1983年版，第645页。

③ 《隆安县志》卷五《艺文考》，民国二十三年重印本。

也。"①但其将广西视为"重支末而轻根本，夺腹心以事四体"的文化沙漠、教育贫瘠之地，显然过于武断。

笔者曾提出将王阳明的一生分为修道、悟道、行道、证道四个阶段的地域阳明学观，后通过在广西的实地考察与调研，认为阳明在广西的十一个月可以被视作其立德、立言、立功的最后完成阶段，即"成道"阶段。若再加上其少年时期生活在北京的"问道"阶段，则可以把"四阶段"说上升为"六阶段"说，即以北京为主的"问道"阶段（约二十年时间），以绍兴、杭州为主的"修道"阶段（约两年时间），以贵州为主的"悟道"阶段（约两年时间），以江西为主的"行道"阶段（约四年时间），以绍兴为主的"证道"阶段（约五年时间），以广西为主的"成道"阶段（约十一个月时间）。这六个阶段似可概括王阳明的整个人生和心路历程。

当然，广西是现今区划中王阳明建功设教所及省区市中唯一的少数民族自治区。与贵州、南赣等地不同，王阳明在广西所面对的几乎全是瑶族、壮族、苗族等少数民族，这也是至今广西本地人从心理上较难接受阳明"征剿""袭破""斩获""抚柔"且"未期月，而蛮夷率服"之"征服者"形象的重要原因。我们在评价王阳明时，也不能不考虑这种民族心结。

三、所存遗迹

以往学界对广西王阳明遗迹的分布状况研究较少，远不及浙江、贵州、江西等地阳明遗迹研究，甚至还不如北方王门研究，故而有必要借此机会作一说明。

笔者通过对梧州、南宁、横州、武鸣、马山、忻城、武宣、平果、田阳、宾阳等地的实地考察，认为至少有以下二十余处②王阳明遗迹点值得关注和继续挖掘。一是在梧州市百花冲与冰泉冲片区新建的"三总府"（又名"明两广总督府"，为两广总督府、总兵府、总镇府之合称，王阳明是第26任总督。旧址位于现梧州市第一幼儿园）文化旅游博览区及"王阳明心学馆"；二是现位于南宁

---

① 张宪文校注：《王叔杲集》，上海社会科学院出版社2005年版，第201页。
② 据广西学者考察，广西有王阳明遗迹、遗址200处，此数字尚待证实。

市兴宁区民生街道北宁街42号的敷文书院遗址及"王文成公讲学处"石刻①；三是嘉靖四十年（1561）王阳明弟子、时任左江兵备佥事欧阳瑜书于南宁青秀山的"阳明先生过化之地"摩崖石刻②；四是现南宁人民公园"镇宁炮台"内的"王阳明老先生遗像"碑③、2017年修建的白龙书院"心学堂"及"王阳明在广西"陈列展；五是南宁横州市伏波庙④；六是南宁武鸣区陆干镇苞张村香山河北岸芭敏山"阳明洞"；七是武鸣区府城镇喜庆村那浪屯狮子岩摩崖石刻⑤；八是武鸣区府城镇府城高级中学内的新思恩府遗址（王阳明迁思恩府治于武缘县北，后改为思恩军民府，分置九个土巡检司）；九是由时任思恩知府李彦章于道光六年（1826）重建的"清代思恩府阳明书院旧址"（与明代思恩府阳明书院不是同一处）及摩崖石刻；十是马山县乔利乡乔利村的旧思恩府城墙址；十一是地处忻城县古蓬、北更、遂意、红渡四乡镇及上林县石门村的"八寨"遗址；十二是忻城县古蓬镇凌头村周安屯白虎山摩崖石刻；十三是忻城县古蓬镇周安屯的

---

① 敷文书院原建于南宁府宣化县北门正街，原建筑均已不存，唯有"王文成公讲学处"石刻尚在。该石刻为竖条幅式，镶嵌于外墙上，花岗岩石质。

② 位于南宁市青秀山风景区内的撷青岩上，距地面约8米。石刻呈横幅式，上书八个隶书大字，每字径约60×55厘米。左右均有小字款识，其右侧款为"大明嘉靖四十年闰五月吉日"，左侧款为"左江道兵佥事门生欧阳瑜刻"；左、右两侧每字径约5×5厘米。1983年被列为南宁市文物保护单位。据说石刻下方亦有个"阳明洞"。据《江西通志》："欧阳瑜，字汝重，从学于王守仁。守仁教之曰：'常欲然无自是而已。'瑜终身践之。举于乡，不就，防试曰：'老亲在，三公不与易也。'母死，庐墓侧虎环庐嗥，不为动，历官四川佥议，所至有廉惠声，年近九十而卒。"

③ 该碑高207厘米、宽140厘米，上有线刻王阳明全身燕居坐像。像中的王阳明鬓衣素纹，正襟端坐，身形清瘦，两颧棱峭，神情坦然。此像碑原立于敷文书院，民国时期因战乱一度散失民间。1982年南宁市文物管理办公室发现该碑后，修复并迁至现址安放。按照此像碑摹刻的清嘉庆"王阳明线刻碑像"，现存于隆安县城厢镇文化街32号隆安中学碑廊内。"王阳明老先生遗像"与"王阳明线刻碑像"相比较，人物面颊、表情、动作神态及服饰坐姿均一致，然后者在临摹原作的基础上，又结合了清代服饰及家具的时代特征。

④ 其中有两首王阳明佚诗。据吴孝斌考证，王阳明最初过谒横州伏波庙是在嘉靖六年（1527）十二月。当时是沿郁江水路乘船而上南宁途中，经乌蛮滩而上岸参谒伏波庙。阳明生于成化八年九月三十日（1472年10月31日），因此他到达伏波庙的时间刚好是年满55周岁不久，遂回忆起自己15岁出关时拜谒伏波庙所做的梦，并写下了《梦中绝句》诗及"四十年来梦里诗，此行天定岂人为"之诗句。

⑤ 整幅石刻长2.2米、高1.3米。八个大字为楷书双线阴刻，横排双行，每行四字前后均有款。前款为"大明嘉靖四十年闰五月吉日"，后款作"左江兵备佥事、门生安福欧阳瑜刻"。2013年被公布为市级文物保护单位。与青秀山摩崖石刻相比，内容、书法、款识基本相同，最大的不同处是青秀山摩崖石刻为横排长幅单行镌刻，狮子岩却是横排双行镌刻。两者遥相呼应、相映成趣。

万应寺王阳明民间教化图及南丹卫移筑旧址；十四是武宣县三里镇勒马村的大藤庙遗址①；十五是地处武宣县至桂平市黔江下游的大藤峡（又称断藤峡、永通峡）、武宣县城黔江右岸的"敕赐永通峡"摩崖题刻（距离桂平"敕赐永通峡"摩崖题刻约90公里，两处摩崖系同人同时所刻，字体大小一致）及大藤峡阳明文化公园；十六是平果市码头镇西街的大王庙②；十七是位于平果市区右江南岸观音桥附近的王阳明《征抚思田功绩文》摩崖石刻及已被水库淹没的"阳明洞天"遗址③；十八是平果市博物馆内的平果阳明石刻展览室（藏有"阳明洞天"等摩崖石刻切片）；十九是现位于隆安中学校址处的隆安学宫遗址，"前为棂星门，次仪门三间，中为圣殿（大成殿），中庭左右为两庑，以妥配享诸贤，右为祠堂，以祀王公，示不忘本也"，以及今隆安中学校园内的一块建于清嘉庆年间高143厘米、宽88厘米的"王阳明线刻碑像"④；二十是现藏于田州市文物局仓库的王阳明"田州立碑"石刻残碑（现仅存石碑中段的52个完整字和5个残缺字）；二十一是位于宾阳县的宾州敷文书院遗址、思恩府试院、总督军门遗址、李彦章重修书院碑记、宾阳中学王阳明像等；二十二是昆仑关关楼和古驿道（为南宁通往古宾州的官府驿道和重要商旅通道，据说昆仑关关楼第二层是王阳明所建）。

---

① 距离"敕赐永通峡"摩崖题刻行船大约10分钟路程，原为伏波庙，后奉祀伏波、关公和王阳明。据1995年版《武宣县志》记载："大藤山在三里乡东南，距县城约20公里。山高岭大，扼黔江之要地，是汉武帝平南越驻师处。明王守仁镇压大藤峡农民起义，建有大藤庙于山下。"

② 曾被称为"平果县城第一庙"，原称"阿公庙"，奉祀河神，多在江河码头处。王阳明平定田州之乱后，当地人改称"大王庙"。从现大王庙所奉祀的神像极似新建伯王阳明画像推测，似有奉祀王阳明之用意，"大王"疑代指王阳明。

③ 因此遗迹点与今隆安县雁江乡相邻，故又被记于隆安县。然此地的历史沿革是：明嘉靖七年（1528）思恩府迁治武缘县北（今武鸣区），后改为思恩军民府，分置九个土巡检司，其中今平果市境设下旺土巡检司（今海城乡）、旧城土巡检司（今旧城）；境内丹良堡（今果化镇、马头镇、新安乡、太平乡、城关乡大部分辖地）属白山土巡检司（司治今马山县境）管辖，都阳寨属都阳土巡检司（司治今大化瑶族自治县都阳镇）管辖。隆安县始建于王阳明去世后的嘉靖十二年（1533），故此遗迹记于平果更为合适。

④ 线刻碑像左右上方均有题字，楷书阴刻，共计211字。题款为："知隆安县事昆明张树绩敬题，嘉庆元年林钟上浣榖旦。"经考证，当时调用财物、人力以勒石镌刻"王阳明老先生遗像"碑的策划人和监督人是王阳明弟子欧阳瑜；线刻像碑上的张树绩题跋虽为嘉庆元年（1796），但实际的开工时间当为乾隆六十年（1795）。

四、星落归途

明嘉靖七年（1528）九月，王阳明在处理完广西的各项事务后，本应受到朝廷嘉奖，但到十月因疾病加重，在向朝廷上疏请假①未予批复的情况下，先将广西政务交由郧阳巡抚林富代管，自己带着随员数人急匆匆地踏上了返程之路。万历年间曾任浙江提学佥事的伍袁萃（容庵）对阳明这一做法颇有微词，其好友顾宪成亦表示赞同，曰："伍容庵雅不满于王文成，多所责备。予疑其过，独其谓：'奉命处置思、田事，竟以病不候代而归，行至南安而卒，恐于死生之际，尚未了了。'即文成闻之，当亦心服。"②所谓"死生之际，尚未了了"，意指对生死看得太重，但这显然是对经历过"宸濠诸奸之变"的阳明晚年心境缺乏了解。阳明急着要返回故乡，绝不仅仅是为了养病，怕死在异地，而是因为他心中始终怀着讲学传道的夙愿，这从他最后写给弟子们的书信中即可窥见一斑。

王阳明在返回途中，特地绕道增城看望了同道挚友湛若水的居所并题诗于壁，又顺道参拜了祀奉其六世祖王纲的"忠孝祠"。嘉靖七年（1528）十一月二十五日，阳明"逾梅岭至南安"，后乘船沿章江继续前行，二十九日辰时（1月9日早上7时至9时）病逝于江西南安府大庾县青龙铺的行船上，享年57岁。

王阳明抵达南安府时，其弟子南安府推官周积亲自来迎接。见到恩师顶着寒风，身形消瘦，周积忍着悲伤上前问候。到了寓所，阳明咳喘不已，但仍坚持坐起身子，用徐缓的声音询问周积的学业进展情况，周积一一作答后，对老师病况心急如焚。对于这些情景，《阳明先生年谱》有如下记载：

> 是月廿五日，逾梅岭至南安。登舟时，南安推官门人周积来见。先生

---

① 王阳明在疏奏上说："臣自往年承乏南赣，为炎毒所中，遂患咳痢之疾。岁益滋甚。其后退休林野，稍就医药，而疾亦终不能止。自去岁入广，炎毒益甚，力疾从事，竣事而出，遂尔不复能兴。今已舆至南宁，移卧舟次，将遂自梧道广，待命于韶雄之间。夫竭忠以报国，臣之素志也。受陛下之深恩，思得粉身膏首以自效，又臣之所日夜切心者也。病日就危，而尚求苟全以图后报，而为养病之举，此臣之所以大不得已也。"（吴光、钱明、董平、姚延福编校：《王阳明全集》，上海古籍出版社1992年版，第1321页）

② 王学伟编校：《顾宪成全集》，上海古籍出版社2022年版，第195页。

起坐，咳喘不已。徐言曰："近来进学如何？"积以政对。遂问道体无恙。先生曰："病势危亟，所未死者，元气耳。"积退而迎医诊药。①

由于身子虚弱，从二十五日至二十八日的四天时间里，在南安寓所的王阳明除了会见府县官员、部分故友之外，更多时间是在周积请来的医生的诊治下调养身体。关于阳明是如何度过这四天时间的细节，有些文人编撰了诸如赏梅、赴宴、喝酒、讲学等故事，但依阳明当时的身体状况，显然是不可能做到的。

在大余县的丫山灵岩寺，数百年来一直流传着阳明上山入寺朝拜的传说。丫山灵岩寺在明清时期是座香火鼎盛的佛教寺庙，尽管历经多次焚毁和重建，阳明的故事仍一直流传至今。故事收录于清同治年间编纂的《大庾县志》，内容如下：

> 王文成，征思田归，至南安，偶入一寺。先是寺有上座僧将入寂，命其徒钥所居禅室，戒毋开，曰："姑俟我至。"文成见所钥扃甚固，问之，其徒以师语告。文成曰："固俟我也！"开之，几有书，尘封其上，拂而读之，云："五十七年王守仁，启吾钥，拂吾尘，若问前生事，开门人是闭门人。"②

故事细节与明代蒋一葵的《尧山堂外纪》、魏浚的《峤南琐记》、邝露的《赤雅》等记载有相同也有不同处。从时间上看，最早的记载应是蒋一葵的《尧山堂外纪》。对于此则流传至今的故事，笔者的理解是：王阳明特别留恋南安这片他曾经工作的土地，要将自己的精魂永远留在这里。

离开丫山灵岩寺后，王阳明匆匆下山登船。他还不想死，他还要回家乡去见见年幼的儿子，他还想为弟子们再上几堂课。但是，一切的愿望都因为病魔的阻拦而无法实现。当天色将晚、船夫泊船时，阳明从昏昏欲睡中睁开眼来，

---

① 吴光、钱明、董平、姚延福编校：《王阳明全集》，上海古籍出版社1992年版，第1324页。
② 〔清〕陈荫昌修：《大庾县志》卷二十四《杂类·拾遗》，清同治十三年刊本。

询问身边仆人到了哪里。仆人说："到了青龙铺。"十一月二十八日那一晚，阳明是在青龙铺的舟船上度过的。第二天一早，阳明将周积召至船中。闭目昏睡中的阳明慢慢睁开眼来，对着周积说："吾去矣。"周积一听，泪如雨下，连忙问道："先生，有何遗言？"阳明慢慢说道："此心光明，亦复何言！"①说完，闭目而逝，走完了自己曲折艰辛、波澜壮阔的一生。后人一般将"此心光明，亦复何言"作为王阳明的临终遗言，但黄绾《阳明先生行状》所记录的遗言却是另一句话："他无所念，平生学问方才见得数分，未能与吾党共成之，为可恨耳。"②其实两者都比较符合王阳明的晚年心迹，只不过一个是较为积极的，另一个是相对消极的。后来，顾宪成又站在朱王折中论的立场上对朱子、阳明的临终遗言作了较为精辟的哲学分析："朱子疾革，门人请教，朱子曰：'须要艰苦。'是说功夫。阳明疾革，门人请教，阳明曰：'此心光明，亦复何言？'是说本体。"而顾宪成主张的是"即本体功夫和盘托出"③。应该承认，顾氏的这一分析是相当到位的，也是符合朱子学和阳明学基本特质的。

---

① 吴光、钱明、董平、姚延福编校：《王阳明全集》，上海古籍出版社1992年版，第1324页。

② 吴光等编校：《王阳明全集》（新编本），浙江古籍出版社2010年版，第1448页。

③ 王学伟编校：《顾宪成全集》，上海古籍出版社2022年版，第80页。

第四章　创立新说

中国封建社会进入宋代以后，随着制度建设的需要和道统意识的强化，在学术领域也相应地产生了被称作"理学"的思想体系。该学说的创始人是被誉为"北宋五子"的周敦颐、邵雍、张载、程颢和程颐。到了南宋，朱熹又着重继承和发展了二程特别是程颐的学说，建立了庞大的理学体系，这就是所谓"程朱理学"。王阳明所生活的明中叶社会，一方面思想领域上程朱理学一统天下，另一方面社会各个层面出现了一些新的动向和活跃因素。这些活跃因素首先激活了以陈献章为首的岭南心学，然后又催生了以王守仁为首的浙中心学，并扩展到江右、南中、闽粤、楚中、黔中、北方等地，从而使心学思潮成为明中叶以后中国文化的亚主流话语以及部分区域的主流意识形态。

前后三变

以强化思想文化控制来加强中央集权统治，是历代封建王朝的惯用手段，有明一代自然亦不例外。从洪武年间确定八股取士，圣贤之义以朱学传注为依据，到永乐年间颁布《四书大全》《五经大全》《性理大全》，朝廷钦定科考统一教材，正式确立程朱理学的独尊地位。从此，士人读书仅以宋儒之说为尊，全然废除古代注疏，墨守成规，不敢越雷池一步，致使独立精神逐渐退化，思想活力日趋僵化，整个学界失去了生气与活力。这一现象发展至明代中叶有愈演愈烈之势，学术的生命力已然衰弱，文人士子的创造力几乎丧失殆尽，作为官方意识形态的程朱理学成了桎梏人心的教条。要破除这种窒息思想、扼杀学术的生态环境，唯有另辟蹊径，自创新说。阳明心学就是在这样的背景下孕育而生的。它的出现不仅是对程朱理学的颠覆性超越，也是对传统儒学的创造性转化，以在理学传统之外复兴心学的勇气和担当，纠救人心，重振士风，震撼学界，泽及后世。

王阳明的心学思想主要是以"心即理""知行合一""致良知"三个命题为核心组成的理论体系，这三个命题是几乎所有治阳明心学者必须要讨论的问题。然笔者试图绕开这种平铺直叙的论述方式，而主要围绕阳明人生中的两次政治磨难，即正德三年（1508）受宦官刘瑾迫害而贬谪贵州龙场与正德十四年（1519）受阉党张忠、许泰等威胁而几乎不能身免的所谓"宸濠诸奸之变"，以及由此引发的所谓"龙场悟道"及一系列学术思想嬗变而展开。在笔者看来，这样的取径方式是比较符合阳明思想发展之心路历程的。因此，我们需要从王阳明青少年时期的"学三变"或"学前三变"，转入他中老年时期的"教三变"或"学后三变"，以此揭示王阳明的学术宗旨之"变"与思想质地之"异"。

一、各立宗旨

"宗旨"一词具有时代的特殊性。王汎森认为，此词起于晋、唐之间，其大量使用与佛教禅宗有关，至明代阳明学大兴之后，"宗旨"更是成为各家主张的代名词。[①]明儒胡瀚有一精辟论断："宋儒学尚分别，故勤注疏；明儒学尚浑成，故立宗旨。"[②]黄宗羲也说："大凡学有宗旨，是其人之得力处，亦是学者之入门处。天下之义理无穷，苟非定以一二字，如何约之使其在我！故讲学而无宗旨，即有嘉言，是无头绪之乱丝也。学者而不能得其人之宗旨，即读其书，亦犹张骞初至大夏，不能得月氏要领也。"[③]故其所撰的《明儒学案》，既不同于周汝登"将先儒宗旨凑合己意"[④]的《圣学宗传》，也不同于孙奇峰"杂收不复甄别"[⑤]

[①] 参见王汎森：《晚明清初思想十论》，复旦大学出版社2004年版，第107—116页。
[②]〔清〕黄宗羲著，沈芝盈点校：《明儒学案》，中华书局1985年版，第330页。
[③] 沈善洪主编，夏瑰琦、洪波校点：《黄宗羲全集》第7册，浙江古籍出版社1992年版，第5页。
[④] 沈善洪主编，夏瑰琦、洪波校点：《黄宗羲全集》第7册，浙江古籍出版社1992年版，第856页。
[⑤] 沈善洪主编，夏瑰琦、洪波校点：《黄宗羲全集》第7册，浙江古籍出版社1992年版，第5页。

的《理学宗传》，而是"为之分源别派，使其宗旨历然"①的学术史巨著。②对明儒擅立宗旨之举，当时及后来的学者既有赞同者，也有反对者。赞同者如章学诚，其曰："学者不可无宗主，而必不可有门户。"③反对的声音，部分来自朱子学者，如陈龙正曰："圣人有无宗之宗。"陆世仪亦曰："大儒决不立宗旨。"④陆陇其更是把各立宗旨视为学术淆乱之恶果："自明季学术淆乱，各立宗旨。"⑤还有些反对声音来自王门内部，如许孚远说："近时朋友，各揭宗指（指，同旨），以为独得圣学之秘。由孚远观之，总与古人训语等耳。"⑥明代末年，学术逐渐走向折中融合，"各立宗旨"也转化为"宗旨平等"。阳明后学张元忭重孙张岱的《四书遇》便是在对宋明理学尤其是心学成果整合、继承、批判的基础上，大量引用了晚明士人（主要是阳明后学）的学术观点，建立起以"宗旨平等"为基本取向的学术评价体系。

导致明代中后期学界各立宗旨的根本原因，则不外乎思想文化的多元性与经典诠释的多义性。诚如阳明弟子陈九川所言："（阳明）发明良知之学，而流传未远。诸贤各以意见搀和其间，精一之义无由睹矣。"⑦这就是说，王门弟子后学"各以质之所近领受承接"，进而"各执其方，以悟证学"，以至"以意见搀和其间"。用"意见之私"随意解释阳明心学，各立宗旨、自创新说，这是导致阳明学派分化变异的主要因素。后人也正是根据这一点来进行"分其宗旨，

---

① 沈善洪主编，夏瑰琦、洪波校点：《黄宗羲全集》第7册，浙江古籍出版社1992年版，第4页。

② 《明儒学案》就像当时其他学案体著述一样，仍为"一家之学案"，诚如日本幕末维新时期的大儒楠本硕水所言："《明儒学案》则黄梨洲一家之学案，而非天下之学案也。《理学宗传》则孙夏峰一家之宗传，而非天下之宗传也。其他若《宋元学案》《学案小识》，皆不免为一家之书也。"（冈田武彦、荒木见悟等编：《楠本端山硕水全集》，苇书房1980年版，第248页）。这也是《明儒学案》存在较大局限性的重要原因。

③ 仓修良主编：《文史通义新编新注》，浙江古籍出版社2005年版，第121页。

④ 〔清〕陆世仪：《思辨录辑要》，载《儒藏》精华编第196册，北京大学出版社2016年版，第299页。

⑤ 〔清〕陆陇其著，彭忠德等校注：《松阳讲义》，华夏出版社2013年版，第3页。

⑥ 王学伟校：《顾宪成全集》，上海古籍出版社2022年版，第47页。顾宪成尽管站在许孚远的立场上反对"各立宗旨"，但他"亟称性善"，被人看作"便是宗指"。

⑦ 沈善洪主编，夏瑰琦、洪波校点：《黄宗羲全集》第7册，浙江古籍出版社1992年版，第531页。

别其源流"①的甄别梳理工作的。虽然各个宗旨之间的差别是细微的，但失之毫厘，谬以千里，于是造成相互之间的激烈争论。各个宗旨的奉行者各立门户、分门别派，在展开讲学、结社等活动的同时，一般都容许多元思想的并存、竞争与辩难，并利用著书立说、书信往来、组织辩论等方式来展开论争与创新，以摆脱程朱理学庞大又繁琐的注疏系统的思想束缚。

二、标新立异

各立宗旨促进了思想的多样性和多变性。所谓"变"，即发展、立异与创新。唯有"变"，思想学说才能有所发明、有所突破。在儒、释、道等交融汇通的过程中，儒学出现了第二次发展高峰，使为学宗旨即学术主旨之多"变"成了宋明理学家的常态，即使是朱熹亦不例外。王阳明抓住朱子晚年定论不放，其原因就是认定朱熹思想也有前后之"变"。故清儒夏炘所谓"朱子之学凡三转"②，对多数宋儒来说都是适用的。不过相比宋儒，明儒尤其善"变"且多"变"。有明学术尤其是心学思潮，从陈献章起至晚明王学末流乃至刘宗周，"宗旨纷如，或泥成言，或创新渠"③；思想发生嬗变，学说前后异旨，乃是普遍现象。下面便是笔者从明人论著中找寻出来的著名学者的思想之"变"。

陈献章之学有"三变"④；阳明道友与弟子黄绾之学有"三变"⑤；阳明高足王艮之学"凡有三变"⑥；阳明弟子方献夫之学"凡三变"⑦；阳明讲友徐昌

---

① 沈善洪主编，夏瑰琦、洪波校点：《黄宗羲全集》第10册，浙江古籍出版社1992年版，第76页。

② 钱穆：《中国近三百年学术史》，中华书局1984年版，第298页。

③ 沈善洪主编，夏瑰琦、洪波校点：《黄宗羲全集》第10册，浙江古籍出版社1992年版，第357页。

④ 孙通海点校：《陈献章集》，中华书局1987年版，第144页。

⑤ 张宏敏编校：《黄绾集》，上海古籍出版社2014年版，第393页。

⑥〔明〕王艮著，陈祝生等校点：《王心斋全集》，江苏教育出版社2001年版，第217页。

⑦ 吴光、钱明、董平、姚延福编校：《王阳明全集》，上海古籍出版社1992年版，第231—232页。对方献夫之变，阳明释之曰："方其辞章之尚，于予若冰炭焉；讲说矣，则违合者半；及其有志圣人之道，而沛然于予同趣……叔贤亦可谓善变矣……及其学之每变，而礼予日恭……是以乐为吾党道之。"这说明阳明不仅自己思想多变，而且要求弟子们亦"善变"，且将思想"善变"者视为学习的楷模。

国"之学凡三变，而卒乃有志于道"①；阳明门人邹守益之学有"三变"②；邹守益道友王宜学"学凡三改，改而日进于道"③；阳明晚年弟子董沄有"学三变"④；阳明弟子陈九川之学"凡三起意见，三易工夫"⑤；阳明高足钱德洪之学"亦且数变"⑥；阳明门人黄洛村之学有"再变"⑦；阳明私淑弟子罗洪先之学有"三变"⑧；阳明再传弟子王时槐之学有"数变"⑨；阳明再传弟子胡直之学有"三变"⑩；阳明三传弟子罗汝芳之学"亦有变"⑪；阳明四传弟子邹元标之学"盖三变"⑫；王学殿军刘宗周之学"有三变"⑬。

如果说明儒尤其是阳明学者的思想之"变"，还只是这些学者思想形成与发展过程中的"变"，那么更多的学者是在接受和深究阳明学说的过程中，由于其思想的屡创"新渠"，加之王阳明"因病立方，时时权实互用，后人不得其解"⑭的教学方法，而发生思想滑转与变异。⑮

至于"变"的原因，不外乎以下几种情形：一曰"时"之变，即社会历史大环境的改变；二曰"履"之变，即个人经历及政治仕途的突变；三曰"教"之变，即授受对象、场合、时间等条件的变化；四曰"师"之变，即师承交友

---

① 吴光、钱明、董平、姚延福编校：《王阳明全集》，上海古籍出版社1992年版，第932页。

② 吴震编校整理：《王畿集》，凤凰出版社2007年版，第389页；董平编校整理：《邹守益集》，凤凰出版社2007年版，第819页。

③ 董平编校整理：《邹守益集》，凤凰出版社2007年版，第59页。

④ 〔明〕焦竑撰，李剑雄点校：《焦氏笔乘》，上海古籍出版社1986年版，第80页。

⑤ 〔明〕陈九川：《陈明水先生文集》卷一《答聂双江》，江西省图书馆藏清抄本。

⑥ 沈善洪主编，夏瑰琦、洪波校点：《黄宗羲全集》第7册，浙江古籍出版社1992年版，第482页。

⑦ 沈善洪主编，夏瑰琦、洪波校点：《黄宗羲全集》第7册，浙江古籍出版社1992年版，第518页。

⑧ 沈善洪主编，夏瑰琦、洪波校点：《黄宗羲全集》第7册，浙江古籍出版社1992年版，第446页。

⑨ 〔明〕王时槐：《王塘南先生自考录》，清康熙五十年陈诜序、民国九年王锡馨重刊本。

⑩ 傅秋涛点校：《耿定向集》，华东师范大学出版社2015年版，第731页。

⑪ 沈善洪主编，夏瑰琦、洪波校点：《黄宗羲全集》第8册，浙江古籍出版社1992年版，第3—5页。

⑫ 吴光、钱明、董平、姚延福编校：《王阳明全集》，上海古籍出版社1992年版，第1526页。

⑬ 吴光主编：《刘宗周全集》第6册，浙江古籍出版社2007年版，第173页。

⑭ 吴光主编：《刘宗周全集》第5册，浙江古籍出版社2007年版，第2页。

⑮ 参见《王阳明全集》中有关徐爱、聂豹思想转变的记载。此外如刘宗周，亦"于阳明之学凡三变，始疑之，中信之，终而辩难不遗余力"（吴光主编：《刘宗周全集》第6册，浙江古籍出版社2007年版，第147页）。

关系的改变；五曰"学"之变，即本人为学趣旨的转向。这几种引发思想变迁的因素时常交叉影响、互为作用，其中尤以"时"之变为要。不过就上述对象而言，学问道路上的后三者之变所起的作用似乎远远大于"时"之变。如果说阳明弟子们的思想之"变"主要是由于"师"之变或"学"之变的话，那么阳明本人的思想嬗变则主要是由于"时"之变和"履"之变，体现出思想巨人精神中深刻的时代烙印，以及王阳明本人在事功方面"直是三代以后，数千百年一人"①的特殊成就。

其实，王门中人包括王阳明本人善"变"的理论基础，恰恰是阳明关于"良知"属性的一段精彩论述：

> 良知即是易，其为道也屡迁，变动不居，周流六虚，上下无常，刚柔相易，不可为典要，惟变所适。②

可以说，王阳明本人的心路历程是这一理论的最佳范本，而其门人后学则是这一理论的坚定捍卫者。本章亦将试图借用这一理论来展开对阳明思想的剖析与诠释。

众所周知，正德三年（1508）的"龙场悟道"在王阳明的思想形成过程中具有转折性意义，而"龙场悟道"的重要内容就是对朱熹"格物穷理"说的怀疑和否定。③然而朱熹的"格物穷理"说本身包含两方面的意蕴，即"格物穷理"的工夫论意义与本体论意义。前者是要回答如何"格物穷理"的问题，后者是要回答格什么物、穷什么理的问题。王阳明的"龙场悟道"主要是对"格物穷理"的工夫论意义的怀疑和否定。至于"格物穷理"的本体论意义，阳明

---

① 〔清〕毛奇龄：《西河合集》第十二函第二册《王文成传本·续补》，清康熙五十九年刻本。

② 吴光、钱明、董平、姚延福编校：《王阳明全集》，上海古籍出版社1992年版，第125页。

③ 王阳明幼年时曾在家乡拜宪卿第理学旧居陆恒为师，长大后曾手书"理学旧居"四字赠之，该手迹复制品现存于余姚瑞云楼王阳明纪念馆。11岁至15岁时曾随其父寓居京师，"遍求考亭遗书读之"。18岁时尝到广信（今江西上饶）向理学家娄谅问学，"语宋儒格物之学"。21岁举浙江乡试后，又进一步"为宋儒格物之学"（参见吴光、钱明、董平、姚延福编校：《王阳明全集》，上海古籍出版社1992年版，第1223页）。这些都反映出阳明二十几岁之前对程朱理学的迷恋。

当时似乎并未作太多的思索，只是将"天理"移置人的心中，使心等同于理（"心即理"），从而为在特殊的自然人文环境下实现自我、成圣悟道提供理论上的支撑。无怪他十年后仍后悔地说："往年区区谪官贵州，横逆之加，无月无有。迄今思之，最是动心忍性砥砺切磋之地。当时亦止搪塞排遣，竟成空过，甚可惜也。"①其中流露出对滞留贵州期间未能实现思想完全突破的些许不满。直到正德十四年（1519）的"宸濠诸奸之变"以后，阳明才对朱熹"格物穷理"的本体论意义作了深刻的反思，放弃中年的"心即理"说而专提"致良知"说。如果说"龙场悟道"是阳明思想发展的第一次突破，那么"宸濠诸奸之变"后对"致良知"学说的强调，便是他思想发展的第二次突破。两次突破代表了阳明思想由早期过渡到中期，再由中期过渡到后期的两个转折点。

心学工夫

一、古本《大学》

王阳明中后期思想发生嬗变的一个明显特征，就是"宸濠诸奸之变"前一直以"诚意"为主，突出诚意的本体地位，此后则以"致知"为宗，"单提'致良知'三字"②，以凸显良知的本体地位。③反映阳明思想转向的一个重要标志，就是他在对儒家经典《大学》进行新解的过程中留给后人的新旧两篇《大学古本序》以及《大学古本旁释》的前后两个文本。④尽管阳明还作过《中庸古本注》，并希望将其与《大学古本旁释》合并⑤，但毫无疑问《大学》是他关注

---

① 吴光、钱明、董平、姚延福编校：《王阳明全集》，上海古籍出版社1992年版，第159页。

② 吴光、钱明、董平、姚延福编校：《王阳明全集》，上海古籍出版社1992年版，第1574页。

③ 这并不是说王阳明到了后期就不重视"诚意"了，如他在《答顾东桥书》中曰："若'诚意'之说，自是圣门教人用功第一义。"（吴光、钱明、董平、姚延福编校：《王阳明全集》，上海古籍出版社1992年版，第41页）而他坚持提倡诚意工夫的用意，仍是为了避免学者的"务外遗内，博而寡要"之弊，这点在阳明的思想中是始终一贯的（参见［日］吉田公平：《陆象山与王阳明》，研文出版1990年版，第267页）。

④ 故陈九川说："先师所以悟入圣域，实得于《大学》之书。而有功于天下后世，在于古本之复。"（沈善洪主编，夏瑰琦、洪波校点：《黄宗羲全集》第7册，浙江古籍出版社1992年版，第531页）

⑤ 参见束景南：《王阳明年谱长编》，上海古籍出版社2017年版，第1611页。

的重点，其一生的思想创设都是建立在《大学》这篇经典之上的。这固然与阳明早年以《礼记》为科考科目有一定关系，但更重要的还是因为明代理学之争基本上多以《大学》为经典文本，尤其是在反对朱子学时，率以古本《大学》为据，而这又是因朱子思想乃贯注于《大学章句》而来。因此，阳明与朱子决裂的关键亦在于如何应对朱子《大学》改本及作怎样之新解，由此形成阳明的《大学》观，并衍化出他的一些根本主张。

《大学》原为《小戴礼记》的第四十二篇，东汉郑玄为之作注，唐代孔颖达领撰《五经正义》，《大学》遂定格为郑注、孔疏本，习称"注疏本"，此即《大学》古本。自韩愈《原道》、李翱《复性书》始，《大学》被视为儒家之基础。宋仁宗天圣八年（1030），王拱宸获御赐《大学》一轴，《大学》乃脱离《礼记》而独立，继之有宋儒之《大学》注释。程颐以《大学》为"初学入德之门"。[①]朱熹教人治学先四书，尤先《大学》："学问须以《大学》为先，次《论语》，次《孟子》，次《中庸》。"并曰："某于《大学》用工甚多。温公作《通鉴》，言：'臣平日精力，尽在此书。'某于《大学》亦然。《论》《孟》《中庸》却不费力。"[②]同时，朱子对《大学》是"一面看，一面疑，未甚惬意，所以改削不已"。[③]他指出："《大学》一篇，经二百有五字，传十章。今见于戴氏礼书。而简编散脱，传文颇失其序，子程子盖尝正之。熹不自揆，窃因其说复定此本。"[④]如程颐改《大学》"在亲民"为"在新民"[⑤]，朱熹从之，以为《大学》传二章之"苟日新，日日新，又日新"，"作新民"，"其命维新"，皆"释新民"也。朱子提出把三纲领（即"明明德""亲民""止于至善"）、八条目（即"格物""致知""诚意""正心""修身""齐家""治国""平天下"）的第一部分称为"经"，把第二部分即解释三纲八目及其相关部分的称为"传"，并认为"经"是"孔子之言而曾子述之"，"传"是"曾子之意而门人记之"。经传十一章中有

---

① 〔宋〕程颐、程颢著，王孝鱼点校：《二程集》，中华书局1981年版，第275页。

② 〔宋〕黎靖德编，王星贤点校：《朱子语类》，中华书局1986年版，第258页。

③ 〔宋〕黎靖德编，王星贤点校：《朱子语类》，中华书局1986年版，第437页。

④ 郭齐、尹波点校：《朱熹集》，四川教育出版社1996年版，第4174页。

⑤ 〔宋〕程颐、程颢著，王孝鱼点校：《二程集》，中华书局1981年版，第1129页。

些是从程本①，有些是从古本，有些则是朱子自定。特别是第五章，乃朱子补作，非《大学》原文。其曰："右传之五章，盖释格物致知之义，而今亡矣。间尝窃取程子之意以补之。"②这段所谓"补传"共百余字，是程朱学派"格物穷理"说的精髓。如此一来，朱子不仅改变了《大学》原来的次序，而且使"格物"成了"八条目"之首。自元代起，朱子章句本风靡学界，古本几乎悬而不用。明永乐后，古本更疏见于世。

王阳明为了从理论上彻底推倒朱子的"格物穷理"说，特别重视对《大学》的研究。他一方面承明初甬上学派黄润玉之说③，主张恢复古本④，认为今欲救宋学之偏颇，"惟有返朴还淳是对症之剂"⑤。所谓"返朴还淳"，就经籍而言，就是要恢复原典，还经书之本来面目。于是对《大学》古本，阳明"以《大学》未曾错简"，取郑注孔疏而旁释之，从而显出"天惜聪明，不肯尽归于一人"⑥的思想性格。另一方面他又致力于对《大学》的重新解读，如针对程朱的解释和改削。他不仅要以"旧本为正"，主张"去朱子之分章而削其所补之传"，而且强调《古本大学》所言"皆是'亲'字意……说'亲民'便是兼教养意，说

---

① 故清人朱鹤龄说："《大学古本》与《中庸》，俱出小戴礼，原不分经传……程明道改本，亦未分经传……伊川始分经传，更定如今本所次，文理粲然贯通，而明道本遂废。朱子又以格致传阙为之补入。"（〔清〕朱鹤龄著，虞思征点校：《愚庵小集》，华东师范大学出版社2010年版，第212页）只是伊川未予明示，待朱子重订章句时，才承伊川之续，明确为《大学》分判经传。

② 〔宋〕朱熹：《四书章句集注》，中华书局1983年版，第4—7页。

③ 全祖望说："古本《大学》，乡先生黄孟清润玉（号横溪）。金事言之最精，新建之说出其后，不若金事之浑成也。"（朱铸禹汇校集注：《全祖望集汇校集注》，上海古籍出版社2000年版，第1281页）"然先生（指黄润玉）系吾乡朱学大宗，而其经书补注多有不合，至于《大学》古本以及格物之义，则实开新建之先。"（朱铸禹汇校集注：《全祖望集汇校集注》，上海古籍出版社2000年版，第1055页）

④ 明代推崇古本而重视"诚意"章者，还大有人在，如边廷英的《古本大学说》、王定柱的《大学臆测》、来知德的《大学古本》、朱夏的《大学辨疑》等。

⑤ 吴光、钱明、董平、姚延福编校：《王阳明全集》，上海古籍出版社1992年版，第205页。

⑥ 参见沈善洪主编，夏瑰琦、洪波校点：《黄宗羲全集》第8册，浙江古籍出版社1992年版，第622页。

'新民'便觉偏了"①。尽管阳明一生反对立文字②，尤其不愿从事注释性的工作，但对《大学》却格外青睐，撰写了《大学古本旁释》，这是他生前最早出版的一本著作。③故而钱德洪所谓"吾师阳明先生，平时论学，未尝立一言，惟揭《大学》宗旨，以指示人心"④，当属实言。

《大学古本旁释》今存两种版本，即《涵海》（第一门）本与《百陵学山》（天号）本。《涵海》本初有清乾隆四十七年（1782）绵州李调元万卷楼刊本，后有嘉庆十四年（1809）其弟李鼎元重刊本、道光五年（1825）其子李朝夔补刊本，以及光绪八年（1882）广汉钟登甲乐道斋袖珍刊本。1935年商务印书馆的《丛书集成初编》本及1986年台北新文丰出版的《丛书集成新编》本，皆为《涵海》本的影印重刊本。日本文政七年（1824），福冈某人在长崎从吴商手中购得李调元刊本，后为日本阳明学者佐藤一斋所获。《百陵学山》本为明隆庆二年至万历十二年（1568—1584）王文禄辑刊本⑤，王文禄是于嘉靖七年（1528）秋在绍兴阳明洞听王畿讲《大学》时得到了阳明的《大学古本旁释》，后遂将其编入《百陵学山》本。《百陵学山》本于《大学古本旁释》后附《大学古本问》（《大学问》）一卷。比较而言，《涵海》本用的是《大学古本原序》，而《百陵学山》本用的则是《大学古本序》（新序）。两种版本不仅序文有异，而且释文也不同，所以日本学者吉田公平认为："王阳明所作之旁释，无疑也有过改

---

① 吴光、钱明、董平、姚延福编校：《王阳明全集》，上海古籍出版社1992年版，第75、2页。

② 如王阳明说过："讲学须得与人人面授，然后得其所疑，时其浅深而语之。才涉纸笔，便十不能尽一二。""若笔之于书，乃是异日事，必不得已，然后为此耳！"（吴光、钱明、董平、姚延福编校：《王阳明全集》，上海古籍出版社1992年版，第1574页）

③ 王阳明对四书五经皆有研究，并作过文献学意义上的删正与旁注，如钱德洪所言："所幸四方同志信道日众，夫子遗书之存，五经有删正（指在贵阳时所作的《五经臆说》，今仅存13条），四书有傍注……是夫子虽没，其心在宇宙，其言在遗书，百世以俟圣人，断断乎知其不可易也。"（吴光、钱明、董平、姚延福编校：《王阳明全集》，上海古籍出版社1992年版，第1445页）然之后予以刊刻的却只有《大学古本旁释》。

④ 吴光、钱明、董平、姚延福编校：《王阳明全集》，上海古籍出版社1992年版，第1584页。

⑤ 明嘉靖三十三年（1554），郑梓辑刊《明世学山》，凡五十种五十七卷；明隆庆二年（1568），王完增至七十四种，改名《丘陵学山》；至明万历十二年（1584），王文禄再增至百种，名曰《百陵学山》。

稿。"①但究竟何为原稿，何为改稿，吉田氏并未明言，只是说《涵海》本有430字，《百陵学山》本有744字。然笔者所见之《涵海》本却是422字，《百陵学山》本是721字。可见，即使是同一本子，因后人删改重印等原因，字数亦会有一些出入。比如明万历年间刘斯原《大学古今通考》所录的阳明《大学古本原序》仅有410字，而且对比《涵海》本，异处亦甚多。故陈来怀疑《涵海》本与《百陵学山》本皆为改本②，是有一定道理的。此外，关于《涵海》本与《百陵学山》本孰先孰后的问题，吉田公平与陈来的看法亦截然相反。③

除《大学古本旁释》外，王阳明还撰有《大学古本原序》《大学古本序》《大学问》等论著。其中，刻于正德十三年（1518）的《大学古本旁释》《大学古本原序》以及比《大学古本旁释》迟刻一个月的《传习录》上卷部分语录，反映了阳明中期的《大学》观，而刻于嘉靖二年（1523）的《大学古本序》，以及其50岁以后撰写的《答顾东桥书》《答罗整庵少宰书》《大学问》等则反映了阳明后期的《大学》观。

二、《大学》之要

王阳明中后期的《大学》观有明显不同。中期是从"龙场悟道"开始到"宸濠诸奸之变"。这一时期，阳明主要是按照古本对《大学》的先后次序作了重新排列，以揭示圣学简易明白的"诚意"之教④和"知行合一"之说。后期是从"宸濠诸奸之变"开始到阳明去世。这一时期，他主要是运用"良知"与"致良知"学说重新解释《大学》，在程、朱之外，开出一条《大学》诠释之蹊径。因此，倘若说阳明中期的《大学》观主要是以恢复古本《大学》为己任的话，那么其后期的《大学》观则主要以发挥自己的"致良知"学说为宗旨。

王阳明在少年时代就对格物之学作过深切体认，这可以视为他对朱熹《大

---

① ［日］吉田公平：《王阳明研究史》，载［日］冈田武彦主编：《阳明学的世界》，明德出版社1986年版，第483页。

② 参见陈来：《有无之境——王阳明哲学的精神》，人民出版社1991年版，第125、143页。

③ 参见［日］冈田武彦主编：《阳明学的世界》，明德出版社1986年版，第483页；陈来：《有无之境——王阳明哲学的精神》，人民出版社1991年版，第388页。

④ 所以刘宗周说："凡以亟复古本，以破朱子之支离，则不得不遵古本以诚意为首传之意而提倡之。"（吴光主编：《刘宗周全集》第3册，浙江古籍出版社2007年版，第455页）

学章句》反思的开始。但阳明自己的《大学》观则是随着"龙场悟道"的过程而逐渐形成的,"龙场悟道"的一个重要契机就是对古本《大学》的求证。据《阳明先生年谱》正德十三年(1518)七月"刻古本《大学》"条记载:

> 先生在龙场时,疑朱子《大学章句》非圣门本旨,手录古本,伏读精思,始信圣人之学本简易明白。其书止为一篇,原无经传之分。格致本于诚意,原无缺传可补。以诚意为主,而为致知格物之功,故不必增一敬字。以良知指示至善之本体,故不必假于见闻。至是录刻成书,旁为之释,而引以叙。①

可见,王阳明对朱熹《大学章句》的否定是先从"去分章而复旧本"②入手的。因为照朱熹的"经二百有五字,传十章"的分法,工夫就必须首先从"格物致知"作起:"知至而后意诚,须是真知了方能诚意。知苟未至,虽欲诚意,固不得其门而入。""盖到物格知至后,已是意诚八九分了。"③这是由外而内的致思路径。阳明不同意这种看法,他到龙场后,"日夜端居澄默,以求静一;久之,胸中洒洒",忽中夜大悟格物致知之旨,"始知圣人之道,吾性自足,向之求理于事物者误也"④。就是说,根本用不着去做朱子那般繁难的格物致知工夫。阳明后来批评说:"《大学》古本乃孔门相传旧本耳。朱子疑其有所脱误,而改正补缉之。在某则谓其本无脱误,悉从其旧而已矣。"他主张"去朱子之分章而削其所补之传"⑤。按照阳明的意思,求诸古本《大学》,则"其书止为一篇,原无经传之分";按其先后排列,则当以"诚意"为先。也就是说,工夫要从内到外、从本到末,从隐于内的"诚意"到形于外的"格物"。阳明与弟子蔡希颜的谈话,就清楚地说明了其"去分章而复旧本"的真正动机:

---

① 吴光、钱明、董平、姚延福编校:《王阳明全集》,上海古籍出版社1992年版,第1254页。
② 吴光、钱明、董平、姚延福编校:《王阳明全集》,上海古籍出版社1992年版,第1197页。
③ 〔宋〕黎靖德编,王星贤点校:《朱子语类》,中华书局1986年版,第302、332页。
④ 吴光、钱明、董平、姚延福编校:《王阳明全集》,上海古籍出版社1992年版,第1228页。
⑤ 吴光、钱明、董平、姚延福编校:《王阳明全集》,上海古籍出版社1992年版,第75页。

蔡希渊问："文公《大学》新本先格致而后诚意工夫，似与首章次第相合。若如先生（指阳明）从旧本之说，即诚意反在格致之前，于此尚未释然。"先生曰："《大学》工夫即是明明德；明明德只是个诚意；诚意的工夫只是格物致知。若以诚意为主，去用格物致知的工夫，即工夫始有下落，即为善去恶无非是诚意的事。如新本先去穷格事物之理，即茫茫荡荡，都无着落处；须用添个敬字方才牵扯得向身心上来。然终是没根源。若须用添个敬字，缘何孔门倒将一个最要紧的字落了，直待千余年后要人来补出？正谓以诚意为主，即不须添敬字，所以提出个诚意来说，正是学问的大头脑处。于此不察，直所谓毫厘之差，千里之谬。大抵《中庸》工夫只是诚身，诚身之极便是至诚；《大学》工夫只是诚意，诚意之极便是至善；工夫总是一般。今说这里补个敬字，那里补个诚字，未免画蛇添足。"①

刘宗周对王阳明的这一见解十分赞赏，认为阳明"疏《大学》，惟此段最端的无病。明明德只是个诚意，若意字看得分晓，委的不必说正心更有工夫矣"②。在刘宗周的心目中，"意"是"有善而无恶"的心之本体，即"心之主宰曰意"③。阳明当时虽已建立起"心外无理、心外无事、心外无物"的心一元论体系，但对本体的认识还比较肤浅，仍停留在"体"之"萌动处"，即"意"

---

① 吴光、钱明、董平、姚延福编校：《王阳明全集》，上海古籍出版社1992年版，第38—39页。蔡希渊，又称希颜，名宗衮，号我斋，浙江山阴人，明正德十二年（1517）进士。正德二年与徐曰仁、朱守忠同入阳明门下，"文成之弟子未之或先者也"（沈善洪主编，夏瑰琦、洪波校点：《黄宗羲全集》第7册，浙江古籍出版社1992年版，第252页）。王阳明曾在《别三子序》中说："希颜之深潜，守忠之明敏，曰仁之温恭，皆予所不逮。"（吴光、钱明、董平、姚延福编校：《王阳明全集》，上海古籍出版社1992年版，第226页）蔡宗衮主张"诚身格物"，并利用自己最早拜入王门，在阳明弟子中有较大影响的便利条件，随意解释《大学》之旨，引起阳明的不满（参见吴光、钱明、董平、姚延福编校：《王阳明全集》，上海古籍出版社1992年版，第163页）。

② 吴光主编：《刘宗周全集》第4册，浙江古籍出版社2007年版，第84页。后黄宗羲又转引宗周的这一案语，以示赞同（参见沈善洪主编，夏瑰琦、洪波校点：《黄宗羲全集》第7册，浙江古籍出版社1992年版，第231页）。

③ 〔明〕刘宗周：《刘子全书及遗编》卷九《问答》、卷十二《学言下》，中文出版社影印清刊本。

的层面上。①所以他讲工夫也"惟以诚意为主",不仅"格物致知者,诚意之功也",而且连"正心"亦"只是诚意工夫里面体当自家心体"而"修齐治平,只诚意尽矣"。②对阳明期思想的诚意之教评价较高的还有钱德洪,他说:

> 昔者吾师之立教也,揭诚意为《大学》之要,指致知格物为诚意之功。门弟子闻言之下,皆得入门用力之地。用功勤者,究极此知之体,使天则流行,纤翳无作,千感万应,而真体常寂,此诚意之极也。故诚意之功,自初学用之即得入手,自圣人用之精诣无尽。③

钱德洪这一分析可以说为刘宗周等人的"主意"说开了先河。④

除了用"诚意"兼括《大学》八条目中的诸种工夫外,王阳明还用"诚意"来解释其发明于贵阳的"知行合一"说:

> 《大学》指个真知行与人看,说"如好好色,如恶恶臭"。见好色属知,好好色属行。只见那好色时已自好了,不是见了后又立个心去好。闻恶臭属知,恶恶臭属行。只闻那恶臭时已自恶了,不是闻了后别立个心去恶。⑤

《大学》的"如恶恶臭,如好好色"是用来说明"诚意"的,阳明却用来指"真知行"。在他看来,"一念发动处,便即是行了","意"为"心之所发",故"行"等于"意";又因"欲行之心即是意,即是行之始"且"知是行之始,行

---

① 此时王阳明所讲的"意"还并不尽同于"已发",而应理解为介于身心之间的"萌动"之"几",故他说:"修身是已发边,正心是未发边。""意既诚,大段心亦自正,身亦自修。"(吴光、钱明、董平、姚延福编校:《王阳明全集》,上海古籍出版社1992年版,第25页)

② 参见吴光、钱明、董平、姚延福编校:《王阳明全集》,上海古籍出版社1992年版,第1194、163、34页。

③ 沈善洪主编,夏瑰琦、洪波校点:《黄宗羲全集》第7册,浙江古籍出版社1992年版,第261页。

④ 参见钱明:《阳明学的形成与发展》,江苏古籍出版社2002年版,第211—253页。

⑤ 吴光、钱明、董平、姚延福编校:《王阳明全集》,上海古籍出版社1992年版,第4页。

是知之成"①，故"知"也等于"意"。知行皆为"意"，"知行合一"亦即合一于"意"，知行工夫亦即"诚意"工夫。施邦曜在评注徐爱所录的阳明"知行合一"之训时说过："所以诚意为《大学》大关键也……识先生好色恶臭之解于诚意之旨尽矣。"②这段眉批为我们理解阳明的"知行合一"说与"诚意"说的关系，起到了点石成金的作用。

需要指出的是，王阳明对知行关系的思考与论证也有一个前后变化的过程。在贵阳时，他为超越朱子的"知先行后""知行并进"说，在未作理论深究的情况下直接提出"知行合一"说；在"致良知"说的形成阶段，阳明则把"良知"融入知行关系，使得知行问题能够从"意之体"深入到更深层面的良知本体，即"心之体"。这种对"知行合一"说的理论深化，又是与阳明对"良知"或"致良知"说的认识之深入相辅相成的。亦即是说，只要同意阳明对心之体的认识有个逐渐深入的过程，那就得承认他对"知行合一"的认识也有个逐渐深化的过程。

由此可见，王阳明从古本《大学》里挖掘出来的"诚意"之教，不仅是否定和批判朱熹"格物穷理"说的重要武器，而且是建构其心一元论和前期"知行合一"说的理论基石之一。

然而，王阳明毕竟是个勇于进取的思想家，从一开始就不满足于自己所作的《大学古本旁释》。这从他于正德十二年（1517）写给弟子陆澄的信中即可看出，书曰："所问《大学》《中庸》注，向尝略具草稿，自以所养未纯，未免务外欲速之病，寻已焚毁。"③随着阳明思想的进一步成熟，他对自己中年的《大学》观也越来越感到不满。嘉靖三年（1524），他在给黄勉之的信中就说：

> 古本之释，不得已也，然不敢多为辞说，正恐葛藤缠绕，则枝干反为蒙翳耳。短序亦尝三易稿，石刻其最后者，今各往一本，亦足以知初年之

---

① 吴光、钱明、董平、姚延福编校：《王阳明全集》，上海古籍出版社1992年版，第96、42、4页。

② 关于余姚人施邦曜其人其事及其与阳明学的关系，可参见施培春：《施邦曜对阳明学说的贡献》，载《阳明史脉》2014年第1期。

③ 吴光、钱明、董平、姚延福编校：《王阳明全集》，上海古籍出版社1992年版，第166页。

见，未可据以为定也。①

阳明声称《大学古本旁释》是自己不得已而为之，故而不可将此称为定本。用黄宗羲的话说，就是"新建欲复古本，尚在离合之间"②，即阳明对古本《大学》的把握尚未到位，是故犹豫不决。阳明一直对这种"未能时时发明"古本《大学》之意蕴的现象心存忧虑，尝谓："用是《大学》曾无下手处，有辜勤勤之意。然此亦自可徐徐图之，但古本白文之在吾心者，未能时时发明，却有可忧耳。"也就是说，欲求《大学》观日臻完善，是阳明对自己所撰的《古本大学序》反复斟酌、三易其稿的根本原因。

据笔者分析，王阳明对自己中年的《大学》观不满的主要原因是：他虽能按照古本《大学》的次序对朱子《大学章句》中"传十章"的工夫次第进行调整，从而使"诚意"工夫处于经文之后、传文之首的有利位置，但却无法改变古本《大学》首章八条目的基本框架，即"古之欲明明德于天下者，先治其国；欲治其国者，先齐其家；欲齐其家者，先修其身；欲修其身者，先正其心；欲正其心者，先诚其意；欲诚其意者，先致其知；致知在格物。格物而后知至，知至而后意诚，意诚而后心正，心正而后身修，身修而后家齐，家齐而后国治，国治而后天下平"③。从其先后次序看，诚意之前有致知、格物，之后有正心、修身，其在八条目中的位置并不显要，因而阳明提出《大学》诸工夫"惟以诚意为主"的论断，在文本经义上是较难成立的，倒是朱子的"《大学》新本先格致而后诚意工夫，似与首章次序相合。若如先生（阳明）从旧本之说，即诚意反在格致之前"④。《大学》首章，也就是《大学》开头的经文部分。是故泰州学派的王栋说："明翁（指阳明）原不从《大学》经文条分句解。"⑤但事实

---

① 吴光、钱明、董平、姚延福编校：《王阳明全集》，上海古籍出版社1992年版，第193页。

② 沈善洪主编，夏瑰琦、洪波校点：《黄宗羲全集》第10册，浙江古籍出版社1992年版，第39页。

③ 〔汉〕郑玄注，〔唐〕孔颖达疏，吕友仁整理：《礼记正义》，上海古籍出版社2008年版，第925页。

④ 吴光、钱明、董平、姚延福编校：《王阳明全集》，上海古籍出版社1992年版，第38页。

⑤ 〔明〕王栋：《王一庵先生遗集》卷上《会语续集》，载《四库全书存目丛书》子部第10册，齐鲁书社1995年版，第80页。

上，阳明想回避经文是不可能的，这就不能不促使他对《大学》首章作系统的研究，以至于后来"接初见之士，必借《学》《庸》首章以指示圣学之全功，使知从入之路"①。为此，他晚年又专门撰写了《大学问》②。据钱德洪说：

> 《大学问》者，师门之教典也。学者初及门，必先以此意授……门人有请录成书者。曰："此须诸君口口相传，若笔之于书，使人作一文字看过，无益矣。"嘉靖丁亥八月，师起征思、田，将发，门人复请。师许之……兹收录《续编》之首。使学者开卷读之，思吾师之教平易切实，而圣智神化之机固已跃然，不必更为别说，匪徒惑人，只以自误，无益也。③

王阳明去世后，《大学问》成为其晚年之定论，也是其《大学》观乃至整个学说体系之总结。

《大学问》与《大学古本旁释》的最大不同处在于：前者注重解明《大学》经文，而后者则"不分经传"，只对《大学》的先后次序作调整并予以简释；前者不重点考虑《大学》是古本还是新本，只要求对心、意、知、物、格、致、诚、正重新作出解释，而后者则"去分章而复旧本"，依照古本的结构，突出"诚意"的地位。因此，阳明晚年《大学》观的重点是对《大学》的重新解读，而不是恢复古本、调整结构，这是我们理解阳明晚年《大学》观的关键。

关于王阳明的晚年《大学》观，可以从诚意致知、意之内蕴、格物工夫、万物一体等方面入手进行解析。

三、诚意致知

王阳明47岁时作《大学古本原序》（共257字），后曾三易其稿，而收于

---

① 吴光、钱明、董平、姚延福编校：《王阳明全集》，上海古籍出版社1992年版，第967页。

② 又称《大学或问》或《大学古本问》，全文有六个问答，王文禄则将其分为"四问答"，薛侃的《阳明先生则言》、孟津的《良知同然录》以及刘斯原的《大学古今通考》均分为"三问答"。有人曾对钱德洪的《大学问》之来历说提出质疑（参见方东旭：《〈大学问〉来历说考异》，载北京大学哲学系编：《哲学门》第1卷第2册，湖北教育出版社2000年版，第136—145页）。然根据以上三种史料，我们完全有理由相信《大学问》以及钱德洪所言的真实性。

③ 吴光、钱明、董平、姚延福编校：《王阳明全集》，上海古籍出版社1992年版，第973页。

《王文成公全书》卷七的《大学古本序》（共328字）乃其52岁时的改定稿。至于为什么要改序，据正德十六年（1521，50岁）阳明《与陆清伯书》云："《大学》古本一册寄去，时一览。近因同志之士，多于此处不甚理会，故序中特改数语，有得便中写知之。"①四年后的嘉靖四年（1525，54岁），他在给薛尚谦的信中又进一步明确道："致知二字，是千古圣学之秘，向在虔时终日论此，同志中尚多有未彻。近于古本序中改数语，颇发此意，然见者往往亦不能察。今寄一纸，幸熟味！此是孔门正法眼藏，从前儒者多不曾悟到，故其说卒入于支离。"②"致知"即"致良知"，是阳明50岁前后在赣州提出的重要哲学命题，也是其思想成熟的标志之一。阳明改序的目的，就是要用"致知"代替"诚意"。下面就比较一下原序与改序的不同③，加重点号者为二序之不同处：

　　《大学》之要，诚意而已矣。诚意之功，格物而已矣。诚意之极，止至善而已矣。止至善之则，致知而已矣（原序无此句）。正心，复其体也；修身，著其用也。以言乎己，谓之明德；以言乎人，谓之亲民；以言乎天地之间，则备矣。是故至善也者，心之本体也；动而后有不善，而本体之知，未尝不知也（原序无此句）。意者，其动也；物者，其事也。致其本体之知，而动无不善，然非即其事而格之，则亦无以致其知。故致知者，诚意之本也；格物者，致知之实也。物格则知致意诚，而有以复其本体，是之谓止至善（原序作：格物以诚意，复其不善之动而已矣。不善复而体正，体正而无不善之动矣。是之谓止至善）。圣人惧人之求之于外也，而反复其辞。旧本析而圣人之意亡矣。是故不务（原序作：本）于诚意，而徒以格物者，谓之支；不事于格物，而徒以诚意者，谓之虚；不本于致知，而徒以格物诚意者，谓之妄（原序无此句）。支与虚与妄（原序无此二字），其于至善也远矣。合之以敬而益缀，补之以传而益离。吾惧学之日远于至善

---

① 吴光、钱明、董平、姚延福编校：《王阳明全集》，上海古籍出版社1992年版，第1011页。
② 吴光、钱明、董平、姚延福编校：《王阳明全集》，上海古籍出版社1992年版，第199—200页。
③ 中外学者有关原序与改序问题的考论，详见钱明：《阳明学的形成与发展》，江苏古籍出版社2002年版，第57页。

也，去分章而复旧本，傍为之释，以引其义。庶几复见圣人之心，而求之者有其要。噫！乃若致知则存乎心悟，致知焉尽矣（原序作：罪我者其亦以是矣夫）。

根据二序的差异，可以很清楚地看出阳明中后期思想的转变，即中期以"诚意"为主，后期以"致知"为主，"所释《大学》古本，谓致其本体之知"，以至提出"致知者，诚意之本也"，故而"圣门教人用功第一义"亦由"诚意"变成"致良知"。[1]原序中无一语提及"致知"，改序所增的则全都与"致知"有关。从字面上理解，"不本于诚意"的"本"字改成"务"字，并加上一句"不本于致知，而徒以格物诚意者，谓之妄"，就足以使"诚意"的地位降低，进而达到以"致（良）知"代替"诚意"，使"致（良）知"成为《大学》诸工夫之要的目的。用阳明的话说：

> 区区专说致良知，随时就事上致其良知，便是格物；着实去致良知，便是诚意；着实致其良知而无一毫意必固我，便是正心。

"致良知"成了"主意头脑"或"学问大头脑"[2]。对此，记录原序的罗钦顺说得最为明白：

> 庚辰春，王伯安以《大学》古本见惠，其序乃戊寅七月所作。序云……夫此其全文也。首尾数百言，并无一言及于致知。近见《阳明文录》，有《大学古本序》，始改用致知立说，于格物更不提起。其结语云："乃若致知则存乎心悟，致知焉尽矣。"阳明学术以良知为大头脑，其初序《大学》古本，明斥朱子传注为支离，何故却将大头脑遗下，岂其拟议之未定欤？合二序而观之，安排布置，委曲迁就，不可谓不劳矣。然于《大学》

---

① 吴光、钱明、董平、姚延福编校：《王阳明全集》，上海古籍出版社1992年版，第43、119、41、71页。

② 吴光、钱明、董平、姚延福编校：《王阳明全集》，上海古籍出版社1992年版，第83、71页。

本旨，恶能掩其阴离阳和之迹乎？①

日本学者山下龙二认为，原序在文理上符合论理逻辑，改序则开头说"诚意"，文末说"致知"，所作的是无理的说明。原序毕竟是基于《大学》古本原文作忠实的诠释，改序则完全是利用《大学》解释"致良知"。②其实，如果说改序存在理论上的破绽，在逻辑上不能自圆其说，那么这个问题在原序中便显得更加严重（见前述）。二者都不是在对《大学》古本原文作忠实的诠释，而是在借《大学》一书阐发自己的思想，随着阳明思想宗旨的转换，对《大学》进行新解乃是顺理成章的事。

四、意之内蕴

前文说过，王阳明的心一元论在初创阶段是不够彻底的，他把"诚意"置于"八条目"之首，本意是想说明"心即理"，求理只须求之于心。然而当他"本于诚意"而强调"意"的本体意义时，"心之体"的地位便发生了动摇。虽然阳明从未明确提出过"意体"的概念，但他在正德八年（1513）的《与黄宗贤》中尝曰："仆近时与朋友论学，惟说'立诚'二字……益见得吾侪往时所论，自是向里。"在正德十年的《赠郑德夫归省序》中又曰："子务立其诚而已。""立诚"的作用是"向里""植根"。"格物致知者，立诚之功也"，于是他又提出"诚是心之本体"的命题。从"以诚意为主"到"立诚"，再到"诚是心之本体"，无不是为了凸显"意"的地位。阳明在试图把"心"上升到"主宰"地位的同时，却始终抹不去"心"的"知觉"功能："所谓汝心，却是那能视听言动的，这个便是性，便是天理。"③很显然，在形而上的层面上，这种低层次的知觉之心，还不如有着"主向"功能的意。因此可以这么说，阳明在专提"致良知"之前，对本体的认识是有些含混不清或自相矛盾的。

对此，其弟子陈九川曾质疑：

---

① 〔明〕罗钦顺著，阎韬点校：《困知记》，中华书局1990年版，第95页。

② 参见〔日〕山下龙二：《阳明学的终焉》，研文出版1991年版，第190页。

③ 吴光、钱明、董平、姚延福编校：《王阳明全集》，上海古籍出版社1992年版，第152、238、271、35、36页。

> 近年体验得"明明德"功夫只是"诚意"。自"明明德于天下"，步步推入根源，到"诚意"上，再去不得，如何以前又有格致工夫？后又体验，觉得意之诚伪，必先知觉乃可……又自疑功夫颠倒，与诚意不成片段。[①]

刘宗周也说过：

> 先生（阳明）解《大学》，于"意"字原看不清楚，所以于四条目处未免架屋叠床至此。[②]

刘氏认为阳明对"意"的解释前后矛盾，是导致其后学意见分歧的原因之一。故此，在阳明晚年的《大学》观中，"意"的内蕴具有举足轻重的作用。

从先秦开始，对"意"的范畴就有两种理解：一种是《论语》的"毋意"说，另一种是《大学》的"诚意"说。前者把"意"视为意欲私念，"是就私意说"，后者则将"意"看作是"好善恶恶"的从善意向，"是就好底意思说"。[③] 宋明理学家大都将"意"与"志"这两个概念加以区分，如陈淳的《北溪字义》解释"意"是"心上发起一念"，"在思量运用之义"，因而"意"有善有恶也；"志"为"心之所之，之犹向也，谓心之正面全向那里去"，因而"志"好善恶恶也。

王阳明对"意"的解释亦大致沿袭了上述两条思路。他认为，"意"有"私意"与"诚意"之分："曰：'如好好色，如恶恶臭'，安得非意？曰：'却是诚意，不是私意。'诚意只是循天理。虽是循天理，亦着不得一分意（指私意）。""体认天理只要自心地无私意"，此即"私意"；"若有个前知的心，就是私心，就有趋避利害的意"；"若实用意去好善恶恶"，此谓"诚意"。"龙场悟道"后，阳明大都用"如恶恶臭，如好好色"解释"意"，并认为"诚意"之意为"不辞

---

① 吴光、钱明、董平、姚延福编校：《王阳明全集》，上海古籍出版社1992年版，第90页。
② 吴光主编：《刘宗周全集》第4册，浙江古籍出版社2007年版，第108页。
③ 〔宋〕陈淳著，熊国祯、高流水点校：《北溪字义》，中华书局1983年版，第17页。

险阻艰难，决意向前"①，即意向之意。"宸濠诸奸之变"后，阳明则大都从"应物起念处"讲"意"，并"每以念字与意字合说"②，以为"着实致其良知而无一毫意必固我，便是正心"，甚至强调"意与良知当分别明白。凡应物起念处，皆谓之意。意则有是有非，能知得意之是与非者，则谓之良知"。结果，阳明很自然地把好善恶恶的功能归于良知："良知只是个是非之心，是非只是个好恶，只好恶就尽了是非，只是非就尽了万事万变。"③诚如刘宗周所批评的：

> 文成本之曰"《大学》之道，诚意而已矣"，极是。乃他日解格致，则有"意在乎事亲"等语，是亦以念为意也。④

关于"意"之内蕴的转换，王阳明在《大学问》中说得更加明确：

> 盖心之本体本无不正，自其意念发动，而后有不正。故欲正其心者，必就其意念之所发而正之，凡其发一念而善也，好之真如好好色；发一念而恶也，恶之真如恶恶臭；则意无不诚，而心可正矣。然意之所发，有善有恶，不有以明其善恶之分，亦将真妄错杂，虽欲诚之。不可得而诚矣。故欲诚其意者，必在于致知焉。⑤

黄宗羲认为"止因新建（阳明）将意字认坏，故不得不进而求良于知"⑥。正是随着"意"之地位的降低和"知"之地位的上升，"知"成为"体"乃是必

---

① 吴光、钱明、董平、姚延福编校：《王阳明全集》，上海古籍出版社1992年版，第29—30、109、27、34、164页。

② 沈善洪主编，夏瑰琦、洪波校点：《黄宗羲全集》第7册，浙江古籍出版社1992年版，第232页。

③ 吴光、钱明、董平、姚延福编校：《王阳明全集》，上海古籍出版社1992年版，第83、217、111页。

④ 吴光主编：《刘宗周全集》第2册，浙江古籍出版社2007年版，第498页。

⑤ 吴光、钱明、董平、姚延福编校：《王阳明全集》，上海古籍出版社1992年版，第971页。

⑥ 沈善洪主编，夏瑰琦、洪波校点：《黄宗羲全集》第1册，浙江古籍出版社1992年版，第254页。

然的结果："有知而后有意，无知则无意矣，知非意之体乎？"①所谓"意之所在便是物"也必然被"物者良知所知之事也"②所替代。此时阳明已视意为念，意念发动"有善有恶"，故须借助好善恶恶的意志来把握方向，并用知善知恶的良知来明辨真妄。唯如此，欲诚之意才能"得而诚矣"。

比较而言，王阳明的"诚意之意"是先天的"好善恶恶"的道德本能，它近于超越层次的心之体，因而"人但得好善如好好色，恶恶如恶恶臭，便是圣人"③。"私意之意"是后天"有善有恶"的意念之动，它近于经验层次的物之用，因而"意念发动而后有不正"。根据前一种"意"，人只要顺着内在的道德本性去实地用功便是了；根据后一种"意"，人就必须立足于自身的良知"知善知恶"，并借助于格物工夫"为善为恶"。阳明对"意"之内蕴的转换，就是从"诚意"到"私意"，从"好善恶恶"的意向到"有善有恶"的意念，这一转换过程是伴随着"意"之地位的降低与"（良）知"之地位的上升而进行的。

五、格物工夫

众所周知，在《大学》首章里，"格物"的位置是相当显要的。王阳明既然无法更改经文的次序，那就势必承认"格物"的重要作用，但这样便有可能与"致知"的地位发生冲突。于是，阳明采取了对"格物"作全新解释的办法。

朱子解"格物"为通过读书见闻、"铢分毫析"，唤醒内心固存之天理；"物"在心外，"格物"是由外而内的渐进过程。阳明则把"格物"视为身心上的工夫，"其格物之功，只在身心上做"，并且认为身心也有体用之分，心性为体，外显的事为动、为用。"格物"就是由内而外的实际体认，即所谓"就学者

---

① 吴光、钱明、董平、姚延福编校：《王阳明全集》，上海古籍出版社1992年版，第47页。

② 〔明〕钱德洪编，〔明〕曾才汉校：《阳明先生遗言录》卷下，日本东北大学图书馆狩野文库藏本。

③ 吴光、钱明、董平、姚延福编校：《王阳明全集》，上海古籍出版社1992年版，第97页。

本心日用事为间，体究践履，实地用功"①。不过同为"身心上的工夫"，在阳明那里又有两种说法。一曰："知者意之体，物者意之用。如用于事亲，即事亲为一物，只要去其心之不正，以全其本体之正。故曰格者正也。"二曰："致知在格物者，致吾心之良知于事事物物也。致吾心之良知于事事物物，则事事物物皆得其理矣。致吾心之良知者，致知也。事事物物皆得其理者，物格也。"前者突出的是偏于内的"用于事亲"的"意根"，后者突出的是偏于外的"致吾心之良知于事事物物"的"致良知"；照前者而行事，就必"根究到一念发端处"，照后者而行事，则必致吾心之良知于"实有其事"处。对这两种说法，阳明弟子尤西川认为"二说只一说"，理由是：

> 前说似专指一念，后说则并举事物，若相庾者。然性无内外，而心外无物，二说只一说也。愚妄意格训则，物指好恶，吾心自有天则，学问由心，心只有好恶耳，颇本阳明前说。近斋（朱得之）乃训格为通，专以通物情为指。谓物我异形，其可以相通而无间者，情也，颇本阳明后说。然得其理必通其情，而通其情乃得其理，二说亦一说也。②

尤西川是基于内外合一、心物合一之旨而认定"二说亦一说也"。但在笔者看来，二说并非一说，二者的区别即在于：前者的立足点是"意"或"诚意"以及由意根而深入的心之"理"，后者的立足点则是"良知"或"致良知"以及由良知而外化的事物之"情"。如果说前者还明显带有阳明中期思想的痕迹，那么

---

①　吴光、钱明、董平、姚延福编校：《王阳明全集》，上海古籍出版社1992年版，第120、41页。王阳明的浙西弟子董澐对知行关系的解释既不同于朱子，也有异于阳明，他在《冥影契》中说："知是主意，行是工夫。博文为约礼工夫，克己为复礼工夫，道问学为尊德性工夫，此圣学之真传也。今有巨木，于此将为梁栋，欲其圆洁光净，是主意必用刨子以加之，是工夫自第一刨以至千刨，皆为求圆。工夫第一刨乃圆之始，千刨乃圆之终，固不能舍第一刨而遂成千，亦不待千刨足然后是工夫，亦不须旁观坐议，讲求刨法。下手便刨，刨求圆，圆随刨生，刨至圆至，以至无刨可施，而梁栋成矣。此知行合一之喻乎！"（明隆庆王文禄辑刊《百陵学山》本）董澐的解释与理学家相近，实际上是将知行分为前后两截，强调工夫的"千刨"过程。

②　沈善洪主编，夏瑰琦、洪波校点：《黄宗羲全集》第7册，浙江古籍出版社1992年版，第749页。

后者便已完全反映阳明后期思想的特质。《大学问》中所阐释的"格物"论，便是建立在阳明后期的"致良知"说基础之上的。阳明说：

> 然欲致其良知，亦岂影响恍惚而悬空无实之谓乎？是必实有其事矣。故致知必在于格物。物者，事也①，凡意之所发必有其事，意所在之事谓之物。格者，正也，正其不正以归于正之谓也。正其不正者，去恶之谓也。归于正者，为善之谓也。夫是之谓格。②

尽管王阳明在《大学问》中仍坚持训"格"为"正"，然其重点却落实在事事物物上的"为善去恶"。针对阳明的这种说法，罗钦顺曾批评说：

> 其为训如此，要使之内而不外，以会归一处……审如所训，兹惟《大学》之始，苟能即事即物，正其不正以归于正，而皆尽夫天理，则心亦既正矣，意亦既诚矣。继此，诚意、正心之目，无乃重复堆叠而无用乎？③

应该说，在王阳明的工夫论中的确有如罗钦顺所批评的使工夫"内而不外，以会归一处"的弊端。在阳明看来，"功夫不离本体，本体原无内外"④，所以只要会归于内在本体即可。然而，阳明的工夫论还存在"必实有其事"的另一面，这是其"致良知"说的核心思想之一，也是被罗钦顺等人所忽视的一面。总之，宋儒的"格物"说经过阳明的几番改造后，已不再是由外而内、独立于身心之外的对知识见闻的追求，更不是"影响恍惚而悬空无实之谓"的正心诚意之功，而是"不要有内外"⑤之分的、"不离本体"又不离工夫的为善去恶的

---

① 王阳明的解释与郑玄注《仪礼·乡射礼》和《礼记·大学》的注法一致。《乡射礼》曰："物长如笴。"郑注云："物谓射时所立处也。谓之物者，物犹事也。"《大学》曰："致知在格物，物格而后知至。"郑玄注："格，来也；物犹事也。"
② 吴光、钱明、董平、姚延福编校：《王阳明全集》，上海古籍出版社1992年版，第972页。
③〔明〕罗钦顺著，阎韬点校：《困知记》，中华书局1990年版，第109页。
④ 吴光、钱明、董平、姚延福编校：《王阳明全集》，上海古籍出版社1992年版，第92页。
⑤ 吴光、钱明、董平、姚延福编校：《王阳明全集》，上海古籍出版社1992年版，第92页。

过程。

六、万物一体

王阳明晚年《大学》观的最重要特征是"万物一体"论。嘉靖三年（1524），他在稽山书院宣讲《大学》时，"只发《大学》万物同体之旨"。嘉靖六年，当他发表《大学问》时，已将"万物一体"思想贯穿全书，成为他晚年思想的最后定论。他不同意所谓《大学》诸工夫在时间上有先后次序的看法，认为"功夫条理虽有先后次序之可言，而其体之惟一，实无先后次序之可分。其条理功夫虽无先后次序之可分，而其用之惟精，固有纤毫不可得而缺焉者"。在他看来，"身、心、意、知、物者，是其工夫所用之条理，虽亦各有其所，而其实只是一物。格、致、诚、正、修者，是其条理所用之工夫，虽亦皆有其名，而其实只是一事"。依据这一实践法门，阳明还对《大学》"明明德"与"亲民"的关系作了新解，认为"明明德"是"知"，是"万物一体"的本体，"亲民"是"行"，是"万物一体"的作用，两者虽分本末但不为二物。因此，他反对程、朱改《大学》"亲民"为"新民"的做法，认为"新"字是从效果而言，"亲"字则从心性而言；朱子先明己之"明德"之体，再明人之"明德"（即"新民"）的做法，实乃分人己为二，使心物支离。故阳明指斥朱子释《大学》"物有本末"为"明德为本，新民为末"是"两物而内外相对"，认为"明明德"若是"心上工夫"，"亲民"便是心性之体的外在作用，即"事上磨练"。唯如此，"明明德"与"亲民"才能合为"一体"。

这样一来，《大学》的作用也随之发生变化。朱子基于《大学》诸工夫有先后次序、循序渐进的立场，视《大学》为小学的必读书，是"六经之阶梯"，于此方"可见古人为学次第"[①]；王阳明则基于《大学》"万物一体"的立场，定义《大学》是达到"万物一体"的人格完成者的"大人之学"。因此，在阳明眼里，《大学》已不再是入门之书，而是穷极真理之书，在"四书"中的地位也远胜过《孟子》《中庸》：

---

① 〔宋〕朱熹：《四书章句集注》，中华书局1983年版，第3页。

《孟子》集义养气之说，固大有功于后学。然亦是因病之方，说得大段；不若《大学》格致诚正之功，尤极精一简易，为彻上彻下，万世无弊者也。①

概而言之，从中期"诚意"之教到后期"致良知"说的转变，是王阳明心学思想成熟的标志，也是其《大学》观演变的基本轨迹。意之内蕴的转换和对格物工夫的新解，不过是为了衬托"致良知"说，"万物一体"不过是一体于"良知"，与此相应的《大学》诸种工夫也自然应归于"致良知"，这些在阳明看来乃是其简易工夫的最终体现。所以阳明说："吾讲学亦尝误人，今较来较去，只是致良知三字无病。"②而刘宗周批评阳明"言良知，最有功于后学，然只传《孟子》教法，于《大学》之说，终未有合"③，则是因其提出"致良知"说后不像过去那样强调"诚意"说。与此相反，钱德洪等人坚持阳明的晚年定论，在《王文成公全书》中，只收入阳明临征思、田前所作的能够完整反映其晚年《大学》观的《大学问》和《大学古本序》，而不收其中年所作的《大学古本旁释》和《大学古本原序》。然而这样一来，却给后人了解阳明在工夫论上的思想嬗变造成了一定的困难。

心之本体

一般来说，从"天理"到"良知"是宋学向明学演变的基本态势，也是阳明中后期心学思想嬗变的基本轨迹。阳明对朱子理本体所作的反思，包括两个方面：一是本体层面的深化，二是本体内涵的演化。如果说阳明《大学》观的演变主要反映了其心本体认识层面的深化，即从"诚意"到"致知"、从"意"之用到"心"之体，那么他对心本体内涵之性质的新见则主要反映在从"天理"到"良知"的转换。

---

① 吴光、钱明、董平、姚延福编校：《王阳明全集》，上海古籍出版社1992年版，第84页。
② 吴光、钱明、董平、姚延福编校：《王阳明全集》，上海古籍出版社1992年版，第1341页。
③ 沈善洪主编，夏瑰琦、洪波校点：《黄宗羲全集》第8册，浙江古籍出版社1992年版，第974页。

一、心即理说

正德五年（1510），阳明离开贵州，重返仕途。由于当时初闻阳明新说者常兴起朱陆异同之辩，阳明便把注意力较多地放在朱陆争论的焦点——心理之辨，并对陆象山学说产生了浓厚兴趣。他在本体论上基本采纳了陆氏的"心即理"说，而在身心工夫的内涵上则仍以程、朱的"存天理、灭人欲"为基石，这与他重返仕途后所制定的维系纲常、稳定社会的施政纲领不无一定关系。譬如，他重返仕途后的第一个职务是庐陵知县，在半年多的任期内，他整顿基层组织，建立保甲制度，慎重挑选里正三老，解决了许多积压的案件。此外，他还做了诸如清理交通驿站、杜绝苛捐杂税、禁止迷信神会等大量实事。正德九年，他转任鸿胪寺卿，后因赣州等地发生内乱，又于正德十一年出任左佥都御史。次年，他为强化地方治安，实施十家牌法。正德十三年，他在各县设立社学并制定乡约，以推动自治。这一时期，阳明所做的大都是为了恢复地方社会秩序的政治、经济乃至教育等改革。这是因为，阳明重返仕途后所面对的明代社会，已是一个赋役日重、户口日减、秩序混乱、民不聊生的社会。正如何良俊所言：

> 余谓正德以前，百姓十一在官，十九在田。盖因四民各有定业，百姓安于农亩，无有他志……自四五十年来，赋税日增，徭役日重，民命不堪，遂皆迁业……昔日逐末之人尚少，今去农而改业为工商者，三倍于前矣。昔日原无游手之人，今去农而游手逐食者，又十之二三矣，大抵以十分百姓言之，已六七分去农。①

中国传统的以农为本的社会结构正在悄然发生着裂变，而这种社会现状对在青少年时代就有着强烈淑世倾向的王阳明产生震动，并对其学术思想产生重要影响。"心即理"说就是王阳明在这一时期所阐述的重要观点之一。

南宋中叶，陆象山针对朱熹把天理与主体之心视为对立之二极的观点，主

---

① 〔明〕何良俊：《四友斋丛说》卷十三，载《四库全书存目丛书》子部第103册，齐鲁书社1995年版，第375—376页。

张将天理直接移植到人心中，认为"人皆有是心，心皆具是理，心即理也"①。但他所说的"心即理"，无非是心与理的直接合一："宇宙便是吾心，吾心即是宇宙。东海有圣人出焉，此心同也，此理同也……千百世之上至千百世之下有圣人出焉，此心此理，亦莫不同也。"②在象山看来，心与理尽管有形式之区别（心有主观性、自觉性，而理则具有客观性和超越性），但内容却是同一的。这样，"吾心"的个体性品格在普遍性天理的制约下便化为毫无个性内容的同一性之"心"。

明初，程朱理学一统天下，心理为二、动静分离终成思维之定势，造成思想之禁锢。一些"以斯道为己任"的思想家便站出来唱反调，譬如张元桢（？—1506，字廷祥，号东白，南昌人，少为神童，因闽地多书，父携之入闽，使纵观焉，登天顺四年进士第，入翰林为庶吉士）"卓然以斯道自任，一禀前人成法。其言'是心也即天理也'，已先发阳明'心即理也'之蕴。又言'寂必有感而遂通者在，不随寂而泯；感必有寂然不动者存，不随感而纷'，已先发阳明'未发时惊天动地，已发时寂天寞地'之蕴。则与此时言学，心理为二，动静交致者，别出一头地矣"③。可见，当时举起"心即理"说的大旗来抗衡程朱理学，并非始于王阳明，只不过这种变革精神在阳明身上表现得最为明显罢了。

况且较之陆学及明初学者，王阳明的"心即理"说还具有其鲜明个性，这主要表现在他对朱、陆二学的折中上，不像陆学那样直接用人心来代替天理。尽管阳明也不同意程、朱析心为二的做法，但为了强化心与理的直接同一性，他还是像程、朱一样，严格地区分道心（天理）与人心（私心），只是把这种区分限制在内容上而非外在形式上："心即理也，无私心即是当理，未当理便是私心。""心一也，未杂于人谓之道心，杂以人伪谓之人心。人心之得其正者即道心；道心之失其正者即人心：初非有二心也。程子谓人心即人欲，道心即天理，语若分析而意实得之。"在阳明看来，除却人心，便是道心，便是复心之本体，"惟一者，一于道心也。惟精者，虑道心之不一，而或二之以人心也"。换

---

① 钟哲点校：《陆九渊集》，中华书局1980年版，第149页。
② 钟哲点校：《陆九渊集》，中华书局1980年版，第237页。
③ 沈善洪主编，夏瑰琦、洪波校点：《黄宗羲全集》第8册，浙江古籍出版社1992年版，第380页。

言之，在阳明的"心即理"命题中，"人心"即人的个体意志与自然欲望，是被排除在外的；"心"即"道心"，遇有障蔽即成人欲，也就是"人心"；"正心"就是"复理"，"减得一分人欲，便是复得一分天理"。①因此，诸如"养得此心纯是天理""成就之者，亦只是要他心体纯乎天理，其运用处，皆从天理上发来""约礼只是要此心纯是一个天理"等使"心"纯乎"天理"的说教，在阳明的中年之作《传习录》上卷里可谓比比皆是。②可见，阳明所谓的"心"，在其提出"致良知"之前，与程、朱的"理"在内在本质上并无二致，所谓"心之本体即是天理，体认天理只要自心地无私意""心之本体即是性，性即是理""定者心之本体，天理也"便反映了此时阳明的致思取向。当时的阳明，只是把程、朱的超越之"理"，由外在强制变成人心中的内在强制，由道德他律变成建立在自觉基础上的道德自律。尽管这一转换不失为一次思想上的创设，但的确说不上有太大新意，就连阳明自己也承认："吾之心与晦庵之心未尝异也。"③因此，刘宗周及其弟子黄宗羲认定中年阳明在凸显心之主宰地位的同时，其"言天理二字不一而足"④是符合实际的。黄宗羲在评论"与罗整庵之言心性无以异也"的杨时乔时称："阳明于虚灵直觉中辨出天理，此正儒释界限，而以禅宗归之，不几为佛氏所笑乎？阳明固未尝不穷理，第其穷在源头，不向支流摸索

① 吴光、钱明、董平、姚延福编校：《王阳明全集》，上海古籍出版社1992年版，第26、7、256、28页。

② 晚明学者余姚人施邦曜曾批注《传习录》。他在批注《传习录》中卷"持志如心痛"（吴光、钱明、董平、姚延福编校：《王阳明全集》，上海古籍出版社1992年版，第13页。此段原为徐爱录《传习录》卷二之首段）一段语录时曾指出："君子之戒慎恐惧，只是一心在天理上。"又在批注"问知识不长进如何"（吴光、钱明、董平、姚延福编校：《王阳明全集》，上海古籍出版社1992年版，第14页）这段对话时指出："一心在天理上，任他耳听目视，手持足行，定盘星一毫不走，方是有本原之学。"用"一心在天理上"来概括王阳明这一时期的学术观点，固然有些过分，但阳明此时的思想天平倾斜于"存天理"则应该是事实。

③ 吴光、钱明、董平、姚延福编校：《王阳明全集》，上海古籍出版社1992年版，第27、24、16、27页。

④ 沈善洪主编，夏瑰琦、洪波校点：《黄宗羲全集》第7册，浙江古籍出版社1992年版，第382页。此语是刘宗周、黄宗羲针对《传习录》上卷所作的评论。

耳。"①这更是对阳明"心即理"说的精辟解读。也就是说，阳明是在虚灵直觉的"心"的外在形式下把握实在的"天理"，其"心即理"说的重心仍在于"天理"，似乎离开了"天理"，"心"也就失去了主宰之意义。

与之相反，陆象山基于心一元论的立场，对程、朱以人欲与天理区分人心与道心的做法时有警发："指人心为人欲，道心为天理，此说非是。心一也，人安有二心？"②所以他很少把天理人欲、道心人心相联系，屡谓"《礼记》天理人欲之言，指天人不同；《书经》人心惟危，道心惟微之言，指人有二心，皆为不是"③。而中年阳明教人"吃紧在去人欲而存天理"④，尤其"自南都以来，凡示学者，皆令存天理、去人欲，以为本"⑤。因此，在《传习录》上卷里，"存天理、灭人欲"的命题几乎随处可见，其使用频率要远远超过他晚年作品。以"天理"一词为例，《传习录》上卷出现过60余次，而中、下卷加起来也只有45次，说明"天理"的确在阳明中期思想中占有重要位置。在阳明看来，"定者心之本体，天理也"，"中只有天理，只是易"，"人到纯乎天理方是圣"，"一心皆在天理上用功，所以居敬亦即是穷理"，正心、诚意、明明德等身心工夫，都"只是要存天理、去人欲"。"圣人作经，只是要去人欲、存天理"，"主一之功"，即是"专主一个天理"；"无时无处不是存天理"，"学是学去人欲、存天理，从事于去人欲、存天理，则自正"；"思诚，只思一个天理"；"立志"，也须"念念存天理"；"静坐息思虑"，是为了"克己"，而"克己即存天理、去人欲之别名"；"省察克治"，是为使"天理精明……无忿杂之念"⑥；即使人心

---

① 沈善洪主编，夏瑰琦、洪波校点：《黄宗羲全集》第8册，浙江古籍出版社1992年版，第317页。杨时乔学于湛甘泉门下的吕怀，"其大旨以天理为天下所公共，虚灵直觉是一己所独得，故必推极其虚灵觉识之知，以贯彻无间于天下公共之物"。

② 钟哲点校：《陆九渊集》，中华书局1980年版，第396页。

③ 钟哲点校：《陆九渊集》，中华书局1980年版，第431页。

④〔明〕刘宗周：《刘子全书及遗编》卷十一《阳明传信录小引》，中文出版社影印清刊本。

⑤ 吴光、钱明、董平、姚延福编校：《王阳明全集》，上海古籍出版社1992年版，第1169页。然而当时阳明对"天理"的内涵并不示明："有问所谓，则令自求之，未尝指天理为何如也。"这说明此时他对形而上之本体的认识，尚在摸索探求过程当中。

⑥ 吴光、钱明、董平、姚延福编校：《王阳明全集》，上海古籍出版社1992年版，第1236页。

"洒落"时，也要做到"生于天理常存"①。由此可见，阳明把几乎所有的工夫都归入"去人欲、存天理"的范围内，以为"只要去人欲、存天理，方是功夫"②。因此在笔者看来，刘宗周所定性的"阳明先生教人其初只是去人欲、存天理"③，是完全能够成立的。而黄宗羲所引述的"曰仁（徐爱）为先生（阳明）入室弟子，所记《语录》，其言去人欲、存天理者不一而足……则先生心宗教法，居然只是宋儒矩矱，但先生提得头脑清楚耳"④，则更应被视为解读《传习录》上卷的经典之论。

概而言之，陆象山言"心即理"，把"心"等同于普遍性之"理"，反对区分道心人心、天理人欲，从而为感性自然的个体性品格渗入人心提供了可能。相比之下，阳明的"心"要比象山的"心"纯净得多。他的理欲之别，亦即道心人心之别，与程、朱言"天理流行人欲净尽"之旨颇为相似。他把程、朱的"存天理、灭人欲"说嵌入象山"心即理"说的心学框架内，目的就是彻底净化心体，使吾心完全等同于道心。刘宗周"象山喜言实理，先生（阳明）言天理"⑤的论断，可谓一针见血。因此在笔者看来，代表阳明中期思想的"心即理"说，在表现阳明学的特色方面并不鲜明，而这与阳明离开龙场后的政治生涯密切相关。

二、本心良知

王阳明本心说从"天理"到"良知"的转折性变化，发生在其50岁前后。

---

① 傅秋涛点校：《耿定向集》，华东师范大学出版社2015年版，第532页。王阳明曰："洒落生于天理常存，天理常存，由戒惧之无间，敬畏固所以为洒落也。"顾宪成尝评论此言："其义精矣，犹属权说，若分而为二。然者究其实，洒落原非放纵，乃真敬畏；敬畏原非把持，乃真洒落。如必免于'如临如履'之惧，方称大休歇，则是洒落必废敬畏，敬畏必碍洒落。"（王学伟编校：《顾宪成全集》，上海古籍出版社2022年版，第123—124页）又谓："近世如王泰州（心斋）座下颜（山农）、何（心隐）一派，直打破这'敬'字矣。"这对阳明的"洒落""敬畏"说作了很好的诠释，又对阳明以后的泰州学派进行了严厉批评，认为切不可将两者"分而为二"。其实阳明在反对"分而为二"的问题上与顾宪成完全一致。

② 吴光、钱明、董平、姚延福编校：《王阳明全集》，上海古籍出版社1992年版，第13页。

③〔明〕刘宗周：《刘子全书及遗编》卷十《学言上》，中文出版社影印清刊本。

④ 沈善洪主编，夏瑰琦、洪波校点：《黄宗羲全集》第7册，浙江古籍出版社1992年版，第224页。

⑤ 吴光主编：《刘宗周全集》第4册，浙江古籍出版社2007年版，第45页。

正德十四年（1519），48岁的阳明受命征讨福建叛军，途中得知宗室宁王朱宸濠在南昌反叛的消息，便急忙北返讨伐，生擒朱宸濠。[①]在此之前，阳明一心从政，无暇学问，"所共事者皆当时官吏、偏将、参谋，弟子皆不与焉"[②]，说明那时阳明的心境趣味已从谪居龙场时的"讲习有真乐"转变为"政事亦学问"。因为政事繁忙，他还曾说："修己治人，本无二道。政事虽剧，亦皆学问之地。"[③]他甚至把讲学也当作政术用计的手段：

> 当桶冈、横水用兵之时，敌侦知其讲学，不甚设备，而我兵已深入其巢穴矣。盖用兵则因讲学而用计，行政则讲学兼施于政术。[④]

阳明的这些想法和做法对其门人后学产生了直接的影响，如王畿、王艮、欧阳德等人就相当赞成并实践了阳明"政学合一"的主张。[⑤]

然而，王阳明想不到会因胜利而引起祸难。明武宗好大喜功，借机亲征叛藩，率军南下，其身边的宦官张忠及近卫许泰之流，竟劝阳明放囚，纵宸濠去鄱阳湖，以便武宗显功。阳明怕遗祸百姓，不肯听从，因此触怒阉党，为张、许谗言所威胁，几乎不能身免。阳明弟子冀元亨，更因人诬陷，获助逆罪，入狱而死。这是阳明一生中最困难的时期，史称"宸濠诸奸之变"。此时阳明的心情也糟糕透顶。据史料称：

---

① 王阳明是六月九日离开赣州，准备赴南昌参加十三日宁王朱宸濠举办的生日庆宴，再赴福建处置兵变事务，但因事务缠身，耽搁了两天，十五日才乘官船抵达丰城大码头。此时宸濠已在南昌举兵谋反，并派遣暗探溯江而上，打探阳明行踪，欲将其强行逮捕，押解南昌，以除后患。

② 王星贤等点校：《颜元集》上册，中华书局1987年版，第45页。正德二年（1507）与正德十四年后，是阳明授徒讲学的两个高峰期。如被黄宗羲称为"及门莫有先之者"（沈善洪主编，夏瑰琦、洪波校点：《黄宗羲全集》第7册，浙江古籍出版社1992年版，第248页）的徐曰仁、蔡希渊、朱守忠三子，就是正德二年阳明赴龙场前师事阳明的。"宸濠诸奸之变"后，王阳明曾先集门人于南昌，再集于庐山五老峰南麓的白鹿洞书院，归越后从游者更是接踵而至。而这几次讲学高峰与阳明人生经历中的两次重大政治挫折正好重合。

③ 吴光、钱明、董平、姚延福编校：《王阳明全集》，上海古籍出版社1992年版，第145页。

④〔明〕何良俊：《四友斋丛说》卷四，载《四库全书存目丛书》子部第103册，齐鲁书社1995年版，第312页。

⑤ 参见吴震：《阳明后学研究》，上海人民出版社2003年版，第432—434页。

先生赴召至上新河（在南京），为诸幸谗阻不得见。中夜默坐，见水波拍岸，汩汩有声，思曰："以一身蒙谤，死即死耳，如老亲何？"谓门人曰："此时若有一孔可以窃父而逃，吾亦终身长往不悔矣。"①

尝闻海日翁病危，欲弃职逃归，后报平复，乃止。一日，问诸友曰："我欲逃回，何无一人赞行？"门人周仲曰："先生思归一念，亦似着相。"先生良久曰："此相安能不着？"②

于是，阳明以"身罹谗构，危疑汹汹，不保朝夕"③为由，辞职还乡。直至嘉靖六年（1527）起征广西思、田前，他一直居乡避世不出，聚众讲学，潜心学问。

由于政治生态的恶劣，王阳明又一次被迫从热心政事转回以讲学为业。诚然，政事与讲学在一般情况下是不矛盾的，但在阳明那里，经常会出现不一致的情况，尤其在他仕途受挫、厌倦政事、祈望逃脱的心境下，两者的协调平衡关系就会被立刻打破。其弟子邹守益曾记录了这样一段对话：

当时有称先师者曰："古之名世，或以文章，或以政事，或以气节，或以勋烈，而公克兼之。独除却讲学一节，即全人矣。"先师（阳明）笑曰："某愿从事讲学一节，尽除却四者，亦无愧全人。"④

可见，此时的王阳明已把功名利禄看得很轻，视讲学为自我人格完善的标尺。因此，他对做官也失去了兴趣，"仕途如烂泥坑，勿入其中，鲜易复出。吾人便是失脚样子，不可不鉴也"，甚至发出"某愿为狂以进取，不愿为狷以媚

① 吴光、钱明、董平、姚延福编校：《王阳明全集》，上海古籍出版社1992年版，第1272页。
② 吴光、钱明、董平、姚延福编校：《王阳明全集》，上海古籍出版社1992年版，第1277页。
③ 吴光、钱明、董平、姚延福编校：《王阳明全集》，上海古籍出版社1992年版，第460页。
④ 吴光、钱明、董平、姚延福编校：《王阳明全集》，上海古籍出版社1992年版，第1569页。周汝登的回忆与守益所记大致相同，其曰："昔有谓阳明子，文章、功业、气节三者具足名世，除却讲学乃全，而阳明子愿尽除三者，专事于学。"（〔明〕周汝登：《东越证学录》，台北文海出版社1970年版，第646页）

世"的誓言。但这样的誓言却引来了门下弟子的诸多不解和疑虑，比如邹守益问道："今之不知公（指阳明）者，果疑其为狂乎？其知公者，果能尽除四者（指文章、气节、政事、勋烈）而信其为全人乎？"①连阳明念之甚深的邹守益都这么发问，表明阳明后期的价值观和人格选择并不被其弟子尤其是江右高足所认同。

不过显而易见的是，处于"政事亦学问"心态下的思想创造与处于"讲学有真乐"心态下的思想创造是有区别的。前者可以称为"未忘忧"的心态（所谓"心在夷居何有陋？身虽吏隐未忘忧"是也），后者则可以称为"得自由"的心态（所谓"投荒万里入炎州，却喜官卑得自由"是也）。②如果说前者更注重实际应用，更关心社会效果及统治者所能接受之程度的话，那么后者便更加注重心灵自得和超越创新。"宸濠诸奸之变"就是王阳明内心世界从"未忘忧"转换到"得自由"的又一次重要契机，他迎来了其思想超越创新的又一个高峰期，走到了其本心说由"天理"发展到"良知"的转折点。阳明本人及其门人后学的叙述，都把良知学说的提出归功于这场变乱的磨练，如王宗沐尝反复阐明："我朝阳明王先生，得于挺③生，悟于患难。""我朝阳明王先生，悟于摧挫之日，而阐于危疑之时。"④所谓"悟于患难""悟于摧挫之日"是指"龙场悟道"，所谓"阐于危疑之时"是指"宸濠诸奸之变"后揭致良知之教，这两次转折对阳明思想的发展都具有决定性作用。

三、致良知教

关于"龙场悟道"的情况，我们已在前面作过介绍，这里着重阐释一下

---

① 吴光、钱明、董平、姚延福编校：《王阳明全集》，上海古籍出版社1992年版，第153、1569页。据新昌人邹维琏所记："昔阳明先生晚年谤四起。弟子问之，阳明曰：'吾往时尚有三分乡愿意，故谤少。后来信得良知真，事事凭良知行，是以谤多。'"（〔明〕邹维琏：《达观楼集》卷二十二《工部虞衡司员外戴公园客墓表》，载《四库全书存目丛书》集部第183册，齐鲁书社1997年版，第292—293页）故知阳明晚年的"狂"，当主要表现在"事事凭良知行"上，所以在邹守益看来，阳明其实并非真狂。

② 吴光、钱明、董平、姚延福编校：《王阳明全集》，上海古籍出版社1992年版，第702页。

③ "挺"者，"天挺"也，意指天资聪慧。

④ 〔明〕王宗沐：《敬所王先生文集》卷一《南野先生文集序》、卷二《赠吉阳公序》，明万历三年刻本。

"揭致良知之教"①。钱德洪在《阳明先生年谱》正德十六年条中有一经典性评述，黄宗羲就是据此得出"致良知一语，发自（阳明）晚年"之结论的。钱氏说：

> 是年先生始揭致良知之教……自经宸濠、忠、泰之变，益信良知真足以忘患难，出生死，所谓考三王，建天地，质鬼神，俟后圣，无弗同者。乃遗书守益曰："近来信得致良知三字，真圣门正法眼藏。往年尚疑未尽，今自多事以来，只此良知无不具足。譬之操舟得舵，平澜浅濑，无不如意，虽遇颠风逆浪，舵柄在手，可免没溺之患矣"……"我此良知二字，实千古圣圣相传一点滴骨血也。"又曰："某于此良知之说，从百死千难中得来，不得已与人一口说尽。只恐学者得之容易，把作一种光景玩弄，不实落用功，负此知耳。"②

这说明，"宸濠诸奸之变"是阳明提出"致良知"学说的重要前提。在阳明看来，"致良知"乃是"学问大头脑""圣人教人第一义"③，更是阳明用"一生精力""生平辛苦"提出来的。这三个字，言简意赅，"本体工夫，一时俱到"，其中"本体而谓之良"，"工夫而谓之致"④，因而可将阳明此前所倡之说统统包括在内。诚如阳明道友霍韬所言："阳明之学，一言蔽之曰'致良知'。析曰'格物'，曰'知行合一'，均之'致良知'也。"⑤因此，笔者主张把"致良知"说视为阳明晚年思想成熟的重要标志。

---

① "致良知教"是当时学界的常用术语，如周汝登《越中会语》曰："盖当时人士，只疑良知之教，不切躬修，是以非诋。曾不知所示格物处，俱是日可见之行，何等着实！今遗教具在，我辈正当以身发明。从家庭中竭力，必以孝弟忠信为根基；在境缘上勘磨，莫为声色货利所玷染。习心浮气，消融必尽；改过知非，丝发莫纵。察之隐微，见之行事，使人知致良知教原是如此，然后微言始著，吾道益明。是乃所以为报。"（李会富编校：《陶奭龄集》，武汉大学出版社2020年版，第604页）

② 吴光、钱明、董平、姚延福编校：《王阳明全集》，上海古籍出版社1992年版，第1278—1279页。

③ 吴光、钱明、董平、姚延福编校：《王阳明全集》，上海古籍出版社1992年版，第71页。

④ 董平编校整理：《邹守益集》，凤凰出版社2007年版，第615页。

⑤ 沈善洪主编，夏瑰琦、洪波校点：《黄宗羲全集》第8册，浙江古籍出版社1992年版，第609页。

当然，也有些学者并不这么看，部分人认为"致良知之旨，非始于阳明也"①。唐顺之之子唐鹤征即云："东莱氏曰：'致知格物，修身之本也。知者，良知也。'则阳明先生之致良知，前人既言之矣。"②部分人认为"致良知"之旨并非产生于阳明晚年。除此之外，还大致有以下三种说法。

一是以王阳明本人的一段话为根据，断定阳明良知学说的产生年代应上溯到正德三年（1508）。据钱德洪《刻文录叙说》：

> 先生尝曰："吾'良知'二字，自龙场已后，便已不出此意，只是点此二字不出，于学者言，费却多少辞说。今幸见出此意，一语之下，洞见全体，直是痛快，不觉手舞足蹈。学者闻之，亦省却多少寻讨功夫。学问头脑，至此已是说得十分下落，但恐学者不肯直下承当耳。"又曰："某于'良知'之说，从百死千难中得来，非是容易见得到此。此本是学者究竟话头，可惜此体沦埋已久……"③

江右王门的重要代表陈九川亦云："慨惟先师患难困衡之余，磨砻此志，真得千圣之秘，发明良知之学，而流传未远。诸贤各以意见搀和其间，精一之义无由睹矣。"④陆氏此言似指"龙场悟道"，也就是说"龙场悟道"的内容即"发明良知之学"。其实仔细分析一下便不难看出，这几段言论至多只能说明阳明学说有其发展逻辑和前后承续关系，并不能作为其"致良知"说形成时间的依据。换言之，如果把"致良知"说视为阳明思想的完整体系，那么其萌芽就是在谪居龙场时期，甚至还可追溯到阳明洞修炼时期。由此出发，说阳明"平生讲学，只是'致良知'三字""至致良知三字，乃先师平素教人不倦者"⑤亦不为过。不过，这与钱德洪所说的"揭致良知之教"以及笔者所认定的思想转折，恐怕

① 沈善洪主编，夏瑰琦、洪波校点：《黄宗羲全集》第8册，浙江古籍出版社1992年版，第627页。
② 沈善洪主编，夏瑰琦、洪波校点：《黄宗羲全集》第7册，浙江古籍出版社1992年版，第708页。
③ 吴光、钱明、董平、姚延福编校：《王阳明全集》，上海古籍出版社1992年版，第1575页。
④ 沈善洪主编，夏瑰琦、洪波校点：《黄宗羲全集》第7册，浙江古籍出版社1992年版，第531页。
⑤ 吴光、钱明、董平、姚延福编校：《王阳明全集》，上海古籍出版社1992年版，第990、993页。

是两码事。

二是以《传习录》上卷记录的正德七年（1512）阳明与徐爱的一段对话证明阳明早在正德七年就已提出"良知"概念。其曰：

> 知是心之本体，心自然会知：见父自然知孝，见兄自然知弟，见孺子入井自然知恻隐，此便是良知不假外求。若良知之发，更无私意障碍，即所谓"充其恻隐之心，而仁不可胜用矣"。然在常人不能无私意障碍，所以须用致知格物之功以胜私复理。即心之良知更无障碍，得以充塞流行，便是致其知。知致则意诚。①

已有学者对此提出了纠正，认为此时阳明所说的"良知"仍未脱离孟子"良知良能"的范畴，与其后来"专提致良知"时所强调的"良知"概念在内涵上有很大不同。②笔者想补充说明的是：如果说中年阳明所言之"良知"尚有知觉、见识等因素的话，那么正德十五年后他专门倡导的"良知"概念则已上升到"良知本无知"的形而上高度，即已成为"良知之虚，便是天之太虚；良知之无，便是太虚之无形"③的本体存在。

三是根据黄绾《阳明先生行状》说明阳明早在正德七年（1512）前后已明确提出"良知"之旨。《阳明先生行状》载："甲戌（正德九年），阳明升南京鸿胪寺卿，始专以良知之旨训学者。"④清人邵廷采进一步明言："（正德）九年，升南京鸿胪卿。是年，始揭'致良知'之教。"⑤然黄绾所依据的似又为阳明本人与弟子的一次谈话："良知明白，随你去静处体悟也好，随你去事上磨炼也好，良知本体原是无动无静的。此便是学问头脑。我这个话头自滁州（阳明于

---

① 吴光、钱明、董平、姚延福编校：《王阳明全集》，上海古籍出版社1992年版，第6页。
② 参见［日］吉田公平：《陆象山与王阳明》，研文出版1990年版，第290页。
③ 吴光、钱明、董平、姚延福编校：《王阳明全集》，上海古籍出版社1992年版，第109、106页。
④ 吴光、钱明、董平、姚延福编校：《王阳明全集》，上海古籍出版社1992年版，第1410页。
⑤〔清〕邵廷采著，祝鸿杰点校：《思复堂文集》，浙江古籍出版社2010年版，第4页。

正德八年冬至滁）到今，亦较过几番，只是致良知三字无病。"①

　　笔者的看法是不能仅仅以提出"良知"二字作为阳明"致良知"说形成的标志。"良知"概念最早见于《孟子》，程、朱亦常用之，如朱熹曰："人之良知，本所固有。"朱子认为，人之良知只是人天生的那点"爱亲之念"，若"不推致充广，故其见识终只如此"②。也就是说，要达到良知具足，尚须借助"扩充"工夫。与程、朱相比，阳明良知说的特色恰恰体现在"信良知"与"致良知"上。他确信，就心之本体而言，良知是具足的，可以给人以全部的道德知识和情感需求，而不需从外界获得。可见，阳明所"信"的良知是"具足良知"，而遵循"具足良知"的要求去行动，在实践中实现良知，即"致良知"。用这一标尺去衡量，把"宸濠诸奸之变"后的"益信良知具足"与"揭致良知之教"作为阳明"致良知"说形成的标志，当不为过。对此，钱德洪的立场应是最好的明证，他一方面认为阳明"至龙场，再经忧患，而始豁然大悟良知之旨"，另一方面又强调"辛巳以后，经宁藩之变，则独信良知，单头直入，虽百家异术，无不具足"。他进一步指出：

　　　　（阳明）谪居龙场，衡困拂郁，万死一生，乃大悟"良知"之旨……征藩以来，再遭张、许之难，呼吸生死，百炼千摩，而精光焕发，益信此知之良……至是而特揭"致良知"三字，一语之下，洞见全体，使人人各得其中……四方学者翕然来宗之。③

① 吴光、钱明、董平、姚延福编校：《王阳明全集》，上海古籍出版社1992年版，第105页。邓艾民认为上述证据"只说明王守仁提出了致良知的话头，并没有说明已用致良知作为最重要的口号"（邓艾民：《朱熹王守仁哲学研究》，华东师范大学出版社1989年版，第100—101页）。此言甚是。从概念上来说，无论"良知"还是"致知"，都不过是"致良知"这一哲学命题的一个"话头"。

② 〔宋〕黎靖德编：《朱子语类》，中华书局1986年版，第412页。王阳明尝问弟子南大吉："良知独非我言乎？"（沈善洪主编，夏瑰琦、洪波校点：《黄宗羲全集》第7册，浙江古籍出版社1992年版，第760页）这里其实指的是"致良知"三字，若仅为"良知"二字，则确非王阳明独言矣。

③ 吴光、钱明、董平、姚延福编校：《王阳明全集》，上海古籍出版社1992年版，第1357页。

这将"致良知"说的提出时间定位在"宸濠诸奸之变"之后。①自此,阳明便念念不忘此"致良知话头",一直到去世前月余仍在说"区区专说致良知"。②

其实,关于晚年始"揭致良知之教"的问题,钱德洪不过是秉承了王阳明本人的说法。阳明曾对弟子陆澄说:

> 致(良)知之说,自与惟濬(陈九川)及崇一(欧阳德)诸友极论于江西,近日杨仕鸣来过,亦尝一及,颇为详悉。③

所谓"极论",可以理解为全面而深刻,此乃思想成型之标志。"极论"的时间是在正德十五年(1520)阳明江西平叛期间。对此,阳明的门人后学也有一定共识。如陈九川说:

> 至致良知三字,乃先师平素教人不倦者。云"诚爱恻怛之心即是致良知",此晚年所以告门人者,仅见一二于全集中,至为紧要。④

王时槐说:

> 阳明先生见处极高,若直吐其所见,世人必大骇,将望尘而却退者多矣。乃《传习录》所言,皆俯就下学所及,贬词以喻之,足知其苦心也。及至晚年,始发"致良知"一语,又于《大学古本序》中,特示以存乎心

---

① 张宏敏在对比论证《传习录》《阳明语录》等相关语录史料后,将王阳明"始揭致良知之教"的时间地点考定于正德十五年(1520)秋在赣州通天岩与众弟子论学之时,在场者主要有陈九川、夏良胜、邹守益等江右王门学者。邵启贤编纂的《赣石录》所收录的邹守益、陈九川二人的《邹守益题记》也为这一主张提供了佐证。(参见张宏敏:《论王阳明"始揭致良知之教"的时间与地点》,载《中共宁波市委党校学报》2018年第6期)

② 吴光、钱明、董平、姚延福编校:《王阳明全集》,上海古籍出版社1992年版,第219、83页。

③ 吴光、钱明、董平、姚延福编校:《王阳明全集》,上海古籍出版社1992年版,第189页。

④ 吴光、钱明、董平、姚延福编校:《王阳明全集》,上海古籍出版社1992年版,第993页。

悟，此则尽泄底蕴以俟后学者也。①

李贽则说得更加明白：

> 其（阳明）屡屡设法教人先知后行，又复言"知行合一"，复言"静坐"，卒以"致良知"三字为定本。②

当然，王门中也有人把阳明于正德十二年（1517）正月至十六年七月在江西这一段时间都视为"致良知"说的提出期。比如王畿在《滁阳会语》中称：

> （阳明）自江右以后，则专提"致良知"三字，默不假坐，心不待澄，不习不虑，盎然出之，自有天则，乃是孔门易简直截根源。③

这一观点的问题在于王阳明在江右前后待了近五年时间，王畿并未具体指明"江右以后"究竟指的是哪一时段。④尽管钱德洪在叙述阳明"教之三变"时也说过：

> 居贵阳时，首与学者为"知行合一"之说；自滁阳后，多教学者静坐；江右以来，始单提"致良知"三字，直指本体，令学者言下有悟：是教亦三变也。⑤

其中所谓"江右以来，始单提'致良知'三字"的说法与王畿存在同一问题：

---

① 〔明〕王时槐：《友庆堂合稿》卷四《三益轩会语》，明万历三十八年邹元标序刊本。

② 〔明〕李贽：《续焚书》，中华书局1959年版，第1页。

③ 吴震编校整理：《王畿集》，凤凰出版社2007年版，第33页。

④ 束景南先生考定王阳明在正德十四年（1519）始悟"良知"之学（束景南：《王阳明年谱长编》，上海古籍出版社2017年版，第1211页），虽亦符合王畿所说的"江右以后"之定位，但束先生所提供的证据并不充分。

⑤ 钱明编校整理：《徐爱·钱德洪·董沄集》，凤凰出版社2007年版，第185页。

在时间上都属于含混不清的定义。不过，从总体上看钱德洪是用"宸濠诸奸之变"来为阳明"致良知"说作时间界定的，这可从他的多处表述中看出。

那么，钱、王这两位阳明最得意的门生为什么会出现如此不同的看法？笔者认为，这主要是因为钱德洪以政治上的"宸濠诸奸之变"作为阳明全面转向"致良知"说的标志，而王畿则似乎更倾向于将"致良知"说的提出视为一个过程。毫无疑问，王畿的观点更接近于人的心路历程和思想演进之规律，钱德洪则一如其认为阳明是受刘瑾迫害追杀、经过"百死千难"后才有"龙场悟道"的观点一样①，坚持以政治上的磨难为思想转变的契机。如果仅就思想演进发展之规律而言，那么可以说，王畿突出的是"知"的重要性，钱德洪突出的是"行"的重要性。黄宗羲则似乎更认同王畿的观点，因为这更符合思想演进发展之常态。钱、王二人的最大不同点在于：王畿主要阐述的是思想创新的要义和内涵（知），钱德洪则始终把阳明的思想转变置于某种重大政治事变的考验和磨难（行）之上。诚如钱氏在泾县水西精舍讲学时的好友翟氏后人翟台所记："友有谓：文成公良知之学得于变苦，后之学者未曾用功，开口便说良知。"②尽管我们可以说王畿的观点更符合思想演进发展的一般规律，但阳明的情况又有点特殊。与朱子一辈子博览群书、遍注诸经不同，阳明参与了诸多重大政治、军事活动，故而将其所经历的重大政治事变作为其思想转变、理论创新的契机或标尺也是合情合理的，尤其是对于钱德洪这类注重实际的实干家而言。③

综上所述，尽管"致良知"说的萌芽期可追溯到王阳明的中年甚至青年，但真正发生转折或最后形成为学宗旨应在阳明经"宸濠忠泰之变"（即"宸濠诸奸之变"）后的"益信良知具足"与"揭致良知之教"时期。一如黄宗羲所言：

---

① 据周汝登《越中会语》记载："阳明先生初倡此学时，不知经多少风波。后赖龙溪先生嗣续，亦不知受多少屈抑。今日我辈得此路头，坦然趋步，可忘前人之恩力耶？"（李会富编校：《陶奭龄集》，武汉大学出版社2020年版，第604页）足见阳明心学的诞生有赖于王阳明本人及其弟子们的人生体验和艰辛探索。

② 〔明〕翟台：《水西答问》第91条，载赵绍祖辑：《泾川丛书》，民国六年清道光古墨斋藏版影印本。

③ 笔者曾把钱德洪、王畿二人分别视为领导后阳明时期的实干家与理论家（参见钱明：《浙中王学研究》，中国人民大学出版社2009年版，第186页）。

"（致良知）三字之提，不始于江右明矣。但江右以后，以此为宗旨耳。"也正因为此，黄宗羲才会非常明确地认定："阳明致良知之学，发于晚年。"[1]

四、自信于心

中国古代知识分子都具有强烈的忧患意识。就王阳明的忧患意识而言，有两个方面值得关注，一是对封建社会的命运表示出极大的忧虑，二是忧虑那个已然萌发了但又时时有被现实政治吞没危险的"精神自我"。他越是对政治和现实失望，就越是陷于自然超越境界，他的自我意识也就越扩张，进而越坚信自己获得了独立的人格和绝对的自我。比如，阳明遭到刘瑾迫害后，谪居龙场近两年，然人格与学问却因而大为精进。"宸濠诸奸之变"给阳明造成的精神创伤，绝不亚于当年的龙场生活。这时的阳明对政治已彻底厌倦，"无复用世之志"，早年出世主义的超然情趣又重新取代了建功立业的入世精神。这有诗为证：

百战归来一病身，可看时事更愁人。道人莫问行藏计，已买桃花洞里春。

山僧对我笑，长见说归山。如何十年别，依旧不曾闲？

莫怪乡思日夜深，干戈衰病两相侵。孤肠自信终如铁，众口从教尽铄金！

忧疑纷并集，筋力顿成衰。千载商山隐，悠然获我思。

百战归来白发新，青山从此做闲人……而今始信还丹诀，却笑当年识未真。[2]

王畿在《读先师再报海日翁吉安起兵书序》中所摘录的一段阳明语录，则更能反映阳明当时的心境：

---

[1] 沈善洪主编，夏瑰琦、洪波校点：《黄宗羲全集》第7册，浙江古籍出版社1992年版，第249、254页。

[2] 吴光、钱明、董平、姚延福编校：《王阳明全集》，上海古籍出版社1992年版，第755、757、761、784页。

自经此大利害、大毁誉过来，一切得丧荣辱，真如飘风之过耳，奚足以动吾一念？今日虽成此事功，亦不过一时良知之应迹，过眼便为浮云，已忘之矣！夫死天下事易，成天下事难；成天下事易，能不有其功难；不有其功易，能忘其功难。此千古圣学真血脉路。[①]

据日本学者久须本文雄考证，王阳明一生共参访过佛寺四十余处，其中仅49岁这一年，就游佛寺十三次，每次留宿一二星期。[②]这无疑与"宸濠诸奸之变"后阳明的心态转变有直接关联。正是在这样的心理状态中，阳明才能与弟子们一起进行卓越的理论创新。所以钱德洪说："盖师学静入于阳明洞，得悟于龙场，大彻于征宁藩。多难殷忧，动忍增益，学益彻则立教益简易。"[③]

不难想象，"宸濠诸奸之变"使王阳明的理想和事功宏愿遭到怎样的毁灭性打击，而面对这种特别险恶的政治生态，又需要有多么强烈的自主意识。质言之，就是要对自己有绝对的自信心，而不能简单地凭借固定抽象的天理来判断是非，尤其是遭到谗言诬陷时，更需要保持自己的独立人格和自由意志。所以阳明说："依此良知，忍耐做去，不管人非笑，不管人毁谤，不管人荣辱，任他功夫有进有退，我只是这致良知的主宰不息，久久自然有得力处，一切外事亦自能不动。"钱德洪则说得更为明白："后贼平，张（忠）、许（泰）谤议百出，天下是非益乱，非先生自信于心，乌能遽白哉？"[④]

"自信于心"，并不等于自信于"心即理"的"心"。"心即理"说很容易使人"执一"，"预先定一个规矩在"，"如后世儒者，要将道理一一说得无罅漏，立定个格式，此正是执一"；如果不提"天理"，即不以天理为心体之规定，工夫就没有了头脑，心体便失去了主宰的根据。因此，阳明遂用"良知"来代替"天理"，用"本心良知"说取代"心即理"说，用"致良知"说取代"存天理、

<hr />

① 吴震编校整理：《王畿集》，凤凰出版社2007年版，第343页。

② 参见［日］久须本文雄：《王阳明禅的思想研究》，日进堂书店1958年版，第134页。

③ 吴光、钱明、董平、姚延福编校：《王阳明全集》，上海古籍出版社1992年版，第1038页。

④ 吴光、钱明、董平、姚延福编校：《王阳明全集》，上海古籍出版社1992年版，第101、1266页。

灭人欲"说。"良知"在"心"的主观形式下，既保留了"理"的本质规定，也融合了"情"的个性特质。如果说，在"心"的主观形式下，人至多只有发挥主体能动性的可能，那么在"良知"的个性特质里，人则可以直接诉诸主体自性和情感生命，从而破坏"理"的神圣性和凝固性。因此，用"良知"作头脑，既能够保持心体的主宰力量，又不会有"执一"之弊。从下引一段文字中，我们可以清楚地看到阳明在"宸濠诸奸之变"后的反思过程：

> 庚辰往虔州，再见（阳明）先生，问："近来工夫虽若稍知头脑，然难寻个稳当快乐处。"先生曰："尔却去心上寻个天理，此正所谓理障。此间有个诀窍。"曰："请问如何？"曰："只是致知。"曰："如何致？"曰："尔那一点良知，是尔自家底准则。尔意念着处，他是便知是，非便知非，更瞒他一些不得。尔只不要欺他，实实落落依着他做去，善便存，恶便去。他这里何等稳当快乐。此便是格物的真诀，致知的实功。若不靠着这些真机，如何去格物？我亦近年体贴出来如此分明，初犹疑只依他恐有不足，精细看无些小欠阙。"①

王阳明早年教导学者念念在"天理"上，其弟子陈九川依此为学，故"稍知头脑"。而此时阳明的宗旨已变，过去所谓天理之"头脑"，现在却称为"理障"；"尔那一点良知，是尔自家底准则"，这个才是"大头脑"。在这里，"天理"和"良知"虽然都是就心体的内容或本质而言的，但"天理"容易给人以固定规矩格套的印象而被误认为是一种凌驾于心之上、与心相对的实体，"良知"则没有这些毛病。阳明在与王畿讨论"宸濠诸奸之变"所带给自己的思想变化时说："在当时只合如此做，觉来尚有微动于气，所在使今日处之，便自不同。"②"微动于气"，实乃旧有的格套名利拘束所致，亦即"理障"所致。因

---

① 吴光、钱明、董平、姚延福编校：《王阳明全集》，上海古籍出版社1992年版，第92页。
② 吴震编校整理：《王畿集》，凤凰出版社2007年版，第343页。此条语录未载于通行本《王文成公全书》，佐藤一斋《传习录栏外书》据施邦曜、俞嶙刊本辑录，然与王畿所录有些出入。阳明在此回答了自己平宁藩时的思想状况，表明他当时仍为格套名利所束缚。

此，"宸濠诸奸之变"可以说是阳明本心说从"天理"转向"良知"、从事功转向自我的重要契机。经过这次事变，"始有良知之说"，甚而"只说致良知"，因为"只是致良知三字无病"①。

此时，与朱子相比，阳明虽然也一样重视自然的条理、秩序，一样讲"天理"，但是阳明的"天理"是良知内在的自然条理，重视的是"理"的"所当然"义；朱子的"天理"则偏重万物普遍客观的自然秩序，在"所当然"之外也重视"所以然"。阳明的天理内在于心，故反求本心良知即可寻得稳当快乐，"乐"是现成的，当下即是；朱子的所以然之理则要"用力之久"方可期"豁然贯通"。②对于"理障"，顾宪成在批评阳明学的同时，也批评了朱子学，指出"理障"其实"是人障理，非理障人"，可谓一语中的。他说："释家有'理障''事障'之说，便是'无善无恶'的注脚。试看理是甚么？唤他是障，或以情识认取，或以意念把促，或以见解播弄，或以议论周罗，则有之矣。却是人障理，非理障人也。"③在顾宪成看来，阳明的《传习录》实质上是在阐发"致良知"。④

刘宗周的学生董玚在讲到阳明"致良知"说产生的背景时说过："再罹宁藩之变，张、许之难，学又一番证透。"⑤这番"证透"，成就了王阳明从中期到后期的思想嬗变，而这种嬗变除了反映在"致良知"说上外，还表现在以下两个方面。

其一，从认为朱、陆各有得失即折中朱、陆，到尊陆贬朱甚至独尊陆学。

---

① 吴光、钱明、董平、姚延福编校：《王阳明全集》，上海古籍出版社1992年版，第1279、105页。

② 参见李旭：《心之本体与成德境界——从"孔颜乐处"看阳明心学的"乐"与"学"》，载浙江省稽山王阳明研究会、中华孔子学会阳明学研究会编：《中国心学》第三期，商务印书馆2023年版，第120—148页。

③ 王学伟编校：《顾宪成全集》，上海古籍出版社2022年版，第135页。

④ 顾宪成曰："即是致良知，一部《传习录》是恁地看。"（王学伟编校：《顾宪成全集》，上海古籍出版社2022年版，第136页）是故顾宪成在回答"阳明先生之'揭良知'何如"的提问时说："此'揭'自是痛快，往往有驳之者，予不敢以为然也……阳明言：'良知即天理。'朱子亦云：'良者，本然之善。'若二子窥见这个妙用，一切邪思枉念，都无栖泊处，如之何用之于不善乎？"（王学伟编校：《顾宪成全集》，上海古籍出版社2022年版，第147页）

⑤〔明〕刘宗周：《刘子全书及遗编》卷首《刘子全书抄述》，中文出版社影印清刊本。

正德七年（1512），阳明在《答徐成之》书中曰："夫晦庵折衷群儒之说，以发明《六经》《语》《孟》之旨于天下，其嘉惠后学之心，真有不可得而议者。而象山辩义利之分，立大本，求放心，以示后学笃实为己之道，其功亦宁可得而尽诬之！"他还总结道："仆尝以为晦庵之与象山，虽其所为学者若有不同，而要皆不失为圣人之徒。"①然而，到了正德十六年，阳明已对象山相当推崇："有象山陆氏，虽其纯粹和平若不逮于二子（指濂溪、明道），而简易直截，真有以接孟子之传。""濂溪、明道之后，还是象山，只是粗些。"亦正是此年，阳明"以象山得孔、孟正传，其学术久抑而未彰"为由，特"刻《象山文集》，为序以表彰之"，并下令优待陆氏子孙。

其二，从"五经亦只是史"到"六经者，吾心之记籍也"。如果说前一句话是以史"明善恶，示训戒"而使"道明"，那么后一句话便是确立了"六经之实则具于吾心"②之理念。很显然，强调"五经亦只是史"，乃是为了用史照射现实，以史为镜，故有重现世、以政事治人为己任之要求；而强调"六经者，吾心之记籍也"，则是为了折射心灵，用经籍来衬托吾心之本体，故而必然重视心智之开发。③不难看出，这两个方面的思想转换，也与"致良知"说的产生有着内在的因果关系。

王阳明称"良知"为"心之本体"、为"天理"、为"道"、为"虚无"、为"虚灵明觉"、为"诚爱恻怛之心"、为"恒照"、为"本来面目"、为"天植灵根"、为"造化的精灵"，也就是说，作为本体的良知，除了先天性（虚无）之规定、主体性（灵明）之形式和普遍性（天理）之内容外，还有个体性（诚爱恻怛）的情感功能，"盖良知只是一个天理，自然明觉发见处，只是一个真诚恻怛，便是他本体"④。在阳明看来，心之体既具有主观性的认知功能，也具有本能性的德性功能，情则融于性中，故人心还包括人的情感因素，而绝非纯粹的

① 吴光、钱明、董平、姚延福编校：《王阳明全集》，上海古籍出版社1992年版，第809页。此篇原文记作"壬午（嘉靖元年）"，疑为"壬申（正德七年）"之误；《阳明先生年谱》则记于辛未（正德六年）条下，亦不确切。

② 吴光、钱明、董平、姚延福编校：《王阳明全集》，上海古籍出版社1992年版，第255页。

③ 参见邓艾民：《朱熹王守仁哲学研究》，华东师范大学出版社1989年版，第101—102页。

④ 吴光、钱明、董平、姚延福编校：《王阳明全集》，上海古籍出版社1992年版，第84页。

外在天理之内化，即所谓"喜怒哀惧爱恶欲，谓之七情。七者俱是人心合有的，但要认得良知明白"①。这种融主观之心、客观之理及个体之情于一体的"人心"，并非"心即理"说所能涵盖与表述的，唯有认得良知才能明白；而心体由内化的规范、秩序、格套变为融自然的情感甚至欲望为一体的过程，就是由"天理"到"良知"的过程。尽管良知并不等于知觉之心或感性之心，而是纯道德本体意义上的超越之心，但是阳明又总用"生生不已""喜怒哀乐""真诚恻怛"等来描述它、规定它："良知之体……本自生生。""盖良知虽不滞于喜怒忧惧，而喜怒忧惧亦不外于良知也。"②他甚至主张以快乐为心之本体和工夫："乐是心之本体，虽不同于七情之乐，而亦不外于七情之乐。虽则圣贤别有真乐，而亦常人之所同有。"③"常快活便是功夫"，这种寓"七情之乐"于内的心之本体不正是良知的情感化吗？因此，由"良知"代替"天理"，实际上就是使心之本体从仅具单纯的道德功能转化为具有渗入情感功能的泛道德功能，从而使抽象的、对立的外在道德指令真正内化为人自身的情感意志，使纯粹的伦理规范变成感性的心理直觉。这样的"良知"，显然已不仅仅是道德理性的分析，还是情、意的综合。正因为此，阳明对湛甘泉移书辨正良知、天理同异的问题，始终避而不答，曰："此须合并数月，无意中因事指发，必有沛然融释处耳。若恃

---

① 吴光、钱明、董平、姚延福编校：《王阳明全集》，上海古籍出版社1992年版，第111页。刘宗周是这样解释这段话的："人生一时离不得七情，七情即良知之魄，若谓良知在七情之外，则七情又从何处来？"（吴光主编：《刘宗周全集》第4册，浙江古籍出版社2007年版，第99页）

② 吴光、钱明、董平、姚延福编校：《王阳明全集》，上海古籍出版社1992年版，第67、65页。

③ 吴光、钱明、董平、姚延福编校：《王阳明全集》，上海古籍出版社1992年版，第70页。若把这段话与阳明中年时的一段话作番比较，问题便愈加清楚了。阳明曰："大抵七情所感，多只是过，少不及者。才过便非心之本体，必须调停适中始得。"（吴光、钱明、董平、姚延福编校：《王阳明全集》，上海古籍出版社1992年版，第17页）可见阳明起初对七情是抱有很大警惕的，但后来出现了逐渐松动的迹象，甚至还流露出肯定七情的意向："七情顺其自然之流行，皆是良知之用，不可分别善恶。但不可有所着。七情有着，俱谓之欲，俱为良知之蔽。"（吴光、钱明、董平、姚延福编校：《王阳明全集》，上海古籍出版社1992年版，第111页）

笔札，徒起争端。"①由此亦可看出，阳明在从"天理"到"良知"的转换过程中，所表现出来的既自信又担忧的紧张心态。

五、个性情感

当然，本心良知无疑应首先具有公共性和普遍性。在王阳明的话语体系中，无论是人人心中的良知，还是作为"自家准则"的良知，都是指绝对的伦理规范和道德准则，即所谓"公是非，同好恶，视人犹己，视国犹家，而以天地万物为一体"②。我们也要看到，良知还带有鲜明的个体性和自主性③，后来大凡学良知、修良知者，都会多多少少地表现出狂者气象或者奇人特质，乃至于超出规范和准则之藩篱的异端色彩。

关于良知的个体性、自主性问题，笔者以为当主要体现在两个层面上：一是形式上的，即本心良知的"发用流行"是通过个体之形式表现出来的，性体是寓于一个个具体的人心之中的。二是内容上的，即本心良知还自觉不自觉地包含了人的情感因素和自然本能；换言之，本心良知是性理与情理、德性之知与闻见之知、知性与感性的统一，也是普遍性与个体性、规范性与自主性的统一。正因为此，但凡注意到阳明后学之极端化倾向与明末社会之大变局者，都会十分关注本心良知的人心化乃至私人化导致人心之自我膨胀的社会现象。比如董平指出，良知的个性化"实质上乃是天道作为绝对存在的唯一性获得了其多样性的体现方式，这就是理一而分殊……在存在的本原性意义上，良知的个体性与公共性、绝对性与普遍性是交相圆融的。这样看来，作为'本心'而存在的良知，在它体现为个体性的同时，又深刻地内含了人之类的本质共性。个

---

① 沈善洪主编，夏瑰琦、洪波校点：《黄宗羲全集》第7册，浙江古籍出版社1992年版，第259页。刘宗周说："天理即良知，是先生（指阳明）前后打合指诀。"（吴光主编：《刘宗周全集》第4册，浙江古籍出版社2007年版，第97页）而且刘子在《阳明传信录》中对所摘录的《传习录》下卷之内容进行评论时，亦多次批注"又拈出天理"，"又举出天理二字"，以证明重"天理"是阳明始终一贯之旨。这一方面说明刘子确实想维护阳明的正统地位，另一方面也说明蕺山、梨洲等人虽看出阳明的学术重心到了晚年已有转换，但没有认清这种转换的要害在于用良知来涵盖、绲摄天理，从而赋予天理以更多的个性色彩和情感功能。

② 吴光等编校：《王阳明全集》（新编本），浙江古籍出版社2010年版，第86页。

③ 参见杨国荣：《个体之志与普遍之理：王学的内在主题——论王阳明对意志与理智关系的考察及其理论意蕴》，载《齐鲁学刊》1990年第3期。

体性的真实表达即是公共性的体现，公共性成为个体性的限度；但公共性只能通过个体性来体现，因此个体性又成为公共性的限度。正是两者的互为限度，终究在存在的本原性意义上，实现了两者的相互同一。因此在阳明心学的视域之下，'个体性'尚不能作狭义的理解，它是通达于一切万物的……正是良知的公共性才构成了'天地万物一体之仁'或'人与天地万物为一体'之所以可能的理论根据"①。尽管如此，笔者依然认为，在强调本心良知之公共性的同时，还是不能忽视其个体性，这应当成为理解阳明本心良知说的关键所在。质言之，公共性是理解阳明本心良知说的重要维度，然情感性、意志性、个体性也同样是不可忽视的，各方既不可偏废，亦不可割裂。

总之，作为主观超越之心、客观普遍之理与个体感性之情的统一，"良知"不仅意味着对个体独立人格的确认和对自我意志的信任，还意味着对人情俗事的确认和关注。因此，心之本体由"天理"到"良知"的转换，从另一角度看，又是从天理层面向自我层面与世俗层面的转换。

关于自我层面，王阳明主要是从用天理规定自我转变为用良知来规定自我，即从"这心之本体，原只是个天理，原无非礼，这个便是汝之真己。这个真己是躯壳的主宰为转变"到"夫吾之所谓真吾者，良知之谓也"。前者的出发点是天理，后者的出发点是主体自身。前者把外在的天理内化于"真己"之中，后者则把良知视为在我之内，与生俱来地成为我的主体、我的主宰，所有的德性情感皆从此流出，它只能被自觉意识唤醒而不能化为自觉意识的对象。阳明曰："人有言：古之学者为己，今之学者为人。今之学者须先有笃实为己之心，然后可以论学。不然，则纷纭口耳讲说，徒足以为为人之资而已。""为己"虽是"为人"之否定，但并非"为我利己"；"真吾"虽为"自我良知"之肯定，但绝非"私吾"。"夫名利物欲之好，私吾之好也，天下之所恶也；良知之好，真吾之好也，天下之所同好也。"可见，阳明的真吾为己论并不是对个人欲求和自身利益的承认，而是对良知的认知主体、情感主体和道德主体的自我肯定。"是故从私吾之好，则天下之人皆恶之矣，将心劳日拙而忧苦终身，是之谓物之

① 参见董平：《阳明心学的定性及良知的公共性与无善无恶》，载《哲学研究》2018年第2期。

役。"①在重道义、轻私利这一点上，王阳明与正统理学并无二致。因此，他强调在"吾心""吾良知""真吾""为己"的同时，为了消除"私吾之好"，又提出"克己"以达到"无我"，即"无私"的境界。"为己"与"克己"、"自我"与"无我"的矛盾，反映了良知既以普遍天理为内容，又以承认个体的独立人格和自主选择为条件的双重规定。由于前者，阳明始终不愿放弃"存天理、灭人欲"的信条；由于后者，阳明的良知说更加趋于个性化，就连成圣亦复如此。"自己良知原与圣人一般，若体认得自己良知明白，即圣人气象不在圣人而在我矣。"②抽象的、概念化的圣人转化为每个人自己塑造的"自家有的"圣人，不仅成圣的条件有了改变（从可能成圣到当下成圣），成圣的标准也有了更新（从固定的外在标准到自家的内在标准）。

关于世俗层面，王阳明有过许多论述。我们不仅可以从人情俗事的角度予以领会，如"天地万物，本吾一体者也。生民之困苦荼毒，孰非疾痛之切于吾身者乎？不知吾身之疾痛，无是非之心者也"③，还可以从良知发用流行的角度加以理解，如"圣人只是顺其良知之发用，天地万物，俱在我良知的发用流行中，何尝又有一物超于良知之外，能作得障碍"。这是一种对百姓日用、生民困苦的关心（"视民之饥溺犹己之饥溺"），意味着良知不能离开人情俗事："良

---

① 吴光、钱明、董平、姚延福编校：《王阳明全集》，上海古籍出版社1992年版，第250页。

② 吴光、钱明、董平、姚延福编校：《王阳明全集》，上海古籍出版社1992年版，第59页。由于阳明中年时在事功方面所取得卓越成就，他在成圣标准上也与朱熹产生了分歧。如果说朱子在学问与事功、知与行之间更偏向于前者的话，那么阳明则更偏向于后者。朱子肯定孔子贤于尧、舜，阳明则把尧、舜摆在孔子之上："中国之圣人，以尧、舜为最。"（吴光、钱明、董平、姚延福编校：《王阳明全集》，上海古籍出版社1992年版，第295页）"尧、舜为万镒，孔子为九千镒……只要此心纯乎天理处行，便同谓之圣。"（吴光、钱明、董平、姚延福编校：《王阳明全集》，上海古籍出版社1992年版，第31页）到了晚年，阳明则把人人心中自有之良知作为圣人的标准："人胸中各有个圣人，只自信不及，都自埋倒了。"（吴光、钱明、董平、姚延福编校：《王阳明全集》，上海古籍出版社1992年版，第93页）"惟天下至圣，为能聪明睿知，旧看何等玄妙，今看来原是人人自有的。"（吴光、钱明、董平、姚延福编校：《王阳明全集》，上海古籍出版社1992年版，第109页）由此也能看出阳明中后期思想的转变。

③ 吴光、钱明、董平、姚延福编校：《王阳明全集》，上海古籍出版社1992年版，第79页。虽然王阳明自"宸濠诸奸之变"后就对现实政治表示厌恶，但他直到晚年仍念念不忘生民之疾苦："是以每念斯民之陷溺，则为之戚然痛心，忘其身之不肖，而思以此救之，亦不自知其量者。天下之人见其若是，遂相与非笑而诋斥之，以为是病狂丧心之人耳。"（吴光、钱明、董平、姚延福编校：《王阳明全集》，上海古籍出版社1992年版，第80页）

知只在声色货利上用功，能致得良知，精精明明，毫发无蔽，则声色货利之交，无非天则流行矣。"所以阳明批评道："今时同志中，虽皆知得良知无所不在，一涉酬应，便又将人情物理与良知看作两事，此诚不可以不察也。"他还强调说："与愚夫愚妇同的，是谓同德；与愚夫愚妇异的，是谓异端。"而对生民之生理本能的确认，也成为良知世俗化的自然推论："饥来吃饭倦来眠，只此修行玄更玄。"①正如刘宗周所言："若一向在发用处求良知，便入情识窠臼去。然先生（指阳明）指点人处，都在发用上说，只要人知是知非上转个为善去恶路头，正是良工用心也。"②所谓"情识"，包括随形躯而起的情欲、个人气质上的偏颇、具有个性特征的自我意识、后天习得的知解经验等。因此，良知流入"情识窠臼"，也就是良知的情感化与个性化，而这正是阳明晚年所追求的狂人性格的基本要素。他在回答"宸濠诸奸之变"后自己遭到激烈谤议的原因时说过一番话，真实地反映了其晚年的思想性格：

> 薛尚谦、邹谦之、马子莘、王汝止侍坐，因叹先生自征宁藩已来，天下谤议益众，请各言其故。有言先生功业势位日隆，天下忌之者日众；有言先生之学日明，故为宋儒争是非者亦日博；有言先生自南都以后，同志信从者日众，而四方排阻者日益力。先生曰："诸君之言，信皆有之，但吾一段自知处，诸君俱未道及耳。"诸友请问。先生曰："我在南都已前，尚有些子乡愿的意思在。我今信得这良知真是真非，信手行去，更不着些覆藏。我今才做得个狂者的胸次，使天下之人都说我行不掩言也罢。"③

概而言之，情感化与个性化是王阳明"致良知"说的主要特征之一。良知

---

① 吴光、钱明、董平、姚延福编校：《王阳明全集》，上海古籍出版社1992年版，第106、79、122、217、107、791页。

② 〔明〕刘宗周：《刘子全书及遗编》卷十三《阳明传信录》三，中文出版社影印清刊本。

③ 吴光、钱明、董平、姚延福编校：《王阳明全集》，上海古籍出版社1992年版，第116页。刘宗周曾就此评论说："读此方知先生（指阳明）晚年真面目。"（吴光主编：《刘宗周全集》第4册，浙江古籍出版社2007年版，第102页）

取代天理，除了关注普遍道德意义上的共同性外，还应看到良知的情感化与个性化所表现出来的变异性。而这正是导致阳明后学"舍天理而求良知，阴以叛孔孟之道而不顾"，甚而"妄拟情识为妙用"①的思想根源。

安民行道

王阳明心学资源中与社会治理、民生政策以及民生之道联系最为密切的理论学说，主要集中于"万物一体之仁"说与"亲民"说，这两者是体用关系、本末关系，也是心物关系、知行关系。诚如视"阳明学问是孔门嫡传"的薛甲所言："致知是明明德，格物是亲民，格物者，致知之验也。"②本节将主要从"亲民""达用"③层面展开讨论，以阐释王阳明的社会治理思想和具体的施政主张，进而揭示蕴涵于阳明心学中的从"觉民行道"到"安民行道"、从精英化到平民化的宋明新儒学发展轨迹。

一、核心定位

就王阳明的"亲民"说在其思想学说中的定位问题而言，与阳明既"为友"又"为师"④的黄绾不仅最早揭示，而且最为看重。阳明刚一去世，黄绾便急着为他鸣冤正名，并着重在《明是非定赏罚疏》中将其为学要旨归纳为三：

> 守仁之学，其要有三：其一曰"致良知"，实本诸先圣先贤之言也……

---

① 〔明〕刘宗周：《刘子全书及遗编》卷十一《阳明传信录小引》、卷十二《学言下》，中文出版社影印清刊本。

② 王学伟编校：《顾宪成全集》上海古籍出版社2022年版，第603页。

③ 根据王阳明本人在《大学问》中的界定，"亲民"说主要讨论的是"达用"，所谓"明明德者，立其天地万物一体之体也。亲民者，达其天地万物一体之用也"（吴光、钱明、董平、姚延福编校：《王阳明全集》，上海古籍出版社1992年版，第968页）。但在具体叙述过程中，"体"和"用"其实是很难分离的。"知行合一""致良知"等也都既谈"体"又谈"用"。"亲民"说固然主要讲"达用"，但也讨论"明体"，如阳明在《亲民堂记》中对南大吉说："人者，天地之心也；民者，对己之称也；曰民焉，则三才之道举矣。"（吴光、钱明、董平、姚延福编校：《王阳明全集》，上海古籍出版社1992年版，第251页）此意即"亲民"说除讲人事，也讲天道；天、地、人"三才之道"，尽被"亲民"囊括其中。

④ 张宏敏编校：《黄绾集》，上海古籍出版社2014年版，第628页。

其二曰"亲民"，本诸先圣先贤之言也。《大学》旧本曰"在亲民"，《尧典》曰"克明峻德，以亲九族。平章百姓，协和万邦，黎民于变时雍"，孟轲曰"君子亲亲而仁民，仁民而爱物"，此守仁所据以复"新民"之讹也……其三曰"知行合一"，亦本诸先圣先贤之言也……守仁发此，无非欲人言行必顾，弗事空言如后世之失也。①

与此同时，黄绾又先后在《祭阳明先生文》《祭阳明先生墓文》和《阳明先生存稿序》中对"致良知""亲民""知行合一"三个核心思想作了进一步阐释：

惟我先生，负绝人之识，挺豪杰之资，哀斯道之溺，忧斯道之疵。指良知，以阐人心之要；揭亲民，以启大道之方。笃躬允蹈，信知行之合一；人十己千，并诚明而两至。续往圣不传之宗，救末代已迷之失。孝弟可通神明，忠诚每贯日月。试之武备，既足以战乱；用之文字，必将以匡时。②

道丧既久，圣远言微，千载有作，聿开其迷，指良知为下手之方，即亲民为用力之地，合知行为进德之实。夫学非良知，则所学皆俗学，而圣学由不明；道非亲民，则所道皆霸功，而王道为之晦；知行不合，则所知皆虚妄，而实德无自进。③

阳明先生夙负豪杰之资，始随世俗学文，出入儒、老、释之间；中更窜谪流离之变，乃笃志为学；久之，深有省于《孟子》"良知"之说，《大学》"亲民"之旨，反身而求于道，充乎其自得也。④

可以说，在王阳明的弟子后学中，对其"亲民"思想讲得最多、评价最高的非黄绾莫属。《黄绾集》中，但凡述及"亲民"说，皆与阳明有关；在阐释阳

---

① 张宏敏编校：《黄绾集》，上海古籍出版社2014年版，第626—627页。此疏内容钱德洪编《阳明先生年谱》亦有引，所引内容虽出入较大，但对阳明为学要旨的三点归纳却完全一致。

② 张宏敏编校：《黄绾集》，上海古籍出版社2014年版，第563页。

③ 张宏敏编校：《黄绾集》，上海古籍出版社2014年版，第564页。

④ 张宏敏编校：《黄绾集》，上海古籍出版社2014年版，第227页。

明学说时，也尤为凸显"亲民"说①，力图显示"亲民"说在阳明思想体系中的核心地位。

在黄绾看来，阳明的"致良知""亲民"和"知行合一"三个核心思想分别代表了"下手之方""用力之地"与"进德之实"，体现了体用、心物、内外之统一，亦即知行之合一，具有不可分割的内在逻辑。黄绾的三要旨说比刘宗周的"三言"说②要早数十年，也更符合阳明思想发展的实际状况，即从中期的"知行合一"到后期的"致良知"，再到晚年的"万物一体之仁"。"亲民"与"万物一体之仁"是用与体的关系，只不过"万物一体之仁"是阳明晚年用以取代"良知"的核心命题，"亲民"则贯穿于阳明思想发展的全过程。③

在明代中后期，"亲民"思想不仅仅属于阳明本人，也属于阳明的弟子后学，它与阳明的其他思想一样为多数王门学者所接受。如王畿说："致知工夫在格物上用，犹云《大学》明德在亲民上用，离了亲民，更无学也。"④王艮说："明明德以立体，亲民以达用，体用一致，先生辨之悉矣。"⑤邹守益说："大合族众，讲明圣门《大学》之要，以明明德为宗旨，以亲民为实功，以止至善为极则。"⑥王畿、王艮、邹守益皆为后阳明时期的领袖级人物，他们的论述具有相当的代表性。

---

① 只有很少的例外，如黄绾在《送张太守治台序》中评价台州太守岭南张侯："我国家张守置令，本以亲民，即《周官》之意也。故守令之职莫先民养、莫急民教。不得已而有讼，又为之立经法。"（张宏敏编校：《黄绾集》，上海古籍出版社2014年版，第207页）

② 即刘宗周《阳明传信录》所说的"先生教人，吃紧在去人欲而存天理，进之以知行合一之说，其要归于致良知，虽累千百言，不出此三言为转注"。后黄宗羲在此基础上又概括出"心即理""知行合一"和"致良知"三要旨说，侧重其思想层面，彰显王阳明的"立言"宗旨。"亲民"则更多地属于社会治理层面，黄绾有意加以突出，自有其深意。

③ 陈立胜先生将王阳明亲民说划分为早、晚期两个不同的阶段，指出："这里（指嘉靖三年阳明写的《书朱子礼卷》）'明德、亲民，一也'与早期'明德亲民只是一事'看似一致，但着重点实则不同。前期重在点出'亲民亦明德事'，后期则打破了早期'明德、亲民'由己而人、而物的单向关系。'明德'与'亲民'变成了'由己而人、而物'与'由人、物而己'的双向互动的关系。"（陈立胜：《如何与天地万物成"一家之亲"——王阳明亲民说发微》，载《孔学堂》2022年第2期）此说颇有新意，值得深察。

④ 〔清〕黄宗羲著，沈芝盈点校：《明儒学案》，中华书局1985年版，第261页。

⑤ 〔清〕黄宗羲著，沈芝盈点校：《明儒学案》，中华书局1985年版，第711页。

⑥ 董平编校整理：《邹守益集》，凤凰出版社2007年版，第259页。

王阳明的"亲民"说与其同时代人的"亲民"相比具有两个鲜明特质：一贯性与实践性。一贯性在于，后人对阳明思想衍变的观点有"学三变"和"教三变"说，揭示了其思想发展的阶段性和时效性（详见前述），但唯独"亲民"说可谓贯穿阳明心路历程和实践活动的全过程。质言之，"亲民"说在阳明思想发展的前期主要体现于"心即理"，在中后期主要体现于"致良知"，在晚期主要体现于"万物一体之仁"。因此，阳明虽强调"因时致治"①"因病立方"②，但要求"与说亲民字不须改"③，即别的说法可以变，但"亲民"思想不能变。实际上，在阳明的早、中、晚各个时期著作中，都含有丰富的"亲民"思想，比如《传习录》上卷第一条就是阳明与徐爱之间就"亲民"说而展开的对话④，其晚年的"收官"之作《大学问》亦主要讨论了"亲民"与"万物一体之仁"。这也是为什么《王阳明全集》中有八十余处提到"亲民"，使得其与"良知"概念的地位不相上下的重要原因。当然，强调"亲民"说的一惯性与指出"亲民"说有一个从不成熟到成熟、从比较"亲切"到"如此亲切"⑤的发展过程并不矛盾，犹如阳明早期提出"知行合一"说后又不断发展完善一样。实践性则在于阳明的"亲民"说不仅表现在他的经典解释和义理观念上，更体现在他的政治实践和治理模式上，具有很强的功能性和可操作性。

---

① 王阳明说："但因时致治，其设施政令已自不同。即夏、商事业，施之于周，已有不合。"（吴光、钱明、董平、姚延福编校：《王阳明全集》，上海古籍出版社1992年版，第9页）

② 王阳明说："圣贤教人如医用药，皆因病立方，酌其虚实温凉阴阳内外而时时加减之，要在去病，初无定说。若拘执一方……守为成训，他日误己误人，某之罪过可复追赎乎？"（吴光、钱明、董平、姚延福编校：《王阳明全集》，上海古籍出版社1992年版，第1567页）

③ 王阳明说："甘泉用功，所以转得来。当时与说亲民字不须改，他亦不信，今论格物亦近，但不须换物字作理字，只还他一物字便是。"（吴光、钱明、董平、姚延福编校：《王阳明全集》，上海古籍出版社1992年版，第91页）阳明在这里虽针对的是《大学》改本，但其实是在强调"亲民"说的不可更改性。

④ 正德七年（1512），王阳明升任南京太仆寺少卿，徐爱升任南京工部员外郎，上任前两人回了趟老家，途中就《大学》"明德亲民"说展开讨论，这其实是阳明对自己在贵州龙场和江西庐陵之实践经验的思想总结。

⑤ 薛侃在《云门录》中称："'明明德'工夫只在'亲民'上。阳明先生晚年发得如此亲切，初年犹未说到此。"（钱明主编，陈椰编校：《薛侃集》，上海古籍出版社2014年版，第4页）

二、经典诠释

众所周知，儒家的《大学》经典自宋以后即有"古本"与"改本"之争。目前所知最早的《大学》文本为汉代郑玄注、唐代孔颖达疏的《礼记注疏》文本，史称《大学》古本。其开宗明义第一句是"大学之道，在明明德，在亲民，在止于至善"，世称"三纲领"。后文的正心、诚意、致知、格物、修身、齐家、治国、平天下则为"八条目"，是对"三纲领"的具化与展开。自汉至宋，无人怀疑其文字有误。到了北宋，二程开始"改正"《大学》古本。程颢的改本对古本首句未改一字，程颐的改本则认为首句"亲，当作新"，于是将"在亲民"改成"在新民"，但程颐并没有说明改动的理由。至南宋朱熹撰《大学章句》，在古本首句下对程颐的改本作了具体解释："程子曰：'亲，当作新。'大学者，大人之学也。明，明之也……新者，革其旧之谓也。言既自明其明德，又当推以及人，使之亦有以去其旧染之污也。"①《经筵讲义》也记载："臣熹曰：大学者，大人之学也。明，明之也……亲，程氏以为字当作'新'是也，其义则去其旧而新之云尔。言既能自明其明德，又当推以及人，使人亦有以去其旧染之污也。"②这再次肯定了程颐改"亲"为"新"的推断，并将"在新民"解读为除旧布新、推己及人。

然而，王阳明对程颐、朱熹随意改动《大学》古本的做法颇为不满③，他说："《大学》古本乃孔门相传旧本耳。朱子疑其有所脱误而改正补缉之，在某则谓其本无脱误，悉从其旧而已矣。"④从表面上看，阳明是在坚守历代传承之《大学》古本的写法，但实际上是其"致良知""知行合一"说中具有深厚的"亲民"思想以及丰富的经验积累，必欲抒之而后快。⑤主张朱、王折中的顾宪

---

① 〔宋〕朱熹：《四书章句集注》，中华书局1983年版，第3页。

② 郭齐、尹波点校：《朱熹集》，四川教育出版社1996年版，第574页。

③ 有学者认为，王阳明对《大学》程、朱改本的怀疑，始发于正德七年（1512，见《传习录》所载阳明与徐爱的问答），而《阳明先生年谱》将此记于正德三、四年间即阳明在贵州龙场时，并认为阳明此时已信用《大学》古本。笔者认为，王阳明以《礼记》为科考科目，对《大学》诸本在龙场悟道前就已相当熟悉，因此对程、朱改本的怀疑也应该比较早，不可能"始发于正德七年"。

④ 吴光、钱明、董平、姚延福编校：《王阳明全集》，上海古籍出版社1992年版，第75页。

⑤ 参见吴光：《论王阳明的亲民思想及其当代意义》，载《孔学堂》2014年第1期。

成不赞成阳明复《大学》古本的做法，认为"其意善矣，就其说观之，又与《大学》不相似然"。他从文字训诂的角度指出："'亲''新'古字通用，书曰：'惟朕小子其新逆。'新即亲也。《大学》曰：'作亲民。'亲即新也……或改'亲'为'新'，或驳'亲'非'新'，似皆未考。"①他批评阳明所谓"明明德必在于亲民，而亲民乃所以明其明德也"的观点，认为这"是亲民为本，明德为末矣"②。这道出了阳明"亲民"说的思想实质："亲民为本"。从知行合一、体用不二移重心于行和用的层面——"亲民"，这便是阳明彰显"亲民"的根本目的。如果将阳明以"亲民"为本的思想同阳明后学中"亲民"为"术"、为"事"的立场③相对比，就能更加凸显出其意义与价值。

王阳明信奉的《大学》之"明德亲民"说，实源自于《尚书·大禹谟》之"禹曰，於！帝念哉！德惟善政，政在养民。水、火、金、木、土、谷，惟修；正德、利用、厚生、惟和"中的"正德厚生"说。用现代的话说，"正德""明德"即端正道德品质，属精神文明的范围；"厚生""亲民"即养民、安民和富民，属物质文明的范围。"正德厚生""明德亲民"，即精神文明与物质文明并重之意，两者相辅相成、彼此兼顾，这是对儒家治国思想的高度概括。

因此可以说，"正德厚生""明德亲民"是传统儒家知识分子向封建社会各级官员建言献策的基本理念。诚如明代王激在《觐风遗爱碑记》中所言："余谓人之大端，惟学与政。而政之大体，惟士与民。养逮于民，教被于士，政之善物也。学以修之，政以达之，合内外之道而非二，即其政可以知其学矣。"④现代新儒家大师马一浮则说得更为透彻："食货者，养之事。自祀以下，皆教所摄。利用厚生，养也。正德，教也。寓教于养，故有制度。寓养于教，故有文

---

① 王学伟编校：《顾宪成全集》，上海古籍出版社2022年版，第633页。

② 王学伟编校：《顾宪成全集》，上海古籍出版社2022年版，第632—633页。

③ 如王阳明的私淑弟子罗洪先在《华山汝思侄赴官》诗中云："此行初试亲民术，可与书中有异同？"（徐儒宗编校整理：《罗洪先集》，凤凰出版社2007年版，第1120页）又在《赠特峰兄令永定》诗中云："亲民自属为儒事，今佩铜章百里中。官署午开当岭月，蛮音惯听问乡风。"（徐儒宗编校整理：《罗洪先集》，凤凰出版社2007年版，第1257页）

④〔明〕王光蕴等撰，〔清〕孙怡让校：《玉介园附集》卷之四十三《王鹤山集》，清瑞安孙氏玉海楼抄本。

为。制度文为，皆在于礼。"①在他们看来，任何社会要想稳定发展、长治久安，都必须以确保百姓的基本物质生活为前提，要让百姓有足够的经济收入维系自己及家人的日常生活。阳明的基本理念即源自儒家这个古老又浅显的道理。

当然，从经典诠释学的角度看，"亲民"说主要是针对程颐、朱熹的"新民"说而提出的，其理据亦出自《大学》古本以及王阳明本人对"在亲民"一语的经典诠释。关于"亲民"与"新民"的关系，徐爱记录的《传习录》之首条最为重要：

> 爱问："'在亲民'，朱子谓当作'新民'。后章'作新民'之文似亦有据。先生以为宜从旧本作'亲民'，亦有所据否？"先生曰："'作新民'之'新'是自新之民，与'在新民'之'新'不同，此岂足为据？'作'字却与'亲'字相对，然非'亲'字义。下面'治国平天下'处，皆于'新'字无发明，如云'君子贤其贤而亲其亲，小人乐其乐而利其利，如保赤子；民之所好好之，民之所恶恶之，此之谓民之父母'之类，皆是'亲'字意。'亲民'犹《孟子》'亲亲仁民'之谓，亲之即仁之也。百姓不亲，舜使契为司徒，敬敷五教，所以亲之也。《尧典》'克明峻德'，便是'明明德'；以'亲九族'至'平章协和'，便是'亲民'，便是'明明德于天下'。又如孔子言'修己以安百姓'，'修己'便是'明明德'，'安百姓'便是'亲民'。说'亲民'便是兼教养意，说'新民'便觉偏了。"②

在徐爱看来，《大学》后文有"作新民"的相关章节，似乎也可以作为朱熹把"在亲民"改为"在新民"的凭据。阳明则认为，"作新民"的"新"是自新，与"在新民"的"新"不同，后者有使民新的意思。"作新民"的"新"是形容词，"在新民"的"新"是使役动词。"作"字与"亲"字相对应，都是动词，但没有使民新的意思。《大学》后文的"治国""平天下"部分，对"新"

---

① 刘梦溪主编、马镜泉编校：《中国现代学术经典·马一浮卷》，河北教育出版社1996年版，第313页。

② 吴光、钱明、董平、姚延福编校：《王阳明全集》，上海古籍出版社1992年版，第1—2页。

字没有作任何的阐发说明，而"君子贤其贤而亲其亲，小人乐其乐而利其利""如保赤子""民之所好好之，民之所恶恶之，此之谓民之父母"等都是对"亲"字的阐述与发明。

《大学》中"作新民"一词出自《尚书·康诰》，朱熹的解释是"鼓之舞之之谓作，言振起其自新之民也"①，意即鼓励人振作自新。而阳明认为："'作新民'之'新'是'自新之民'，与'在新民'之'新'不同。"阳明的高足王畿认为："振者，鼓舞兴起之意思。故曰'作新民'。育德者，从民心之善根，提撕而煦养之，以启其自新之机。所以振之者，不徒教条之设，号令之申，盖治其本也。譬之良医之治病，振者驱其外邪，育者养其元气也。"②将"振"与"育"、"驱邪"与"养气"作为育德新民即"作新民"的根本，其实已溢出了"自新之民"的范畴，而包含了"在新民"的意思。

在朱子看来，"作新民"是"民"者"自新"，即自我觉醒。"明明德"用来要求自己，就是"自新"之理想；用来规范引导别人，就是"新民"之理想。"至善"则为根本的价值标准，是儒家人格所要达到的最高道德境界。所以说，"自新新民，皆欲止于至善也"③。王阳明对于朱子的这一观点并无异议，但在阳明"亲民"说的语境中，"在新民"的"新"是动词，是先知先觉的"圣"（实为"师"）教化改造后知后觉的"民"。④"在亲民"的"亲"也是动词，"在"是副词，故阳明说："'作'字却与'亲'字相对，然非'亲'字义。""亲"的主语虽然也是"圣"或"师"，但是并不局限于教化、改造"民"。"亲"的重点在于安民和保民，富民亦是其应有之义。

要而言之，《尚书·康诰》"作新民"的重点是"作"，强调的是"自新"；朱熹《大学》改本"在新民"的重点是"新"，强调的是教民化民；阳明《大

<hr>

① 〔宋〕朱熹：《四书章句集注》，中华书局1983年版，第5页。
② 吴震编校整理：《王畿集》，凤凰出版社2007年版，第658—659页。
③ 〔宋〕朱熹：《四书章句集注》，中华书局1983年版，第5页。
④ 提出"百姓日用即道"的王艮亦被后人赞誉为"崛起海滨，以先觉觉民为己任"（陈寒鸣编校：《王艮全集》，上海古籍出版社2022年版，第160页）。尽管王艮非常强调"安身""安百姓"，但却以"觉民行道"为主要使命（详见后述）。足见，"觉民行道"是当时知识分子的普遍意识，而"安民行道"则只是少部分人的自觉意识。

学》古本"在亲民"的重点是"亲"，强调的是安民保民。人称"朱紫阳（朱熹）之功臣，海忠介（海瑞）之高弟"的绍兴诸暨人骆问礼在《王文成（二十二条）》中有一段重要摘录。徐尚书学谟曰："《大学》'在亲民'句，程子曰：'亲当作新。按《左传》：亲间旧，亦以亲为新，疑古字通用。'王文成必要如字解，不知圣人立言要于精切，非若后来学徒讲一笼统套子，随处凑泊也。'新'字与'明德'之'明'字相对待，俱在教上说，犹孟子所谓'以其昭昭，使人昭昭'也。若曰'亲民'，即与'明'字不相照。"①这就进一步证明了"新"与"教"之间、"亲"与"养"或"安"之间的逻辑联系。尽管"亲民"也有教民化民意，但重心已发生转移，从道德精神上的教民化民转向了物质生活上的安民保民。用阳明的话说，"说'亲民'便是兼教养意，说'新民'便觉偏了"②。言下之意，朱熹的"在新民"说偏于教民、化民、造民而疏于安民、保民、富民。

针对王阳明的这一诠释，一时间批评、反对声几乎占据了整个舆论场，而且这种声音不光来自朱门，还来自王门内部。与阳明及多数王门学者立场不太一致的聂豹，就对此提出过质疑。据罗洪先《读双江公致知议略质语》记载："指明德工夫在亲民，谓与《大学》本意微有间。此是公（聂豹）天下之言，门下人从来不肯如此开口。"③这说明阳明的"亲民"说与《大学》本意微有不同，至少在理论上还有漏洞；同时也说明黄绾执意要把属于纯粹达用范畴的"亲民"说提高到与属于明体达用范畴的"致良知""知行合一"同等高度并予以充分肯定的做法是有其特殊意义的。在笔者看来，这一特殊意义应主要表现在四个方面，或曰有"四大属性"。

三、公共属性

所谓公共属性，当首先源自"心"之"体"。"明德""仁"等皆为心体的本质属性，"诚爱恻怛之心即是致良知"④，是故"良知"即为心体。按照牟宗三

---

① 〔明〕骆问礼：《续羊枣集》卷一，载《万一楼集》，明万历三十九年刻本。

② 吴光、钱明、董平、姚延福编校：《王阳明全集》，上海古籍出版社1992年版，第2页。

③ 徐儒宗编校整理：《罗洪先集》，凤凰出版社2007年版，第697页。

④ 吴光、钱明、董平、姚延福编校：《王阳明全集》，上海古籍出版社1992年版，第993页。

《心体与性体》中"即存有即活动"判别儒家正宗的"体用不二"思维模式标准①，公共性又必然显现于"物"之"用"或"事"之"用"的层面，因此"良知"的公共性又决定了"亲民"的公共性，由泛德（明德）可推导出泛爱和泛亲②。在阳明那里，"良知"理论普遍运用于社会治理及日常生活的经验层面，"亲民"说即为这一理论与实践的重大成果之一。用阳明挚友湛若水及阳明后学王时槐的话说，就是"在心为明德，在事为亲民……然后应事即亲民也"③"亲民者，明德之功"④。

朱熹论"理"，多以"公共之理"表述之，诸如"理是个公共底物事"⑤"道义是众人公共底"⑥"道者古今共由之理"⑦，可谓数不胜数。这表明他非常注重对"理"的恒常性、普遍性、公共性之建构，认为宇宙万物、人类社会中存在着被普遍遵循的、共同的价值原则，即"公共道理"。阳明在公共性的理论建构方面继承了朱熹。他把"理"合一于"心"，提出比陆九渊更进一步的"心即理"说，后又在此基础上提出"致良知"说，"良知即是天理"，"良知"之外无"天理"，求理必求之于心，循天理即为"致良知"。而"心体"或"良知"的本质属性即孔子所强调的"仁"，故阳明晚年提出的"万物一体之仁"说在理论上其实是"心即理""致良知"的逻辑延续。在他看来，"仁"是"万物一体"的"体"，"亲民"是"仁"的体现，是"万物一体"之"用"。尽管阳明

---

① 参见丁为祥：《牟宗三"即存有即活动"释义》，载《文史哲》2010年第5期。

② 其中"泛亲"是陈立胜先生提出的问题意识，可参见陈立胜：《如何与天地万物成"一家之亲"——王阳明亲民说发微》，载《孔学堂》2022年第2期。

③〔清〕黄宗羲著，沈芝盈点校：《明儒学案》，中华书局1985年版，第883页。与王阳明一样，湛若水也著有一篇《亲民堂记》："亲民堂者，广德州守夏侯视事之堂也……或曰：'堂曷名乎亲民？'甘泉子曰：'夫亲民者，亲民也，亲于民也。'《经》曰：'百姓不亲。'《记》曰：'在亲民。是故天地民物一体者也。'一体故亲，故能亲民，民斯亲之矣。一体之感应也。……'然则民何以亲？'曰：'施六政，斯亲之矣……是故六政行而万民安，治之至也，古之极也……古之人所以大过人者，无他，能举斯心加诸彼而已矣。'"（黄明同主编：《湛若水全集》第17册，上海古籍出版社2020年版，第573—575页）这表达了与阳明几乎一致的治世理念。

④ 钱明、程海霞编校：《王时槐集》，上海古籍出版社2015年版，第483页。

⑤〔宋〕黎靖德编，王星贤点校：《朱子语类》，中华书局1986年版，第2360页。

⑥〔宋〕黎靖德编，王星贤点校：《朱子语类》，中华书局1986年版，第1259页。

⑦〔宋〕黎靖德编，王星贤点校：《朱子语类》，中华书局1986年版，第231页。

心学在个体修养层面彰显了人之主体性，为净化人心、升华人格开了一帖人人受用的良方，但这并非阳明的唯一目的。在其"视天下犹一家，中国犹一人"①的宽阔视野中，"良知"的根本诉求不仅仅是内圣式的"自得自新"（"明明德"），也不是外王式的走上层路线的"得君行道"，而是世俗化的走下层路线的"觉民行道"和"安民行道"。②因此，"只说'明明德'而不说'亲民'，便似老、佛"③，为阳明所坚决反对。

也就是说，"在心"本体的公共性决定了"在事"工夫的公共性，良知的普遍性体现在致用上就是"亲"的普适性和"民"的广泛性。在此基础上，阳明提出了"夫人者，天地之心，天地万物本吾一体者也。生民之困苦荼毒，孰非疾痛之切于吾身者乎？不知吾身之疾痛，无是非之心者也。是非之心，不虑而知，不学而能，所谓良知也。良知之在人心，无间于圣愚，天下古今之所同也"的相互依存观和一体论。

然而，如果纯粹依靠抽象的"在心"本体的"良知"观念，在一个地域广袤、交通闭塞、民族构成复杂、人们谋生的经济活动基本上被局限在乡村的社会生态中，建立全国性的基于普遍"良知"的公共社会，几乎是不可能的。面对这样的新问题，自宋代开始，儒者们便逐渐把注意力转向乡约社会建设，让乡民来约定彼此之间必须遵循的规则，处理他们的公共事务，以建立稳定的公共秩序。但这种基层公共社会和公共秩序的建立，必须有个前提条件，即发展相对均衡、民众相对均富、财富分配相对公平。阳明提出并努力践行的"亲民"思想，则在一定程度上为解决这个千百年来困扰基层治理的疑难重症拓展了思路、提供了手段。

在相对富裕地区和贫穷地区、政治中心和经济中心、汉族地区和少数民族地区都积累了丰富的治理经验，并且与士农工商各阶层之"民"都有密切接触

---

① 吴光、钱明、董平、姚延福编校：《王阳明全集》，上海古籍出版社1992年版，第968页。

② "得君行道"与"觉民行道"是余英时先生在《宋明理学与政治文化》一书中提出的研究方法，主要是以从"得君行道"到"觉民行道"的社会思潮走向分析宋、明两代理学的不同特点，并以"觉民行道"来概括明代理学的总体特征。

③ 吴光、钱明、董平、姚延福编校：《王阳明全集》，上海古籍出版社1992年版，第25页。

机会的王阳明深知，要建立良性循环的公共生活与公共秩序，必须化解的最大困局就是政治如何清廉、经济如何发展、民生如何保障、社会如何安定、民意如何顺畅、民情如何上达，这也是其心学理论能否扎扎实实落地、能否获得广泛认同、能否真正做到"体用不二"的关键点。用阳明的话说，就是"平民之所恶""从民之所好""顺民之所趋""警民之所忽""拯民之所患""复民之所同"。这六个方面构成了阳明的"得民"论：

> 惩己之忿，而因以得民之所恶也；窒己之欲，而因以得民之所好也；舍己之利，而因以得民之所趋也；惕己之易，而因以得民之所忽也；去己之蠹，而因以得民之所患也；明己之性，而因以得民之所同也。①

只有做到民之所恶惩之、民之所好从之、民之所趋顺之、民之所忽警之、民之所患救之、民之所同复之，才能真正"得民"；而"得民"的关键又取决于官员的"克己"，即"惩己之忿""窒己之欲""舍己之利""惕己之易"②"去己之蠹""明己之性"。若能做到这六条，则可丰物而安民、"期年而化行"③。

王阳明的目的，就是要将基于"万物一体之仁"的具有公共价值和普遍意义的"亲民"思想直接落地、有效实施，将"人人皆有"④的良知和社会物质财富统统转化为集体享有的共同资源，使儒家的公共治理理念和天下大同社会理想落实到基层社会，使"心即理""致良知""万物一体之仁"等抽象理论成为支撑国家发展的公共政治理念、实现基层治理和社会稳定的公共价值。阳明一以贯之的"亲民"思想，正是在此基础上成为既属于具体实践操作层面的政策主张，也属于抽象理论致思层面的圣道理想。它既可以为社会不同阶层建立符合普适伦理的价值原则及相互交往的基本规范，也可以向人们提供一种引导社

---

① 吴光、钱明、董平、姚延福编校：《王阳明全集》，上海古籍出版社1992年版，第281页。

② "惕己之易，而因以得民之所忽也"，意指官员的政令易变、心态易不平，以至民众被忽视并产生不信任感。

③ 吴光、钱明、董平、姚延福编校：《王阳明全集》，上海古籍出版社1992年版，第281页。

④ 吴光、钱明、董平、姚延福编校：《王阳明全集》，上海古籍出版社1992年版，第95页。

会有序发展的实用范式，还是契合儒家王道哲学的社会形态观。总之，阳明所提出的一系列心学命题，都可以在"亲民"说中真正实现内外合一、体用合一、知行合一。

四、平等属性

王阳明对《大学》古本的坚持，从表面上看是在固守先哲的"亲民"理念，实际上是因为其"良知"说原本就含有强烈的"亲民"诉求，必欲抒之而后快。在阳明那里，"亲民"的"亲"是以肯定人的良知本性"自足"为前提的，以为"个个人心有仲尼""人人自有定盘针"①"人人自有，个个圆成"②，故"决然以圣人为人人可到，便自有担当了"③。阳明弟子后学又在湛甘泉门人顾应祥解释王艮、董沄"二子所谓满街都是圣人"的观点时，称其"不过形容人人皆有良知，皆可以为圣人耳"，并且批评这种观点"言之过高，使学者闻之必曰圣人可一蹴而至，而学问思辨、戒谨恐惧之功夫俱可置而弗讲"④，实际上就是针对良知本性、人人自足的预设而发出警告。

与王阳明不同的是，程、朱改本所释之"新"在目标上虽与"亲"一致，但是以人的本性有缺损为前提的，强调要"去其旧而新之"，并且推己及人，"使人亦有以去其旧染之污也"⑤。朱熹尝谓："明明德者，所以自新也；新民者，所以使人各明其明德也。""新者，革其旧之谓也，言既自明其明德，又当推以及人，使之亦有以去其旧染之污也。"⑥因此，阳明的"亲民"说强调通过爱民抚民、安民富民之手段，达到使民之"良知"呈现出来的目的；而朱子的"新民"说则主张通过扩充道心、祛除被污染的人心之途径，达到改造民、使民重新做人的目的。

针对朱子从理学工夫论的角度对孟子"扩充"概念的随意解释，阳明弟子

---

① 吴光、钱明、董平、姚延福编校：《王阳明全集》，上海古籍出版社1992年版，第790页。
② 吴光、钱明、董平、姚延福编校：《王阳明全集》，上海古籍出版社1992年版，第31页。
③ 吴光、钱明、董平、姚延福编校：《王阳明全集》，上海古籍出版社1992年版，第120页。
④ 〔明〕顾应祥：《静虚斋惜阴录》卷一，载《四库全书存目丛书》子部第81册，齐鲁书社1995年版，第33页。
⑤ 郭齐、尹波点校：《朱熹集》，四川教育出版社1996年版，第574页。
⑥ 〔宋〕朱熹：《四书章句集注》，中华书局1983年版，第3页。

邹守益之孙邹德涵曾批评说：

> 有疑于当下便是之说者，乃举孟子之扩充为问。先生曰："千年万年只是一个，当下信得此个，当下便信得千个、万个。常如此际，何有不仁不义、无礼无智之失？孟子所谓'扩充'，即子思'致中和'之'致'，乃是无时不然，不可须臾离意思，非是从本心外要加添些子，加添些子，便非本心，恐不免有画蛇添足之病。"①

邹德涵的批评立足于"当下信得"的现成良知说，尽管有其片面性，但他对朱子工夫论的质疑还是有一定意义的。将其与王阳明"亲民"说中的平等自主意识联系起来考量，则更有其特殊价值。

除此之外，王阳明的"亲民"说在如何对待民的问题上，立场与"新民"说略有不同。如果说"新民"的重心在于道德性的教民化民，那么"亲民"的重心便在于物质性的养民益民。"新民"给人的感觉是居高临下的态度和视角，"亲民"则相对来说有降低身段、平视民众的可能性。"新民"说可以说是中国传统知识分子的固有思维方式，"亲民"说则在这种传统模式中划了一道裂缝，它的出现与明中叶以后整个社会治理重心的进一步下移，除了关注对民众的道德教化，还关注民众的生活保障有密切关系。所以，"亲民"既是教化，又是保障民生，"新民"则基本上属于先知者教化后知者的范畴。"新民"说若可谓"被救"，"亲民"说则可谓"自救"，比"新民"说更具有平等性和大众性。"新民"说不过是改造人、教化人的另一种说法，其预设的前提是先知的"圣"去立人、先觉的"师"去改造。是故清初大儒李颙说："立人达人，全在讲学；移风易俗，全在讲学；拨乱返治，全在讲学；旋乾转坤，全在讲学。为上为德，为下为民，莫不由此。此生人之命脉，宇宙之元气，不可一日息焉者也。"②这便是欲通过讲学实现改造人、改造社会乃至旋转乾坤、改天换地的目的。阳明

---

① 〔明〕邹德涵：《邹聚所先生语录》卷下，载《四库全书存目丛书》集部第157册，齐鲁书社1997年版，第516页。

② 〔清〕李颙撰，陈俊民点校：《二曲集》，中华书局1996年版，第105页。

"亲民"说尽管也含有教民化民的目的，但它更凸显的是被"人"化后的"民"的"自立""自得""自信""自新""自见""自在""自修""自悟""自正""自思"①和被"圣"化后的"君"的爱民、抚民、安民、养民、益民、富民，即以民为中心、以民为本的儒家仁政之理想。

要而言之，"亲民"与"新民"的根本区别在于对人心人性中的良知本体有无"自信"，有了"自信"就会看到"自足"和"自立"，从而把"民"的地位提升到与"圣"和"君"同等的高度，并通过"圣凡同体""圣凡合一"的理论预设，最终落实"亲民"说的各项措施，实现"致良知""万物一体之仁"的理想目标。对此，阳明后学张岱在《快园道古》中说的一段话有一定说服力："王新建（阳明）立论，每言人皆可为尧舜。一日，苍头辟草阶前，有客问曰：'此辟草者亦可为尧舜邪？'答曰：'此辟草者纵非尧舜，使尧舜辟草，不过如此。'"②这说明，阳明不仅处处以"圣凡合一"为立论宗旨，还把重点放在"凡人"之上。表面上"尧舜辟草，不过如此"是在看低"圣人"，但实际上阳明的目的是要看高"凡人"，是要把"凡人"上升到"圣人"的高度，以激活每一个人的良知本体，弘扬人的主体精神。这样的"人"自然有别于"新民"说中的"人"。

王阳明后来提出的"四民异业而同道"的思想，也在一定程度上反映了其"亲民"说的平等属性。他在54岁时写的《节庵方公墓表》中说：

> 古者四民异业而同道，其尽心焉，一也。士以修治，农以具养，工以利器，商以通货，各就其资之所近，力之所及者而业焉，以求尽其心。其归要在于有益于生人之道，则一而已。士农以其尽心于修治具养者，而利

---

① 这10个自主性概念皆为王阳明常用语，强调修身工夫的切己性和为己性。象山心学在这方面也有类似表述，如强调工夫"不过切己自反，改过迁善"，以为"圣贤道一个'自'字煞好"（叶航点校：《陆九渊全集》，上海古籍出版社2022年版，第275页）。但阳明所说的"自"字相较象山，可以说是在主张儒家"为己之学"的同时，更加凸显本来性意义上的自主性和平等性，为其"亲民"说提供本体论的根据。

② 〔明〕张岱著，佘德余、宋文博点校：《快园道古 琯朗乞巧录》，浙江古籍出版社2017年版，第71页。

器通货，犹其士与农也；工商以其尽心于利器通货者，而修治具养，犹其工与商也。故曰：四民异业而同道。①

所谓"生人之道"，即生存之道、生活之道。正因为士、农、工、商四民的生人之道是一样的，在人格上并无贵贱、尊卑、高低之别，所以在职业活动方面，阳明主张一视同仁，反对歧视。对于王阳明的这一提法，其弟子王畿深表赞同，指出："古者四民异业而同道，士以诵书博习，农以立稿务本，工以利益器用，商以贸迁有无。人人各安其分，即业以成学，不迁业以废学，而道在其中。"②王艮的族弟兼弟子王栋则进一步将阳明的"四民异业而同道"论发展为"愚夫俗子、不识一字之人皆知自性自灵、自完自足"的"良知见在具足"的人人平等论：

> 自古士、农、工、商，业虽不同，然人人皆共此学。孔门犹然。考其弟子三千，而身通六艺者才七十二，其余则皆无知鄙夫耳。至秦灭学；汉兴，惟记诵古人遗经者起为经师，更相授受，于是指此学独为经生文士之业，而千古圣人原与人人共明共成之学遂泯没而不传矣。天生我先师，崛起海滨，慨然独悟，直超孔子，直指入心，然后愚夫俗子、不识一字之人皆知自性自灵、自完自足，不假闻见、不烦口耳，而二千年不传之之消息一朝复明。先师（指王艮）之功可谓天高而地厚矣！③

重新强调"四民异业而同道"的舆论环境正是在良知说深入人心、平等自主意识逐渐增强的时代背景下形成的，与阳明的良知、平等观念密不可分。所以，王栋此处所说的具有"天高而地厚"之功者，不仅指王艮，亦指王阳明。

不仅如此，为积聚民财，王阳明还主张积极发展工商业，欲借"通货"之手段，实现"阜财兴物"之目的。用现在的话说，就是通过流通货物、扩大贸

① 吴光、钱明、董平、姚延福编校：《王阳明全集》，上海古籍出版社1992年版，第941页。
② 吴震编校整理：《王畿集》，凤凰出版社2007年版，第130页。
③〔明〕王艮著，陈祝生等校点：《王心斋全集》，江苏教育出版社2001年版，第161页。

易，积累财富、繁荣经济。阳明的"积财"主要指的是"民财"，"致富"主要是指"民富"。他明确要求"各官务要视官事如家事，惜民财如己财"①；严厉禁止以"公"的名义"科索民财"，责令"各府、州、县科取民间财物，即行查究禁革，未到官者，毋再追并；已在官者，照数给还"②。

"士农工商"模式初萌于春秋时地处海岱之间的齐国，南宋时又有新的发展。王阳明的出生地及其主政过的南赣、两广等地皆为明朝的近海地区，由此可以推断，他有关"四民"身份及工商业发展的深刻思考，与春秋时期的齐相管仲一样，也隐含着深厚的海域经贸及文化背景，可谓明中叶经济发展水平和社会形态转型的必然反映，因而具有较多的历史合理性。如果将阳明的这些思想置于明初强力推行抑商政策、工商杂税比重大大低于农业税（仅占五分之一）、经济结构上远逊于商品经济高度发达之宋朝的大背景下加以考量，就更能显出它的特殊价值。尽管阳明的"四民"思想存在诸多时代局限性，但在重视工商、农工商并重、促进商品流通、藏富于民、富民安民、共生共享、顺应民心及为基层社会提供财富保障等方面，还是表现出了符合经济发展规律及市场供求法则的政治智慧以及适应历史发展潮流的价值取向。

五、安全属性

如果说"亲民"之平等精神的根本前提在于"民"的普遍性，那么提出"亲民"说的根本目的则在于"民"的安全性。王阳明的"安全"观念，并不等同于现代汉语的安全概念。阳明曾在55岁那年写的《答顾东桥书》中说：

> 夫圣人之心，以天地万物为一体，其视天下之人，无外内远近，凡有血气，皆其昆弟赤子之亲，莫不欲安全而教养之，以遂其万物一体之念。③

"安全"一词最早出自《易传》："无危则安，无损则全。"《论语·宪问》亦就"安人"与"修己"的关系作过阐释："子路问君子。子曰：'修己以敬。'

---

① 吴光、钱明、董平、姚延福编校：《王阳明全集》，上海古籍出版社1992年版，第1083页。
② 吴光、钱明、董平、姚延福编校：《王阳明全集》，上海古籍出版社1992年版，第1143页。
③ 吴光、钱明、董平、姚延福编校：《王阳明全集》，上海古籍出版社1992年版，第54页。

曰：'如斯而已乎？'曰：'修己以安人。'曰：'如斯而已乎？'曰：'修己以安百姓。修己以安百姓，尧舜其犹病诸？'"儒家虽主张"为己之学"，使主体人格自得挺立，但其根本目的是实现"安人"乃至"安百姓"的"成物"。《孟子·梁惠王上》则进一步把"制民之产"作为"安百姓"的前提条件："是故明君制民之产，必使仰足以事父母，俯足以畜妻子，乐岁终身饱，凶年免于死亡；然后驱而之善，故民之从之也轻。"北宋的程颐又将"安百姓"上升到"为政之道"的高度，提出了"顺民心""厚民生""安而不扰""民生阜足"等主张："所谓察己之为政者：为政之道，以顺民心为本，以厚民生为本，以安而不扰为本。陛下以今日之事，方于即位之初，民心为欢悦乎？为愁怨乎？民生为阜足乎？为穷蹙乎？政事为安之乎？为扰之乎？亿兆之口非不能言也，顾恐察之不审尔。苟有不察，则天之所戒也，当改而自新者也。"①其中"安而不扰""民生阜足"，即所谓"安全"也。

在儒家看来，为政者应当首先设法满足百姓安全、繁衍、富足的物质生活需求，其次再进行道德教化。《大学》中所说的"明明德"其实就是"修己"，"亲民"则是"安百姓"的同义语。后来，阳明弟子邹守益在《王汝颐字说》中所说的"明明德也者，以言乎自养也；亲民也者，以言乎养人也；兹修己以安百姓之教也。己修于家，则家得所养而齐矣；己修于国，则国得所养而治矣；己修于天下，则天下得所养而平矣"②，实质上就是对《论语》《孟子》《大学》中的"安百姓""制民之产"及"亲民"思想的系统阐发。

不过，《论语》中没有"安全"的概念，也无"全"的概念，只有"安"的概念。《易传》所说的"安"与"全"，乃是相辅相成的关系，含有社会和谐安定与民生富庶保全之意。王阳明将"安全"概念上升为"安全"观，其所谓"安全"二字，大致可解释为生命至上、财富为重，所强调的"安全而教养之"就是要把保全人的生命和财产作为觉民化民的先决条件。在王阳明提出"安全而教养之"之前的正德十六年（1521）正月初五，他就向已放下武器的人发布

---

① 〔宋〕程颢、程颐著，王孝鱼点校：《二程集》，中华书局1981年版，第531页。

② 董平编校整理：《邹守益集》，凤凰出版社2007年版，第465页。

通告，要求"随从逆府舍余军校人等……但念其各已诚心悔罪，故今务在委曲安全，仰各洗心涤虑，改恶从善，本分生理，保守身家"①。连对待有罪的人也务必要让他们"保守身家"，以确保"安全"，足见阳明的"安全"是对众生而言的，目的是为所有人提供生活安全保障。诚如清代道光年间闽浙总督程祖洛所言："保甲之设，由来旧矣。昔王安石行之而失，王阳明行之而得者，何也？安石借民以为兵，故民扰；阳明禁盗以安民，故民便。"②

然而，即使是王阳明的弟子后学对先师也是有诸多批评的，"亲民"说便是众人批评的重点之一。比如钱德洪的弟子诸暨名儒骆问礼指出："徐尚书学谟曰：《大学》'在亲民'句，程子曰：'亲，当作新。'按《左传》，亲间旧，亦以亲为新，疑古字通用。王文成必要如字解，不知圣人立言要于精切，非若后来学徒讲一笼统套子，随处凑泊也。'新'字与'明德'之'明'字相对待，俱在教上说，犹孟子所谓'以其昭昭，使人昭昭'也。若曰'亲民'，即与'明'字不相照。"③所谓"'新'字与'明德'之'明'字相对待，俱在教上说，犹孟子所谓'以其昭昭，使人昭昭'也"，就是试图纠正王阳明的"安全而教养之"，两者在立场上的差异是显而易见的。

除此之外，王阳明"安全"观的重点还在于"衣食充足"，即保全每一个人的衣食住行，确保每一个人都有"家业衣食之资"和"父母妻子之恋"④。而"衣食充足"的基础又在于发展经济、保障民生，"知耕桑之可以足衣食"，"知技艺之可以得衣食"。⑤这也就是阳明所强调的"衣食之道"："衣食不充"则社会不稳、人心不和；"衣食之道日穷，老稚转乎沟壑"⑥；"衣食不给，若非掳

---

① 吴光、钱明、董平、姚延福编校：《王阳明全集》，上海古籍出版社1992年版，第1155页。

② 〔清〕王琛等修，张景祁等纂：《邵武府志》，成文出版社1967年版，第36页。

③ 〔明〕骆问礼：《万一楼集》卷四十八之《续羊枣集》卷一，北京大学图书馆藏清嘉庆十年活字本。

④ 吴光、钱明、董平、姚延福编校：《王阳明全集》，上海古籍出版社1992年版，第428页。

⑤ 参见吴光、钱明、董平、姚延福编校：《王阳明全集》，上海古籍出版社1992年版，第811—813页。

⑥ 吴光、钱明、董平、姚延福编校：《王阳明全集》，上海古籍出版社1992年版，第471页。

掠，何以为生"①。所以他曾反复告诫，"民穷财尽，困苦已极"②则必致社会失序以至动荡不安，"财者民之心也，财散（即藏富于民）则民聚。民者邦之本也，本固则邦宁"③。

尽管阳明所主张的"安民经国之事"主要是指"除患安民""安民息乱""守土安民""保治安民""御盗安民""设县安民""弭盗安民""捕盗安民""保土安民""除暴安民""除患安民""定乱安民""祛患安民""保治安民"，亦即社会的稳定和政治的安全，目的是"务竭保民安土之谋，共图久安长治之策"④，但其实还包含着物质层面的"养民"与精神层面的"化民"。这些共同构成了阳明完整的"养民之政""安民经国之事"。

在王阳明看来，安民是本，灭盗是末，只有建立在民生保障基础之上的社会安定和政治安全才是治本之策。所以，他强调"务要安民"，严厉批评"各官反以扰民"⑤的舍本逐末的做法，指出：

> 夫弭盗所以安民，而安民者弭盗之本。今责之以弭盗，而使无与于民，犹专以药石攻病，而不复问其饮食调适之宜，病有日增而已矣。⑥

概而言之，王阳明的"亲民"说，除了社会、政治方面的"安全"属性外，还包含"安民"和"觉民"两个要素。安者，安养，保全也；觉者，觉悟，教化也。"安民""保民"偏重于民生，属于生活层面的衣食住行；"觉民""化民"偏重于民教，属于精神层面的德智美体。两者虽然都属于"人民"的范畴，但轻重缓急一目了然。阳明与朱子一样，两者兼顾。他们主张"觉民行道"："言

---

① 吴光、钱明、董平、姚延福编校：《王阳明全集》，上海古籍出版社1992年版，第568页。

② 吴光、钱明、董平、姚延福编校：《王阳明全集》，上海古籍出版社1992年版，第440页。

③ 吴光、钱明、董平、姚延福编校：《王阳明全集》，上海古籍出版社1992年版，第429页。王阳明的这一思想源自于《大学》"是故财聚则民散，财散则民聚"句。

④ 吴光、钱明、董平、姚延福编校：《王阳明全集》，上海古籍出版社1992年版，第1091页。

⑤ 吴光、钱明、董平、姚延福编校：《王阳明全集》，上海古籍出版社1992年版，第1107页。

⑥ 吴光、钱明、董平、姚延福编校：《王阳明全集》，上海古籍出版社1992年版，第1006页。

夫子之功，功在社稷；言夫子之德，德在觉民。"①"君子之仕也以行道。不以道而仕者，窃也。"②"呜呼！若君者可不谓之志于行道，素养达观，而有古人之风也欤？夫志于为利，虽欲其政之善，不可得也。志于行道，虽欲其政之不善，亦不可得也。以君之所志，虽未有所见，吾犹信其能也。"③阳明还主张"安民行道"："以疏附交连于其间，平居无事，商货流通，厚生利用……此亦安民经国之事，势所当为者也。"④他既强调"化民善俗""化民成俗""教民成俗，莫先于学"⑤，又强调"商货流通，厚生利用""财者民之心也，财散则民聚"。在阳明那里，"安民"要重于"化民"，"化民"以"安民"为前提。阳明的"亲民"说，在重视社会层面、精神领域之"觉民"的同时，更关注个人层面、物质领域的"安民"，使传统儒家的"安全"概念得到强化。对于这一点，应当予以足够重视，它是阳明"亲民"思想的核心。

由王阳明的"安全"观可以很自然地引申出"养民""安民""富民"，亦可很自然地引申出"养身""保身""安身"，诚如明治初年日本著名阳明学家东正纯在诠释孟子论王政时所云："夫教者养其心焉，孝悌忠信礼义立所以保其性也。养者教其身焉，饮食衣服居处立所以守其体也。知身心不离，教养合一，则可共言政矣。"⑥王阳明的高足王艮正是在"安全"的基础上提出并构建了"保身"理论。王艮在提出"百姓日用是道"的同时，又系统阐释了"立吾身以为天下国家之本"⑦"不知安身，则明明德亲民却不曾立得天下国家的本""不知安身，便去干天下国家事，是之为失本"⑧的身本论，从而为泰州学派的民生思想奠定了理论基础。后其弟子颜钧发展了王艮的民生思想，主张"大赍以足

① 吴光、钱明、董平、姚延福编校：《王阳明全集》，上海古籍出版社1992年版，第1622页。

② 吴光、钱明、董平、姚延福编校：《王阳明全集》，上海古籍出版社1992年版，第912页。

③ 吴光、钱明、董平、姚延福编校：《王阳明全集》，上海古籍出版社1992年版，第1046页。

④ 吴光、钱明、董平、姚延福编校：《王阳明全集》，上海古籍出版社1992年版，第516页。

⑤ 吴光、钱明、董平、姚延福编校：《王阳明全集》，上海古籍出版社1992年版，第626页。

⑥ 邹建锋、何俊主编：《日本阳明学文献汇编》第48册，北京燕山出版社2021年版，第89页。

⑦ 〔明〕王艮著，陈祝生等点校：《王心斋全集》，江苏教育出版社2001年版，第9页。

⑧ 〔清〕黄宗羲著，沈芝盈点校：《明儒学案》，中华书局1985年版，第711—712页。

民食，大赦以造民命，大遂以聚民欲，大教以复民性"①。颜钧的弟子罗汝芳则将阳明学的民生思想作为施政方针，要求官员成为有"亲民之心"的"识者"，做到"向其（民）所欲为，背其（民）所欲去"②，让所有人都能感受到执政者的"公平正大之心"③。当然，王艮的"安身"说不如阳明的"安全"说，"安身"主要是指生命安全，即"保身"，而"安全"则不仅指生命安全，还包括财产安全。

在施政方略上，与阳明后学颇为契合④、后高居首辅要职的张居正也受到王阳明"亲民"说的深刻影响，提出了以体察民之疾苦为主的"长治久安之道"：

> 窃闻致理之要，惟在于安民，安民之道，在察其疾苦而已……然尚有一事为民病者，带征钱粮是也。所谓带征者，将累年拖欠，搭配分数，与同见年钱粮，一并催征也……况今考成法行，公私积贮，颇有赢余，即蠲此积逋，于国赋初无所损，而令膏泽洽乎黎庶，颂声溢于寰宇，民心固结，邦本辑宁，久安长治之道，计无便于此者，伏乞圣裁施行。⑤

由此可见，如何让民众的物质需求在社会条件许可的情况下得到最大程度的满足，是王阳明及其弟子后学努力探索并加以实践的重大民生问题。尽管他们的解决方案各有侧重，但"莫不欲安全而教养之，以遂其万物一体之念"的安民、保民的根本目的是一致的。

六、效验属性

任何思想理论若缺乏实效性、功能性和可操作性，经不起实践的检验，就会失去说服力和公信力。王阳明"亲民"说的最可贵之处还在于它的效验性或

---

① 黄宣民点校：《颜钧集》，中国社会科学出版社1996年版，第53页。"大赉"即广泛地接济穷人、让人过上好日子；"大遂"即使所有人称心如意、得到满足。

② 方祖猷等编校整理：《罗汝芳集》，凤凰出版社2007年版，第664—665页。

③ 方祖猷等编校整理：《罗汝芳集》，凤凰出版社2007年版，第504页。

④ 参见郭齐勇主编，武汉大学阳明学研究中心、贵阳孔学堂文化传播中心编：《阳明学研究》第六辑，人民出版社2021年版，第112—125页。

⑤〔明〕张居正：《张太岳集》，上海古籍出版社1984年版，第578—579页。

实效性。

"亲民"思想源自王阳明强烈的济世之志。在阳明看来，"心"与"事"、"学"与"政"，不仅不可分离，而且融为一体。每个官员都应当担负起"良知"所赋予的职责，济世安民，参赞化育，以"上承天道""下顺民心"。因此，他的心学体系在将浓重的"超然"品性透显于良知心体的同时，又全方位地显现出"务于经世""厚于民生"的价值取向，这无疑增强了"亲民"思想的实效性。"亲民"说的效验属性，大致可以从三个方面来加以概括。

其一，"亲民"说的效验属性主要应由实施"亲民"政策的各级官员来保证，即"亲民"之官的自觉性。当时的各级官僚存在着严重的迷思和执念，是故王阳明一直教育各级官员，要求必须按照"亲民"思想为民施政，以身作则，率先示范。比如他32岁刚刚步入仕途不久，就积极支持绍兴太守佟公兴建预备物资仓库①，并要求其为"商旅之贸迁者"建临时住所，为商贸从业人员提供便利，以促进地方经济的发展。对此，绍兴府二守（即同知）钱君特向其下属赞誉道："公之是举，其惠于民岂有穷乎！夫后之民食公之德而弗知其所自，是吾侪无以赞公于今日，而又以泯其绩于后也。"②其对阳明将爱民惠民、保障民生放在首位的各项主张和举措的感恩之情溢于言表。再比如嘉靖二年（1523）南大吉任绍兴知府，尝"过阳明子而问政焉。阳明子曰：'政在亲民。'"南大吉于是"名其莅政之堂曰'亲民'，而曰：'吾以亲民为职者也，吾务亲吾之民以

---

① 王阳明宅邸光相坊伯府前建有"大有仓"，今地名尚存。"大有"之名乃至"大有仓"有可能就是由王阳明或王华命名而建的，其先祖即有《周易》大有卦占，意为家族之大兴。据胡俨《遹石先生传》，王华的曾祖父遹石翁，"伟貌修髯，精究《礼》《易》，著《易微》数千言。尝筮居秘图湖阴，遇'大有'之'震'，谓其子曰：'吾先世盛极而衰，今衰极当复矣。然必吾后再世而始兴乎？兴必盛且久。'"。（吴光、钱明、董平、姚延福编校：《王阳明全集》，上海古籍出版社1992年版，第1382页）杨一清《海日先生墓志铭》亦载："王氏之先，有植槐于庭，荫后三公者，遹石翁'大有'之占，其类是乎？"（吴光、钱明、董平、姚延福编校：《王阳明全集》，上海古籍出版社1992年版，第1391页）

② 吴光、钱明、董平、姚延福编校：《王阳明全集》，上海古籍出版社1992年版，第889页。

求明吾之明德也夫'"。①翌年，阳明又写信给诸暨县令朱子礼②，将良知、明德、亲民、政、学等关系说得相当透彻，令朱子礼钦佩不已："子礼为诸暨宰……他日，又见而问政与学之要。阳明子曰：'明德、亲民，一也。古之人明明德以亲其民，亲民所以明其明德也。是故明明德，体也；亲民，用也。而止至善，其要矣。'子礼退而求至善之说，炯然见其良知焉，曰：'吾乃今知学所以为政，而政所以为学，皆不外乎良知焉。信乎，止至善其要也矣！'"③在此之前，湖南辰州府判官赵仲立亦曾"问政于阳明子。阳明子曰：'郡县之职，以亲民也。亲民之学不明，而天下无善治矣'"④。阳明将"亲民"政治的治理模式播种于各地，尤其是把家乡绍兴作为这一模式的实验地。⑤阳明弟子后学遵循先师的教诲，有不少成为"亲民官"，如泰和王贞善⑥"及见阳明先生于虔，预闻良知之教，遂悔芒角大露，非德性用事，日敛削以就和平"，"辛丑（嘉靖二十年，1541），就铨曹，授广之海阳令，喜曰：'是亲民官也。吾可行吾志

---

① 吴光、钱明、董平、姚延福编校：《王阳明全集》，上海古籍出版社1992年版，第250—252页。

② 朱廷立（1492—1566），字子礼，号两崖，湖北通山人，阳明弟子。嘉靖二年（1523）进士，后任诸暨知县，到任不久即连续三天向阳明请教"政与学之要"，阳明以书面形式予以答复。嘉靖八年，代天子巡盐，至安徽桐城，闻阳明死讯，悲痛不已，作《桐城和阳明先师韵》："客行日日傍峰峦，形胜东南尽入观。归夫一琴随倦翼，登临双屐濯飞湍。林间雨过还愁湿，鬓上霜来不觉寒。读罢吾师高逸调，江山如此越中看。"康海尝赞其曰："两崖朱君子礼……表其师阳明山人伯安《政学篇》'炯然'之语，为炯然亭。缙绅大夫或为记、为文、为诗、为歌，以识其事。"其晚年归乡在通羊凤池山会仙崖洞（后又名侍郎洞）读书著述。有《两崖集》存世。

③ 吴光、钱明、董平、姚延福编校：《王阳明全集》，上海古籍出版社1992年版，第281页。

④ 吴光、钱明、董平、姚延福编校：《王阳明全集》，上海古籍出版社1992年版，第1024页。

⑤ 明嘉隆万年间，浙江人"谋求吏员职位，如同江西吉安的科举、南直徽州的经商，已经成为风气"，尤以绍兴为盛。（参见方志远、李晓方：《明代苏松江浙人"毋得任户部"考》，载《历史研究》2004年第6期）正如黄宗羲记其同门陈龙正之语："天下之治乱在六部，六部之胥吏尽绍兴。胥吏在京师，其父兄子弟尽在绍兴，为太守者，苟能化其父兄子弟，则胥吏亦从之耳化矣。故绍兴者，天下治乱之根本也。"（〔清〕黄宗羲著，沈芝盈点校：《明儒学案》，中华书局1985年版，第1546页）这应该也是王阳明晚年在绍兴讲学时多次强调、反复阐发"亲民"说的重要原因。他是寄希望于已在官场或即将进入国家行政体制的绍兴籍人士能够以"民"为本，以"民生"为重。

⑥ 王贞善（1491—1558），字如性，号自斋，泰和南富人。少闻良知之旨，有会于心，遂师事阳明于赣州。后从甘泉，体认天理，益进。嘉靖乡举，授海阳知县。以守正忤上官，不满岁而归。其学合宗王湛，尝曰："学主实际，学在不息。向来只落见解，安望有至？"又曰："提醒改悔，终非第一义。只须从本体戒惧，常精常明，方是有得。"著有《读史法戒》《王氏静谈》及诗文若干卷。

矣！'……潮俗贵显家，多陵铄，齐民而挟持官吏，其大利如海舟，如濒海新长沙田，当事者以媕阿奉承为风，君慨然曰：'均吾赤子也，安忍瘠彼以肥此？'会奉檄清查，一毫无假借，贫民咸被其泽，而官豪则胥谇矣"①。

其二，"亲民"说的效验属性还必须落实到符合社会经济发展规律的政策措施上，即"亲民"手段的务实性。王阳明非常注重可实际操作的乡规民约的制定和完善，以及可具体实施的政策措施的落实。比如他主张"立约所于道里均平之处，择寺观宽大者为之"②，即选择相对宽阔平整的地方设立乡约。这里的所谓"均平"包括政治、法律等方面的权利之"均"（"揆于事体，颇亦均平"③），也包括纳税义务、"丁粮分派"之"均"，法律赏罚、表彰功绩之"均"④，以及"均合行赈"、"量行赈给"⑤之"均"，绝非经济上均分配、均财富的绝对平均主义的"均"。他对"官政"的目标诉求是"综之官政，所以均其施也……利顺而地道可因矣，养遂而民生可厚矣，施均而民政可平矣"⑥。阳明均平施政的思想同样也对弟子后学产生了影响。比如王艮曾在家乡详细勘察草荡、灰场、住基、灶基、粮田、坟墓等土地面积，在统计出准确盐丁人数的前提下，实行摊平均分，人人享有，并试图将此"均分草荡，裂土之享"的地方实践加以推广。⑦

不言而喻，这种均平赋税、均用民力、均治天下的均平观，无疑对经济发展有很大的促进作用，对实现共生、共存、共治、共享的和谐社会也十分有益。这也是阳明从不说"均贫富"而只强调均平施政的重要原因。当代中国正在走的共同富裕之路，其实现途径或手段究竟应是发展经济、积累财富、把蛋糕做大，还是"均贫富"、搞平均主义？阳明的"亲民"实践其实已经为我们提供了

① 董平编校整理：《邹守益集》，凤凰出版社2007年版，第1002—1003页。

② 吴光、钱明、董平、姚延福编校：《王阳明全集》，上海古籍出版社1992年版，第600页。

③ 吴光、钱明、董平、姚延福编校：《王阳明全集》，上海古籍出版社1992年版，第383页。

④ 参见吴光、钱明、董平、姚延福编校：《王阳明全集》，上海古籍出版社1992年版，第380、604、452、565页。

⑤ 吴光、钱明、董平、姚延福编校：《王阳明全集》，上海古籍出版社1992年版，第1119页。

⑥ 吴光、钱明、董平、姚延福编校：《王阳明全集》，上海古籍出版社1992年版，第881页。

⑦ 参见〔明〕王艮著，陈祝生等点校：《王心斋全集》，江苏教育出版社2001年版，第66页。

有益借鉴。阳明正是在总结实践经验的基础上，明确反对"取诸富民"以至造成"富民皆贫"的"削富以济贫"政策措施，主张济民、富民的安民固邦的根本之道；强调"宽恤之虚文，不若蠲租之实惠；赈济之难及，不若免租之易行"，认为"夺其口中之食，而曰：'吾将疗汝之饥'；剜其腹肾之肉，而曰：'吾将救汝之死。'凡有血气，皆将不信之矣"①。

其三，"亲民"说的效验属性更在于应当惠及所有人，即"民"的普遍性。王阳明在这方面的理论阐释前文已有详述，兹不赘述。值得在此着重指出的是，与阳明农商并重经济政策相辅相成的，是他在藏富之策上主张国民并举而非简单的藏富于国，这也是其"亲民"思想易于见效的原因之一。浙江近几十年的发展经验，也正好印证了阳明这一政策主张的实效性。改革开放四十多年来，浙江经济发展较快，人均收入排在全国前列，2020年全省地区生产总值为6.46万亿元，人均地区生产总值超过10万元；居民人均可支配收入5.24万元，仅次于上海和北京，是全国平均水平的1.63倍。城乡居民收入分别连续20年和36年居全国各省区第1位，且浙江城乡居民收入倍差小，发展的均衡性较好。城乡居民收入倍差为1.96，远低于全国的2.56，地市居民收入倍差为1.67，是全国唯一一个所有设区市居民收入都超过全国平均水平的省份。2022年，浙江有7个地区进入全国人均收入二十强。尽管我们不能说这些成绩的取得与王阳明的"亲民"思想和实践有直接关联，但不能不说浙江人地深厚的思想文化积淀和广泛的官民自觉意识是其中的重要原因之一。

七、价值呈现

毫无疑问，朱熹的"新民"说与王阳明的"亲民"说，在根本目的上是一致的，都是为了"行道"和治国平天下，但两者的实现手段和推行方式存在差异，主要表现在道德精神型教民、化民与民生物质型养民、安民的路径选择上。尽管这两者的彼此兼顾、相互倚重是朱子、阳明的共同诉求，但比较而言，朱子更偏重于教民、化民，阳明更偏重于养民、安民。尤其到阳明晚年，养民、安民的诉求更加强烈，其"亲民"说中所体现的上述四个属性也更为显著。

---

① 吴光、钱明、董平、姚延福编校：《王阳明全集》，上海古籍出版社1992年版，第428页。

如果以教民、化民、造民、觉民为基本立场的治世理念可以用"觉民行道"来概括的话，那么以养民、济民、保民、安民为基本立场的治世理念便可以用"安民行道"来概括。"觉民行道"与"安民行道"虽根本目的一致，且都属于传统儒家修己治人、内圣外王之范畴，但在实施过程中，孰轻孰重、孰先孰后成为朱子、阳明不同治世理念的分水岭。在阳明看来，只有以"安民"为基础，"觉民"才会有保证，才会见实效，也才能真正实现"行道"之目的。

"安民行道"其实是对以物质生活为道德教化之基础的孔子"先富后教"思想的继承和发展。据《孔子家语·贤君》记载："哀公问政于孔子，孔子对曰：'政之急者，莫大乎使民富且寿也。'公曰：'为之奈何?'孔子曰：'省力役，薄赋敛，则民富矣；敦礼教，远罪疾，则民寿矣。'公曰：'寡人欲行夫子之言，恐吾国贫矣。'孔子曰：'《诗》云：恺悌君子，民之父母。未有子富而父母贫者也。'"①在孔子看来，如何让百姓富裕且长寿，乃是治国者最急迫的任务；少派劳役，减轻税收，礼乐教化，远离罪恶，则是实现民富民寿的基本手段。只有让百姓富庶长寿了，国家才能强大安全。不难看出，王阳明的"安民行道"与孔子的"先富后教"是一脉相承的，是对传统的儒家治国思想与实践的创造性发展。

同时，"安民行道"也是对《易传·系辞》"百姓日用而不知"及《孟子·尽心上》"终身由之而不知其道者，众也"的近乎颠覆性跨越。"安民行道"的理论预设在于"道即事"②，"事"即"民生"，即"百姓日用"。因此，"安民行道"又可从逻辑上推导出"百姓日用即道"。"百姓日用即道"的命题乃是民国年间王士纬编纂《心斋先生学谱》时对王艮思想的概括。该书第二部分"百姓日用即道"中记载了王艮所言的七段相关论述，如"圣人之道无异于百姓日用，凡有异者皆谓之异端""百姓日用条理处，即是圣人之条理处。圣人知便不失，百姓不知便会失""圣人经世只是家常事"③等。

① 杨朝明、宋立林主编：《孔子家语通解》，齐鲁书社2009年版，第267页。
② 吴光等编校：《王阳明全集》（新编本），浙江古籍出版社2010年版，第11页。王艮也说："即事是学，即事是道。"（陈寒鸣编校：《王艮全集》，上海古籍出版社2022年版，第12页）
③ 陈寒鸣编校：《王艮全集》，上海古籍出版社2022年版，第283—284页。

　　由"安民行道"与"百姓日用即道"的相互贯通，还可进一步推导出王艮的"安身""保身""守身"论。王艮虽然亦如王阳明一样将"明明德"与"亲民"的关系视为体用关系，但他却说："知明明德而不知亲民，遗末也，非万物一体之德也。知明明德、亲民而不知安身，失本也。其本乱而末治者，否矣，亦莫之能亲民也。知安身而不知明明德、亲民，亦非所谓立本也。"①他进而把"安身"作为明明德、亲民的"本"，认为明明德和亲民的根本目的是"安身"："明明德以立体，亲民以达用。体用变通，趋时虑也。如是而身安……要在知安身也。"②王阳明的"亲民""安民"皆为良知（明德）之"用"，而王艮却把"安身"作为明明德、亲民之"本"，这是一个很大的"发明"。因此在王艮那里，"安身"就是"行道"，"安身行道"要比"安民行道"更为彻底："知安身而不知行道，知行道而不知安身，俱失一偏。"③这就把王阳明的"亲民"说与孔子的"安百姓"说统归于"安身"说，认为只有"安身"才能实现为己与为人、修己与安百姓的统一。又因"安身"包括安"己"身与安"民"身，要达到的是人与我的共同"安身"，所以"安身"又取决于安"民"身，取决于"百姓日用"之"民生"。因此，"安身"还可归根于"安民"，"安身行道"也就是"安民行道"。当然，王艮比王阳明及其同门诸子具有更强烈的"觉民行道"甚至"得君行道"自觉与冲动，尝声称："学也者，所以学为师也，学为长也，学为师也。帝者，尊信吾道，而吾道传于帝，则为帝者师也。""处不为天下完世事。是独善其身，而部讲明此学，则遗其末也。"④王艮在"安民行道"的具体行动和实施对策上要比手握军政大权的王阳明大大逊色，因此可以说王阳明的"亲民"说才是那个时代最接地气的"安民行道"论。

　　不难看出，《易传》和孟子实际上强调的是先知先觉者对"不知其道"之"民"的教化，而王阳明、王艮的"安民行道"和"百姓日用即道"则强调的是治理者要把"百姓日用"即民生放在第一位，认为只有保障了民生才能行教化

---

　　① 陈寒鸣编校：《王艮全集》，上海古籍出版社2022年版，第71页。
　　② 陈寒鸣编校：《王艮全集》，上海古籍出版社2022年版，第21页。
　　③ 陈寒鸣编校：《王艮全集》，上海古籍出版社2022年版，第18页。
　　④ 陈寒鸣编校：《王艮全集》，上海古籍出版社2022年版，第20页。

之实，因而必须先保障生活后实施教化。

从"觉民行道"向"安民行道"的转变，意味着在以"士"为实施主体与以"民"为接受客体都不变的情况下，主客之重心以及主体的关注目标和实施重点都逐渐发生了改变。具体地说，虽然"觉民"与"安民"的实施主体皆为"士"、实施客体皆为"民"，但"觉民"的重心在于"士"，而"安民"的重心在于"民"；"觉民"的关注目标是"心"，即改造人心，而"安民"的关注目标是"生"，即保障民生；"觉民"的实施重点在道德，而"安民"的实施重点在物质。

最为关键的还在于从"新民"到"觉民"再到"治民"的精英政治，到明中叶以后出现了明显裂痕，具有了被颠覆的可能，这就是以王阳明及其高足王艮为代表的、从"亲民"到"安民"再到"保民"的平民意识的觉醒和平民政治的崛起。在传统儒家看来，"为政"必具有民养、民教、民治三要素，三者相辅相成、缺一不可。根据曾出入王、湛之门的唐枢于《政议》记载："证之古，以无弗布民养，以无弗布民教，以无弗布民治，使天下皆曰：'我能为民养而教而治。是可以谓为政乎？'曰：'吾未可以知也……'于是为之法以治，为之利以养，为之教以饬，律厥自处，而其施又无弗布民者，是可以为政乎？曰：'吾未可以以也……'故内外不两修，物我不两尽，为民以为己也，为己以无弗为民也。为己也，为民也，以无弗以全吾一也。"[1]唐枢在与人就为政问题进行的问答中，讲清楚了民养、民教、民治三者孰重孰轻、孰先孰后的问题，但对"能为民养而教而治"等以"养"为根本的提问亦采取了"未可以知"的模棱两可立场。而他的目的是想按照传统儒家修己安人、明德新民的逻辑，得出为政之道在于合一为己与为民的结论。这种躲闪回避式解答本身并无不可，但若放在与王阳明、王艮等人的思想比较中析察，便能看出两者的立场或倾向之差异。

这就不难理解，为什么在从"亲民"到"安民"再到"保民"的平民意识的觉醒和平民政治的崛起过程中，始终存在激烈的思想碰撞，即使王门内部亦如此。比如既为阳明弟子又相当推崇朱子的朱衡就说过："盖其治也，所以教

---

[1] 黄首禄、姚才刚编校：《唐枢集》，武汉大学出版社2023年版，第164页。

也。无一民无养者，而独无粟士之禀。盖其士也，卯民^①也。古之民一，而今之民四。谓士为异于民者，于是群之于学校之中，而以甄官领之。"^②由于"治于人"者的地位在朱衡眼里很低，所以他只看到"治人"者的作用，只强调"治民"。

毫无疑问，从"新民""觉民""治民"到"亲民""安民""保民"的巨大跨越，乃是宋明时期儒学民间化、庶民化的必然选择和必由之路。阳明心学是儒学民间化、庶民化发展的高峰，故而出现从"觉民行道"向"安民行道"的转变是顺理成章的。换言之，阳明心学的进一步平民化，不仅使之在义理上更加简易化，在属性上更加平等化，而且也是其"亲民"说由"觉民行道"走向"安民行道"、由偏重于"教"和"觉"走向偏重于"养"和"安"的重要前提。

从根本上来说，朱子学官学化是士大夫选择"得君行道"的重要背景。作为士大夫政治之代表的宋代儒者，自宋初确立以儒立国、崇文抑武的文治政策之后，便大大提升了自我的政治主体意识和文化主体意识，以强烈的政治责任感全面参与社会治理，进行思想创新，并自觉肩负起对普通大众的教化与改造责任。而朱子学的逐渐平民化，又进一步促使宋代儒者以"觉民行道"为社会担当和政治责任。换言之，既官学化又渐趋平民化，使得"得君行道"与"觉民行道"在朱子学那里成为一对分不开的"双胞胎"。

然而，阳明学因其"亲民"说的"养民""安民"属性，加之从未上升到官学的地位和极少的官方背景，即使在王阳明于万历十二年（1584）入祀孔庙的宽松环境下，依然是被贬责的对象，被官方斥为伪学。阳明学及其信奉者只好

---

① 甲骨文中已有"卯民"一词，"卯"是一种处理牲畜以祭祀的方式，是对"民"的极度蔑视。"卯"又可通"冒"。《释名》云："卯，冒也，载冒土而出也。"卯民"即"民"中的出人头地者。

② 〔明〕朱衡：《朱镇山先生集》卷之七《送竹溪林太守奏绩序》，明万历十九年八月汪道昆序刻本。王阳明固然也讲"治民"，如曰："以此纯乎天理之心，发之事父便是孝，发之事君便是忠，发之交友治民便是信与仁。"（吴光、钱明、董平、姚延福编校：《王阳明全集》，上海古籍出版社1992年版，第2页）"意用于治民，即治民为一物。"（吴光、钱明、董平、姚延福编校：《王阳明全集》，上海古籍出版社1992年版，第47页）"安上治民，莫善于礼。"（吴光、钱明、董平、姚延福编校：《王阳明全集》，上海古籍出版社1992年版，第638页）"立政治民，休戚安危之始也。"（吴光、钱明、董平、姚延福编校：《王阳明全集》，上海古籍出版社1992年版，第977页）但不仅在使用次数上远不及"亲民""安民"，而且使用场景也不像"亲民""安民"那样主要用于实际政治活动和治理实践。

继续朝民间下沉，寻求下层民众的支持，加强在民众中的讲学活动，以致让"安民行道"兼容于"觉民行道"，甚至用"安民行道"代替"觉民行道"。

有学者将明代儒学尤其是阳明心学视为儒学从"得君行道"到"觉民行道"的分水岭，如丁为祥先生指出："阳明致良知之教和他所构想的'觉民行道'是绝对分不开的，这是他在绝望于'得君行道'之后所杀出的一条血路。行道而完全撇开君主与朝廷，转向单向地诉诸社会大众，这是两千年来儒者所未到之境。"①如果将"安民"也包括在"觉民"中甚至认为其占主导地位的话，笔者完全同意丁先生的观点，反之，则并不完全赞成。因为"觉民行道"最典型的思想代表是朱子的"新民"说，而非阳明的"亲民"说。"治己治人""振民育德"可谓"觉民行道"的主要手段和基本诉求，"济民养德""安全教养"则可谓"安民行道"的主要手段和基本诉求。尽管朱子也重视"养民""宽民力"，阳明也重视教民、化民，但两人在治世理念和施政策略上，不仅存在教化手段的差异②，更存在路径方式的差异。在"行道"这一最终目标相一致的前提下，朱子选择以道德教化为主导的"觉民"路径，阳明则选择以"厚生利用"为基础的"安民"路径。

也有学者将阳明"明德亲民之学"视为对"专制政治"的一种"抗议"，如徐复观先生认为"养"与"教"的关系不仅是政治上的一种程序问题，更是政治上的基本方向问题。儒家之"养"重于"教"，说明人民自然生命本身就是政治之目的，其他设施只是为达到此一目的的手段。这种以人民自然生命之生存为目的的政治思想，认为人的基本权利是生而就有的，不受其他任何人为因素的规定限制，因而实含有"天赋人权"的意义。专制政治往往以"新民"为道德的幌子而行压榨人民生命财产之实。阳明再三反复于《大学》"亲"字与"新"字的一字之争，揭示了一个这样的真理："只有以养民为内容的亲民，才是统治者对人民的真正试金石，而无法行其伪。"所以王阳明反对改"亲民"为

---

① 丁为祥：《从"得君行道"到"觉民行道"——阳明"良知学"对道德理性的落实与推进》，载《学术月刊》2017年第5期。

② 参见李旭：《心之德业：阳明心学的本体学研究》，上海文艺出版社2021年版，第371—372页。

"新民"，乃有其"伟大地政治意义"。①相对于"新民"，以养民为首要内容的"亲民"在统治者那里更无法行其伪，这是富有洞见的论断。笔者认为，阳明"亲民"说的真正意义和价值并非政治学意义上的"天赋人权"，而是哲学意义上"万物一体之仁"精神的落实和社会史意义上儒家民本精神的张扬。可以说，阳明"亲民"说是儒学平民化的集中体现与爆发，也是儒家传统民本主义精神的发扬与强化。因此，与其说"亲民"说是政治诉求、权利诉求上的"天赋人权"，倒不如说是经济诉求、利益诉求上的"天赋人性"。

通过以上界定和梳理，我们可以对王阳明的"亲民"说及其四个属性作如下概括与总结。

比较而言，"亲民"说的公共属性凸显的是宗旨，平等属性强调的是原则，安全属性表达的是内容，而实效属性突出的是手段；四者内在着相辅相成、不可分割的逻辑关系，也成为王阳明"亲民"说的完整架构。其中，公共属性和实效属性决定了"亲民"说的覆盖范围，解决的是"亲民"理念的普遍性或普适性问题；平等属性和安全属性决定了"亲民"说的阈值高低，解决的是"亲民"效验的最低值或最高值问题。

由"亲民"说的公共属性可导引出泛爱与泛亲，由"亲民"说的平等属性可导引出泛圣与泛神。"人"赋予"物"以意义和价值，或谓"物"相对于"人"而获得意义和价值，"物"成为泛爱和泛亲的对象，使"万物一体之仁"成为可能和必要；"良知"赋予"人"以公共性和平等性，"人"成为泛圣和泛神的根据，使"圣凡合一"成为可能和必要。如果说由"心物合一"可以推导泛亲论的话，那么"圣凡合一"则可以推导泛圣论，"心气合一"便可以推导泛神论。

如果以"亲民"说与传统儒家的民本说、程朱理学的"新民"说及王阳明同时代的同类思想作比较，就不难发现阳明"亲民"说中所体现的公共性、平等性、安全性和实效性是以往儒家先哲思想无法比拟的，在明代中期社会转型

---

① 参见徐复观：《中国人性论史·先秦篇》，上海三联书店2001年版，第258—259页。对现代新儒家有关王阳明"亲民"思想的论述，可参见陈立胜：《"新民"与"亲民"：从传统到现代》，载《华东师范大学学报（哲学社会科学版）》2010年第3期。

的滚滚历史大潮中也是极具代表性的。正因为此，阳明"亲民"说中所蕴涵的命运共同意识、财富共享意识、社会发展意识等，是值得我们认真总结和借鉴的。将"安民"而非"觉民"视为"行道"之根本，或者将"安民"与"觉民"并重融合，则应当是当代中国需加以重视民生之道。

此外，不难看出，基于"良知"论和"万物一体之仁"说的"亲民"说所体现的公共性、平等性、安全性和实效性，与中国共产党的执政理念颇为吻合，能为党的执政提供深厚的历史文化资源和价值支撑。党的性质和执政理念决定了各项方针政策的公共性和平等性，政治安全、经济安全、社会安全则是各项方针政策得以贯彻实施的前提条件。这些执政理念和治国方略，与王阳明"亲民"说中的公共性、平等性、安全性、实效性等属性存在着较高的契合度。因此，我们可以而且应当将王阳明"亲民"说的一些原则和措施转化为当代实践，为浙江推进共同富裕提供价值支撑和精神资源，为探索具有普遍意义的共同富裕和现代化路径开辟出一条符合实际、便于操作、尽快见效、易于推广，以及可与传统价值衔接和融贯的康庄大道。在这方面，作为王阳明故乡及主要活动区域的浙江理应成为当代中国探索共同富裕道路的重要地区，为绘制新时代中国特色社会主义的发展画卷作出应有的贡献。

第五章　王学后劲

在绵延数千年的中国历史传统中，无论人还是物皆与地域形影不离，思想学说、文学艺术、民俗宗教、科学医术、典章器物乃至百工技艺等无不有地域性的文化基因和传承印记。同时，中国古代的思想传承，又因东方哲学的神秘主义特质而往往模糊含混，具有多元化解释的可能性。古代哲人在开宗立派时，往往因材施教，因人而异，因时而异，一般都会给他的弟子或后学留下较大的解释空间。结果是，先师一过世，宗门内部便易产生理解上的分歧，出现分化，这被学术界视为中国古代哲学、宗教发展的一般规律。孔子殁后，"儒分为八"；弘忍死后，禅宗分为南宗慧能和北宗神秀，其主因盖在于此。阳明学派因其宗帅王阳明自始至终所抱有的发扬意识①，以及复杂的学缘、人缘尤其是地缘要素，在分化流变上表现得尤为突出，也更加鲜明。阳明学派的衍变和分化又进一步证明：从"合"到"分"是学术发展的普遍现象。因为大多数问学者所遇到的问题是具体的，所关注的学问是定向的，所呈现的方式是个性的，尤其是所处的地域环境是特定的，所以往往聚焦于思想学说中的某一方面，这就决定了"分"的必然性。只有通过"分"，思想学说才能经过充分的争辩而在某个方面获得发展和突破，形成特色，出现繁荣。"分"的结果往往又会走向"合"，从而再次出现颠覆性的思想学说和引领时代的伟大思想家，这同样也是学术思

---

① 王阳明在回答弟子钱德洪"时事如此，何见大明"的疑问时说过："吾学恶得遍语天下士？今会试录，虽穷乡深谷无不到矣。吾学既非，天下必有起而求真是者。"（吴光等校编：《王阳明全集》（新编本），浙江古籍出版社2010年版，第1296页）

想发展的一般规律。

地域王门

总的来说，在阳明学的形成、发展及传播过程中，存在着"地域性（local）"与"区域性（regional）"两种形态。前者特指阳明学在中国大陆十余省市区的传播和发展形态，后者特指阳明学在中国周边国家和地区的传播和发展形态。这两种传播和发展形态有其不同的路径、规律和效验，不可相提并论，但可比较互鉴。

以区域性而言，也就是在对外传播方面，阳明学如同古代中国其他精神文化一样，缺乏主动输出的动力和途径，故而谈不上真正的文化开放，或者可以说是"开而不放，传而不播"。[1]所谓"开而不放"，即文化上为被动输出而非主动输出；所谓"传而不播"，即学术上为等人"上门求教"而非"出门传教"。也就是说，古代中国人只有在政治、外交上有特殊需要时才会向外派出使者，才谈得上主动地、有目的地"走出去""请进来"。正因为此，无论是传统儒学还是近世的朱子学、阳明学，尽管都属于中国思想文化向外输出的成功范例，但在文化传播学的意义上，依然属于他动的、不自觉的，因而亦是无目的的、低效率的，与历史上外来宗教向中国主动地、有目的地输入、传播完全不同，所产生的效果亦相距甚远。

然而，以地域性而言，也就是在对内传播方面，阳明学的传播却呈现出完全相反的景象。无论同地域还是跨地域之间，都存在着频繁的交流、互动、摄取、融合之关系，因而亦极易形成地域性思想流派或带有明显地域文化性格的门人后学群。

现当代的重量级学者写过不少有关学术、学风之地理分布的文章，还有不少学者作过地域性流派、分支的详细考证。这说明无论在中国古代还是近现代，文化的地域性与时代性一样，都是思想学风、学术流派形成发展的重要条件。

---

① 参见《专访葛剑雄：古代中国"开而不放、传而不播"》，载澎湃新闻网2018年1月28日。

创设于明代中叶的阳明心学，也是在各种各样的地域文化语境中传承、发展、转换的，因而如果只是简单地按照现在的行政区划来阐释和划分阳明学派，就很可能会出现差之毫厘、失之千里的现象。

正因为此，近世史家一般都会基于历史地域及其地名来称呼某一学派。比如阳明学即被黄宗羲称为"姚江学"，其学派源流及内容收入"姚江学案"，清代仍使用这一称呼，并一直延续到清末。[①]尽管同时存在的还有"王学""王氏学""陆王学"之称呼，江户幕府时期乃至明治初年的日本、李朝时期的朝鲜，以及明清时期的"外藩"琉球也都频繁使用上述称呼[②]，但用"姚江""会稽"甚至"稽山"来代指王阳明、用"姚江学"来代指阳明学派，可谓当时之主流。[③]至于后来流行的"阳明学"一词，最早源自《明史》及朝鲜阳明学鼻祖郑齐斗（1649—1736）的老师朴世采（1631—1695）；近代意义上的"阳明学"概念，是与"朱子学"相对的、具有强大实践功能的、在行动主义与道德主义以及革新诉求意义上使用的，发源于日本明治时期（详见后述），后来逐渐为中、韩等国乃至英语、德语、俄语世界所接受。

黄宗羲是较早使用地域名来划分王学门派的人，其所著的《明儒学案》就曾把阳明以后的王门分成七派[④]：浙中（"两浙"的"浙东"和"浙西"）、江右（今江西和皖南西部）[⑤]、南中（南直隶，包括今江苏、安徽、上海的大部分地区）、楚中（今湖南、湖北）、北方、闽粤（主要是闽西、闽中、粤东、粤

---

① 再如彭定求的《姚江释毁录》、罗泽南的《姚江学辨》等。

② 比如清代张烈的《王学质疑》、日本江户时期丰田信贞的《王学辨集》、野田冈齐的《王学论谈》、吉田秋阳的《王学提纲》、山口重昭的《王学驳议》等。

③ 参见钱明：《近世东亚思想钩沉：钱明学术论集》，孔学堂书局2017年版，第3—10页。

④ 与黄宗羲《明儒学案》以地域为主的分派模式不同的是《青原志略》卷三所收录的方以智叙述、其弟子记录的《传心堂约述》。其在全面深入总结阳明学发展的过程中，展现了阳明学的"传心"模式。从总体特征看，《明儒学案》以横摄为主，在横摄中兼有纵贯，在各门派内部依次分述纵贯师承；《传心堂约述》以纵贯为主，在纵贯中带有横摄，穿插叙述传心主线与其他各学派的互动（张昭炜：《阳明学研究的"传心"模式》，载《光明日报》2018年1月20日）。

⑤ 〔清〕魏禧《日录》卷二曰："曰：'江东称江左，江西称江右，何也？'曰：'自（赣）江北视之，江东在左，江西在右耳。'"（胡守仁、姚品文、王能宪校点：《魏叔子文集》，中华书局2003年版，第1129页）

中）、泰州（明清时期，泰州属扬州府，辖如皋县，是《明儒学案》中唯一以略大于县级的地名命名的思想学派，从而突显出"泰州学派"在王门中的特殊地位）。浙中王门又可细分为余姚王门、绍兴王门、嵊州王门、宁波王门、金华王门、衢州王门、台州王门、温州王门、湖州王门、嘉兴王门等。[1]江西几乎每个县都有王门弟子，可以说各地皆有"王门"，主要集中在赣州、吉安、安福、泰和、南昌、丰城、抚州、上饶等地。南中主要指南都（今南京）、皖中、皖南、苏南，又可细分为滁州王门、宣城王门、池州王门、徽州王门、常州王门等。北方王门又可细分为山东的鲁中王门、河南的洛阳王门、陕西的关中王门、河北的燕南王门等。闽粤王门则可细分为福建的龙岩王门、漳州王门和广东的潮州王门、广州王门等。阳明在世时，便有学者以越州（今绍兴）、洪州（今南昌）、广州来定位王学传播的核心区域，如马一龙的《竹居薛先生文集序》即称："当世道学之宗，有阳明王公者。其后门人，吾所交游，王龙溪畿、钱绪山德洪传于越州，欧阳南野德、邹东廓守益传于洪州，二薛中离侃、竹居侨传于广州。天下一时昌明斯道，贤士大夫以致良知为学，而得所见性真道体。"[2]其中所谓越州、洪州、广州，即代指浙中、江右和岭南。然而这种定位并不准确，浙中王门的中心尽管在越州，但后来出现了跨江（钱塘江）发展的趋势，江右王门和岭南王门的中心则是吉安和潮州而非南昌和广州。

以上各地之王门，又以江右王门最为繁盛，几乎可以县为单位来细分其地

---

① 宁、绍、杭、嘉、湖地区的阳明学者，人所皆知，毋庸赘述，然金、衢、温、台、处（今丽水）地区的阳明学者则不太为学界所提及。根据近年来束景南、邹建锋对阳明后学的研究，衢州有龙游王门、江山王门的存在，金华有永康王门的存在，台州有仙居王门、临海王门、黄岩王门的存在，温州有永嘉王门的存在、处州有遂昌王门的存在。衢州地区的周积、徐珊、林阳溪、王西山、栾惠、郑骝、王修易、林文琼、何伦等人，皆是有事迹可查的阳明学者（参见束景南：《王阳明年谱长编》，上海古籍出版社2017年版，第824—831页；邹建锋：《阳明夫子亲传弟子考》，中国社会科学出版社2017年版，第67—87页）。

② 〔明〕马一龙：《玉华子游艺集》卷二十四，载《北京图书馆古籍珍本丛刊》第108册，书目文献出版社1992年版，第798页。马一龙，字负图，号孟河，江苏溧阳人，嘉靖年间进士。明代著名农学家。所著《农说》，是中国第一部运用哲学观点阐述农业技术的著作。这也说明，在阳明门人中有各式各样的人物，包括马一龙这样的农学家。

域支脉，尤其是吉安地区"后之为阳明之学者，江右以吉水、安福、盱于江[1]为盛"[2]。王士性有两句话对于我们了解江右何以会成为王学最繁盛地区颇具启示意义。第一句是"阳明先生发良知之说，左朱右陆，而先生勋名盛在江右，古今儒者有体有用无能过之，故江右又翕然一以良知为宗，弁髦诸前辈讲解，其在于今，可谓家孔孟而人阳明"[3]。所谓"左朱右陆"有朱陆合流、兼备之意，所谓"弁髦"意指鄙视、蔑视，所谓"诸前辈讲解"则意指不以汉儒、宋儒之解经为是。第二句是"江右俗力本务啬，其性习勤俭而安简朴，盖为齿繁土瘠，其人皆有愁苦之思焉"[4]。"务啬"，即务农、耕种收获之意。关键是"愁苦之思"，心中有愁苦，故宗教情结较浓厚，而阳明学的乐学精神、活泼性格正好可以弥补愁苦之心结。不难看出，第一句话谈学风，第二句话谈民俗和世风，二者相互作用，才形成合力。明代中后期，江右地区宗教氛围较为浓厚，宗法势力强大，自然经济发达，虽有江右商人商帮以经营南北杂货为主，但势弱力微，社会风气大异于江南地区。"王阳明一生精神俱在江右"（黄宗羲语），首先固然是因阳明在江右的事功、学术卓著，然而该地区固有的历史文化环境亦不可忽视。明代江右地区虽离政治、经济中心较远，但并未被边缘化，该地区的绝大多数知识精英皆把读书做官作为唯一选择。在官学严重不足的情况下，地方士绅遂大力兴办书院，在服务于科举文化的同时，还致力于乡村社会秩序的建设。正是在这样的情形下，江右地区讲学风气开始大盛，以至于处处办讲会、族族倡教化、家家重教育，为阳明学在该地区迅速而广泛的传播创造了极佳条件。

至于黄宗羲用地域名来划分王学门派的学理依据、得失利弊及其中间的诸多纠葛，已有多位学者作过详论，兹不赘述。笔者在此只想指出一点：即使就地域而言，黄宗羲仍存在不该有的疏漏。比如他在《明儒学案》中说："是书搜罗颇广，然一人之闻见有限，尚容陆续访求。即羲所见而复失去者，如朱布衣《语录》、韩苑洛、南瑞泉、穆玄庵、范栗斋诸公集，皆不曾采入。海内有斯文

---

① 即盱江，古称"汝水"，为江西省第二大河流。此处似指王学大家罗汝芳的故乡南城。

② 周振鹤编校：《王士性地理书三种》，上海古籍出版社1993年版，第51页。

③ 周振鹤编校：《王士性地理书三种》，上海古籍出版社1993年版，第51页。

④ 周振鹤编校：《王士性地理书三种》，上海古籍出版社1993年版，第52页。

之责者，其不吝教我，此非末学一人之事也。"①似乎黄氏只认识到在王门七派中存在着有关思想家文集"所见而复失去者"的缺憾，而并未意识到一些重要地域的遗漏（如黔中王门、桂中王门）和虽有其名但无其实的缺失（如闽中王门、鲁中王门）。实际上，后者的遗漏和缺失要远多于前者之缺憾。比如阳明在龙场悟道，创立心学，办龙岗书院，主讲于文明书院，遂使讲学风气大盛于贵阳，留下黔中王门。徐节《新建文明书院记》称："各儒学生员之有志者二百余人。"道光《贵阳府志》卷五十六载："诸生环而观听者以数百，自是贵人士始知有心性之学。"是故阳明学派中理应有"黔中王门"的一席之地，唯因"王文成与龙场诸生问答，莫著其姓名"（郭子章《黔记》），如今可考者竟不足10名。②至于闽中王门，清初理学名臣李光地在为蔡清祠所撰之序文《重修文庄蔡先生祠序》中尝谓："时则姚江之学大盛于东南，而闽士莫之尊，其挂阳明弟子之录者闽无一人焉。"③但此说明显属于固执于朱学立场的偏见，因为闽中不仅有阳明学者，如以莆田马明衡为代表的马氏家族④和以连城董世坚为代表的董氏家族⑤，而且还有学者（如阳明弟子蔡宗兖、聂豹，再传弟子及后学李材、沈

---

① 沈善洪主编，夏瑰琦、洪波校点：《黄宗羲全集》第7册，浙江古籍出版社1992年版，第7页。

② 参见王路平：《王门后学传承谱系及其特点》，载《贵州民族大学学报（哲学社会科学版）》2015年第6期。

③ ［日］白井顺：《阳明后学与杨应诏——嘉靖年间的理学与〈闽南道学源流〉之背景》，载郭齐勇主编，贵州龙场中国阳明文化园、武汉大学阳明学研究中心主办：《阳明学研究》第二辑，中华书局2016年版，第58页。

④ 据清康熙二十一年（1682）郑泰枢《马忠节、师山二公遗诗序》："公（马明衡）尝从阳明王公游，得理学正宗。当忠节公（马思聪）殉烈时，阳明公撰文祭奠，情辞悲切。公亦赋诗寄哀，比之风人之咏《蓼莪》，闻者为之废书焉。"（王传龙、何柳惠编校：《莆田马氏三代集》，武汉大学出版社2018年版，第6页）又据光绪二十四年（1898）张僖《马忠节公父子合集序》："考忠节（马思聪）与王文成为挚友，侍御（马明衡）官太常博士时即从文成公，归田后著有《尚书疑义》《礼记集解》《春秋见存》《周礼通义》等书。"是故《明史》称："闽中学者以蔡清为宗，至明衡受业王守仁。闽中有王氏学，自明衡始。"（王传龙、何柳惠编校：《莆田马氏三代集》，武汉大学出版社2018年版，第9、14页）

⑤ 参见束景南：《王阳明年谱长编》，上海古籍出版社2017年版，第1666—1670页。

宠、耿定向、王时槐、施邦曜等）继承了王阳明的遗志[1]，在闽地为传播、弘扬阳明学作出过很大贡献。尽管效果并不理想，但这种尝试不应该被遗忘。《明儒学案》中虽有一卷专记"粤闽王门"，但却声称"闽中自子莘（马明衡）以外，无著者焉"[2]。故而所谓"粤闽王门"，其实就是"粤中王门"，闽中阳明学者除了马明衡、郑善夫被黄氏言及外，几乎均未被记载。再比如"楚中王门"，《明儒学案》称："楚学之盛，惟耿天台一派，自泰州流入；当阳明在时，其信从者尚少。"[3]此说虽无大错，然据湖南学者考证，楚中王门亦并非如此单薄。尽管阳明在湖南讲学的时间极短，在福建讲学的时间也不多，在贵州也只住了三年不到的时间，其地门人相对较少是自然的，但也不应像《明儒学案》那样或阙如不记或几笔带过。至于北方王门，黄宗羲亦有很多疏漏（详见后述）。

地域分布

阳明学传播史，就其过程来说，首先与王阳明的讲学历程和讲学方式有非常密切的关系，其次又与阳明门人后学的传承力度和汇聚强度密切相关，最后还与各地的文化传统、生活习俗存有互动关系。[4]据笔者粗略统计，王阳明一生至少到过15个省份，即浙江、江西、上海、江苏、安徽、湖南、贵州、福建、广东、广西、北京、天津、山东、河南和河北。其中，上海、天津仅为路过；河北只是到过而未开门讲学，在河南、山东是否讲过学、收过徒还有待考证；其他省份则或深或浅地留下了阳明讲学的足迹。至于阳明门人后学的分布情况，

---

[1] 王阳明于正德十五年（1520）写给莆田陈国英的书信，即表现出对陈氏在闽中交友讲学的高度关注："国英之于此学，且十余年矣，其日益畅茂者乎？其日就衰落者乎？……山中友朋，亦有以此学日相讲求者乎？"（吴光等编校：《王阳明全集》（新编本），浙江古籍出版社2010年版，第189页）而所谓"此学"，则当指阳明心学无疑。

[2] 沈善洪主编，夏瑰琦、洪波校点：《黄宗羲全集》第7册，浙江古籍出版社1992年版，第763页。

[3] 沈善洪主编，夏瑰琦、洪波校点：《黄宗羲全集》第7册，浙江古籍出版社1992年版，第728页。

[4] 王阳明私淑弟子罗洪先所言的"今先生之言遍天下，天下之人多易其言"（徐儒宗编校整理：《罗洪先集》，凤凰出版社2007年版，第139页。"易"即变易、改变之意），可谓道出了不同地域传播和传承阳明学说的差异性。

除以上所列省份外，还要加上湖北、陕西、四川、云南、山西等省。可以说，阳明学的传播区域几乎囊括了大半个中国，还从南、北两个方向分别向周边国家传播，最终形成了日本阳明学派和朝鲜阳明学派，并在琉球、越南及东南亚诸多国家留下了些许印记，使阳明学最终成为十七世纪以后东亚区域的亚主流思潮。这是阳明学传播的最大收获，也是儒家文明向周边国家传播的最成功范例之一。①

王阳明在江西长期居住或短期停留过的地方，有抚州、上饶、赣州、吉安、南昌、九江、宜春、鹰潭、新余、萍乡等，数量居各省之首。他的足迹遍及江西所有地区，故江西应该排在阳明学传播地域之首位。其次是浙江，两浙的"上八府"和"下三府"中，阳明长期居住或短期停留过的有绍兴、宁波、杭州、严州（今桐庐、建德、淳安一带）、衢州、金华、嘉兴、湖州，故而浙江可排在阳明学传播地域之次位。②排在第三位的应该是安徽，阳明居住过或短期滞留过的地方有芜湖、安庆、池州、宁国、徽州（今黄山）、滁州、铜陵等地。③"皖南故朱子产地也，自昔多学者"，遂成阳明学与朱子学争夺地盘的重要地区之一。排在第四位的是江苏，阳明长期居住或短期停留过的地方有南京、扬

---

① 参见钱明：《阳明学：东亚的共同思想资源》，载《浙江日报》2017年1月9日。

② 若以今日地级市划分来看，则浙江每个地区皆有王门，就连处州即今丽水地区也有王门。若以"县"为单位，则除了余姚、山阴、会稽、嵊县，可能就是永康县的王门学者最多（参见束景南：《王阳明年谱长编》，上海古籍出版社2017年版，第1554、1557页）。

③ 王阳明去过安徽多次，其中有两次停留超半年。一次是弘治十四年（1501）"八月，（阳明）奉命往直隶、淮安等府审决重囚……南下淮甸，一路沿淮安、凤阳、南京、和州（今和县）、芜湖、池州审囚，多有诗咏；九月，至凤阳府，登谯楼，有诗感怀"。其间还去过无为县，后又"至池州府，审囚事竣，往游九华山，作《九华山赋》以咏其游"。直到"十二月，审囚事竣，北上回京"。翌年"春正月，又道经贵池县，游齐山，作《游齐山赋以纪其游》"，"经青阳县，再游九华山，访无相寺，登芙蓉阁，均有诗咏"，"经芜湖，往龙山访舫许李真，有书贺其升迁"；直到二月"至镇江"，离开安徽。而阳明所经之地，亦有授徒讲学之记载，如在无为县，阳明曾"遣门人越榛、邹木（代自己向王璩）谢罪，尚容稍间面诣"。池州（青阳）王门的形成，其因亦盖在于此。另一次即是正德八年（1513）阳明在滁州担任南大仆寺少卿时期，前后亦住了半年多时间，名为事政，实为讲学。阳明在安徽期间，尝两上九华山，一上齐山，归京途中又去了江苏茅山，这些都是道教名山。半年后他即告病出越，筑室阳明洞行道教导引术。因此可以说，阳明早年的道教情结，既与其糟糕的身体状况有关系，亦与安徽诸道教胜地有联系。（参见束景南：《王阳明年谱长编》，上海古籍出版社2017年版，第209—225页。）

州①、无锡、常州、苏州②、镇江等地。然后才依次是贵州、广东、广西、福建、湖南、山东、河南等。

需要强调的是，当时的京师北京也是王阳明及其后学讲学传道的重要地区。阳明曾随父王华寓京师，入塾馆受学。③其所撰《送绍兴佟太守序》曰："成化辛丑，予来京师，居长安西街。"④《与林见素》曰："某自弱冠从家君于京师，幸接比邻，又获与令弟相往复，其时固已熟闻习见，心悦而诚服矣。"⑤阳明举浙江乡试后，除了31岁尝"告病归越，筑室阳明洞中，行导引术"外，前后在京师住了十余年。其间，他"遍求考亭遗书读之"，还"学兵法""谈养生"，"京中旧游俱以才名相驰骋，学古诗文"，结果不是被其自我否定，就是被其视为"无用之虚文"⑥。直到33岁主考山东乡试时，他的学说才被人称赞为"经世之学"⑦。阳明北京讲学始于其34岁："是年先生门人始进。学者溺于词章记诵，不复知有身心之学。先生首倡言之，使人先立必为圣人之志。闻者渐觉兴起，有愿执贽及门者。至是专志授徒讲学。然师友之道久废，咸目以为立异好名，惟甘泉湛先生若水时为翰林庶吉士，一见定交，共以倡明圣学为事。"⑧39岁，阳明又入京，馆于大兴隆寺，与湛若水、黄绾订"三人终身共学之盟"⑨。

---

① 王阳明曾在弘治十五年（1502）因病滞留扬州三个月，其间是否去过距离扬州百余里又属扬州管辖的泰州，不得而知。此时阳明高足王艮刚满20岁。王艮后来成为养身、保身的积极倡导者，是否与阳明养病扬州有一定关系值得考虑。

② 王阳明于弘治十六年（1503）十一月送其父王华往江淮祭神时曾到过苏州，并在苏州住了半个月；次年二月再往苏州，但只游玩了海天楼等名胜，后便返回了家乡。

③ 参见束景南：《王阳明年谱长编》，上海古籍出版社2017年版，第59页。

④ 吴光、钱明、董平、姚延福编校：《王阳明全集》，上海古籍出版社1992年版，第1056页。据束景南先生考证，长安西街一带有大兴隆寺、五显庙、文昌阁、土地庙、关帝庙、火神庙、马神庙、张相公庙（河神庙）、城隍庙、鹫峰寺、灵济宫、仙灵宫等，王阳明进京，多居大兴隆寺，并曾在大兴隆寺与湛甘泉一起讲学（束景南：《王阳明年谱长编》，上海古籍出版社2017年版，第42页）。

⑤ 吴光、钱明、董平、姚延福编校：《王阳明全集》，上海古籍出版社1992年版，第1012页。

⑥ 参见吴光、钱明、董平、姚延福编校：《王阳明全集》，上海古籍出版社1992年版，第1223—1226页。

⑦ 吴光、钱明、董平、姚延福编校：《王阳明全集》，上海古籍出版社1992年版，第1226页。

⑧ 吴光、钱明、董平、姚延福编校：《王阳明全集》，上海古籍出版社1992年版，第1226页。

⑨ 吴光、钱明、董平、姚延福编校：《王阳明全集》，上海古籍出版社1992年版，第1409页。

40岁，再在京师与门人"论晦庵、象山之学"①。41岁，阳明升考功清吏司郎中，"是年穆孔晖、顾应祥、郑一初、方献科、王道、梁谷、万潮、陈鼎、唐鹏、路迎、孙瑚、魏廷霖、萧鸣凤、林达、陈洸及黄绾、应良、朱节、蔡宗兖、徐爱同受业"②。由此可见，北京是王阳明居住、讲学以及培养弟子的重要地区，对于阳明学之传播及其学派之形成而言，意义自不待言。阳明以后，其门人后学在北京所开展的讲学、会讲活动，也对阳明学的传播与发展产生过重要作用。然而，作为政治中心的京师，人气之聚集的原因首先是为官或举业，然后才是讲学或会友，故而此地的流动性极强，难以形成地域性的阳明学派。比较而言，南京虽是当时的政治副中心，但在此地为官，时间较为空闲，政治环境相对宽松，故而聚会讲学的氛围要明显优于北京，形成学术共同体的条件也要优于北京。

至于阳明学的传播路径，则与当时的水路交通有密切关系，后来传播到东亚区域也主要靠海上交通。其中，沿着今江苏、安徽、山东、河南、河北、天津、北京的北上之路，与大运河（包括始建于隋唐时期以洛阳为中心的隋唐大运河，元明清时期以北京、杭州为起始的京杭大运河③，从宁波入海与海上丝绸之路相连的浙东大运河）密切相关，大运河及其流经区域可以说形塑了地域阳明学的部分基因。沿着浙江、江西、福建、湖南、贵州、广东、广西的几条南下之路，则分别与钱塘江、赣江、湘江、珠江、西江等几大水系密切相关，亦与各地域性江河，如姚江、滁水、沅水、章江、贡江、乌江（即黔江）等密切相关。安徽乃阳明北上或南下时顺便游览、讲学之地（那里有他喜爱的九华山、齐云山等道佛圣地），亦与长江、淮河等水上通道密切相关。所以，王阳明讲学教化及其门人后学传播阳明学的重点地区，也都集中在大运河或上述几个水系的沿岸及附近流域。正是因为这些水系所形成的网络具有地域、跨地域的特性，

① 吴光、钱明、董平、姚延福编校：《王阳明全集》，上海古籍出版社1992年版，第1232页。
② 吴光、钱明、董平、姚延福编校：《王阳明全集》，上海古籍出版社1992年版，第1235页。
③ 明代全国八大钞关中，除九江关为长江关外，其余七个均设在运河沿线，从北至南依次为：崇文门、河西务（清时移至天津）、临清、淮安、扬州、浒墅、北新。在王阳明及其门人后学的诗文作品中，与这些地名相关的内容不计其数。因此，自唐宋以后，京杭运河又可在原有的经济之河、政治之河的定位上加上文化之河和思想之河，故而亦自然成为包括阳明学在内的思想文化传播与发展的主要通道。

才使得沿线文化表现出具有共同体特征的开放性、包容性和沟通性。这一网络不仅跨越了江南、江北的自然区域，而且覆盖了燕赵、齐鲁、中原、江南、华南、西南等不同文化圈，同时还在宁波等出海口与东海相交汇，从而把中国的阳明学输送到了东北亚。①从这一意义上说，仅仅将水路、陆路系统放在经济学的意义上加以理解，将它们看作是某种运送人口和货物的方式是不全面的，应当将水路、陆路系统放在社会学、文化学乃至思想史的意义上加以解读，将其网络地带看作传播信息的便捷通道和沟通平台，以及对相关地域社会结构和文化基因产生重大影响的载体和媒介。

如果以王阳明的故乡绍兴为中心，画一幅阳明学的传播过程路线图，那么可以大体勾勒出以下四条线路：一条是从浙东经过江西、湖南进入贵州，并逐渐扩散到滇中、川东南（内江地区）；一条是从浙东经过浙西北进入江苏、安徽而传播到皖南的池州、宁国等地；一条是从浙东经过浙中进入赣东、赣南而传播到粤东的揭阳、潮州、河源以及闽西的平和、上杭、长汀、连城等地②，然后又从赣东或粤东进入闽中的泉州、福州地区；一条是从浙江经过江苏、安徽而传播到北方的山东、河南、河北、陕西等地（其中还应包括阳明的弟子门人在北京讲学向四周辐射的区域）。这四条传播路线，可以说是引导我们深入探究阳明学传播史和王门流变史的线索，其中无疑应当以浙东—浙中—赣东—赣南—粤东线与浙东—浙西—苏中—皖南线为主线。

以往的研究还表明，上述所有传播过阳明学的地区，因王阳明的讲学背景、传道心境尤其是各地文化资源和吸收消化程度的不同而显示出各自的地域特色。因此，无论在致思取向上还是在学派阵势上，各地阳明学都存在不小的差异，对后世产生的影响也有明显区别。总的来说，阳明学的核心区域有五处，即浙

---

① 阳明学"被动"输出于东北亚的相关论述，可参见钱明：《阳明学研究的东亚课题——以山田方谷为中心》，载［日］野岛透著，钱明编译：《日本阳明学的实践精神——山田方谷的生涯与改革路径》，上海古籍出版社2014年版，第11—55页。

② 平和县是王阳明所建，上杭县是王阳明在福建驻军时间最长的地方（近一个月），长汀县是王阳明的途经之地，而连城县则为王阳明的闽中门人后学较为集中的地方。

江绍兴地区、江西赣州地区和吉安地区、江苏泰州地区、广东潮州地区。①绍兴地区是阳明学的发祥地和阳明学的成熟地，赣州、吉安地区是阳明学的展开地和极盛地，泰州地区是阳明学的创新地和变异地，潮州地区则是阳明学的跨文化互动融合地。

绍兴地区因靠近政治中心②和经济繁荣地，受到的禁学术、毁书院压力最大、迫害最深，其学术衰微也最快。潮州地区是粤中心学、江西理学、楚中理学、浙中心学等几大学术力量的交汇处③，故而也有勇气超越不同地域文化、融合各路思想流派。阳明心学正是在此处与乡土学术资源相交汇，与白沙学、甘泉学有机地结合在一起，开拓出颇有特色的粤中王门乃至岭南心学。而包括赣州、吉安在内的整个江右王门，因在朝的阳明弟子最多，官也做得比较大，故而传承最久、辐射最广、影响最大，与宗族社会和文化的结合也最紧密，在晚明还与东林党人有重合互动的趋势，成为阳明学传播、发展的重中之重。

泰州地区尽管也靠近政治中心，地处非常重要的淮南盐区，但却偏离江南商品经济发达区域，使得该地王学分支较为混杂，师承关系交错，学术宗旨各异，是南北思想交汇、平民学术崛起的反映，故而思想系统也别具一格，大有与绍兴等地区分庭抗礼之势。该思想系统即所谓"泰州学派"，在泰州一地由内到外的辐射圈为安丰—淮南中十场—里下河平原。而受到该学派影响较大的地方有：安丰（今盐城东台市安丰镇，如王艮、王襞、朱恕、周士弘、周瑞、王之垣等皆为盐城东台人）；"淮南中十场"中除去安丰场的其他九个盐场，即东台（今东台市东台镇）、何垛（今东台市东台镇）、梁垛（今东台市梁垛镇）、富安（今东台市富安镇）、角斜（今南通市角斜镇）、栟茶（今南通市栟茶镇）、丁溪（今盐城市草堰镇）、小海（今盐城市小海镇）、草堰（今盐城市草堰镇）；兴

---

① 牟宗三说："当时王学遍天下，然重要者不过三支：一曰浙中派，二曰泰州派，三曰江右派。此所谓分派不是以义理系统有何不同而分，乃是以地区而分。"（牟宗三：《从陆象山到刘蕺山》，台湾学生书局 2005 年版，第 266 页）此说似有其片面之处。

② 明代在政治上有一特殊现象，即始终存在着以北京（时称京师）为主、以南京（时称留都）为次的两大政治中心。

③ 这种交汇或交融在毗邻潮州的赣南地区亦有所展露，赣南留下了较多白沙、甘泉等岭南大儒的踪迹即为明证之一。

化（今泰州兴化市，如林春、韩贞是兴化人）、姜堰（今泰州市姜堰区，如王栋是姜堰人）、如皋（今南通如皋市）、高邮（今扬州高邮市）、仪真（今扬州仪征市）。上述各地皆在长江以北、淮河以南，地理上处于苏中地区，具有大致相近的方言系统，可谓泰州学派的核心辐射区域，或谓"内圈"。然而，如果把学术视野放大到全国范围，则泰州学派可拓展至浙江、湖北、四川、福建、广东以及南北直隶等广大区域，其外溢规模堪比宋明时期的各大思想学派。从这一意义上说，称泰州王门为独立于阳明学派的思想学派亦未尝不可。

王阳明以讲学为首务，足迹遍布十余省份。然而比较来看，浙中、江右、南中可以说是他苦心经营之地，其一生大部分的讲学活动集中于此，其较为成熟的学术思想亦发源于此，故而是阳明学传播的重点区域。黔中、粤中、桂中可以说是阳明播撒种子而由其门人精心耕耘之地，阳明早年的个人悟道发生在黔中，晚年的两广之行则使其最后心迹留在了粤中和桂中，故而此三地亦可谓是阳明学传播的主要区域。楚中、闽中、鲁中均属于阳明过路讲学、临时传道之地，故而是阳明学传播的边缘地区。唯有泰州是个特例，阳明并未在泰州讲过学，然泰州王学的繁荣程度却丝毫不亚于其他地区，这无疑应首先归功于阳明高足王艮，但阳明的人格魅力及其学说在该地区的巨大感染力也是不可忽视的重要前提。正因为此，泰州王门带有其他地域王门所少有的鲜明个性，其中像颜钧、罗汝芳、周汝登、陶望龄、耿定向、耿定力等人的思想学说，既与泰州王门有紧密的学脉连接，同时又分别与江右王门、浙中王门、楚中王门有割舍不掉的地缘联系。他们的思想个性既有别于泰州王门，又有别于江右、浙中、楚中王门，可以说是泰州王门与江右、浙中、楚中王门的复合形态，属于阳明学系统中非常有个性的思想家群体。

作为阳明学传播的重点区域和主要区域，浙中王门又集中于绍兴、宁波，江右王门又集中于吉安、赣州、南昌，南中王门又集中于滁州、池州、宣城，粤中王门又集中于潮州、广州，黔中王门又集中于贵阳等地。黄宗羲的《明儒学案》用浙中、江右、南中、粤中来概括各大地域王门，却对黔中王门只字不提，这一"疏忽"与钱德洪的阳明学观不无关系，它给后世的阳明学研究带来了诸多不便，造成了许多误判。泰州学派本应被包括在南中王门中，但因其主要缔造者王艮思想的相对独创性，所以黄宗羲将其单列，只称"泰州学案"而不称"王门学案"。除了京师北京，阳明在北方地区几乎未有明确的讲学记载，北方人士主要是通过到南方为官或直接到南方从学于阳明成为王门弟子。《明儒学案》中虽有"北方王门学案"，然所列对象除阳明主试山东时的弟子穆孔晖及晚年居绍兴时的弟子南大吉、南逢吉外，其余皆为未入门的再传或三传弟子，且北方"阳明门下亲炙子弟，已往往背其师说，亦以其言之过高也"[1]。究其原因，与阳明学在北方地区的传播特点不无关系。

需要指出的是，北方王门的开派宗师并非受阳明亲炙的陕西二南或山东穆孔晖，而是山东东昌府（今聊城）的张后觉（1503—1578，字志仁，号弘山），河南洛阳府的尤时熙（1503—1580，字季美，号西川），以及颇受浙中王门的主将许孚远、张元忭乃至刘宗周敬重的、世称"二孟"的东昌府茌平县人孟秋（1525—1589，字子成，号我疆）和洛阳府新安县人孟化鲤（1545—1597，字叔龙，号云浦）。此四人皆非阳明的亲传弟子，对阳明学精髓的把握已与阳明亲炙弟子有较大距离，带有更加明显的北方理学传统味道。"二孟"皆刻苦立学，卓绝担当，崛起后遂为北方王门所重，故而理学殿军刘宗周将"二孟"与自己最为尊重的乡贤张元忭并列，称赞"二孟先生如冰壶秋水，两相辉映，以绍家传于不坠，可称北地联璧"[2]。黄宗羲或受其师影响而单列"北方王门学案"，以表彰明后期北方学者对阳明学的"绍家传于不坠"之功。这也许正是黄宗羲在叙述北方王门时，会给人以其中得失、成就不因亲炙而有分别、差异之感觉的主要原因。

从王阳明学说的逻辑起点看，其先导应是南方的吴与弼与北方的薛瑄。无论以吴与弼为起点还是以薛瑄为起点，最后均导致了阳明学的兴起。全祖望尝曰："明初学统，逊志先生（方孝孺）起于南，曹学正（曹端）起于北，嗣之则吴聘君（吴与弼）起于南，先生（薛瑄）起于北。三百年导山导水，必自四君子为首。"[3]依全氏之见，明代学术之所以有两个起点，是因为理学自南、北同

① 沈善洪主编，夏瑰琦、洪波校点：《黄宗羲全集》第7册，浙江古籍出版社1992年版，第117页。

② 〔清〕黄宗羲著，沈芝盈点校：《明儒学案》（修订本），中华书局2008年版，第11页。

③ 朱铸禹汇校集注：《全祖望集汇校集注》，上海古籍出版社2000年版，第1101页。

时而兴的缘故。顺此思路，我们不妨可以说，阳明学有向南、北两大方向发展的动能与趋向。不过在王阳明在世时，其与北方学者关系的紧张程度要远远超过与南方学者关系的紧张程度。比如他与山西学者王云凤（1465—1518，字应韶，号虎谷，和顺人）的争论便相当激烈。王云凤讥讽王阳明为"未晓方脉，故不欲闻其说"的"乡医"，意指其为不入主流的"乡巴佬"。王阳明针对北方学者以大佬自居而垄断学术话语权的做法也提出过批评：

> 夫医术之精否，不专系于乡国，世固有国医而误杀人者矣。今徒以乡医闻见不广于大方，脉未必能通晓，固亦有得于一证之传、知之真切者，宁可概以庸医视之，兹不近于以人废言乎！①

与王阳明的理性回应不同，当时及而后的北方学者对王阳明的批判可谓"上纲上线"，欲置其于死地而后快。比如河南儒者崔铣（后渠）"诋阳明不遗余力，称之为霸儒"②，就颇具代表性。我们不难从这些争论和对抗中感受到地处政治权力中心的北方学者与地处经济社会发展中心的江南学者的不同思想趋向。据朝鲜儒臣尹根寿（1537—1616）说：

> 后有徐即登（1545—1626，江西丰城人，李材弟子），提学福建，于每邑孔庙，大书阳明之罪曰：以学术误天下后世云云。大概其意如此，未能记其全文。其议从祀也，南人皆右阳明，北人皆斥阳明，而南论特盛，强以阳明从祀，而非一世公论也，至今士论痛恨者多。综之，阳明既立异于朱子，则后学当法伊川所谓佛氏之言：当如淫声美色以远之云云，而不可以喜其新异之说而陷溺其中也。③

---

① 参见［日］永富青地：《关于上海图书馆藏〈新刊阳明先生文录续编〉》，载《王学研究》2007年第1期。
② 沈善洪主编，夏瑰琦、洪波校点：《黄宗羲全集》第8册，浙江古籍出版社1992年版，第464页。
③ ［朝］尹根寿：《月汀集》卷五《答张翰林维书》，载［日］中纯夫：《朝鲜的阳明学》，汲古书院2013年版，第491页。

然而，以上事实并不能说明北方就没有阳明学的追随者或辩护者，比如同为河南大儒的孙奇逢就曾针对崔铣的言论反驳道：

> 文敏议象山、阳明为禅学，为异说。夫二人者，且不必论其学术，荆门（指象山）之政，有体有用；宁藩之事，拼九死而安社稷，吾未见异端既出世而又肯任事者也。[1]

北方地区阳明学的发展态势，从明中叶以后山东、河南、陕西的三足鼎立发展为清初陕西、河北的并驾齐驱，盖因鲁中、洛中、关中在阳明以后相继出现了一批传扬阳明学说的信奉者，而明末清初时陕西则有关中大儒李颙，河北有保定定兴人鹿善继及其友人保定荣城大儒孙奇逢。需要指出的是，清朝用武力统一中国，其统治者自始至终标榜武功文治，从内心深处对文武双全的王阳明形象和提倡"知行合一"的阳明学说情有独钟，这恐怕是王学发展最根本的原因。[2]即使已被自觉扛起程朱理学大旗，为清朝统治的合法性做注脚的李光地、张伯行、熊赐履、陆陇其、魏象枢等一大批理学名臣所包围，康熙皇帝依然认同孙奇逢的弟子汤斌对王阳明的个人气节及其事功军功的高度评价，乾隆皇帝南巡时更是御赐"名世真才"于绍兴越城王文成公祠，这就为康乾年间修纂《明史》定了调，为清初对王阳明的官方评价定了调。

如此看来，黄宗羲在《明儒学案》中特设专章讨论北方王门，绝非无的

---

① 沈善洪主编，夏瑰琦、洪波校点：《黄宗羲全集》第8册，浙江古籍出版社1992年版，第464—465页。

② 康熙的内心深处其实不太看得起在清初占统治地位的程朱理学，其尝论理学道："日用常行，无非此理，自有理学名目，彼此辨诊。朕见言行不相符者甚多，终日讲学，而所行全与其言背谬，岂可谓之理学？若口虽不讲，而行事吻合，此即真理学也。"（〔清〕赵慎畛撰，徐怀宝点校：《榆巢杂识》，中华书局2001年版，第37页）其在一定意义上表现出了对王阳明"知行合一"的推赏。而深受康熙器重的顾八代，作为平定三藩的满族名将，其对王阳明亦是推崇备至，并且流露出从"武功"向"文治"的转变倾向。曾有《王阳明先生宣化书院》诗云："功南南国慕遗芳，道著名存一讲堂。户外晴云如太古，阶前春草有余香。常时过客来相奠，伏腊村民走奉觞。自是先生传性学，千秋笃实仰辉光。"（〔清〕顾八代：《敬一堂诗抄》卷九"七言律诗"，清乾隆十五年刻本）

放矢。

西南地区，除贵州、广西外，王阳明都未在当地讲过学，但巴蜀地区因为先有阳明同道席书，后有赵贞吉父子及邓豁渠、何祥等阳明学者的存在，在内江地区形成了一个崇拜和传播阳明学的学术圈。云南地区除了嘉（靖）万（历）年间阳明学者梅守德、徐樾、李材、罗汝芳、邓豁渠、李贽等人在云南或为官或访学而传播推广阳明学外，还有大理的李元阳[①]，蒙化的朱应登和朱光霁兄弟[②]，腾冲的吴璋、吴宗尧父子[③]，以及罗汝芳的弟子史旌贤[④]、张纶[⑤]等一批阳明学者的存在，因此成为阳明学研究中不可忽视的地方。[⑥]

除此之外，包括苏南、上海在内的"大浙西"地区，先有苏州、无锡、上海王门的存在（王阳明曾在苏州、无锡居住并讲学，上海则有出生于华亭的冯恩[⑦]、徐阶等阳明学者存在），后有同样出生上海的徐光启、孙元化等王学信奉

[①] 李元阳（1497—1580），字仁甫，号中溪，云南大理人，白族。嘉靖五年（1526）进士，授翰林院庶吉士。"理学巨儒也。先生之学以佛入，以儒出。复性为本，济世安民为用"（《李元阳集·诗词卷》，云南大学出版社2008年版，第603页）。与王门巨子王畿、唐顺之、罗洪先、罗汝芳及邓豁渠、邹颖泉、李贽等相印可，"其议论所得亦与念庵、龙溪为近，于姚江为私淑弟子"（《李元阳集·诗词卷》，云南大学出版社2008年版，第606页）。故王畿尝"附去《滁阳会语》一书，述先师所悟所得，梗概颇详，批教以示，万里之叩也"（吴震编校整理：《王畿集》，凤凰出版社2007年版，第258页）。

[②] 据《云南通志》卷二十一："朱玑，字文瑞，蒙化卫人。成化丁未进士，任大理评事，谳狱无冤，历贵州按察使，恩威兼济，纲举目张，寻乞归，乡人咸矜式焉。朱光霁，字克明，玑之子。为人慷慨，有大节。从父宦游，师王守仁。中正德癸酉举人，历官西安府同知，所至以廉明称，乞归后家徒壁立。"另参见王阳明的《赠朱克明南归言》及文末的朱应登跋文。

[③] 据《云南通志》卷二十一："吴璋，字廷献，金齿司人。治己酉举人，过浙问学于王守仁，居三年，所养益粹。授长寿教谕，倡明理学，教人以致知力行。学者宗之，称执斋先生。""吴宗尧，字协卿，腾越人。嘉靖癸卯举人，历马湖府同知，复补延平，所至有贤声，终养归。尝从湛甘泉、蒋道林游，讲明正学，学者宗之。辑《郡乘》二集。"

[④] 史旌贤，云南五华县人。万历八年（1580）进士，知内江县，敏练端严，遇士大夫有礼，表彰胜迹，兴起人文，有贤声，士民思之，建祠以祀。擢监察御史，侍经筵，历七省副使，致仕。著述甚富。

[⑤] 曾任云南富民知县，并辑罗汝芳的《尊闻录》传于世。

[⑥] 关于滇中王门，束景南《王阳明年谱长编》的第524、781和2032页，以及邹建锋《阳明夫子亲传弟子考》第四章第二节有详细论述。

[⑦] 据《明清进士录》："冯恩，嘉靖五年三甲十四名进士。松江华亭人，字子仁，号南江……官行人，出劳两广总督王守仁，执弟子礼。"王阳明有《行书良知说四绝示冯子仁》，款署："冯子仁问良知之说，旧尝有四绝，遂书赠之。阳明山人王守仁，书时嘉靖戊子九月望日也。"（湖北省博物馆藏，卷末有章炳麟、马一浮题跋）

者的出现，是中晚明受西学东渐运动影响较大的地区。当时一批受耶稣会传教士影响的所谓西学派，亦与阳明心学有着千丝万缕的联系，如被称为耶儒"三柱石"的徐光启、李之藻、杨廷筠皆为该区域人。他们大都试图用基督教来阐释心学，因而这一地区表现出新旧思想交替、中西学问汇杂的复杂局面。与此相反，受到西学影响的清初士人出现了批判阳明学的风潮。在这批人当中，既有出生浙西的陆陇其、陆世仪等，也有出生中原的魏裔介、张伯行等，由此亦可看出不同地区受阳明学的影响是有较大差异的。

还需要注意的是，不仅中国儒学学者受到过西学的影响，早期的西方传教士也同样受到了阳明学的影响。利玛窦（Matteo Ricci，1552—1610）在定居北京之前，其密切交往的学者都是阳明学的同情者，如章潢、李贽、祝世碌、焦竑、邹元标等人皆与利玛窦进行过频繁的交流和对话，主持白鹿洞书院的江右阳明学者章潢更是屡次邀请利玛窦到书院与士子研讨学问。据此可以推断，利玛窦应该对王阳明的哲学比较熟悉。[1]他从广东、江西一路向北前往北京，经过的地方大都是阳明讲学、为官之地，其中在南昌的经历就是最好的例证。在那里，章潢与他交友，充当他的顾问。利玛窦在南京与焦竑、李贽的交往更是为学界所熟知。利玛窦本人在回忆录中也对万历二十七年（1599）与李贽的"三度相会"有过具体描述。[2]万历二十九至三十三年，江右王门的著名学者冯应京还协助利玛窦出版了《交友论》《天主实义》《二十五言》并为之作序，其中《天主实义》中曾多次引用王阳明的话，尽管没有提及他的姓名。[3]据美国学者伊来瑞（George L.Israel）介绍，早在十九世纪前，欧洲以及美国的文献中就提到了王阳明。比如有一位叫赫苍壁（Julien-Placide Hervieu，1671—1746）的耶稣会传教士，在中国生活了45年，最后在中国逝世。他把《王阳明全集》中的10篇文献译成法文，并把译文文稿带到巴黎，后被著名的耶稣会士杜赫德

---

① 黄文树：《阳明后学与利玛窦的交往及其涵义》，载《汉学研究》2009年第3期。

② 参见［意］利玛窦、［比］金尼阁：《利玛窦中国札记》，何高济、王遵仲、李申译，中华书局2010年版，第252—253页。

③ 参见［美］伊来瑞：《阳明学之欧美传播与研究》，吴文南译，学苑出版社2022年版，第1—20页。

（Jean-Baptiste Du Halde，1674—1743）收录进其主编的《中华帝国全志》（La preuve par la Chine）。赫苍壁的翻译文稿至今仍藏于法国国家图书馆。此外，根据法国东方学家艾蒂安·富尔蒙（Etienne Fourmont）的书目单，巴黎皇家图书馆（今法国国家图书馆）曾藏有一部《王阳明文集》（1660年或1720年的版本），并录有拉丁文的解释。据伊来瑞先生推测，该书可能是耶稣会传教士付圣泽（Francois Foucqet，1665—1741）于1722年带回法国的，因为付圣泽回国时曾带回1845卷中国古籍，其中可能就有《王阳明文集》。①

地域疏漏

综合来看，由于钱德洪、黄宗羲的原因而被《明儒学案》"遗忘"②的黔中王门、桂中王门，不仅可单立门户，还可作为阳明学向文化边缘地区传播的成功案例。其中，研究黔中王门者较多，学术界已基本形成"黔中王门"之共识，曾出现过水西（龙场）、贵阳、思南、清平、都匀五大阳明学重镇。桂中王门则鲜有人问津，相关研究甚少。然实际情况出乎意料，笔者对此已在本书第三章"巡按广西"中作了详细阐述。只是临近广西的越南似乎受阳明学影响极小，有学者认为这主要是由于朱子学对越南的影响太大，作为异端学说的阳明学很难渗透进去。③但这还是解释不了为什么阳明学在正统朱子学、退溪学的全力阻击下能在朝鲜半岛立住脚，而在越南就偏偏无立足之地的问题。这些自然都是区域阳明学研究未来需要回答的问题。

此外，将闽中王门纳入粤中王门也有点勉强，对闽中王门的挖掘工作还远远不够。《明儒学案》将皖中王门纳入南中王门，更是难以自圆其说。无论从王阳明皖中讲学的频率看，还是从皖中阳明后学的声势看，其都应当是一个独立

---

① 参见［美］伊来瑞：《阳明学之欧美传播与研究》，吴文南译，学苑出版社2022年版，第1—20页。

② "遗忘"的原因应作专门检讨，兹不赘述。

③ 参见钱明：《韩国阳明学概论》，载吴光主编：《阳明学综论》，中国人民大学出版社2009年版，第406—425页。

的地域流派。蜀中王门的传人都被纳入泰州学派，这固然有其合理性，但同样不能反映蜀中阳明学者的独特个性。楚中王门虽被单独列出，但人物、学派研究都很不充分，尤其是将其代表人物归入泰州学派，不仅使泰州学派徒增分歧，而且使楚中学术大伤元气，致使湖北及楚中王门的地位被明显看低。其实湖北不仅与阳明本人有密切关系①，而且阳明在湖北的弟子也不少。至于北方王门，更是笼统有余而细化不足，它实际应包括鲁中王门、河洛王门、关中王门和燕南王门，简单地归纳为"北方王门"显然过于粗暴。比如集中于鲁中地区的阳明弟子群和交友群是北方王门的主要分支。由《达溪王氏宗谱》可知，王阳明的先祖来自山东琅琊，故世称"琅琊王氏"。阳明本人也曾在山东主持过科举考试，后编有《山东乡试录》，为山东培养了一批学术骨干。在《王阳明全集》中，作于山东的诗文除了《山东乡试录》及其前后序文外，还有"山东诗"六首。在笔者所收集的阳明散佚诗文中，与山东有关的诗文有十余篇之多。黄宗羲在《明儒学案》北方王门学案中收录了穆孔晖、张宏山、孟我疆三位山东籍弟子，又在甘泉学案中收录了山东最为重要的王门学者王道，但仍有一些山东阳明学者未被《明儒学案》收录，如山东聊城的赵维新、王汝训、逯中立，以及汶上等地的路迎等。②以上这些人大都出生于京杭大运河沿岸（大运河在山东

---

① 尚无直接证据证明王阳明去过湖北，唯《黄州府志》卷三《古迹》中有一记载："郭善甫故里，在庶安乡（今属武汉市新洲区汪集镇）。郭家新砦南，王阳明过访，留三日，题联于堂。"题曰："泉石不知尊爵贵，乾坤何碍野人居。"但《黄州府志》的这一说法并无任何旁证。据耿定向《郭善甫先生墓表》："郭公名庆，字善甫，中正德丁卯（1507）乡魁，仕为山东清平令，盖敦恂笃行人也。为举人时，从文成王先生游最久，文成念其笃实，尝延为馆师，其所提训者甚悉，具录文成集中。比归，则以其闻诸文成者接引里中后生，因而兴起者甚多。"近人熊十力即以此为据分析称："黄冈郭氏善甫先生为阳明高弟，阳明尝延为其子师，而《明儒学案》不载，盖先生不务声誉故也。"（萧萐父主编：《熊十力全集》第1卷，湖北教育出版社2001年版，第25页）另据束景南《王阳明年谱长编》载，湖北还存有与阳明有关的一些遗迹，如"彰孝坊"。阳明升为庐陵知县后，与武宗朱厚照的关系大为好转，遂于正德六年五月二日，武宗旌表楚世子时，上《彰孝坊》诗颂之。至于被熊十力誉为"荆楚大师"的黄安（今湖北红安）耿氏三兄弟（耿定向、耿定理、耿定力）在阳明后学中的地位，则更是人所共知矣。

② 今山东聊城建有七贤祠，供奉着七位北方王门学者：王道、穆孔晖、孟秋、王汝训、逯中立、张后觉、赵维新。其中穆孔晖、王道都曾亲聆王阳明讲学。张后觉师从于王艮弟子徐樾、颜钧，山东提学副使邹善、东昌知府罗汝芳建愿学书院、见泰书院供其讲学。孟秋、赵维新都是张后觉的门生。王汝训是阳明弟子穆孔晖的再传弟子。逯中立曾与顾宪成、高攀龙、邹元标、冯从吾等讲学于东林书院。

境内流经济宁、聊城、德州等）的山东地区，因此可以说，山东是阳明学传入北方地区的第一站，鲁中王门①亦是北方王门最主要的分支。山东是北方地区王阳明留下足迹最多的地方，比如济南的趵突泉、大明湖、文衡堂，曲阜的孔子庙、周公庙等，泰山的日观峰、十八盘等。据乾隆《泰安县志》卷九，泰安曾存有一块王阳明书于弘治年间的《泰山高》诗碑。②在鲁中王门中，穆孔晖是阳明最早的鲁中弟子，路迎是阳明最得意的鲁中弟子，王道则是批评阳明最多的鲁中弟子。③然而遗憾的是，对于鲁中王门，学术界以往很少有人关注，系统性的研究几乎是空白。即使是几乎不被人提及的山西，其实也有阳明学传播和发展的深刻印记，其中最具代表性的便是孔天胤（1505—1581，字汝锡，号文谷子，又称管涔山人，死后门人称其为文靖先生，嘉靖十一年进士，山西汾州人）。嘉靖二十二年（1543）至二十六年，孔天胤出任提督浙江学政，与钱德洪、王畿、程文德等王门学者交往甚密，并在融合薛瑄理学与阳明心学的基础上，逐渐接受阳明学说。他不仅为王阳明写了祭文，在杭州主持序刊《朱子晚年定论》，还在金华帮助恢复了著名的五峰书院，使阳明心学在金华、衢州、处州等浙中地区重新获得了发展的机遇。万历三年（1575），孔天胤又在家乡传播阳明心学，并撰写《王朱辩》，刊刻《林东城文集》等，将自己的立场完全转向阳明学。④除此之外，一些曾在山西为官的阳明学者，也可能为阳明学在山西的传播起到过一定作用，如分别在山西担任过按察司副使和巡抚的南大吉、路迎等人。这些被《明儒学案》遗忘或忽略的地域阳明学的人或事，成为当代阳明学研究的补偿性材料是理所当然的。

以上所述的三部分内容，涉及中国十余省区市的各个地方性阳明学派，其中有不少是目前学术界挖掘、探究尚不充分的地域流派，故而应当成为地域阳明学研究中重点关注、精准考量的对象。唯如此，才能揭示并呈现中国地域文

---

① "鲁中王门"，学术界向无此称谓。笔者根据黄宗羲《明儒学案》中的"浙中王门""楚中王门""南中王门"之称谓，而称山东王门为鲁中王门。

② 参见束景南：《王阳明年谱长编》，上海古籍出版社2017年版，第316、326、329、330页。王阳明赴山东主考乡试期间，在济南等地一共住了两个多月，留下了许多诗篇。

③ 参见束景南：《王阳明年谱长编》，上海古籍出版社2017年版，第806、809页。

④ 参见张勇耀等点校：《孔天胤全集》第7、8册，三晋出版社2019年版。

化的复杂性与阳明学展开的多样性。

遗泽后世

后阳明时期，随着王阳明影响力的日益扩大，一方面王阳明终于得到官方认可而入祀孔庙，另一方面阳明心学逐渐下沉至庶民阶层，其影响、渗透到各个学术文化领域，甚至在部分领域居于主导地位。在阳明学被宗教、史学、经学、文学、戏剧乃至科学诸传统所摄入、融合的过程中，诸门类皆出现了"心学化"或"阳明化"的文化现象。人们纷纷打出阳明学的旗号，或者将各种学问与阳明心学相融合，或者借阳明心学贩卖己之私货。浙江作为阳明心学的诞生地、传播地，自然成为这股"心学化"或"阳明化"运动的主要区域。这其中，心学化的二氏之学、经史之学及文学戏剧等形态的出现可谓最具典型性，因而亦成为明代中后期浙江思想文化界的重要特色之一。其影响一直从晚明的徐渭、袁黄、袾宏、屠隆等延续到清初的张岱、钟惺、黄宗羲、陈确、万斯同、邵廷采，乃至清中叶乾嘉时期的全祖望、章学诚等。

在宗教方面，阳明心学对佛道二氏的影响甚巨，促进"三教合一"思潮大流行，成为整个社会的一种时尚。随着西方传教士的到来，阳明心学还与外来宗教产生碰撞，发挥影响，助推了像徐光启、李之藻、杨廷筠那样力求调和上帝观念与传统天命思想的倾向，以及接受西方科学而产生的重技术、尊实用风潮。在伦理方面，阳明心学促使以善书为载体的"劝善惩恶""因果报应"成为社会教化的重要模式。在文学方面，阳明心学使得表现内在心灵、彰显自我性情的文风风靡一时。在艺术方面，阳明心学使得戏曲、绘画等艺术形式以富于个性、新奇的表现形式充分彰显才华。在史学方面，阳明心学使官方史学日趋"下沉"，方志学、地方史学、民间史学、实用史学等的发展呈现出繁盛局面。

然而，犹如历史上的所有思想学说在其发展过程中都有起伏兴衰一样，阳明心学也在历史的大潮中出现过式微和衰弱。众所周知，程朱理学发展到明代，逐渐导致思想界的拘、支、假等弊端，这些弊端为阳明学的兴起培育了土壤。

尤其是因"拘"而导致的闭塞状态，使人的思想意识集聚起巨大的反抗能量，急需寻找释放个性、解放思想的突破口。阳明心学正是提供了这样的突破口，才成为中晚明的思想文化主流。但阳明学说流行后同样也出现了偏离倾向，造成思想界的肆、狂、虚。因此早在王阳明生前，其学说就已受到各种怀疑和批评，以及来自王门内部的修正和纠偏。王阳明去世后，王门内部的修正、纠偏倾向逐渐成为一股思潮，并与外部的批判、否定思潮形成合力，对阳明心学发起了一波又一波的反击。明末清初，面临国家衰亡、人心撕裂的大变局，阳明心学更是受到了前所未有的挑战，其命运亦急转直下，一度成为华夏陆沉的替罪羊，"王学"成了空疏、无用、误国的代名词。在当时出现的各种批判阳明心学的思潮中，既有主张朱王合流的，如唐枢、许孚远、刘宗周、陈确、黄宗羲、孙奇逢、李颙等；也有主张援朱入王的，如顾宪成、高攀龙、王夫之、顾炎武、颜元等；又有主张崇朱辟王的，如张履祥、吕留良、陆陇其、陆世仪等。在这几股思潮中，从始于王门内部的修正思潮到人称"清初三大儒"的黄宗羲、孙奇逢、李颙对阳明心学所作的修正和批评可以说最具理性和建设性。入清以后，清朝统治者实行思想禁锢，重新把程朱理学确立为思想正统，王阳明除了"立功"之形象尚为官方所接受，其"立言"和"立德"被基本否定，阳明心学从此走向式微，凋落消沉近二百年。直到晚清的"盛世危机"，阳明心学才又重新"再出发"，焕发出的新的活力，成为"决然可以救国""断然可以强国"的思想武器，成了从维新、革命到抗战三大历史阶段中的一个重要话题。[①]

　　明清之际，历史出现引人瞩目的变迁，这种变迁不仅表现为朝代的兴亡更迭，而且在更深的意义上展开于政治、经济、文化、思想等各个层面。在这个剧烈震荡的历史大舞台上，领时代先风的一些思想大师们开始普遍的历史反省，对宋明以来尤其是当时居于主流地位的阳明心学进行了深刻反思。这其中，以刘宗周、黄宗羲为代表的浙江本地思想家，以本地域的历史传统和思想文化为出发点对阳明学在发展过程中出现的一系列问题作了反思和重建，最终成为阳

---

① 参见陈立胜：《阳明学登场的几个历史时刻——当"王阳明"遭遇"现代性"》，载《社会科学战线》2018年第7期。

明心学批判性重建的代表人物。

从阳明学的发展史看，中晚明是阳明学的集中爆发期，清代是阳明学的相对衰弱期，近现代是阳明学的整体复兴期。在近现代中国，阳明学不仅广受知识精英的追捧，也深受政治精英的尊崇。从龚自珍、魏源、曾国藩、康有为、梁启超、谭嗣同到孙中山、章太炎、蒋介石、汪精卫、蔡元培、梁漱溟、熊十力、马一浮、贺麟、竺可桢等，无论改良派还是革命派，无论政界领袖还是学术泰斗，尽管政治立场各异，思想观念有别，均对王阳明及阳明心学抱有浓厚兴趣，探讨阳明学说、学习阳明精神成为这些人的共同选择。他们或者秉持阳明学的包容性品格，吸收佛教与最新的西方哲学思想，自觉地在阳明心学的基础上"接着讲"，以治人心、正世风；或者信奉王阳明的知行合一理念，汲取他在治世安邦中的智慧和举措，以积极的行动力救国救世。

在此过程中，王阳明家乡绍兴的知识精英群所表现出的浓厚阳明情结最具代表性。它告诉我们：以越文化命名的绍兴地域文化是个整体，有从古代到现代的传承系统，明中叶的阳明学是其最重要的中间环节。所以说，阳明精神已融入绍兴人的血液，无论是明代文人徐渭、陶望龄、陶奭龄、王思任、陈洪绶、祁彪佳等人的气质，还是现代思想大师鲁迅、蔡元培、竺可桢、经亨颐、马一浮乃至革命志士秋瑾、陶成章、徐锡麟等人的气质，都与阳明精神血脉相系。尤其是曾经在中国现代舞台上独领风骚的几位绍兴籍泰斗级人物，无论在感情上还是思想上，都与王阳明有着千丝万缕的联系。比如蔡元培、竺可桢，两位民国时期中国教育界的标志性人物。蔡所倡导的"自由精神"与竺所倡导的"求是精神"，都是对阳明精神的提炼与升华。再比如王心湛这位马一浮的"良友"，是中国现代史上创办《阳明学》专业杂志的著名学者和报人。王心湛（1881—1950），原名省三，绍兴山阴人，曾在"乡里扬阳明宗旨"。①他于1940年在上海创办阳明学社、《阳明学》杂志。该杂志从1940年第1卷第1期到1941年第1卷第6期，总共刊行了六期，目的是用中国人所理解的阳明学与日本人所

---

① 马一浮《岁暮有怀诸故旧》诗云："千岩万壑已无邻，苦雾愁阴不见春。唯有龙溪闻半偈，天泉桥上更何人！心湛昔在乡里扬阳明宗旨，今不知如何矣。"（吴光主编：《马一浮全集》第3册上，浙江古籍出版社2012年版，第139页）

标榜的阳明学相抗衡。太平洋战争爆发后，上海租界不复存在，创办于法租界的《阳明学》被迫停刊。王心湛所创办的阳明学社和《阳明学》杂志，为现代中国的阳明学发展史做了有力的注脚。

播及台港

自明朝郑成功驱逐荷兰殖民者开始，中国台湾地区的儒学传统便主要靠书院及科举制度维系。清代乾隆、嘉庆诸朝，士林虽以汉学为主，但官学以朱子学为宗。台湾儒学殊乏汉学气味，唯因功令所系，故奉朱学以供呫哔；亦由闽学渊源，濡染较切使然。本地又无其他学术传统，也未发展出另一系的思想与之对抗，所以在科举及书院教育制度的配合下，儒学即循朱子学而展开。①

明末遗民沈光文是台湾儒学最重要的代表。沈光文（1612—1688），字文开，号斯庵，晚年自称台湾野老，浙江鄞县人。②他在清兵入关后，毅然投入抗清斗争，因参与钱塘“画江之役”，被福王授为太常博士。第二年再次参与琅江战役，晋工部郎中，迁太仆寺少卿。他奔波于浙江、福建、广东之间，为鲁王与郑成功之间的联系人，后奉桂王派遣至潮阳，监郑鸿达之师，矢志反清复明。南明永历六年（1652）秋，他乘船迁居泉州，遇台风漂至台湾噶玛兰（今宜兰），转辗到台南鹿耳门③，卒葬于善化里东保。出于儒家士大夫根深蒂固的道统、法统意识，沈光文的后代都留在了台湾，因为在他们眼里，台湾与大陆一样都是留根的地方。是故全祖望将他与抗清志行坚确的另两位乡贤钱肃乐、陈士京相提并论：“吾乡残明遗臣葬于闽中者三：钱忠介（肃乐）公在古田，尚称内地；陈光禄（士京）在鼓浪屿，则濒海矣；沈太仆（光文）在诸罗，则海外

---

① 参见龚鹏程：《谈朱熹：我要治国平天下》，载凤凰网2019年6月10日。

② 有关沈光文的事迹，见朱铸禹汇校集注：《全祖望集汇校集注》，上海古籍出版社2000年版，第498—500、594—596页；沈善洪等点校：《续甬上耆旧诗》，杭州出版社2003年版，第407—408页）。

③ 沈光文入台时间有1649年、1651年、1652年、1658年、1661年五种说法，本文依据的是乐承耀之说（参见乐承耀：《全祖望的沈光文研究及其影响》，载《中共宁波市委党校学报》2013年第4期）。

矣……夫三公之勋业有大小，其名亦有显晦，然其依恋故国则一也。"①郑成功入台后，曾"以客礼见"；郑经继位后，沈氏见军政日削，乃作赋讽之，几遭杀身之祸，遂遁入佛门，以躲避政治迫害。在台期间，沈光文亦曾受到当时殖民台湾的荷兰当局礼聘，但被他断然拒绝。原因很简单，台湾是中国的领土，荷兰人是殖民者，为殖民者效劳是他的耻辱。被台风吹到台湾后，沈光文以雄于辞赋的杰出才艺，成为台湾文学的始祖。②他擅长辞赋而尤工诗，不仅将"春秋亡而后诗作"的儒家精神贯注到自己的作品中，还继承明末文人结社以文学创作寄托忧国之思的传统，创建了台湾第一个诗社。此后台湾文学形成以诗为主的特色，诗人每当重大历史变动之际辄好联社唱酬、砥砺名节，可以说都奠基于沈光文。③诚如康熙间台南第一任诸罗知县季麒光所言："从来台湾无人也，斯庵而始有人矣；台湾无文也，斯庵来而始有文矣。斯庵学富情深，雄于词赋，浮沉寂寞于蛮烟瘴雨中者三十余年，凡登涉所至、耳目所及，无巨细皆有记载。其间如山水、如津梁、如佛宇、僧寮、禽鱼、果木，大者纪胜寻源，小者辨名别类；斯庵真有心人哉！"④除了诗赋，沈光文还为儒家文化尤其是宋明理学在台湾地区的传播作出了重要贡献，被视为台湾的"孔夫子"。

甲午战争后，台湾被日本侵占。随着日本明治维新成功的影响力日益扩大，作为"明治维新原动力"的阳明学也开始在台湾地区传播开来，这从二十世纪初台湾报刊上所刊登的不少有关阳明学的文章中即可窥见一斑。如1900年8月1日至5日在《台湾日日新报》上刊载的《儒林遗芳·中江藤树》，以及分别于1908年5月3日、1910年2月27日至3月13日、1917年3月9日在同一刊物上登载的三宅雪岭的《王阳明学》，高濑武次郎的《阳明学新论序》《章太炎提倡阳明学》等文章，都从日本维新志士所倡导的王阳明"知行合一"立场出发介绍

---

① 沈善洪等点校：《续甬上耆旧诗》，杭州出版社2003年版，第407页。

② 全祖望称其"海东文献，推为始祖"（朱铸禹汇校集注：《全祖望集汇校集注》，上海古籍出版社2000年版，第500页）。

③ 参见潘承玉：《沈光文、姚启圣、鲁迅：越地三哲与中华文化在台湾的传播》，载中国越文化网2006年11月6日。

④〔清〕季麒光：《题沈斯庵杂记诗》，载龚宪宗主编：《沈光文全集及其研究资料汇编》，台南县立文化中心1998年版，第219页。

并宣传了阳明学。1926年从浙江考察王阳明遗迹后不久被派往台湾担任总督府调查课翻译并长期在台湾任职的井出季和太的阳明学观，对日据时期的台湾思想界也产生了影响。井出季和太赴台后对阳明学说及孙中山思想的介绍，在相当程度上使台湾人加深了对阳明学的认识，并在"知行合一"等于"维新"的固有观点中带给台湾人以不同的思考方向。他在文章中对阳明思想所作的阐述，首先从中国先秦诸子的哲学观开始谈起，认为哲学的发达与其论理法有密切关联，推重宋代二程、朱子的格物学说，并对王阳明的格物致知思想作了深入介绍。他在文中指出，王阳明对宋儒的反驳，是针对古本《大学》本义而作的阐释，目的是创设自己的新思想和新学派。他还引用《传习录》"天下之物本无可格者，其格物之功，只在身心上做""身之主宰便是心，心之所发便是意，意之本体便是知，意之所在便是物"等语，证明阳明论理较近于孟子本意，重点在于发挥"良知"，提出此乃王学有别于宋儒之特点也。①

结合阳明学的研究，井出季和太还对孙中山的"知难行易"说作了详细分析。他认为，关于知行关系，中国自宋代以后以程伊川、王阳明所论最具代表性，可惜从明末至清代，阳明后学流于空疏，遂被考据学所取代。然井出氏又认为，由于王阳明倡导与中国人"伪善"特性不相符的忠义观，故而阳明学难以流行于近代中国，直到梁启超救治时弊的言论出来后才略有改进。井出季和太评述近代中国阳明学不振的论点是否具有合理性虽有待商榷，但他认为孙中山学说的特异之处在于当几乎所有人都认为明治维新受到阳明学极深影响时，独树一帜，借由对《孟子·尽心上》"行之而不着焉，习矣而不察焉，终身由之而不知其道者，众也"的解释，提出了"知难行易"说。井出季和太还引述孙中山在《建国方略》第五章"知行总论"中对阳明"知行合一"所作的检讨，揭示了孙中山对于阳明学与明治维新二者之关联性的否定立场：

或曰："日本维新之业，全得阳明学说之功，而东邦人士，咸信为然，

① ［日］井出季和太：《支那古代的论理说（一）》，《台法月报》第19卷第1期，出版年不详。转引自林以衡：《以"维新"为例论阳明学在日治台湾的传播现象》，载《成大历史学报》2016年第50号。

故推尊阳明极为隆重。"不知日本维新之前，犹是封建时代，其俗去古未远，朝气尚存，忽遇外患凭凌，幕府无措，有志之士，激于义愤，于是倡尊王攘夷之说，以鼓动国人，是犹义和团之倡扶清灭洋，同一步调也。所异者，则时势有幸有不幸耳。及其攘夷不就，则转而师夷，而维新之业，乃全得师夷之功。是日本维新，皆成于行之而不知其道者，与阳明"知行合一"之说，实属风马牛之不相及也。①

而井出季和太对于孙中山有关阳明学与明治维新没有多大关联的说法是持怀疑态度的。在他看来，无论是孙中山还是章太炎，都误解了阳明学的本意。阳明学之所以适用于日本，乃是因为日本当时正处于国气伸畅、朝气隆盛之时。阳明学对于日本来说，仿佛是加之于健康者身上的一帖良药，能让他更加健壮，但对中国这种暮气沉沉且吸食鸦片的国家来说，其效用就有限了。②从井出氏对王阳明出生地的实地考察，以及他对阳明学是否适用于中日两国所作的对比研究中，似乎可以得出这样的结论：井出季和太是把阳明学与明治维新是否有关联的讨论最早引入台湾的人，也是较早在台湾介绍和宣传王阳明并为阳明学在中国的遭遇而鸣不平的日本人。

1949年以后，因退守台湾的蒋介石及其国民党精英和知识界推崇阳明学，阳明学成为我国台湾地区的新官学，学术界对儒学之诠释与态度亦由此歧为三途。一为"中研院"、台湾大学等，延续五四运动以来的精神，以儒学为现代化的障碍，仅撷拾乾嘉汉学以彰明其科学方法，以至厌闻宋明理学，痛诋礼教吃人。二为保卫国故者，以复兴中华文化为己任，上溯朴学，以明统绪，故对宋明理学也甚少阐究。三为新儒家，欲明心复性，以矫时弊，是以多本于宋明理学而作展开与发明。但在广义的新儒家阵营中，对宋明理学的取舍也不尽一致。钱穆较重视朱子。唐君毅、徐复观则并未在程朱与陆王两系中表现太斩截的立

① ［日］井出季和太：《孙文学说的知行论》，《台法月报》第22卷第1期，出版年不详，第22页。译文和原文参考自秦孝仪主编：《国父全集》，近代中国出版社1989年版，第382—383页。
② 参见林以衡：《以"维新"为例论阳明学在日治台湾的传播现象》，载《成大历史学报》2016年第50号。

场，认为阳明学实即朱子学之发展，是朱子学的一个阶段；阳明只不过把朱子分解的东西统摄在一起，如知与行、体与用、心与物等关系。牟宗三较为特殊，他将二程分开，认为程明道继承的是孔孟《中庸》《易传》之本义，此乃所谓"纵贯系统"；程伊川及朱子所开者则为一个新的传统，此乃所谓"横摄系统"。在牟宗三看来，伊川、朱熹是"别子为宗"，明道、五峰乃至以后陆象山、王阳明、刘蕺山所传，才是正宗。受此新说之影响，陆王之势渐张，朱子之学遂日蹙矣。[①]

至于中国香港地区，虽然鸦片战争以后在英国殖民统治下，包括阳明学在内的传统儒学文化受到很大限制，但到二十世纪五十年代，新亚书院的诞生揭开了包括阳明学在内的宋明新儒学的研究序幕，取得了一批影响深远的研究成果，培养了一大批人才。其中一些人后来成为海外新儒家思潮的领袖级人物，唐君毅、牟宗三、徐复观等学者即为其代表。新亚书院由钱穆、唐君毅、张丕介及一群来自中国内地的学者于1949年创立，当时名为亚洲文商学院，后于1950年3月改组并易名为新亚书院。其教育宗旨是"上溯宋明书院讲学精神，旁采西欧大学导师制度，以人文主义之教育宗旨，沟通世界中西文化，为人类和平社会幸福谋前途"。1963年，新亚书院、崇基学院和联合书院正式合并组成香港中文大学。二十世纪六七十年代，张君劢、牟宗三、徐复观等先后到此任教或讲学，遂使新亚书院被视为中国儒学复兴的基地。该院秉承保存和弘扬中国传统文化的宗旨，几十年来为研究和传承包括阳明学、宋明理学在内的中国传统思想文化作出了重要贡献。

---

① 参见龚鹏程：《谈朱熹：我要治国平天下》，载凤凰网2019年6月10日。

第六章　域外传播

基本概况

一般来说，阳明学研究至少可分为六种类型：一是王阳明本人的阳明学，或称"本来的阳明学"；二是王阳明后学所理解的阳明学，或称"后人的阳明学"；三是批评者和反对者所理解的阳明学，或称"反对派的阳明学"；四是当代人所理解的阳明学，或称"意义的阳明学"；五是传播于东亚区域并形成域外阳明学派的阳明学，或称"东亚的阳明学"；六是西方人解释、研究的阳明学，或称"西方的阳明学"。本章将主要介绍东亚的阳明学与西方的阳明学，以期通过"他者参照系的介入"，更深刻、准确地观照和反思中国的阳明学。

东亚的阳明学主要是指日本和朝鲜半岛（当代以韩国学术界为代表），也包括古代琉球、越南以及新加坡、马来西亚、菲律宾、泰国、印度尼西亚等华人圈的阳明学。日本、朝鲜的阳明学，包含历史上的阳明学传播与现当代的阳明学研究，而新加坡等东南亚国家则主要是现当代的阳明学研究。

所谓"日本阳明学""朝鲜阳明学"[①]，其实就是"日本人的阳明学""朝鲜

---

① 朝鲜半岛分裂为南北方，阳明学的传播与研究在朝鲜民主主义人民共和国基本绝迹，而在大韩民国则获得了长足发展。1995年，韩国还成立了全国性的"韩国阳明学会"，使阳明学的影响力在韩国日益增强。所以对1945年后朝鲜半岛的阳明学，本书一般不称"朝鲜阳明学"而改称"韩国阳明学"。相应的，朝鲜王朝时期的相关著述以"［朝］"标注，现当代韩国学者的论著以"［韩］"标注。

人的阳明学",这与阳明学在中国内部的展开有本质区别。对于阳明学在中国的展开,只能说江右王门、南中王门,而不能说江西人的阳明学、江苏人的阳明学。江右、南中等王门与阳明学发生地的关系,是辐射与被辐射、教化与被教化的关系,靠师徒传授、讲学教化等方式实现;日本、朝鲜的阳明学,则主要通过文本解读、自我消化的方式实现。除了僧侣了庵桂悟(1425—1514),日本人连王阳明的弟子都没见过,中国式体悟、感化过程在他们身上很难重现,王阳明及其弟子的著作几乎是他们跨入阳明学门槛的唯一通道。朝鲜阳明学者的情况也大致如此,尽管他们与中国阳明学者有过接触,但并无直接的师徒传授关系。在这点上,阳明学与朱子学等传统儒学有很大不同,后者的传播方式除了典籍输入,还有人员交流甚至面授。①比较而言,阳明学在东亚的传播,自主性更强、主体意识更鲜明,其正面与负面意义也更加突出。这也是日本学者主张把日本阳明学派直接根据其创始人中江藤树而命名为"藤树学派"、韩国学者主张把朝鲜阳明学派直接根据其创始人郑霞谷而命名为"霞谷学派"的主要原因。

中、日、韩三国在民族性格上存有明显的差异,反映到阳明学在三国的传播与发展上,也同样表现出差异性。比较而言,中国的阳明学已从政治层面深入到民间社会,与平民教育相结合,走的是政治化加世俗化的发展路径。日本的阳明学起先只是掌握在儒学教师个人手中的文化知识,后来为了实际的需要而逐渐成为武士阶层手中的思想武器,走的是学术化加功利化的发展路径。朝鲜的阳明学从一开始就是作为与佛教禅宗相类同的异端思想被引进的,因而是在垄断性主流意识形态的辨斥声中被官方和民间艰难地引进和接受的,走的是以程朱理学为绝对权威的发展路径。这种差异产生的原因是,朝鲜比日本拥有更加漫长的儒家文化史,而且就儒家文化输入日本的历史情况而言,朝鲜一直起着沟通中日两国的桥梁作用。朝鲜的文化居间角色,决定了朝鲜儒学与日本儒学相比要更忠实于中国传统儒学的文化性格。就理学来说,朝鲜的理学虽来

---

① 朝鲜王朝时期阳明学的传播与日本阳明学的传播略有不同,既有间接的书籍交流,更有直接的人员交流,如朝鲜燕行使中就有一大批是为科举考试而赴华学习的儒者。

自中国，但它在朝鲜却比理学在中国拥有更强的垄断地位。在中国，反对朱子学的学术流派从未允许朱熹的思想体系像它在朝鲜那样拥有如此强大的话语垄断权。朱子学的垄断地位是造成朝鲜阳明学难以充分展开的重要原因。总之，中国的阳明学者是用普世主义的价值观念来看待阳明精神及其理想，日本的阳明学者是用工具主义的实用态度来利用和改造阳明学说，而朝鲜的阳明学者则是基于原教旨主义的立场来批判重塑阳明学说。这就是为什么从十八世纪中叶至十九世纪末日本的阳明学者能够作为社会思想变革的主导者而活跃于历史舞台；中国的阳明学者则分化为两极，一极走向脱离现实的空疏主义，一极走向参与社会变革的实践主义；而朝鲜的阳明学者则基本上成了社会变革的旁观者和辅助力量，直到二十世纪初才开始改换角色，成为朝鲜启蒙开化的呐喊者和生力军。一个是主导者，一个是参与者，而另一个则是旁观者，这就是东亚三国阳明学在近代以前所表现出来的个性特质。进入近代以后，情形发生变化，三国的阳明学者都继承和发扬了阳明学中的自由之精神和平等之意识以及高濑武次郎所说的"事业"之元素，摒弃了阳明学中的"枯禅"之元素，只不过这种情形在近代日本、朝鲜的阳明学者那里要表现得更为明显罢了。

西方的阳明学主要是指美、英、法、德、俄等国的阳明学。西方的阳明学与中国本土、东亚区域阳明学的最大区别在于，前者属于学术研究史及现代传播学的范畴，后者则属于学派传承史及古代传播学的范畴。或者说西方的阳明学的个性特征主要表现在研究视角、文献解读与方法择取上，比如存在着传教士眼中的王阳明及阳明学、汉学家眼中的王阳明及阳明学、古典哲学家眼中的王阳明及阳明学、现象学家眼中的王阳明及阳明学、解释学家眼中的王阳明及阳明学等区分，并未形成犹如中国本土、东亚区域那样的各种阳明学派或支流，尤其没有出现下沉于庶民阶层的社会思潮和大众运动。

因此，梳理或研究西方的阳明学，实即"研究史的研究"，犹如中国历史上的"学案体"，抑或现代学术意义上的"综述体"。它虽属学术思想史中的"照着说"，但所涉及的内容有"接着说"，甚至有"反着说"（即批判性、反思性的论述方式）；既是学术研究中的基础性工作，也具前瞻性的拓展意义。

就西方汉学界而言，自明代以来，不乏传教士或汉学家将儒家经典翻译为西方文本。早期如法国耶稣会士金尼阁于明天启年间（1621—1627）在杭州所刊的拉丁文《五经》（Pentabilion Sinense），十七、十八世纪法国巴多明（Dominique Parrenin）、宋君荣（Antione Gaubil）、刘应（Claude de Visdelou）和马若瑟（Joseph de Prémare）等所译的法文本《尚书》，十九世纪英国传教士、汉学家麦都思（W. H. Medhurst）和理雅各（James Legge）分别于1848年和1865年出版的《尚书》英译本，著名汉学家顾塞芬于1897年译的拉丁文《尚书》，二十世纪英国汉学家欧德（W. G. Old）和瑞典汉学家高本汉（B. Karlgren）分别于1904年和1950年出版的《尚书》新英译本，俄国汉学家比丘林（N. Ya. Bichurin）和西韦洛夫（D. P. Sivillov）分别于1822年和1841年出版的《尚书》俄语译本等。相比之下，《论语》《周易》等儒家经典在西方翻译传播得更为广泛，研究得也更深，兹不赘述。

至于阳明学传入西方世界的进程，则几乎是与翻译、传播宋明理学同步展开的。西方翻译传播宋明理学始于欧洲来华传教士，因而首先是从拉丁语、法语、意大利语等欧洲语言开始的。如利玛窦1593年最早译朱子所编"四书"为拉丁文，西班牙道明会士高母羡（Juan Cobo）翻译了中国哲学著作的第一个西传译本《明心宝鉴》，书中有朱熹等哲学家的论述和格言。随着英美两国的崛起，包括宋明理学在内的中国哲学外译和传播转为以英语世界为主，如阳明学的第一个海外译本《传习录》即是传教士亨克（Frederick G. Henke）于1916年翻译的，开启了阳明学的海外之旅。之后，无论是周敦颐、二程还是朱子等理学家著作和思想的翻译、传播都以英语为主。

传扬日本

一、间接输入

明治初年日本著名阳明学家东正纯极为重视阳明学在日本的传播和影响，甚至以为只有日本才称得上阳明学的继承者，其"姚江一滴水，千古向东流"[①]

[①] 邹建锋、何俊主编：《日本阳明学文献汇编》第50册，北京燕山出版社2021年版，第510页。

的诗句就涵盖了这样的意思。

阳明学说传入日本的时间，大约在王阳明逝世八十年后。王阳明的代表作《传习录》在1602年已经传入日本，但一直到1650年才在日本正式出版，比在朝鲜的出版时间晚了50多年。虽然朝鲜先出版了《传习录》，但日本却在1712年就刊行了影响很大的《标注传习录》。该书发端于阳明学者三轮执斋（1669—1744）在京都给筱山侯讲学时，接受筱山侯的委托对《传习录》进行校勘。从1711年旧历八月开始到翌年九月三十日完成，执斋不仅对全书进行了校勘，而且添加了大量注释。①这对阳明学在中下武士阶层的普及起到了相当重要的助推作用。而朝鲜不仅缺乏类似的普及性读物，而且其广为流行的是批判王阳明的书籍。质言之，王阳明的著作传到日本后，经诠释注解很快就被日本化、通俗化了，然而传到朝鲜后却是作为论辩、批判的对象存在。

与阳明学的发源地中国及最早传播地朝鲜相比，日本人对阳明学表现出近乎狂热的喜爱。尤其是进入近代以后，阳明学在日本逐渐成为一股社会思潮或社会运动。有人认为，发生在19世纪末20世纪初之日本社会的阳明学运动，"既不是中国明代王阳明思想在近代日本的深化和再现，也并非学术思想流派，更和中国没有什么关系。说穿了是几个日本人利用了'阳明'这个名号为自己发动的社会运动取的名字"。②此说没有回答这场运动为什么要以阳明学来命名而不是用儒教、朱子学或其他学说来命名，也没有指出"日本阳明学"与"中国阳明学"之间的内在联系以及学理上的相通性。应该说，阳明学自身所具有的主体性（代表主体的自由意志、独立人格的心力论）、行动力（代表知行合一、事上磨炼、简易工夫的行动力）以及怀疑变革精神（代表破除朱学藩篱、打破传统桎梏、追求圣凡同一的狂者气质）等特质，是能够与明治时代的社会思潮相适应的，也是能够为这种思潮提供思想资源的。尽管近代日本的阳明学与原生态的阳明学乃至江户时期的阳明学有很大区别，但做全然切割实在有悖

---

① 巧合的是，王阳明出生于明成化八年（1472）壬辰九月三十日，三轮执斋的《标注传习录》则完成于日本正德二年（1712）壬辰九月三十日。

② 参见邓红：《何谓"日本阳明学"》，载《华东师范大学学报（哲学社会科学版）》2015年第4期。

实情。

中国儒学历来给人以温文尔雅、谦谦君子之形象。王阳明的出现给东亚尤其是日本以耳目一新的感觉，这不仅在于其打破思想禁锢的精神力量，更在于其"儒者之功，仁人之勇"的政治气魄。冯梦龙的《王阳明先生出身靖乱录》说："先生十四岁习学弓马，留心兵法，多读韬钤（指《六韬》《玉钤篇》）之书。尝曰：'儒者患不知兵。仲尼有文事，必有武备。区区章句之儒，平时叨窃富贵，以词章粉饰太平，临事遇变，束手无策，此通儒之所羞也。'"①《王阳明先生出身靖乱录》似乎要比《阳明先生年谱》更受日本人喜爱。（此书唯一古本即存于日本）阳明文武双全形象的出现，对东亚儒学界不啻于一场地震，它颠覆了传统儒学的形象。

与此相应，日本阳明学者还比较关注阳明著作中的奏疏公移。清代也有人重视这些，因为当时阳明学说遭到打压，故用突出事功的办法来提升阳明形象，如魏禧《阳明别录选序》。因为奏疏公移不是空言虚文，而是阳明著作中实学成分最多的部分，有可圈可点的治国安民之经术功业，日本文化注重"事功"的传统，在这里便得到有效放大。

二、思想特色

日本人之所以喜爱阳明学，与阳明学自身特点有很大关系。阳明所建立的卓越功勋及其学说中所蕴含的丰富兵学智慧，符合日本武士的口味；其思想中的"变"（时宜性、变通性）、"动"（行动性、活泼性）、"易"（简易性、一体性）、"实"（实践性、实用性）之学术品格，则更是符合日本的武士文化性格。比如阳明学的简易性，就如同佛教中教义最简易的净土宗，只要口念南无阿弥陀佛，即可命终后往生西方净土，深受武士阶层的喜爱。江户幕府的开创者德川家康（1543—1616）信奉佛教净土宗，以净土宗大本山东京增上寺为菩提寺，并对阳明学网开一面，亦与净土宗、阳明学的简易性有密切关系。

日本武士道的基本精神，其实也与阳明学的四大学术品格有关。这种基本

---

① 〔明〕冯梦龙原著，张昭炜编著：《皇明大儒王阳明》，九州出版社2014年版，第10页。冯梦龙所引阳明语，未见于《王阳明全集》，应是冯氏对阳明精神的自我解读与提炼。

精神可以概括为四个字：一是"武"字，对应武士道所强调的文武合一；二是"行（事）"字，对应武士道所强调的道术合一；三是"心"字，对应武士道所强调的心剑合一；四是"简（易）"字，对应武士道所强调的简素精神。文武合一、道术合一、知行合一、义利合一，则可谓日本阳明学的基本特征。

日本阳明学还有个特质，就是往往突出某一具象的道德范畴（如孝、忠、诚等），而不注重相对抽象的道德范畴（如仁、良知等）。所以，对于日本阳明学，笔者提出一种分疏方法，即不按照时间或地域，而按照思想家所特别强调的道德范畴来作区分，这与日本人擅长具象、实用的思维方式有一定关系。按照这种方法，日本阳明学大致可分为以下六类：第一，孝的阳明学，以中江藤树（1608—1648）为代表，突出武士精神；第二，行的阳明学，以大盐中斋（1793—1837）为代表，突出市民精神；第三，诚的阳明学，以山田方谷（1805—1877）为代表，突出商人精神；第四，气的阳明学，以三岛中洲（1830—1919）为代表，突出士人精神；第五，忠的阳明学，以吉田松阴（1830—1859）为代表，突出尊皇精神；第六，身的阳明学，以冈田武彦（1909—2004）为代表，突出简素精神。以上六种划分，尚有许多勉强之处、不合理之处，还需要进一步的深化和完善。

关于具象化的问题，可以日本阳明学中兴之祖三轮执斋的"四言教"论为例进行说明。执斋的最大功绩是标注出版了连当时中国也未进行标注的《传习录》，推动了日本阳明学理论水平的提高与相关知识的普及。执斋的阳明学论主要反映在其所著的《四言教讲义》中，他把阳明的"四言教"奉为"圣人之道"，但他对"四言教"的解释与阳明弟子王畿等人不同。比如他对"无善无恶心之体"的解释是："心无声无臭也，故无善恶之名。心之体至善也。人必努力达于真正之体。"这与朱熹用"无声无臭"解释周敦颐的"无极"概念极为相似，而与王畿用"无善无恶"解释阳明的"四言教"大相径庭。比较而言，"无声无臭"没有"无善无恶"之"至善"那么抽象。由此，也可以看出日本阳明学者注重具象、实际而不喜抽象、空谈的特质。

日本学者认为，日本经历了五次"阳明学运动"：第一次以创始人中江藤树为代表，故日本阳明学又称"藤树学派"；第二次以中兴者三轮执斋为代表；第三次以革命者大盐中斋为代表；第四次是幕府末年阳明学一跃成为力行变革之显学；第五次是从明治后期到昭和中期，在继承和发扬原生态阳明学之道德型特质的基础上，日本阳明学进入培养国民道德、践行伦理修养时期。[①]若从年代上划分，阳明学在日本的传播与展开则大致经历了四个时期，即江户时期、幕末时期、明治时期和昭和时期。[②]

三、江户时期

日本最早接受阳明学的是藤原惺窝（1561—1619），而藤原惺窝又是通过与被日方俘虏的朝鲜儒者姜沆（1567—1618）的接触和交往才开始从汉儒注疏转向宋儒义理学。姜沆是成浑（1535—1598）的弟子。成浑是朝鲜王朝除李滉（1501—1570，号退溪）、李珥（1536—1584）之外最重要的朱子学者，曾与明朝使者袁黄（1533—1606）有过接触。袁黄是王阳明高足王畿的弟子，对朱陆之争发表过重要意见，这些对姜沆是否产生过影响，这种影响又是否传递给了藤原惺窝，值得研究。不管怎么说，与朝鲜儒者交往密切的藤原惺窝，在朱陆之辩上不以正统朱学为至理的立场，表现出朱陆调和的倾向，与"辨陆不遗余力"的江户初期朱子学总代表林罗山（1583—1657）有很大区别。藤原惺窝还从林罗山那里得到王阳明作序的《陆象山集》，并读过阳明著作。日本阳明学鼻祖中江藤树也是通过读中国阳明学者的著作才转而信奉阳明学的，他与藤原惺窝没有师承关系，但两人在思想上的联系值得注意，因为从藤原惺窝的立场出发是有可能过渡到阳明学的。

中江藤树门下有被誉为藤门双璧的熊泽蕃山（1619—1691）和渊冈山（1617—1686）。熊泽蕃山曾仕事于冈山藩（今冈山市）藩主池田光政（1609—1682），具有经世之才；渊冈山则努力传播藤树学派的真谛，建立了藤树教，并将其传至会津藩（今福岛县西部）。

江户中叶开始，阳明学受到日本庶民阶层的喜爱。十八世纪以后，日本兴起了由石田梅岩（1685—1744）创立的以心为本、以神儒佛为一体的石门心学，

[①] 参见［日］吉田公平著：《日本的阳明学》，［韩］郑知旭译，青溪出版2004年版，第26—28页。
[②] 又可以分为五个阶段：江户早中期、江户中后期、幕末维新期、明治大正期、昭和平成期。

形成了所谓"町人哲学"。这种心学起源于中江藤树，这只要看一下其所撰的《翁问答》《鉴草》等著作就能清楚。因此，阳明学可以说是通过石田梅岩的心学才得以在日本普及的。

日本阳明学的蓬勃发展是幕府末年后出现的现象。这时阳明学者无论在学术思想方面，还是在实践业绩方面，都有令人震惊的表现。究其原因，可以说与当时的时势有深刻联系，阳明学则正好适应了当时的时势。活跃于这个时期的阳明学者是佐藤一斋（1772—1859）和大盐中斋以及他们的门人学友，其中尤以一斋的门人及其学友为多。

四、幕末时期

与中国阳明学在展开过程中所形成的社会化运动相似的是，日本阳明学在幕末维新期亦成为被中下层武士及町人所接受的社会思潮。相对于温水般的朱子学，"烈火般的阳明学"①较为符合期盼改变现状的社会中下层人的心理需要，所以主张改革、思想激进、不满现实的人，大都会倾心于阳明学。而且阳明学的"低层次性"，使之更易于从思潮转化为社会运动。发生在中国明代中后期的讲会运动和日本幕末维新期的心学运动，即为明证。所以，这一时期又被称为"阳明学季节"，可谓日本阳明学最为辉煌的时期。

从幕府后期开始，阳明学逐渐成为各藩校的主要学问，也是诸大名推进藩政改革的主要思想资源。当时在诸藩信奉阳明学的中下武士阶层中，既有与德川家康无血缘关系或地处边缘的外样大名（如倒幕四强藩，即佐贺、高知、萨摩、长洲），又有与德川家康血缘较近或地处中心地带的谱代大名。既有倒幕派志士，如西乡隆盛（1828—1877）、大久保利通（1830—1878）、东乡平八郎（1848—1934）是萨摩藩武士，吉田松阴、高杉晋作（1839—1867）、伊藤博文（1841—1909）是长洲藩武士，两藩组成"萨长同盟"，成为尊王倒幕派的急先锋；又有协幕派（护幕派）志士，如松山藩的山田方谷，冈山藩的河井继之助

---

① 日本人曾以明代末年出现的以觉浪道盛（1592—1659）为代表的"烈火禅"（［日］荒木见悟：《忧国烈火禅：禅僧觉浪道盛的抗争》，研文出版2000年版，第218页）来比喻阳明学，称幕末维新时期日本阳明学的杰出代表山田方谷为"烈火般的阳明学"（参见［日］矢吹邦彦：《烈火般的阳明学——山田方谷传》，明德出版社1996年版）。

（1827—1868）等。既有主张"和魂洋才"的激进派，如佐久间象山（1811—1864）、大久保利通、木户孝允（1833—1877）；又有主张"和汉习合"（神儒习合）的保守派，如佐藤一斋、三岛中洲等。也就是说，在当时日本中下武士阶层中，虽有各种不同的政治理念和改革路径，但信奉或倾心阳明学实为他们共同的思想基础。由于阳明学本身就是一门主张政治革新，以图打破传统格套、改变既有秩序的学问，所以无论倒幕派还是协幕派，只要是主张革新（包括藩政改革和幕政改革）的，大都信奉阳明学，阳明学几乎成为主张改革的仁人志士们共同的思想武器。

具体而言，在近现代的日本，除了中国人耳熟能详的"尊王攘夷""王政复古""明治维新"等声音，还存在着另一种声音，这就是当时被倒幕派或尊攘派所反对的幕府派或协幕派。幕府派、协幕派中也有主张开国革新的，主张维新的并非只有倒幕派、尊攘派。除了积极倒幕的四强藩、萨长同盟等，当时大多数藩还站在幕府一边。为幕藩服务的藩士，有部分人是相当有才干的阳明学者，他们一点也不亚于倒幕派、尊攘派的急先锋。在主张维持幕藩体制或革新幕藩体制的一批人中，也有许多杰出的阳明学者，山田方谷就是其中的佼佼者。

在日本阳明学派中，山田方谷在实践品格上最具代表性。他与中江藤树及其先师佐藤一斋的最大不同点在于，方谷是一位"活用王学于实际"的实干家，尤其是在财政经济领域。他所取得的业绩，使之成为"经济实用"型的阳明学者。方谷强调"王学大旨不出养气一章"，认为"气之直者，莫非良知"[1]。其弟子三岛中洲承其后，也不以阳明学为"心学"，而以其为"气学"；不以其为"致良知之学"，而以其为"诚意之学"。[2]故有人把中洲的学问取名为"气学的阳明实践之学"[3]。

日本阳明学的实践精神和庶民化倾向似乎要比中国阳明学更加明显和具象

---

① ［日］山田准编：《山田方谷全集》第2册，明德出版社1997年版，第800页。

② ［日］松川健二：《论三岛中洲的理气说》，载［日］冈田武彦等著，钱明编译：《日本人与阳明学》，台海出版社2017年版，第206—219页。

③ ［日］三岛中洲：《书孟子养气章或问图解后》，载［日］山田准编：《山田方谷全集》第2册，明德出版社1997年版，第812页。

化。比如对财政、农业、商业等所有民生问题，日本阳明学者不仅相当关注、投入，而且直接参与、指导。在古代中国，像张履祥般既是思想家又是农学家的人可谓凤毛麟角，而在日本这样的人不胜枚举，尤其是在阳明学者中。如果说中国阳明学者重点关注的是"成己之学"，那么日本阳明学者重点关注的则是"成物之学"。"成己之学"专务于"心性"，"成物之学"专务于"民政"。

特别需要指出的是，从山田方谷的诚的阳明学中衍化出来的义利并举论，后被三岛中洲继承和发展。中洲在 1886 年和 1908 年，曾分别以义利合一论和道德经济合一论为题，在东京学士会及哲学会上对方谷的义利并举思想作了宣传和诠释。中洲的道德经济合一论，后来又成为二松学舍大学的办学理念与经营理念。与中洲及二松学舍大学有着非同寻常关系的被誉为"日本近代企业之父"的涩泽荣一（1840—1931），完全践行了从山田方谷到三岛中洲的义利合一思想。涩泽荣一将这种义利合一的思想概括为"论语加算盘"，强调在"忠君爱国"精神指导下，用经营管理资本主义工商业的务实方式来发展日本经济。山田方谷、三岛中洲、涩泽荣一、岩崎弥太郎（1835—1885，三菱集团创始人）、大仓喜八郎（1837—1928，大仓财团创始人），乃至松下电气创始人松下幸之助（1894—1989）和京瓷公司创始人稻盛和夫（1932—2022）等"经济实用"型的阳明学者，都是日本阳明学的重要代表人物。这便是为什么日本的阳明学者不是成为政治家、军事家，就是成为企业家、实业家，真正成为学问家的人并不多的重要原因。

据笔者考证，日本最早使用"阳明学"术语的是江户中期大儒荻生徂徕（1666—1728），他在 1724 年写的《徂徕先生答问书》中说："世上大都追捧禅法、道教、朱子学、阳明学。"此时《明史》还未编纂完成，荻生徂徕可能是读了明人书籍后才使用这一术语的。日本真正开始流行"阳明学"这一术语，是在《明史》编纂刊刻以后，这可能与始纂于清康熙十八年（1679）、完成于清乾隆四年（1739）的《明史》刊刻后即被传入朝鲜、日本等国有很大关系。《明史》中已经有了非常明确的"阳明学"概念。①据《日本国语大辞典》载，江户中期汉学家大江资衡在1766年撰写的《间合早学问》卷上《学问宗派》中尝曰："所谓阳明学，即指明王阳明的学文，专说良知良能。"这可以说是依据《明史》而对"阳明学"所作的注解。此后伊势贞丈（1717—1784）在大约1783年写的《安斋随笔》第31条中也说："阳明学，即明王阳明的学文，专说良知良能。教导人们培养生命智慧并践行于万事。"有了这样的铺垫，到了江户中后期，日本文献中"阳明学"术语的使用逐渐增多。比如大盐平八郎（即大盐中斋）在《洗心洞学名及学则并答人论学书略》中说："弟子问于余曰：'先生学谓之阳明学乎？'曰：'否。''谓之程子学、朱子学乎？'曰：'否。'曰：'谓之毛、郑、贾、孔训诂注疏学乎？'曰：'否。''仁斋父子（仁斋与其长子东涯）之古学乎？'曰：'否。'曰：'抑徂徕主诗书礼仪之学乎？'曰：'否。''然则先生所适从将何学耶？'曰：'吾学只在求仁而已矣。故学无名，强名之，曰孔孟学焉。'"与其同时的广濑淡窗（1782—1856）《淡窗全集》卷《儒林评·熊泽蕃山》、佐藤一斋《俗简焚余》卷上《答望月主水》、广濑旭庄（1807—1863）《九桂草堂随笔》卷五，也都使用了"阳明学"术语。其中，佐藤一斋说："说我是阳明学亦未尝不可。阳明原本就是非常之人物，时时受其激励。但不能说我什么都是阳明学。"由此可见，幕府末年，"阳明学"其实已成为日本中上层士人的常用术语，吉田松阴正是在这样的背景下自然而然地使用了"阳明学"这一概念，而并非像有的学者所说的是"最早"并有所"特指"。②吉田松阴说的较有名的一段话是："吾曾读王阳明《传习录》，颇觉有味。顷得《李氏焚书》，亦阳明派，言言当心。向借日孜以《洗心洞札记》，大盐亦阳明派，

---

① 虽然据连凡考证，明代学者已开始使用"阳明学"这一术语。比如明董应举说："其为诸生时，学使者毁剥紫阳，以阳明学倡士，颁其书。孺环谢不领。"邹元标说："君讳秋，字子成，世居庄平，学者称为我疆先生。自幼凝重端淳，读诗书即通大意，不为训诂所束缚。里有宏山先生者，凤志阳明学，公赀而受学。"但是，《明史》毕竟为官修史书，其影响力显然更大、更广泛。（参见浙江省稽山王阳明研究院、中华孔子学会阳明学研究会编：《中国心学》第3辑，商务印书馆2023年版，第45—68页）

② 参见邓红：《何谓"日本阳明学"》，载《华东师范大学学报（哲学社会科学版）》2015年第4期。

取观为可。然吾非专修阳明学，但其学真，往往与吾真会耳。"[1]日本近代意义上的"阳明学"概念正是在幕末时期"阳明学"术语被普遍使用的前提下应运而生的。换言之，日本"近代阳明学"与"近世阳明学"至少在一些术语、概念上存在着前后承续关系。

不过需要强调的是，作为近代意义上特指概念的"阳明学"是由东京大学教授井上哲次郎（1855—1944）首先提出的，这也是井上氏被视为近代日本阳明学奠基人的原因之一。井上哲次郎于1892年12月5日在东京所作的"论王阳明学"的演讲中首次提出了"王阳明学"的概念，这可以说是近代阳明学概念的萌芽。[2]1896年7月5日，以吉本襄（1865—1921，即松冈好一，吉本襄是其笔名）为首的铁华书院在东京创刊《阳明学》杂志（停刊于1900年5月20日），"阳明学"的概念遂开始广泛使用并影响到中国和朝鲜。井上哲次郎、高濑武次郎（1869—1950）等著名阳明学者发表于该杂志上的文章，皆频繁使用"阳明学"一词。自此以后，"阳明学"的概念逐渐被日本人普遍接受，不仅学者之论著大都使用这一概念，而且相关杂志、学会也纷纷改称"阳明学"。明治、大正、昭和时期日本总共先后编纂了五种阳明学杂志。据冈田武彦说，编辑这五种杂志的目的，都是革新被欧化主义污染了的世道人心，振作国民精神，维护国体，以发扬国威于海外。[3]

五、明治时期

近代日本阳明学的发展与日本的地理位置有一定关系。长州藩（今山口县）位于日本本州岛最西端，形如半岛，是连通日本本州岛与朝鲜半岛乃至中国的交通要冲。因此，当时长州藩的武士对中国大陆、朝鲜半岛最为关注。其距离最近，交往最多，了解最多，征服欲也最强，在政治上最为激进，军事上也最为冒进。亦因此，吉田松阴等纷纷提出了征韩论、分裂清朝的国策。再比如萨摩藩（今鹿儿岛县）与琉球、台湾的距离较近，关系最为密切，也是最早侵略台湾、吞并琉球的藩国，并成为日本现代海军的发源地。可以说，至少明治中

---

[1] 山口县教育局编纂：《吉田松阴全集》第四卷，岩波书店1934年版，第293页。

[2] 参见钱明：《近世东亚思想钩沉：钱明学术论集》，孔学堂书局2016年版，第3—23页。

[3] 参见〔日〕冈田武彦监修：《王学杂志（复刻本）》序言，文言社1992年版。

后期的日本阳明学者及其信奉者，大都是极右派乃至军国主义者。日本前首相安倍晋三（1954—2022）出生于山口县，也受到了这种势力的影响。总之，萨、长二藩在历史上与德川家族有纠葛，江户幕府设立后又因远离江户而具有游离倾向；二藩还距离朝鲜半岛、中国大陆、琉球、台湾等比较近，野心比其他藩要大，武士阶层的侵略本性在这二藩中也暴露得最为充分。二藩中的一批思想先驱和政治精英是明治维新的志士，也是日本吞并琉球、侵占台湾以及征韩论、大陆政策的积极鼓吹者。阳明学中的文武合一、道术合一、知行合一等思想资源，因非常适合武士阶层的性格和需要，便成为他们欣赏和追捧的对象。阳明学就是在这样的背景下与近代日本的国家主义乃至军国主义结合在一起的。

正因如此，明治政府成立后，其权力大都集中在萨、长、土、肥四大强藩手中，即政界领袖都出自于旧萨摩、长州、土佐、肥前藩。后来从这四大强藩中渐渐孕育出极端主义倾向，以明治维新的主将们为代表，在政界、军界和思想界中形成了强大的势力。与之不同的是，从幕藩体制中孕育出的保守主义倾向，以幕末期的保幕派、协幕派为代表，在明治维新后，由于在政治上被边缘化，受到冷落甚至排挤，于是选择文教学业、经商实业，在教育、文化、经济、商贸等领域延续着自己的影响力。

在十七世纪的东亚世界，儒学被视为普世文明。清朝取代明朝，使得中土周边产生了一种对儒家文明继承和认同的忧患意识，于是朝鲜儒者发出了朝鲜是"小中华"的声音，日本古学家山鹿素行（1622—1685）和初期水户学亦产生了日本是"中朝"的意识。尤其在兵学出身的山鹿素行那里，思想原点已变成了神国日本优越于中朝、武威之国胜于文治之国的自信。平田笃胤（1776—1843）等国学家，更是在肯定万世的神国神皇基础上，形成了宣扬日本优于世界上任何其他国家的信念。而与古学、国学如出一辙的是，在日本阳明学中也出现了一批具有"国家主义""民粹主义"倾向的激进思想家，比如被称为"革命家"的大盐中斋、被称为"维新三杰"之一的西乡隆盛，乃至昭和时期把阳明学称为"革命哲学"的三岛由纪夫（1925—1970）等。这些人年轻气盛、桀骜不驯，推崇阳明学时极易走极端，出现偏激。对此，山田方谷在幕末时就已指出："见一二少年借口于王氏者，高论雄辩，足以压人。而细察其为人，刚愎自用，骄傲不逊，无一合法度者。"尽管阳明学符合年轻人的诉求，但年轻人的极端化思维又往往会害了阳明学，结果"舍其得而取其失"[①]。

实际上，阳明学本身就具有保守性与批判性，或者说守成性与革命性的双重品质。就其守成性而言，王阳明所言的"本心"或"良知"乃是普遍必然的道德本体，即以天理为心、以天理克心，他所主张的"破心中贼"实与程朱主张的"存天理、灭人欲"相一致；就其革命性而言，王阳明以"心外无理"破除了程朱理学"天理"对个体的束缚，确立个体良知就是天理，即以心为天理、以心克天理，由此开启了一种通往现代性的可能。幕末维新期的日本阳明学，更多的是发扬了阳明学的批判性品格；而明治中后期的日本阳明学，则更多是继承了阳明学的保守性品格，与国家意识形态之构成部分的"道德至上主义"直接联系在一起，并与天皇意识形态紧密相联，使得阳明学被重构为以天皇为中心的国家神道国体论的一部分。比如创办于东京的《王学杂志》就有国家主义的倾向，创刊于大阪的《阳明》杂志则坚持世界人道平等主义之立场。然而，在当时的日本，东京（关东地区）的阳明学之风要大大盛于大阪（关西地区），这与江户时期日本阳明学大阪强于江户（东京）的现象形成了对比。

六、昭和时期

本文所谓"昭和时期"，包括第二次世界大战后至二十世纪九十年代的平成时期。这一时期的日本阳明学在学术界、企业界、文学界及民间社会都有突出表现，可以大致用"三种人"和"三个平台"来加以概括。"三种人"即学界、商界和民间之人。学界以楠本正继（1896—1963）、岛田虔次（1917—2000）、冈田武彦、荒木见悟（1917—2017）、山井涌（1920—1990）、沟口雄三（1932—2010）、山下龙二（1924—2011）、吉田公平（1942— ）等为代表。以上代表性人物，除吉田公平外，如今都已过世，这也标志着一个时代的结束。这个时代日本的阳明学研究代表着世界顶尖水平，是各国阳明学研究必须借助和难以跨越的一个重要阶段。商界以松下幸之助、三菱集团的岩崎家族、稻盛和夫、矢崎胜彦（1942— ）等为代表；民间以安冈正笃（1898—1983）、冈田

---

① ［日］山田准编：《山田方谷全集》第1册，明德出版社1997年版，第184页。

武彦等为代表。"三个平台"即东京大学、京都大学和九州大学，如今更有东洋大学、早稻田大学、关西大学等，这些大学皆产生过具有国际影响力与代表性的著名专家和研究成果。

如果说安冈正笃是介于政界与民间的关键人物，那么冈田武彦便是当代日本阳明学从学界跨入社会的重要代表。他与日本企业界合作，在二十世纪九十年代主办了两次当代日本规模最大的学术研讨会。一次是1994年4月8日至10日在福冈市召开的"东亚传统文化国际会议"。本次会议以冈田武彦会长和町田三郎（1932—2018）实行委员长为核心，由九州大学及九州地区的大学等所属的中国哲学、中国文学研究者组成实行委员会。会议的目的是在世纪末的政治、经济、教育及其他不安定的状态下，提倡学习东洋的传统文化和思想，由此提供开启新人类未来的食粮，探求传统文化重获新生的方式。与会者有国内外专家60余名、一般研究者40余名、普通市民约400名。另一次是1997年8月11日至13日在京都国际会馆举行的、由日本将来世代总合研究所主办、京都论坛和将来世代国际财团为后援的"第三回世界将来世代京都论坛——国际阳明学京都会议"。可以毫不过分地说，这是二十世纪国际阳明学研究最重要的学术活动。来自全球13个国家和地区的300余名代表出席了此次论坛，其中既有国际著名的阳明学研究专家，也有日、韩等国财经界的王阳明"知行合一"精神践行者。九州大学的冈田武彦、福田殖（1933—2017）教授，京都大学的吉田和男教授，将来世代国际财团理事长矢崎胜彦先生，分别担任本次论坛的组织委员会议长、学术部委员长、实践部委员长和组委会事务局长，这足见冈田武彦及九州大学在日本企业界和民间社会的巨大影响力。论坛的主题是"二十一世纪的地球与贡献于人类的阳明学"。出自中国著名画家范曾手笔的"王阳明坐像画"为会议会标，以整个地球为背景，反映了主办者"以地球人类为己之志"的深刻主题。

至于文学界，在昭和之前即有三岛中洲的学生夏目漱石（1867—1916）及森鸥外（1862—1922）两位日本近代文学巨匠，他们的作品深受阳明学思想的影响，在近代日本产生了很大影响。从大正末期至昭和初期，日本文学界较为盛行的，一方面是新现实主义、新感觉派、新兴艺术派等流派，另一方面是受到马克思主义及俄国革命影响的无产阶级文学流派。在这些流派中，林芙美子（1903—1951）是深受宋明思想影响的文学家之一，三岛由纪夫则是昭和以后日本文学界受阳明学思想影响的主要代表。

林芙美子的《创作笔记》在引用王阳明"四句教"之前，有一段内心独白："我写完这本笔记，忽然凝视了一阵自己那双平凡的小手。"大概作者是在剧烈的创作心理活动后，从"格物""致知""诚意""正心"的过程中，领悟到了阳明"四句教"的真谛，故而即刻把它抄录了下来。虽然她对阳明的"四句教"并未作展开讨论，但可以想象，"四句教"是她进行文学创作的心理支柱。她在《创作笔记》中，曾以"女性房间"为题，从儒教精神出发，解读北宋周濂溪的《太极图说》，并认为对她自身来说，"创作工作也应该具有这种无极而太极的境界"。其受王阳明、周濂溪的思想影响之深，由此可见一斑。①

在昭和文学中，三岛由纪夫作为国家主义的代表，受阳明学的影响颇深。他的《作为革命哲学的阳明学》②一文，是以大盐平八郎为中心而论述现代日本社会状况的代表作。他不仅认为大盐中斋当年的"叛乱"是正义行动，而且其本人也鼓动自卫队起义，事败后自杀身亡。③这充分反映了日本阳明学者及其信奉者易于激进、走极端的一面。与此同时，日本作为第二次世界大战的战败国，战后逐渐形成了特殊的国家体制，这一巨大改变深深改变了国民心理，反映在文学艺术上的颓废和挫败感也随处可见，三岛由纪夫即为其典型代表。④

---

① 参见〔日〕海老田辉已：《阳明学对日本近代文学的影响》，载〔日〕冈田武彦等著，钱明编译：《日本人与阳明学》，台海出版社2017年版，第196—205页。

② 收入《诸君》杂志昭和四十五年九月号。

③ 1970年11月25日上午，三岛由纪夫来到位于东京的自卫队东部方面军司令部，绑架其师团长，强迫其部下起义，未果，遂在主楼前剖腹自杀。

④ 参见丁青：《战后初期阳明学在日本的接受与传播——以战后派文学家三岛由纪夫为例》，载《绍兴文理学院学报》2023年第1期。

晦迹朝鲜

一、直接输入

大约在王阳明逝世二十五年后，即朝鲜王朝的中宗至明宗年间，阳明学便已开始传入朝鲜。这一时期在朝鲜的学术史上正是程朱理学的全盛阶段，尤其是朝鲜大儒李退溪及其门人，一意奉持朱子学，便自然地极力排斥阳明学，将其视为异端邪说。然朝鲜的朱子学一如中国，亦分为主理学派和主气学派。这两个学派的学者对阳明学的态度可谓有天壤之别，前者排斥王学派，后者赞同王学派。在宣祖[①]初年，朝鲜的阳明学开始与政治发生关系。李退溪过世、出使朝鲜的明朝使臣中一些阳明心学信奉者（如魏时亮、欧希稷、韩世能、陈三谟、赵贞吉等）的东来，以及由这些使臣向宣祖提出王阳明从祀文庙等问题，尤其是朝鲜明宗末至宣祖初由于倭乱而援朝的明军首领中的一些阳明学者（如宋应昌、袁黄、王君荣等）的劝奖和灌输[②]，都对阳明学在朝鲜的传播与发展产生了一定影响。虽然陆九渊和王阳明的文庙从祀问题，终因朝鲜当政儒者的反对而未能在朝鲜推行，但这些事件对于阳明学被朝鲜上层所接纳是甚为有利的。朝鲜阳明学发展的最大转折点在于宣祖不满程朱学者的故步自封而逐渐转向阳明学。尽管总体上朝鲜王朝对阳明学进行了残酷镇压，但依然有一些学者将生死置之度外而公开主张阳明学。只不过，大部分阳明学者在严酷的政治生态下，为了生存，在学问选择、自我追求与现实政治的激烈冲突中，要么采取表面上标榜朱子学而暗地里吸收和传播阳明学的"阳朱阴王"方式，要么采取折中朱

---

① 即李昖（1552—1608），初名李钧，朝鲜王朝第14代君主。1567年至1608年在位，原庙号宣宗，后改称宣祖。明万历二十年（1592）壬辰倭乱时，李昖逃至义州，向明朝求救，后在明朝支援下，于万历二十六年（1598）驱逐日寇，返回汉城。

② 当时灌输的主要是对抗倭战争有直接帮助的王阳明的军事战略思想及其卓著事功。如宣祖就对阳明的才气和事功颇为赞赏。据《宣祖实录》记载，儒臣柳希春曾建议校书馆印行陈建的《学蔀通辨》，认为"此实辟异端之正论"，而宣祖则曰："王守仁亦有才气，建功业。"并针对柳希春的言论说："谓之邪，无乃过乎！"不同意把王阳明一棍子打死。毫无疑问，他在日常中也会有意无意地涉及王阳明的心学思想。

子学与阳明学的方式。

那么，阳明学又是如何输入朝鲜半岛的呢？这就关涉到时间与路径两大课题。学术界对阳明学何时传入朝鲜半岛至今尚无确切之定论，可谓众说纷纭、莫衷一是，其中较为具有代表性的观点有以下四种。[①]

一是根据李滉的《退溪集》卷四十一《传习录论辨》、柳成龙（1542—1607，号西厓）的《西厓集》卷十五《知行合一》和《王阳明以良知为学》，以及记录在《李朝实录》宣祖二十七年（1594）中的有关阳明学说的文献等，主张阳明学的传入时期为明宗末宣祖初，即1567年前后。[②]

二是尹南汉主张的阳明学在中宗末明宗初程朱学的心学化过程中传入并得到接受和批判的观点。他认为，心学化的契机形成于金安国（1478—1543，号慕斋）[③]、朴永、徐敬德（1489—1546，号花潭）、李彦迪时期，金安国是最先研究明儒程敏政（1445—1499）《心经附注》并将其传给弟子许忠吉（号南溪）的人。尹南汉把赵光祖（1482—1519，号静庵）的道学运动看作是心学化运动的开始。以此为由，他认为徐敬德、曹植（1501—1572，号南冥）以及与他们有关联的李履素（生卒年不详，号仲虎）、洪仁佑（1515—1554，号耻斋）、南彦经（1528—1594，号东冈）等人使心学学风更趋明显化。[④]金安国比王阳明小6岁，如果说在金安国的《赴京使臣收买书册印颁议》中包含了王阳明作序的《象山集》，那么可以推测王阳明思想的传入时间应该更早。[⑤]根据洪仁佑《耻斋日记》癸丑六月十日条中有关洪仁佑阅读《传习录》的记录，可以推测王阳明著作在明宗八年（1553）即已传入朝鲜半岛。[⑥]

————————————

① 这部分内容，可参见〔韩〕金吉洛：《韩国象山学与阳明学》，李红军译，社会科学文献出版社2016年版，第29—30页。

② 李能和、高桥亨、刘明钟等持这种看法。参见〔韩〕李能和：《朝鲜儒界之阳明学派》，载《青丘学报》1936年第25号；〔日〕高桥亨：《朝鲜的阳明学派》，载《朝鲜学报》1953年第4辑；〔韩〕刘明钟：《朝鲜朝的阳明学研究及其发展》，载《韩国哲学研究（下）》，东明社1978年版，第111页。

③〔韩〕尹南汉：《朝鲜时代的阳明学研究》，集文堂1982年版，第112页。

④〔韩〕尹南汉：《朝鲜时代的阳明学研究》，集文堂1982年版，第23页。

⑤〔韩〕尹南汉：《朝鲜时代的阳明学研究》，集文堂1982年版，第100页。

⑥〔韩〕尹南汉：《朝鲜时代的阳明学研究》，集文堂1982年版，第132页。

三是认为阳明学的传入时间在朝鲜中宗十六年（1521）之前。吴钟逸根据朴祥（1474—1530，号讷斋）在《讷斋集》中的《年谱》和《辨王阳明守仁〈传习录〉》中批评《传习录》为禅学的言论，以及金世弼（1473—1553，号十清轩）《十清轩集》卷二《又和讷斋》中的"阳明老人，专治心学，出入三教，晚有所得……"，《十清轩先生文集》卷四《附录》朴弼周所撰《十清轩谥状》中的"王阳明文字东来未久，人莫知其为何等语，而先生早已觑破其为禅学，与朴讷斋祥，有酬唱三绝句"等内容，推测阳明学的传入时期为中宗十六年。①

四是申香林根据金世弼自明返回朝鲜的时间是1520年，主张《传习录》的传入时间可能为1520年。②

因阳明学传入朝鲜时间的不同观点，对于"谁是接受阳明学的第一人"问题也产生了分歧。刘明钟认为，南彦经与李瑶（生卒年不详，庆安令）最早接受了阳明学。③尹南汉却主张，在朝鲜王朝最早购得《传习录》的是洪仁佑④，洪仁佑的《耻斋遗稿》是推定阳明学传入时间的原始资料，并认为还可以通过《耻斋遗稿》获知徐敬德与朝鲜王朝时期阳明学者之间的关联性⑤。洪仁佑与南彦经是姻亲兄弟，所以在学术上有可能相互影响，而李瑶作为南彦经的门人至少在这个时期已接触了阳明学。但申香林认为，金世弼可能是朝鲜半岛接受阳明学的第一人。⑥

不管怎么说，朝鲜人在王阳明逝世前后就已对其思想和著作有所了解应是不争的事实。然《传习录》在朝鲜的初刊，则要等到1593年末，即王阳明去世64年后，整整晚中国初刻《传习录》上卷75年。⑦值得注意的是，比《传习录》晚出的明人批判阳明学之书籍，在朝鲜却要比《传习录》早出版近40年。比如

---

① ［韩］吴钟逸：《阳明〈传习录〉传来考》，载《哲学研究》（韩国）1978年第5辑。

② ［韩］申香林：《十六世纪前期阳明学的传来与受容研究》，载《退溪学报》2005年第118辑。

③ ［韩］刘明钟：《朝鲜朝的阳明学研究及其发展》，载《韩国哲学研究（下）》，东明社1978年版，第111页。

④ ［韩］尹南汉：《朝鲜时代的阳明学研究》，集文堂1982年版，第112页。

⑤ ［韩］尹南汉：《朝鲜时代的阳明学研究》，集文堂1982年版，第129页。

⑥ ［韩］申香林：《十六世纪前期阳明学的传来与受容研究》，载《退溪学报》2005年第118辑。

⑦ ［韩］尹南汉：《朝鲜时代的阳明学研究》，集文堂1982年版，第11页。

詹陵撰于1526年的《异端辨正》在1551年传入朝鲜当年便刊刻发行，而王阳明《传习录》于1520年前后东传朝鲜后，却要到1593年才刊行。两相比较，《异端辨正》比《传习录》虽晚30年传入，但却早40多年刊出。罗钦顺的《困知记》和陈建的《学蔀通辨》亦复如此，在朝鲜的刊行时间，前者只比明朝刊行时间晚了大约32年，后者仅晚了25年。[①]也就是说，王学否定论者的理论在朝鲜的传播，要远早于王学本身，朝鲜阳明学是在王学遭到广泛攻击和指斥的背景下形成的。李退溪与郑霞谷便是朝鲜王学否定论与肯定论的两大代表，只是前者比后者早了160余年。换言之，阳明学在朝鲜作为研究的对象是在作为批判之对象160余年后，才由郑霞谷最后确立的。这种在思想传播史上次序颠倒的现象，不仅凸显出朝鲜阳明学与中、日两国阳明学的不同点，还表明当时的朝鲜思想界具有强烈的先入为主的造势意识和思维定势。

至于阳明学输入朝鲜半岛的路径问题，尹南汉在寻找阳明学传入朝鲜的原委时，不仅指出居住在辽东的贺欣是陈献章的门人，还提及壬辰倭乱（1592—1598）期间来救援朝鲜的明朝阳明学者。他据此推定，传入朝鲜的可能是北方阳明学。李庆龙也认为，由于朝鲜国在地理上接近中国北方地域，郑齐斗是否接受中国北方的阳明学，特别是代表中国北方阳明后学的张后觉[②]的"良知体用"论是否影响到郑齐斗的学术主张，这也是我们所要澄清的研究课题。[③]两位学者的见解，以及中江藤树通过王畿而进入阳明学殿堂的有关史实[④]，为我们比较中、日、朝三国阳明学提供了一条重要思路。如果可以把阳明学区分为北方阳明学与南方阳明学的话，那么就学术个性而言，朝鲜所接受的阳明学比较接近北方阳明学，而日本所接受的阳明学则较为接近南方阳明学。

---

① ［韩］郑德熙：《阳明学对韩国的影响》，文史哲出版社1986年版，第60页。

② 张后觉（1503—1580），字志仁，号弘山，山东茌平人，早岁受业于颜钧、徐樾，"犹以取友未广，南结会于香山，西结会于丁块，北结会于大云，东结会于王遇，齐鲁间遂多学者"（沈善洪主编，夏瑰琦、洪波校点：《黄宗羲全集》第7册，浙江古籍出版社1992年版，第741页）。有《张弘山集》行于世。张后觉的事迹可详见张元忭的《不二斋文选》卷五《茌平弘山张先生墓表》。

③ ［韩］李庆龙：《17世纪后阳明学时期与霞谷学的定位》，载［韩］郑仁在、黄俊杰编：《韩国江华阳明学研究论集》，华东师范大学出版社2008年版，第18—30页。

④ 参见［日］中江藤树：《藤树先生全集》第五册，岩波书店1940年版，第16页。

关于南北阳明学的介绍，笔者在前篇已有论述，此处不再赘述。然而要重点说明的是，北方学者对阳明学虽整体上持批判态度，但并不说明北方就没有阳明学的追随者或辩护者了。比如同为河南大儒的孙奇逢就曾针对崔铣的言论反驳说："文敏议象山、阳明为禅学，为异说。夫二人者，且不必论其学术，荆门（指象山）之政，有体有用；宁藩之事，拚九死而安社稷，吾未见异端既出世而又肯任事者也。"①如此看来，黄宗羲在《明儒学案》中特设专章讨论北方王门，绝非无的放矢。只因其掌握资料有限，故而并未对北方王门作深入研究。他说：

> 北方之为王氏学者独少，穆玄庵既无问答，而王道字纯甫者，受业阳明之门，阳明言其"自以为是，无求益之心"，其后趋向果异，不可列之王门。非二孟（指孟秋、孟化鲤）嗣响，即有贤者，亦不过迹象闻见之学，而自得者鲜矣。②

黄宗羲的意思是说，阳明学对北方的影响甚微，后学也很少，更不用说向周边区域扩散了。因此可以说，北方阳明学要传至海外，实在难之又难。即使如此，仍有史料证明，一些北方阳明学者尤其是对阳明学屡有批评的北方学者影响到了朝鲜。比如曾"九载南都，与湛甘泉、邹东廓共主讲席，东南学者尽出其门"的吕柟（1479—1542，字仲木，号泾野，陕西高陵人），就曾是朝鲜儒者崇拜的对象："朝鲜国闻先生名，奏请其文为式国中。"③还有与吕柟"交相切劘，名震都下"的马理（1474—1556，字伯循，号溪田，陕西三原人），亦曾被慕名而来的朝鲜使者"录其文以归"④。相比之下，南方阳明学则不仅包括浙中、江右、南中、闽粤、楚中等诸多流派，而且多有发明自得，是推动阳明学

---

① 沈善洪主编，夏瑰琦、洪波校点：《黄宗羲全集》第8册，浙江古籍出版社1992年版，第464—465页。

② 沈善洪主编，夏瑰琦、洪波校点：《黄宗羲全集》第7册，浙江古籍出版社1992年版，第739页。

③ 沈善洪主编，夏瑰琦、洪波校点：《黄宗羲全集》第7册，浙江古籍出版社1992年版，第151页。

④ 沈善洪主编，夏瑰琦、洪波校点：《黄宗羲全集》第7册，浙江古籍出版社1992年版，第181页。

传播和发展的主要力量。因此，笔者认为除了朝鲜特殊的政治学术生态①，阳明学在朝鲜始终不发达的原因也许还与北方阳明学不够发达的状态及其理论特点有关。

二、学术性格

历史上朝鲜半岛因其所处的地理位置，与中国的北方交流比较多。中国南北学风有所不同，这自然也会影响到朝鲜。北方长期拥有政治文化中心，相对而言有正统、守成的文化心态，朝鲜历史上的"小中华"意识、文化道统意识、事大主义等，皆与这种地理位置有一定关系。

如果将阳明学传入朝鲜半岛的时间定于王阳明去世前后，那就比阳明学传入日本要早约半个世纪。朝鲜实学派先驱李晬光（1563—1628）是宣祖时期的大学者，曾三度赴北京，出使明朝，对明朝的情况了如指掌。据他所著的《芝峰类说》记载："王世贞谓王守仁为致良知之说，直指本心，最简易痛切，乃至欲尽废学问思辨之功……余按守仁推尊象山而力诋朱子，其致良知之说，乃佛家即心见性，以其简易，故一时学者多趋之。然得罪于圣学以此，学者不可不详辨焉。"②被金吉洛定义为"鲜为人知的属于反朱子学的陆王系列人物"③权得已（1570—1662）则指出："先朱子千八百年，后朱子五百年之立言者，违朱训一步，则逆天理亦一步，二步，则亦二步矣。而兄常以朱训为不足专信，广取诸儒说而等视朱训，欲以己意有所取舍，此则非舜之大知，恐不足及之。"④可见在当时的朝鲜，朱子学的威势已到了学者们必须亦步亦趋的程度。尽管如此，阳明学的一些根本精神还是深刻影响了朝鲜儒者，如阳明学的理气、心物一元论及天地万物一体说。朝鲜阳明学者即以此为理论根据，坚持"圣凡一也"

---

① 杜维明在阐释李退溪对朱子理气论的"创造性诠释"时指出："尽管退溪坚持说：他只是重述朱子在其《语类》中已经指示的思想，但是退溪最后所提出的思想型态却是对朱子的原初想法之精炼与改进。"李明辉由此推论道："退溪对朱子学的'创造性诠释'，或许是阳明学在韩国始终不发达的主要原因。"（参见李明辉：《四端与七情——关于道德情感的比较哲学探讨》，国立台湾大学出版中心2005年版，第350页）此说值得治朝鲜阳明学者认真思考。

② ［朝］李晬光：《芝峰类说》，乙酉文化社1994年版，第551页。

③ ［韩］金吉洛：《韩国象山学与阳明学》，李红军译，社会科学文献出版社2016年版，第42页。

④ ［韩］金吉洛：《韩国象山学与阳明学》，李红军译，社会科学文献出版社2016年版，第128页。

"华夷一也"的平等观念。这种思想显然对维护封建身份等级制和正统朱子学的地位构成了威胁，因此在朝鲜王朝时期阳明学受到政治强权的迫害而被斥作"异端"和"斯文乱贼"是必然的。当时，对"斯文乱贼"的惩处极为严酷，哪怕再有才华，也被排斥在科举之外，甚至株连子孙后代。在这样的背景下，当时的有识之士不得不表面上标榜朱子学而暗地里研究、吸收阳明学，对正统学说采取阳奉阴违的态度。所以，朝鲜阳明学在思想立场上大都采用隐晦、迂回、暗通、包装等形式，并且是在"阳朱阴王"的形式下获得发展的，以至于近代韩国著名阳明学者郑寅普（1893—1950）认定：

> 在朝鲜根本没有阳明学派。阳明学历来被视为异端邪说，只要有人将其书放在桌上，别人就已经准备声讨他为乱贼了。虽然一、二学者研究阳明学，但却不敢张扬于外。因此若谓在朝鲜没有阳明学派，确属事实。朝鲜只有晦庵学派而已。几百年之间，不管什么人都接受晦庵之学，冀以求取功名。所以整个朝鲜王朝全部是晦庵学派，甚至连标举晦庵学派为一学派，都成为没有必要的事。①

尽管郑寅普的话过于偏激，但确实道出了阳明学在朝鲜传播的艰难情形。②正因为此，在后人为朝鲜阳明学的主要代表郑霞谷撰写的神道表里，连王阳明或阳明学的影子都未见到。③亦正因此，朝鲜王朝时代的学者大部分只字不提象山学和阳明学，或者只是部分地支持和接受陆王学。他们的思想体系暧昧模糊，以至难以分辨，给后人的研究增加了许多难度。加之他们的后代和弟子们也不愿意将自己的先祖先师划入阳明学的范畴，所以拨开朝鲜阳明学的迷雾、研究朝鲜阳明学的精义成为学界的一大难题。

---

① ［韩］郑寅普：《薝园郑寅普全集》第2册，延世大学校出版部1983年版，第148页。

② ［韩］金忠烈：《阳明学说在朝鲜的委屈》，载《华学月刊》1973年第16期。

③ 参见［韩］郑仁在、黄俊杰编：《韩国江华阳明学研究论集》，华东师范大学出版社2008年版，第129页。其实不唯神道碑，就连年谱中也很难找到郑霞谷倾心阳明学的痕迹。所以郑寅普说："如今，即使阅览霞谷年谱，也无法得知霞谷一生之宗旨。与其说是阳明学派，不如说是似乎被掩饰成了一个固守晦庵学的人。"（［韩］郑寅普：《薝园郑寅普全集》第2册，延世大学出版社2008年版，第223页）

关于朝鲜阳明学的学术性格，可大致概括为以下四个方面。

一是阳朱阴王，或谓隐晦性。朝鲜阳明学者一般不凸显朱、王的对立性，而是突出朱、王的关联性。换言之，朝鲜阳明学和性理学都是以朱子学为根本的思想体系，所以朝鲜阳明学虽然以对朱子学的反省为出发点，但其根基仍是朱子学。基本上可以说，朝鲜阳明学者的思想体系与朝鲜朱子学具有同质性。因此，考察朝鲜阳明学与朝鲜性理学不应从对立的视角出发，而应从相互影响、相互融合、相互补充的角度出发。比较而言，中国的"阳朱阴王"论者往往是不知不觉中在思想感情上倾心于阳明学，而朝鲜的"阳朱阴王"和"朱王两可"论者都是在无奈中有意为之，是一种自我保护。

二是性理中心，或谓义理性。朝鲜阳明学都是从朱子学而不是从象山学出发来解读和研究阳明学的，故而朱子学的性理学特色和义理之辨始终是朝鲜阳明学的主流，其缺乏像中、日两国阳明学那般的简易思维和实践精神。实际上，朱子学并非不讲"心学"，王阳明也非不讲"理学"，故而在朝鲜性理学的主要代表李退溪那里，亦有不少暗合阳明学的地方。

三是家族主导，或谓家族性。朝鲜阳明学大都以家族为单位，在一个家族内部秘密传播、隐蔽传承，反倒是传统的师徒传授、自立门户方式显得比较薄弱，其中较有代表性的两大家族为郑氏家族和李氏家族（详见后述）。

四是党争恶斗，或谓党派性。学派成为党派，同志成为同党，学术上的对手成了你死我活的政治敌人。正常的学问争论往往采取不择手段的办法，置对手于死地，斗争的凶险恶劣程度远远超过中、日两国。

总之，朝鲜阳明学的最大特点，就是始终围绕朱子学的话语而展开，在朱子学派的羽翼下获得隐蔽而一元的发展，没有出现中、日两国阳明学的多元化和多样性特征。因此，中国阳明学派在王阳明以后，日本阳明学派在中江藤树以后，就开始分疏，各立宗旨，分门别派，气象万千；而朝鲜直到近代才开始由"江华学派"的最后一个传承人郑寅普在形式上把朝鲜阳明学派分为三种类型，并且都是按照思想倾向而不像中、日两国那样基本上按照地域来分疏。三种类型中，第一种是有著述或确凿言论的阳明学派学者，如张维（1587—1638）、崔鸣吉（1586—1647）、郑齐斗（1649—1736）及江华学派中的部分学者；第二种是表面上批判阳明学、实际信奉阳明学的学者，如同属江华学派的李匡臣（1700—1744）、李匡师（1705—1777）、李令翊（1738—1780）、李忠翊（1744—1816）等人；第三种是只字不提阳明学，只信奉朱子学，但一生所主张的主要精神属阳明学的学者。

比较而言，中国朱子学在宇宙论方面发展得比较精细，朝鲜朱子学则在性理学方面特别发达。相应地，朝鲜阳明学把重心放在以性理学为核心的义理思辨上，不像中国阳明学那样把重心放在内心修炼、本体工夫上，也不像日本阳明学那样把重心放在实践工夫、行动力上。因此，从中、日、朝三国比较论的角度看，无论是朱子学还是阳明学，中国偏重于宇宙论的"天理"，朝鲜偏重于人性论的"性理"，日本则偏重于实践论的"实理"。

就普遍性而言，阳明学虽具有实践性品格，但这种品格的表现形态在地域阳明学（如浙中王门、江右王门等）那里各有不同，在本土化的国别阳明学（如日本阳明学、朝鲜阳明学）那里更是差别巨大。如果说中国阳明学者在实践方面较多关注并直接参与了地方自治、乡村建设、族群重构等政治、经济、教育、文化活动，从而使中国阳明学普遍带有一种乡村情结乃至某种程度的地方主义色彩，那么则可以说日本阳明学发展到后来，已越来越明显地染上了强烈的国家主义色彩，与近代军国主义有了某种关联。中日阳明学的不同发展路径，是由两国不同的国体及历史发展模式决定的。在这一方面，朝鲜阳明学比较接近于中国阳明学。

三、传播接受

从时间跨度上说，阳明学在朝鲜的传播与展开大致经历了三个时期。

朝鲜王朝即李朝，存续时间较长，差不多与中国的明清两代同时。朝鲜阳明学阶段划分一般以十七世纪的郑齐斗为分水岭，在他之前是传播接受期，在他之后为形成发展期。近代前后，其又进入启蒙开化期。

朝鲜最早接受阳明学的是徐敬德，他以"气"的哲学而著称。他是畿湖学派也就是栗谷学派的鼻祖，对李栗谷的性理学有重要影响。徐敬德的门人南彦经曾接受过李退溪的书信指导，因为对阳明学持有好感而受到退溪的责备和警告。

朝鲜最初治阳明学的儒者是南彦经、李瑶、许筠（1569—1618）、张维、崔鸣吉等。这些人都是因时局国难的需要，加之对程朱学风的厌倦，开始接受阳明学的。其中，南彦经很早就跟徐敬德及李滉的门人有来往，并从游于成浑、李珥等人，最后与洪仁佑等人一起成为徐敬德的门徒。可以说，朝鲜较早接受阳明学的儒者大多出于徐敬德的中畿学派，并与畿湖学派有千丝万缕的联系。

畿湖学派的创始人李栗谷，曾隐晦表示过对陆王学的好感，甚至还部分地接受了陆王学。李栗谷与王阳明一样，指出朱子学把心分为人心与道心的二心说的不合理性，支持一心说，主张心理一元说。在格物论、知行合一说方面，栗谷也与阳明的主张比较类似。栗谷虽从未提及王阳明或阳明学，但他批评罗钦顺、陈建等反阳明学者的观点，被认为是开了朝鲜"阳朱阴王"的先河。后来畿湖学派出现崔鸣吉、张维等广为人知的朝鲜阳明学者，因此可以通过这些人来判断李栗谷与阳明学之间的关联性。

崔鸣吉与南彦经、张维是连襟，郑齐斗则是崔鸣吉兄长崔来吉的外孙。崔鸣吉后来成为朝鲜王朝时期为数不多公开宣扬阳明学的学者，但他后来在内外压力下又放弃了。张维则是李栗谷弟子金长生（1548—1631）的门人，也是朝鲜王朝时期阳明学造诣比较深的学者。他曾对十七世纪的朝鲜学界过于"一边倒"倾向朱子学，以至于学问领域太过狭窄的现象提出尖锐批评，认为应当开展对阳明学的深入研究，以发展和创新朝鲜儒学。

在朝鲜早期接受阳明学的过程中，李瑶曾汇集阳明学说之精华并向宣祖作大力推介，从而使阳明学对朝鲜朝廷也产生了一定影响。据《宣祖实录》记载，大儒及宰相柳成龙曾向宣祖净谏："近来受学于南彦经的大部分学者崇尚阳明。"[1]他还指出身为王室之人的李瑶是其中的代表人物。李瑶则对宣祖进言，"当今如有阳明，可以扫荡倭寇"[2]，强调了阳明学的优点。后宣祖接受李瑶的进言，拒绝柳成龙对阳明学的强烈排斥，表现出对阳明学的友好态度。而宣祖之所以能接受李瑶对阳明学的进言，是因为王阳明作为军事战略家在事功方面

---

[1] 《宣祖实录》卷五十二。
[2] 《宣祖实录》卷五十二。

颇有建树，宣祖是想借阳明学谋求对朝鲜乱局的根本治理，尤其是借以解决倭寇之患。是故韩国学者强调，宣祖不满程朱学者的故步自封而对阳明学逐渐产生兴趣，乃是朝鲜阳明学发展史上所遇到的最大转机。[①]

可以说，阳明学是通过徐敬德门下南彦经等人的传播开始落地生根，到崔鸣吉、张维、许筠、李瑶等处才逐渐形成并发展为朝鲜阳明学派的。这些人又都属于畿湖学派即栗谷学派，所以说朝鲜阳明学派与栗谷学派有很深的联系。

与栗谷学派不同，被誉为"朝鲜的朱子"、对朝鲜儒学影响最深的李退溪，则是一位严厉并系统辨斥阳明学的正统朱子学者。由于他在朝鲜王朝时期的思想界所占据的绝对控制地位[②]，其对阳明学的辨斥有着无与伦比的影响力，柳成龙则将这种对阳明学的辨斥风潮推向顶峰。李退溪和柳成龙对阳明学的批判立场深深地影响了其他朝鲜朱子学者以及当政者的阳明学观。

总之，朝鲜阳明学受到李退溪及其门人的严厉排斥、猛烈攻击，是在与主理学派相对的以李栗谷为代表的主气学派的呵护下才被接受的。同时，朝鲜阳明学的发展从一开始就与中国阳明学的"左派"或"良知现成派"相对立，偏向于倚重朱子学的阳明学"右派"或"良知修证派"。

四、形成发展

到植根于畿湖学派的郑齐斗时，朝鲜阳明学才进入形成发展期。

郑齐斗，字士仰，号霞谷，故其所创立的学派被称为"霞谷学派"，因其晚年隐居江华岛，故又称"江华学派"。[③]郑齐斗从小"聪明强记，博极群书，自弱冠后数年，便谢公车业，杜户不出，但以看书为自娱，上自姚姒，下逮近世，数千载间理乱得失，无不隐括于中，而其所折衷者在诗书，旁逮百家之说、专门之学，以至律历星纬、黄岐堪舆之类，亦皆罗穿该括。人或扣之，则沛然应之，虽是稗官小说，亦莫不然。逮其笃老之后，聪明亦不弃，对人酬酢，纤悉

---

① ［韩］郑德熙：《阳明学对韩国的影响》，文史哲出版社1986年版，第45页。

② 日本幕末维新时期的大儒楠本硕水曾经指出："朝鲜诸儒退溪以前折衷于退溪，退溪以后无出于退溪之外者。静、退、牛、栗四贤并称，恐非通论也。"（［日］冈田武彦、荒木见悟等编集：《楠本端山硕水全集》，苇书房1980年版，第240页）可见李退溪对朝鲜思想界的影响力和控制力有多么强大。

③ 与江华学派有着学承关系的郑寅普及其弟子闵泳圭，在郑齐斗于江华岛讲授阳明学之后，便将其子孙及李匡明、申大雨等三家命名为"江华学派"。

无遗"①。

郑齐斗的学问生涯大致可分为三个时期：41岁以前，是由朱子学转向阳明学的时期，又称"京居时期"；41岁至61岁，是开始建构自身的阳明学"心即理""知行合一""致良知"等理论体系的时期，又称"安山时期"；61岁至68岁，是内王外朱的时期，又称"江华时期"。②在最后这段时期内，其有关阳明学的言论虽然很少，但在程朱外衣的包装下广泛吸纳了阳明的思想学说。《霞谷集》是郑齐斗著述的完备体现，其内容大部分是在他41岁以后完成的。其中，有关阳明学的《学辩》和《存言》③，大体上是在京居和安山时期写成的；《心经集义》《经学集录》《中庸说》等则是在江华时期写成的。从《霞谷集》中可以看出郑氏思想从早年的程朱学到中年的阳明学，再到晚年的礼说、服制说、天文、星历、气数论和经世论等的转变过程。④

郑齐斗的弟子李匡臣曾对其师的学问作过如下评论：

先生初年从事考亭之学，《大全》《语类》等书，义理精微，蚕丝牛毛，靡不研穷玩索。而顾于格致之说，反之心验诸事，终有所扞洳者。中年以后，得阳明书读之，至其致良知、知行合一之说，简易洁净，不觉跃如而有省。又复参之诸经，凡精一明诚之妙，凿凿相符，遂乃专心致志于此。此非故欲求异于考亭，只以入门下手处，不能无繁简离合之差而然也。然尊信考亭，实不异于初。⑤

郑齐斗有关阳明学的代表作是《学辩》和《存言》。《学辩》为阳明学作正

---

① ［朝］郑齐斗：《霞谷集》，载《韩国文集丛刊》第160册，景仁文化社1997年版，第292页。

② ［韩］尹南汉：《朝鲜时代阳明学研究》，集文堂1982年版，第206页。

③ 郑齐斗的《存言》分为上、中、下三篇，可以看作是对王阳明《传习录》的笔记（参见［韩］柳承国：《郑齐斗——阳明学的泰斗》，载《韩国的人间像》4，新旧文化社1966年版，第280页）。

④ 参见［韩］崔在穆：《郑齐斗阳明学在东亚学术中的意义》，载［韩］郑仁在、黄俊杰编：《韩国江华阳明学研究论集》，华东师范大学出版社2008年版，第213—230页。

⑤ ［韩］郑仁在、黄俊杰编：《韩国江华阳明学研究论集》，华东师范大学出版社2008年版，第400页。

当性辩护，并批评了朱子学的支离性；《存言》则是在阳明学的立场上构建了郑齐斗自己的心性学体系。后来他因在政治上受到排挤而避居家乡江华岛①，遂专心致志地从事阳明学的讲学活动。

在如何对待王阳明及其学说的问题上，当时朝鲜"举世方以异端斥阳明，使人禁不得言，而公（指霞谷）之意殊不然"。郑齐斗主张"自思自得"，强调王学之优劣"惟在我之权度"，反对"以人言为轻重"，故"曰：彼（指阳明）之为学，亦欲学孔子者，初非有邪心，则不可以绳之以惑世诬民之律也。其说苟或有可取则取之，不可则不取，惟在我之权度而已，岂可以人言为轻重耶？"②郑齐斗曾反复声明，其信奉王学并不是"求异而济私"："盖齐斗所以眷眷王氏之说，倘出于求异而济私，则凌去断置，非所难焉。"③然而在"颓弊日甚"的社会环境下，他对阳明学的中肯评价，毕竟显得势单力薄，赞同者之少使其极度失望："王氏之学，诚以区区一斑之见，有不能弊铄者，间以诵之朋友，然谁能听之？"④这表现出强烈的孤独感。不仅如此，郑齐斗的观点还与自己的老师相悖，受到内外夹攻、上下诋毁。然而他坚信："公论之定，在于是非，非以强弱也……夫所谓气力取胜者，何有于天下义理之公，何关于百世是非之正也！"⑤在郑齐斗看来，"道者天下之公，非一人之私言"；真理（义理）并不靠强权维系、靠气力取胜，凡是靠压制胜出的，皆是软弱无理之表现。从郑齐斗身上，可以隐约看到王阳明的真精神。在当时朝鲜王朝内外一片斥王声中，他能顶住压力，反击和质疑强大的王学否定论，确实需要极大的勇气和胆量。

但只要翻阅一下《霞谷集》便不难发现，郑齐斗几乎没有对阳明后学作过

---

① 郑霞谷避居江华岛后，"于党论是非之争，绝不向人说道，未尝与世干涉。而且近世儒家，聚徒立门，互相争论，心尝痛恶，故穷居僻处，以绝聚会之道，是公雅性然也"（［朝］郑齐斗：《霞谷集》，载《韩国文集丛刊》第160册，景仁文化社1997年版，第294页）。霞谷在聚徒立门上的态度与阳明及其门人不同，但在避世雅趣上的立场却与晚年阳明颇为相似。

② ［朝］郑齐斗：《霞谷集》，载《韩国文集丛刊》第160册，景仁文化社1997年版，第292页。

③ ［朝］郑齐斗：《霞谷集》，载《韩国文集丛刊》第160册，景仁文化社1997年版，第14页。

④ ［朝］郑齐斗：《霞谷集》，载《韩国文集丛刊》第160册，景仁文化社1997年版，第8页。

⑤ ［朝］郑齐斗：《霞谷集》，载《韩国文集丛刊》第160册，景仁文化社1997年版，第12页。

任何直接评论，更不用说针对其弊端进行批判了。他只是在23岁时不指名地批判过阳明学的"任情纵欲之患"。40岁左右在与闵以升辩论时，他又承认阳明学者的"悬空"和"简捷超悟"之弊。①当然，这些都是针对整个阳明学派的，而并非单指阳明后学中的"狂禅派"或"左派"。尽管郑寅普认为，"霞谷具心斋（王艮）之直指，兼绪山（钱德洪）之规矩，具龙溪（王畿）之超悟，并持念庵（罗洪先）之检核"②，但这不过是一种义理分析，并没有具体材料能够证明郑齐斗对阳明后学的总结与批判。韩国学者李庆龙研究阳明后学颇有心得，他认为郑齐斗在体悟"一团生理"、透悟性体、熄灭无善无恶之争论等重大理论问题时，曾广泛阅读过"包括阳明后学在内的整个阳明学者的主要著作"，因此"霞谷学不仅包含王阳明的学术，而且也概括了阳明后学的学术"。郑齐斗"实际目睹了阳明后学的一些病态，从而不仅纠正了这些弊病，又评估了各种主张，从中采取了一种选择的态度"③。然此说也只是一种推测。据笔者分析，郑齐斗还没有把阳明后学与阳明本人具体区分开来的自觉意识，因为这种意识在中国也是随着阳明学的发展而逐渐形成的，并非一蹴而就。

与中、日两国阳明学的传播途径略异的是，朝鲜阳明学是依靠郑齐斗与朱子学者的论辩才开始传布于朝鲜中上层知识阶层的。在郑齐斗之前，朝鲜虽已有南彦经、李瑶、许筠、张维、李晓光（1563—1628）、崔鸣吉等学者开始接受阳明学，但他们的影响力十分有限，有关阳明学的著述也大都未被保留下来。事实上，在郑齐斗出现以前，我们只能从批判者的文集或部分实录中找到有关朝鲜阳明学的史料。如南彦经有关阳明学的论述就主要留存在其与李退溪的书信往来中，李瑶有关阳明学的观点则是通过《宣祖实录》才被记录了下来。这种现象的产生，无疑与当时朝鲜阳明学者遭到统治者的排斥和严惩，导致其家属后人为保全性命而把与阳明学有关的作品统统销毁或丢弃有关。不过郑齐斗

---

① 参见［朝］郑齐斗：《霞谷集》，载《韩国文集丛刊》第160册，景仁文化社1997年版，第18—23页。

② ［韩］郑寅普：《薝园郑寅普全集》第2册，延世大学出版部1983年版，第222页。

③ ［韩］李庆龙：《十七世纪后阳明学时期与霞谷学的定位》，载［韩］郑仁在、黄俊杰编：《韩国江华阳明学研究论集》，华东师范大学出版社2008年版，第32页。

及其著作证明了阳明学在向朱子学一边倒的朝鲜学界内部被不间断地流传下来的基本事实。

换言之，在郑齐斗之前的传播接受期，朝鲜阳明学的第一手文献资料几乎都是片段的、碎片的、零星的；而在郑齐斗之后的形成发展期，朝鲜阳明学的第一手文献资料才是较为充分的、完整的、系统的。

后郑齐斗移居江华岛，开始大量培养门人后学，给郑厚一、李匡明（1701—1778）、李匡师等人讲学。后来这一学脉又经过李忠翊、李令翊、李勉伯、李是远等人的继承，至李建昌、李建芳遂形成以江华（岛）为中心的学派，成为家族式阳明学群体。其中，郑氏家族可以说是传承朝鲜阳明学的根本力量。如郑齐斗的儿子郑厚一继承了郑氏家学，郑齐斗的外孙申绰（1760—1828，号石泉）则进一步发展了郑氏家学。还有郑齐斗的曾孙郑述仁（1750—1834）、玄孙郑文升（1788—1875）及郑文升之子郑基锡、李匡师门人郑东愈（1744—1808）等，都可以说是郑氏家学的继承者。

除了郑氏家族，李氏家族也是传承朝鲜阳明学的主要力量。如李匡师、李匡臣、李匡明一家人都信奉阳明学；李匡师的儿子李肯翊、李令翊整理了朝鲜王朝学术史；李匡明的儿子李忠翊、李忠翊的儿子李勉伯著述了《海东惇史》；李是远（1790—1866）与其子李象学（1829—1888）也传承了郑齐斗的学说，其孙李建昌（1852—1898）、李建昇（号耕斋）及李建芳（1861—1939）后都成为江华学派的中心人物。

总的来说，以郑齐斗为代表的江华学派，最后形成了传承郑齐斗家学亦即朝鲜阳明学的郑氏本家之迎日郑氏、李建昌之全州李氏、郑东愈之东莱郑氏和申绰之平山申氏四大族群，成为朝鲜阳明学形成发展期的主要支柱。这些家族中的人虽然皆未公开形成学派，也没有展开轰轰烈烈的学术活动，但从他们为维护其家学而留下的大量著作中可以看出，他们已有学派之实。

由于朝鲜后期政治社会进一步强化程朱学体制，江华学派也转入消极遁世，最后依然没有逃过衰败的结局。郑齐斗的弟子后学们只不过是在特定条件下以封闭的家学形态传承了郑氏的阳明学。朝鲜阳明学的影响力反而在朝鲜民族启蒙思想之前兆期的实学派学者那里得到了体现。可以说，朝鲜实学派学者对阳明学实用性、实践性基因的接受，对确立实学派的哲学基础产生了重要作用。因此，韩国学者将阳明学传入朝鲜作为朝鲜实学思潮产生的根本原因。在朝鲜王朝后期，实学思潮主要有三个流派，除了以朴齐家（1750—1805）为核心的北学派和以李瀷（1681—1763）、丁若镛（1762—1836）为核心的星湖学派外，再就是阳明学派。这三个学派相互借鉴、彼此交融，从而使朝鲜实学派在摄取阳明学之实践精神方面超过了阳明学的发源地中国和重要传播地日本。从这个意义上说阳明学是朝鲜实学思想产生的哲学基础当不为过。

五、启蒙开化

江华学派的最后一位学者是郑寅普，他是江华学派之全州李氏的重要传人李建芳的门人。从郑齐斗开始到郑寅普为止，一直在"地下"隐蔽的江华学派居然连绵延续了约二百年。这期间，江华学派的学者并没有向世俗妥协，在朱子学利用学术霸权严厉打压异端学说的政治生态下，使朝鲜阳明学在地下维持着自己的命脉。直到二十世纪三十年代，随着郑齐斗《霞谷集》手抄本的公开问世，朝鲜阳明学走到了台前。

不过，这只是朝鲜阳明学的一种生存方式。朝鲜阳明学还有另一种生存方式，这就是融合于实学、西学（天主教）思潮、学脉之中，在实学、西学思潮中传承其学脉、构成其体系，从而使自己在朝鲜民族的生死存亡关头成为救亡启蒙运动的思想武器。比如江华学派的李建升在江华道创建"启明义塾"，主张"自强论"，并积极支持"大韩自强会"开展救亡启蒙运动。因此，到了近代，朝鲜各儒学派别在学问形态上逐渐表现出融汇综合的趋势，其主要特征就是形成了从传统儒学体制演化为世界主义开化思想的强烈诉求。

从十九世纪中叶开始，伴随着西方思想文化传入朝鲜，朝鲜阳明学中的实践精神及其"实事求是""利用厚生"的现实主义实学倾向，最终促成朝鲜近代开化思想登上历史舞台。当时朝鲜民族启蒙思潮的主流，是从李氏朝鲜之正统程朱学体制中挣脱出来的新思想、新观念，即阳明学及实学思想与西方思想文化复合而成的朝鲜开化思想。这场轰轰烈烈的民族启蒙运动的领导者，有不少是以王阳明"知行合一"之实践精神为思想武器的杰出代表。如最早使用汉文撰写阳明学入门书《王阳明先生实纪》（1910年）的朴殷植（1859—1925），他是朝鲜近代最具代表性的阳明学者，与郑齐斗并称朝鲜阳明学的两大代表。他最初学习朱子学的义理之学，后发觉陈旧的朱子学不能解决当时的现实问题，遂在朝鲜独立运动掀起后转向阳明学，公开打出了赞成并拥护阳明学的旗帜。他根据阳明学的精神而著述《儒教求新论》（1905年），主张用阳明学来革新朝鲜的传统儒学，并且受中国维新志士康有为、梁启超等人的影响，把当时流行的社会进化论思想与阳明学相结合，开展了"大同教"的宗教运动。再比如被视为朝鲜阳明学代表人物的郑寅普，他所著的《阳明学演论》（1933年）提出了"在朝鲜没有阳明学派"的论断，但又把朝鲜阳明学者分为三种类型，可谓朝鲜阳明学研究的拓荒者。他为了民族的前途，与宋镇禹（1890—1945）等民族独立运动活动家一起，大力弘扬王阳明的实践精神，并在著述中极力凸显王阳明的军旅生涯和事功政绩，痛斥朝鲜传统的程朱学僵化体制。朝鲜近代另一位独立运动领导人崔南善（1890—1957）曾两次赴日本留学，他在1911年5月15日发行的《少年》（朝鲜光文会主办，其在近代朝鲜的地位相当于中国的《新青年》）上，以"少年人"为笔名发表了《关于王学之提唱》一文，主张发扬阳明学精神，并把日本的佐久间象山、西乡隆盛、吉田松阴并称为"明治维新前后得力于王学的名士"[①]。以上几位朝鲜近代的仁人志士，无不用阳明学的思想武器，为唤醒朝鲜民族的独立意识和自主精神而奔走呼号，最终使阳明学精神与近代新思潮合而为一。这是朝鲜近代思想史上非常重要的一页，也是阳明学在异国发挥效用，证诸实践，并进而取得成效的又一生动实例。

　　需要强调的是，中、朝两国在向日本学习近代化的过程中，都受到日本近代阳明学的影响，就连"阳明学"概念的近代意义也是从日本引进的（详见前述）。从朴殷植所撰的《王阳明先生实记》的按文及其体例和部分见解来看，其对阳明学的认识深受梁启超的影响，并接受了日本阳明学，对日本维新人士皆深受阳明学影响之现象反思尤深。朴殷植虽反日，却不碍其吸收日本的新知旧学。他不但阅读日本阳明学会的会报《王学杂志》《阳明学》等，还与其主编保

---

　　① ［朝］朴殷植，［韩］崔在穆、金容九译注：《王阳明先生实记》，善人出版社2011年版，第821—839页。

持通信，交换其专研阳明学的心得。因此，他所著的《王阳明先生实记》，不仅在时间上，还在学术上，成为介于江华学派朝鲜阳明学传统与其现代传承人郑寅普《阳明学演论》之间的宝贵资料。

如果说朴殷植的《王阳明先生实记》代表近代朝鲜阳明学的发端，那么崔南善在《少年》杂志上对中、日两国阳明学的介绍则进一步强化了近代朝鲜阳明学的影响力。尽管近代朝鲜阳明学的研究与展开都是在日本阳明学的影响下逐渐兴起的，但最根本的推动力量还是近代朝鲜社会救亡图存、启蒙开化的现实需要，可以说是时代的必然选择。

由于朝鲜近世思想发展的特殊性，朝鲜阳明学的相关研究和梳理在二十世纪九十年代之前有少量优秀论著问世，但并不热门。与中、日两国相比，朝鲜阳明学无论在韩国还是在东亚世界都几乎是被边缘化的。1949年后的韩国学术界，长期把注意力放在朱子学和退溪学上。到了八十年代，随着韩国经济的高速发展，韩国政府更是把代表本民族思想高峰的退溪学向国际学术界作了隆重推出，不仅出版了大量退溪学研究论著，而且出资在世界各地举办较大规模的国际性学术讨论会，从而使过去不太为他国所了解的退溪学拥有了广泛的国际影响力，成为当代韩国软实力提升的标志之一。有鉴于退溪学的成功经验，二十世纪九十年代以后，随着大量原始文献的影印出版，韩国学术界又开始酝酿把颇具本土特色的朝鲜阳明学——霞谷学推向世界，以便让霞谷学成为国际学术界关注的对象。正是在这样的背景下，以霞谷学为中心的朝鲜阳明学才在韩国由"冷"转"热"，也才在国际上由"无"到"有"。近年来，中、日两国阳明学者纷纷把目光扩展到霞谷学以及其他韩国阳明学者身上，就是明证之一。

至于朝鲜阳明学长期被忽视的原因，除了前文已指出的历史原因外，日本学者高桥亨（1878—1967）等人亦应承担部分责任。高桥亨于1904年到朝鲜，后在京城帝国大学（1924年设立）任教，1946年返日，是日本朝鲜学尤其是朝鲜儒学研究的代表性人物。他研究朝鲜儒学，把阳明学排除在外，为朝鲜儒学确定"固着性""从属性"和"党派性"三大特征，忽略了朝鲜儒学的创造性。于是，这一被韩国学者认为是日本帝国主义者的"御用学者"，认定朝鲜只有朱子学，并用日本的评判标准对朝鲜朱子学进行评判，进而扩大到对朝鲜儒学的全盘批判。比如高桥亨说："在支那，儒学学派并非只有朱子学一派……唯独朝鲜，自从信奉朱子学以来，便对其他学派不屑一顾，一概视为异端而排斥之……约七百年间，满足于、盲从于朱子学的理气二元的学说，认为其他合理的哲学是不存在的。从而使朝鲜哲学不能进步、不能发达，从一开始就成为化石。"他还断定："朝鲜的儒教即朱子学，朱子学以外的儒教是不存在的。"[①]高桥亨的观点在日本产生了很大影响，成为日本学术界评价朝鲜儒学的一种偏见。后来，京城帝大中国哲学讲座教授阿部吉雄（1905—1978）在义理分析上依然受高桥亨的影响，认为"李氏朝鲜是清一色的朱子学的思想统制，从而使其思想文化陷入沉滞"，"伴随着朱子学者的洁癖性、喜欢论辩，朝鲜党争的场合也就一目了然了"[②]。比高桥亨晚从东京大学毕业六年的藤塚，也认为朝鲜朱子学"不免堕于单调、平板、偏狭、固陋之弊"[③]。战后，高桥亨逐渐改变了自己的看法，发表了除朱子学以外的学派研究论文，如《朝鲜的阳明学派》等。

发兴欧美

一、东学西进

早在十七世纪后半叶，来华的西方传教士就已通过徐光启等人知晓了王阳明和阳明学。他们留下的早期文献，使我们看到了更广阔的中西方思想交流史。十八世纪以后，王阳明一直是欧洲和北美学界中国哲学的研究对象之一，欧美地区也留下了较为丰富的介绍及研究性著述。

纵观整个西方的阳明学研究史，尽管《王阳明先生全集》（16卷本）早在1826年就由密歇根大学图书馆出版发行，但由于语言上的障碍与阻隔，王阳明的原典并未对汉学家之外的西方受众产生太大影响。二十世纪初，王阳明的生

---

① ［日］高桥亨：《李朝儒学史上主理派主气派的发达》，载《朝鲜支那文化的研究》，刀江书院1929年版。

② ［日］阿部吉雄：《日鲜支朱子学比较上的问题提出——特别是朱子学的诸特性与传入日鲜之比较》，载大东文化研究所编：《东洋学论丛》第三辑，1960年版。

③ ［韩］权纯哲：《高桥亨朝鲜儒学研究中的异学派——读京城帝大讲稿》，载李明辉、林月惠编：《高桥亨与韩国儒学研究》，台湾大学出版中心2015年版，第225—287页。

平事迹、哲学观念和相关作品仅停留在西方百科全书性质的辞典类著述中，并未成为西方社会主流书刊中的"话题人物"。根据美国学者伊来瑞的研究，首先向西方国家介绍王阳明的是二十世纪初期居住在日本的西方传教士。比如有一位叫罗伯特·康奈尔·阿姆斯特朗（Robert Cornell Armstrong，1876—1929）的加拿大人，1903年以传教士的身份去了日本，后来担任关西学院大学教授，1913年完成了《来自东方的光：日本儒学的研究》一书。在此书中，他花了100页的篇幅介绍王阳明和日本的阳明学，井上哲次郎为该书写了序言。①

　　要而言之，二十世纪二十年代后西方王阳明研究兴盛，不仅与王阳明的思想在近现代中国的影响力明显升温有关，更与日本社会的广泛追捧甚至"致用"有非常密切的关系。欧美人士看到日本幕末维新时期出现的"阳明学"思潮乃至运动，以及中国在十九世纪末期开始掀起的"心学热"，于是产生了新的研究兴趣。随之而来的便是王阳明及阳明学从二十世纪二十年代开始成为当时驻东亚的传教士和研究东亚的西方专业学者的关注焦点，一批介绍和研究王阳明及阳明学的学术论著也逐渐出现。当时的欧美人士，主要是通过这些传教士和学者的著作才开始注意到王阳明及阳明学的。德国存在主义哲学家卡尔·西奥多·雅斯贝尔斯（Karl Theodor Jaspers， 1883—1969）也正是在这样的背景下对王阳明产生了浓厚兴趣，并为王阳明的思想智慧所震撼。②

　　不过需要指出的是，欧美研究阳明学学者的绝大多数仍是海外的华裔汉学家或长期居住在欧美的华人。也就是说，以生活在中国和西方之间的具有中西方双重文化和思想背景的学者为主，如陈荣捷、张君劢、余英时、秦家懿、黄

---

① ［美］伊来瑞：《阳明学之欧美传播与研究》，吴文南译，学苑出版社2022年版，第27—28页。伊来瑞教授从西方人的视角，系统地梳理、全面地介绍数百年来西方的阳明学研究史，这对于中文世界来说，具有开先河的意义。可以这么说，这是一本由地地道道的西方人所写的西方人眼中的西方阳明学研究史专著。伊来瑞的研究植根于英语世界及其文化背景，因而无论较之中文世界的学者还是华裔汉学家或欧美华人的研究，都具有更大的视野宽度和更强的说服力度。

② 雅斯贝尔斯曾向年轻哲学家野田又夫（1910—2004）表白过其被王阳明深深感动的事。他说："我在尼采的压制下不得不沉默时，遇到了《圣经》和东洋哲学，从中找到了人性的延续……我被一个叫王阳明的人震撼了。王阳明是中国古代以来形而上学者中的最后一人……王阳明以后的中国哲学转为实证主义。在儒家中强力表现出革命活力的学派非王阳明学派莫属。"（［日］野田又夫：《自由思想的历史》，河出书房1957年版，第176页）

秀玑、杜维明等。其中，陈荣捷做了许多开拓性工作。通过他们的努力，欧美人对王阳明及阳明学有了更多的了解和兴趣，但西方世界整体上缺少像美国的狄百瑞（William Theodore de Bary，1919—2017）教授、瑞士的耿宁（Iso Kern）教授、俄罗斯的科布杰夫（Kobzev. A.И）教授等阳明学研究的顶级专家是不争的事实。

在如今的西方世界，除了英、德、法、俄等国之外，意大利、瑞士、比利时乃至东欧的一些国家，也有个别学者在研究包括阳明学在内的中国哲学。据伊来瑞教授介绍，2021年起，由斯洛文尼亚著名汉学家罗亚娜（Jana S.Rosker）主持，意大利、波兰等国汉学家组成的研究团队正着力编纂《中国哲学百科全书》，全书分3册60章，其中第2册的陆王心学条目篇幅达一万余字。但是近年来西方世界缺少研究王阳明及阳明学的新生力量和学术新锐，这也是值得中国学术界认真反思的地方。

至于西方阳明学研究史的研究，以往的中国大陆学界几乎无相关论述，倒是英语世界较早有介绍文章，如陈荣捷的"Wang Yang-ming: Western Studies and an Annotated Bibliography"以及《西方对王阳明的研究》等。中文世界直到近十余年才出现了一批系统梳理欧美阳明学的研究成果，如陈婕的《狄百瑞的王阳明研究管窥》（华南师范大学，硕士研究生学位论文2007年），黄俊杰的《东亚儒学研究的回顾与展望》之第八部分《战后美国汉学界的儒家思想研究（1950—1980）》（华东师范大学出版社2008年版），杨凯的《后殖民视域下的陈荣捷哲学典籍英译研究》（浙江师范大学，硕士研究生学位论文2014年），王传龙的《阳明心学流衍考》之"韩、日、欧美阳明学研究述略"（厦门大学出版社2015年版），余怀彦的《良知之道：王阳明的五百年》之"西方人眼中的王阳明"（中国友谊出版公司2016年版），王宇的《亨克与王阳明的西传》（《浙江日报》2017年1月9日），曹雷雨的《西方王阳明思想译介与研究综述》（《清华大学学报》2018年第1期），刘孔喜、许明武的《〈传习录〉英译史与阳明学西传》（《中国翻译》2018年第4期），杨春蕾的《王阳明思想学说在俄罗斯的传播与影响》（《湖北社会科学》2018年第7期），张慕良的《英语学术界的王阳明哲学思想研究刍议》（《阳明学与近现代中国论文集》，中国人民大学哲学院、孔子研究院，2019年3月），吴文南的《阳明学在美国的译介与传播》（《重庆三峡学院学报》2019年第2期），辛红娟的《阳明心学在西方世界的传播》（《光明日报》2019年5月11日），司马黛兰、倪超的《王阳明研究在西方》（《杭州师范大学学报》2019年第4期），蔡亮的《阳明文化在美国的传播》（《宁波日报》2021年5月13日），赵超君的《阳明文化在法国的传播》（《宁波日报》2021年5月13日），孙晓彤的《阳明文化在俄罗斯的传播》（《宁波日报》2021年5月13日）等。近年来，国家及各省市也立项了一批专项课题，如文炳主持的国家社科基金一般项目"王阳明思想在英语世界的译介与阐释研究"、王格主持的国家社科基金青年项目"理学的早期西传及其影响研究"等。

二、英语世界

王阳明及其著作很早就被介绍到英语世界。1818年，英国传教士罗伯特·马礼逊（Robert Morrison，1782—1834）在其主编的《印支搜闻》中翻译了王阳明的《谏迎佛疏》，其目的是了解儒家对待佛教的态度，以最终实现其"以耶代儒"的构想。1851年，英国外交官密迪乐（Thomas Taylor Meadows，1815—1868）在信中谈到1529年前后王阳明在广西的平叛和他卓越的军事才能，信件收录在他的著作《中国人及其叛乱》。1867年，英国汉学家伟烈亚力（Alexander Wylie，1815—1887）从文献学的角度推荐并介绍了王阳明五世孙王贻乐编纂的十六卷本《王阳明集》。1886年，道格思爵士（Douglas，1833—1913）在《大英博物馆所藏汉籍目录》中收录《名家制义·王守仁稿》，内容选自俞长城《可仪堂一百二十名家制义》康熙三十八年（1699）刻本，同时收入馆藏的还有1685年出版的十六卷本《王阳明先生全集》。1898年，道格思爵士还在《大英博物馆所藏日文目录》中收录了1880年出版的两位日本学者编辑的王阳明诗歌集和文集各一部。1898年，剑桥大学汉学教授翟理思（Herbert Allen Giles，1845—1935）在《古今姓氏族谱》中简要介绍了王阳明的生平、主要事功及其历史地位。同年，翟理思在其所编纂的《剑桥大学图书馆藏威妥玛所收汉文满文图书补充目录》之"历史、传记和形象"条目中收录了《王阳明全集》。王阳明的作品被持续收入英国国家博物馆和各大学图书馆，凸显了英国社会对阳明思想的关注，推动了阳明文化在英国的持久传播。[①]

英语世界真正开始了解王阳明及其著作则是从弗雷德里克·古里奇·亨克（Frederick Goodrich Henke）开始的。1876年，亨克生于美国爱荷华州。1900年，他以美国卫理公会传教士的身份来到中国，1907年回到美国芝加哥大学攻读博士学位。1910年，他受邀担任金陵大学哲学和心理学教授。1911年，他应上海英国皇家学会华北分会之邀，开始研究王阳明。1912年秋，亨克在英国皇家学会华北分会宣读了他的最早研究成果——《王阳明生平与哲学研究》（A Study in the Life and philosophy of Wang Yang-ming）。此文发表于1913年出版的该会会刊[②]，几乎与加拿大传教士阿姆斯特朗出版《来自东方的光：日本儒学的研究》同时。1914年，亨克又在《一元论》（"The Monist" Jan.）杂志上发表了论文《王阳明：一个中国的观念论者》（也翻译为《王阳明——中国之唯心学者》）。当时在美国留学的胡适读后评价说："殊有心得，志之于此，他日当与通问讯也。"[③]1916年，亨克又在伦敦敞院出版社（Open Court Publishing Co.）出版了他翻译编辑的《王阳明的哲学》一书[④]，这是英语世界第一部研究王阳明的专著，也是第一部王阳明的著作译选。

亨克首先在《王阳明的哲学》之译者序中简要介绍了王阳明的思想观点，并评价了王阳明的历史地位。全书正文多达512页，包括王阳明传和著作摘译两部分内容。核对目录可以发现，亨克所利用的王阳明著作中文版本，实为浙江余姚人施邦曜辑评的《阳明先生集要》中的《理学编》。施邦曜（1585—1644），字尔韬，号四明，官至左副都御史，明亡时在北京自尽殉国，南明政权赐谥忠介，赠太子少保、左都御史，清朝赐谥忠愍。施氏一生服膺阳明学，著述甚丰，《阳明先生集要》是他的主要编著之一，初刻于崇祯八年（1635），全书分为介绍思想成就的《理学编》四卷、介绍事功成就的《经济编》七卷和介

---

① 参见蔡亮：《阳明思想在欧美的传播研究》，载《浙江社会科学》2022年第2期。

② 据说此文最早撰于亨克于1910年在金陵大学任教期间。（参见周洪雨编：《陶行知研究在海外》，人民教育出版社1991年版，第132页）

③ 《胡适留学日记》，安徽教育出版社2006年版，第69页。

④ 一说"在芝加哥出版"（姜庆刚：《金陵大学外籍教师与汉学研究》，载《国际汉学》2016年第4期。

绍文学成就的《文章编》四卷。①由此，亨克不仅是王阳明海外推广的第一人，也无意中成了浙江阳明学海外推广的第一人。如果结合在金陵大学任教期间亨克的阳明学观，曾对当时亦在金陵大学就学、后来成为中国著名平民教育家的陶行知所产生的影响②，以及后者可能给予他的地方性文献资料回馈，那么将亨克向西方人介绍的王阳明及阳明学与浙江地域文化相连接就更有其合理的解释空间了。

当然，亨克的介绍和研究还存在很多缺憾甚至错误。譬如他认为王阳明是观念论者，而与其对立的朱熹则是实在论者，这显然不够准确；又譬如他对王阳明哲学术语的英文翻译现在看来也已过时，如将"良知"翻译为"intuitive faculty"已被学术界弃用，而改为"innate knowledge of the good"。③总之，语言障碍和文化隔阂给亨克理解王阳明哲学造成了一定的困难，同时王阳明著作选择范围的受限和相关辅助文献的缺乏也给他设置了一定的"盲区"，致使他难以看到王阳明之"全貌"。著名美籍华人学者陈荣捷教授对亨克的翻译已有较多批评，但亨克所存在的阳明学研究之"盲区"则尚未有人明确指出。然而，这些不足和问题都不能降低亨克及其《王阳明的哲学》的历史地位。更何况，亨克的《王阳明的哲学》出版后数十年间，除了寥寥几篇论文外，欧美世界再没有出现在篇幅和深度上能与此书相媲美的著作。西方的阳明学研究进入"低潮期"。直到二十世纪六七十年代，随着新儒家思潮的兴起，王阳明在西方世界才重新获得重视。

进入二十一世纪后，随着王阳明在西方受到的关注度进一步回升，亨克的

---

① 施邦曜实际上是按照世人对王阳明的立功、立德、立言之"三不朽"评价，在《阳明先生集要》中把阳明著作分为《理学编》《经济编》《文章编》。关于施邦曜其人其事及其与阳明学的关系，可参见施培春的《施邦曜对阳明学说的贡献》；关于施邦曜《阳明先生集要》的版本介绍及其与《王文成公全书》的比较，可参见王晓昕的《阳明先生集要·前言》第15至19页。

② 关于这一点，似乎可以从陶行知的《行知行》一文中找到依据，该文自称："在二十三年前（即1911年，正好是亨克应上海英国皇家学会华北分会之邀正式开始研究王阳明的时候），我开始研究王学，信仰知行合一的道理，故取名'知行'。"（方明主编：《陶行知全集》第3卷，四川教育出版社2009年版，第487页）

③ 参见王宇：《亨克与王阳明的西传》，载《浙江日报》2017年1月9日。

《王阳明的哲学》亦一版再版①，其中一家叫"Forgotten Books"（中文可译为"被遗忘的书"，是一家总部设在伦敦的图书出版商）的出版社于2012年将其列入"经典再版丛书"出版。在西方的阳明学研究史上，亨克和他的《王阳明的哲学》已成为一座无法绕过的里程碑，从未被"Forgotten"。饮水思源，今日阳明学在域外的影响，一百多年前亨克辛勤译介之功劳值得肯定。②诚如陈荣捷所言："弗雷德里克·亨克是西方研究新儒家心学派的领军人物。"

1954年，剑桥大学汉学家李约瑟主编的七卷本《中国科学技术史》开始陆续出版。李约瑟在书中多次论及王阳明，认为王阳明非常重视与生俱来的直觉，即良知；他发现王阳明的道德直觉论比欧洲唯心主义者贝克莱的学说早了200多年。李约瑟还将王阳明与实践唯心主义哲学家康德相提并论，指出王阳明的道德哲学比康德的"定然律令"更早。然而，在科技思想史的维度上，王阳明则被李约瑟视为反科学的唯心主义者。

二十世纪七十年代，以陈荣捷、狄百瑞等为代表的美国学者及其研究团队，成为西方研究阳明学的典范。其中，陈荣捷做了许多开拓性工作，他在英语世界对阳明思想的推广始见于1960年出版的《大英百科全书》（Encyclopaedia Britannica）王阳明词条。此后，陈荣捷参与编撰1967年出版的《哲学百科全书》（Encyclopedia of Philosophy）和1969年出版的《美国大百科全书》（Encyclopedia Americana）等词典中的王阳明条目。

狄百瑞是继费正清之后美国汉学界的领军人物之一，也是西方学术界"新儒家"的开创性人物，先后担任哥伦比亚大学东亚系主任、副校长，美国亚洲学会主席等职。在儒家哲学研究方面，狄百瑞有很多论著，已被译为中文版的有《东亚文明：五个阶段的对话》《儒家的困境》《亚洲价值与人权》《中国的自由传统》等。1966年哥伦比亚大学"明代思想研讨会"参加者有美国的陈荣捷教授、香港的唐君毅教授、澳大利亚堪培拉大学的柳存仁教授以及日本的冈田武彦教授，担任司会的是狄百瑞教授，会后出版了狄百瑞主编的《明代思想中

---

① 此书最早之1916年版本，在中国大陆市场上已卖到数万元，且一书难求，以至近年来一些地方的王阳明纪念馆想收藏此书，只能通过私人关系"强行"获取，可谓洛阳纸贵矣！
② 参见王宇：《亨克与王阳明的西传》，载《浙江日报》2017年1月9日。

的自我与社会》。1972年6月，为纪念王阳明诞辰500周年，美国夏威夷大学哲学系在檀香山举办了一次具有相当历史意义的王阳明学术研讨会。当时欧美及中国港台地区的一大批新儒家著名学者，如陈荣捷、成中英、方东美、牟宗三、杜维明，以及日本当代阳明学大师冈田武彦等参加了研讨会，在相当程度上推进了包括阳明学在内的新儒学研究。

继陈荣捷、狄百瑞之后，美国学者杜维明、艾文贺，加拿大学者秦家懿等又在二十世纪八十至九十年代成为英语世界研究阳明学的主要代表。他们的研究成果不仅在欧美产生了较大影响，译成中文后还在中文世界产生了不小的影响。

三、法语世界①

王阳明的思想在法国的传播，最早可追溯到十八世纪。法国皇家图书馆是世界上较早收藏《王阳明文集》（即明嘉靖十五年闻人诠刻《阳明先生文录》）的国家图书馆。该书被录于艾蒂安富尔蒙书目，有拉丁文解释，可能是耶稣会传教士付圣泽从中国带回法国的。付在1722年回法国时，带回了1845卷中国古籍。1735年法国传教士让·巴普蒂斯特·杜赫德出版的《中华帝国全志》，被称为"法国古汉学的不朽著作"、西方汉学三大名著之一；该书第二卷节选了1536年版《王阳明文集》中阳明与其弟子的对话，由赴华耶稣会传教士赫苍壁译成法文。另一位传教士冯秉正（Joseph de Maillac，1669—1748）在1779年出版的法文版《中国通史》中，也记载了王阳明平定宁王叛乱的军功，并详细记述了阳明在一些主要战役中的重要战略运作，但未对其思想学说进行系统阐述。

二十世纪，阳明文化在法国的传播进入新的阶段，出现了专注于王阳明哲学研究的学术性论著，尤以王昌祉（1899—1960，字叔若，松江人）于1936年出版的法文博士论文《王阳明的道德哲学》最为突出。王昌祉是首位获得巴黎天主教学院神学博士学位的神父，后又获得巴黎大学文学院哲学博士学位。该书是法语世界第一本研究王阳明的学术专著，主要介绍了阳明生平，解释了他的心即理思想以及这一思想与朱熹思想的区别，并重点讨论了"良知"的含义

---

① 此部分内容可参见赵超君：《阳明文化在法国的传播》，载《宁波日报》2021年5月13日。

以及如何发现和践行良知。

与王昌祉同时的法国传教士、汉学家戴遂良（Léon Wieger， 1856—1933）和裴化行（Henri Bernard，1889—1975）也在他们的著作中将阳明思想作为研究对象。戴遂良在1917年出版的法文版《宗教信仰及哲学观点通史》一书中，介绍了阳明先生在贵州龙场的悟道经历，并阐释了其思想内涵，还提及阳明学说对日本的影响。裴化行在1935年出版的《智慧与基督教哲学之间历史关系的研究》一书中，介绍了阳明思想及其在日本的传播，并选录了阳明的部分诗词和书信。他认为阳明心学是形而上的理想主义，与朱熹理学相比，阳明心学更具有解放思想的特质。

当代的法国汉学界出现了明显的研究领域专业化倾向。学者们在研究明代哲学时，对王阳明及其思想进行了更深入的探索。其中的主要代表是现任法兰西公学院教授程艾蓝（Anne Cheng，1955— ）和现任巴黎东方语言文化学院教授王论跃（Frédéric Wang，1964— ）等华裔汉学家。他们的研究专业性更强、视野更开阔，对推动阳明思想在法语世界的传播起到了重要作用。程艾蓝在1997年出版的《思想史》第五部分第二十章中，曾专门讨论阳明心学，并将《传习录》《大学问》中的重要章节翻译成法文。王论跃在2010年发表的《上海及哲学的现代转折点——十六和十七世纪江南地区的哲学传统：以王阳明为中心（1472—1529）》一文中，简述了阳明生平及主要思想，并将其与欧洲的哲学思想进行了比较，主张把以阳明学派为代表的"直觉主义"与胡塞尔的现象学联系起来进行比较研究。

四、德语世界

德语世界较早研究阳明学的著名学者是德国马尔堡大学原教授余蓓荷（Monika Übelhör）。其研究阳明学的代表作《王艮及其学说——晚期儒学中的一个批判立场》（Wang Gen und seine Lehre-Eine kritische Position im späten Konfuzianismus）发表于《马堡亚洲与非洲学研究丛刊》，2018年由邱黄海、李明辉翻译成中文在中国台湾出版。

瑞士著名汉学家、伯尔尼大学教授耿宁及其团队是继余蓓荷之后在德语世界开展阳明学研究的主要代表。耿宁是著名的现象学家，也是著名的阳明学家。

他于1964年出版了《胡塞尔与康德：关于胡塞尔与康德及新康德学派之关系的探讨》，继而又于1973年编纂了《胡塞尔全集》第13至15册，从而奠定了他在西方哲学界作为现象学家的地位。其后，他的研究兴趣转向中国哲学，花费大量工夫研读中国哲学尤其是唯识宗和阳明学的文献，并借助现象学方法诠释王阳明的"良知"概念。他所著的《心的现象——耿宁心性现象学研究文集》于2012年在中国大陆出版。2013年12月4日至8日，上海社科院哲学所、中山大学现象学研究所和商务印书馆学术出版中心联合在广东江门举办"第九届《哲学分析》论坛——耿宁心性现象学学术研讨会"，对耿宁的"王阳明良知说的现象学诠释"作了专题研讨。2014年11月1日至3日，贵州大学中国文化书院举办了"商务印书馆学术论坛·耿宁《人生第一等事》研究——王阳明及其后学论'致良知'国际学术讨论会"，对耿宁基于现象学方法重新建构阳明学体系的独特路径进行了深入研讨。这足见耿宁在中国学术界的巨大影响力。

耿宁研究阳明学的经典著作便是德语版的 "Das Wichtigste im Leben Wang Yangming（1472—1529）und seine Nachfolger Über die 'Verwirklichung des ur-sprunglichen Wissens'"，该书于2010年在瑞士巴塞尔施瓦贝股份公司出版社（Schwabe AG Verlag）出版。后倪梁康教授将其翻译成中文，书名为《人生第一等事——王阳明及其后学论"致良知"》（商务印书馆，2014年）。

德国奥尔登堡大学哲学博士大卫·巴拓识（David Bartosch）是德语世界研究阳明学的新生代代表。他于2013年完成的博士论文，将王阳明与德国哲学家、数学家及神学家库萨的尼古拉（Nicolaus Cusanus，1401—1464）作了比较研究。该论文经修订后以《"不知之知"抑或"良知"？——库萨的尼古拉与王阳明的哲学思想》（'Wissendes Nichtwissen' oder, 'gutes Wissen'？ Zum phil-osophischen Denken von Nicolaus Cusanus und Wang Yangming）为题于2015年由德国最著名的哲学出版社出版发行。2008年以后，大卫·巴拓识就一直活跃在中国学术界的阳明学研究圈，经常参加相关学术会议。

五、俄语世界①

作为儒家学说延伸和发展的阳明学自二十世纪三十年代传入苏联后，在当时的时代背景下饱受争议。二十世纪七十年代末，随着中苏关系的解冻，阳明学研究在俄语世界才迎来了"春天"。俄语世界较为集中地出现专注于研究包括阳明学在内的儒家学说的汉学家、哲学家和历史学家是在二十世纪二三十年代，以阿列克谢耶夫（1881—1951）、休茨基（1897—1938）、杜玛（1907—1979）、彼特洛夫（1907—1949）、拉杜里·扎杜拉夫茨基（1903—1987）等为代表，后来又出现了谢宁（1918—2001）、普洛夫、贝科夫等儒学研究专家。在当时的政治背景下，他们分别在自己的著作中侧面或正面、隐晦或公开地表达了对王阳明学说的看法。进入七十年代以后，阳明学研究进入了系统、全面、公开的时期，其中最为杰出的代表是汉学家科布杰夫（Kobzev. A.И 1953— ）。科布杰夫于1977年开始公开发表一系列专门论述王阳明哲学思想的论文，并于1978年在莫斯科国立大学以《王阳明哲学》论文获得博士学位。此后，其领衔的研究团队陆续出版了一系列有关王阳明的专著，如《王阳明哲学和术语"y"》(1978)、《王阳明哲学思想中传统认识论综述》(1981)、《理学的理论创新（王阳明和道学的思想斗争/儒学在中国：理论和现实问题）》(1982)、《王阳明和道家》(1982)、《理学今注和现阶段研究》(1983)、《儒家学说中人之本性问题（从孔夫子到王阳明）》(1983)、《阳明学和传统中国哲学》(1983)、《中国当代专家学者中的理学》(1984)、《王阳明和禅宗佛教》(1984)、《王阳明/哲学百科词典》(1989)、《王阳明/中国哲学》(1994)、《王阳明/环球大百科》(2002)、《王阳明和中国精神文化》(2006)、《王阳明/俄罗斯大百科全书》(2007)、《王阳明的东林学派遗产》(2011)、《论阳明主义政治化派别和东林学派》(2011)、《〈大学问〉和孔子学说》(2011)、《阳明学在俄罗斯的研究和中国哲学的特点》(2012)、《王阳明和〈大学问〉》(2012)、《阿列克谢耶夫及其有关王阳明的翻译》(2013)、《俄罗斯哲学历史中的中国哲学历史/以王阳明为例》(2013)、

---

① 此部分内容可参见杨春蕾：《王阳明思想学说在俄罗斯的传播与影响》，载《湖北社会科学》2018年第7期。

《神圣学派的〈大学问〉》（2014）等。进入二十一世纪，阳明学在俄罗斯开始从学界走向普通民众，科布杰夫是其中的主要推手。他所创立的"汉学"研究网站，引发了俄罗斯人对阳明学的兴趣。

2002年，科布泽夫总结多年研究成果，出版专著《新儒家哲学》。书中对王阳明个人及其学说的历史影响、文学遗产，阳明学与理学、道教、佛教的关系问题作了详细介绍，附录还收入了部分译著，包括《大学问》和《古文观止》中三篇有关王阳明的短文。此后，其团队相关研究成果均被收录到六卷本百科全书《中国精神文化大典》及其他百科全书中。

俄罗斯科学院东方学研究所将创立阳明学研究中心、建立俄罗斯阳明学会纳入该所发展战略。近年来，鲁登寇等一批阳明学研究的后起之秀相继涌现。2019年，俄罗斯科学院与合作伙伴签署了"阳明文化战略合作协议"，俄语版《传习录》的译介工作在合作推进中，中俄双方学者希望携手为阳明学在俄罗斯的传播作出进一步的贡献。

大事年表

1472（明宪宗成化八年）

九月三十日（公历10月31日）亥时，生于浙江余姚。初名云，字伯安。

1476（明宪宗成化十二年）

五岁不言，有神僧过，留言说："好个孩儿，可惜道破。"祖父遂改其名为守仁。

1478（明宪宗成化十四年）

作《哭象棋》诗，此为文献记载的王阳明最早的作品。

1481（明宪宗成化十七年）

父王华举进士第一甲第一人，任翰林院修撰。

1482（明宪宗成化十八年）

王华迎父伦与子阳明赴北京。过金山时，王伦拟诗未得，阳明十一岁却成赋。

1483（明宪宗成化十九年）

守仁受业于塾师，豪迈不羁。父忧之，祖父却知之。守仁有言，读书为学圣贤。

1484（明宪宗成化二十年）

亲母郑氏卒，守仁居丧甚哀。

1486（明宪宗成化二十二年）

守仁出游居庸三关，经月始返，有经略四方之志。

1488（明孝宗弘治元年）

七月，自绍兴去江西南昌亲迎夫人诸氏。诸氏之父养和为江西布政司参议。成婚之日，偶入道教铁柱宫，与道士对谈养生，竟忘归，次早始还。

居官署中，每日习书，尽用数箧纸，书法大进。

父王华参与编集明宪宗实录，任经筵官。

1489（明孝宗弘治二年）

偕夫人归余姚，舟至广信，谒娄谅，语宋儒格物之学，守仁深契之。

1490（明孝宗弘治三年）

王华以外艰归余姚，讲析经义，守仁白天随众课业，晚上搜取诸经子史读之，自称"吾昔放逸，今知过矣"。

1492（明孝宗弘治五年）

与孙燧、胡世宁同举浙江乡试。

是年，为宋儒格物之学。始侍王华于北京，遍求朱熹遗书读之，后在父官署中"格竹"成病，乃废格物，就辞章之学。

1493（明孝宗弘治六年）

会试下第。王华升经筵讲官，多引程颐、朱熹言。

1496（明孝宗弘治九年）

再会试，为忌者所抑，又下第。归余姚，结诗社龙泉山寺。

1497（明孝宗弘治十年）

研习兵法，留心武事，凡兵家秘书，莫不精究。

1498（明孝宗弘治十一年）

寓居北京为格物穷理之学，沉郁既久，旧疾复作，乃谈养生，有遗世入山之意。

1499（明孝宗弘治十二年）

举南宫第二人，赐二甲进士出身第七人，观政工部，督造威宁伯王越墓。

与何孟春、顾惟贤游北京香山及永乐寺等地。

因闻边急，上疏陈边务八事，言极剀切。

1500（明孝宗弘治十三年）

观政期满，授刑部云南清吏司主事。

1501（明孝宗弘治十四年）

奉命审录江北，囚犯多获平反，事竣，游九华山，与道士论仙。

1502（明孝宗弘治十五年）

在北京，与旧友学古诗文。

告病归越，筑室阳明洞，行导引术，与道友王思舆、许璋、王琥相往来，以为得道。久之，悟此为玩弄精神，非道也。

1503（明孝宗弘治十六年）

养病于杭州西湖，往来南屏、虎跑诸刹；后复思用世，并念祖母与父。

1504（明孝宗弘治十七年）

主考山东乡试，人称赞其经世之学；改任兵部武选清吏司主事。

1505（明孝宗弘治十八年）

倡身心之学，使人先立必为圣人之志，门人始进。

与翰林庶吉士湛若水一见定交，共以倡明圣学为事。

1506（明武宗正德元年）

因宦官刘瑾专政，谏臣戴铣、薄彦徽等下诏狱，守仁带头上疏救之，疏入，亦下诏狱，受廷杖四十，谪贵州龙场驿驿丞。

1507（明武宗正德二年）

赴任途中，数遇惊险，先至钱塘，舟游舟山，至闽游武夷山，再从鄱阳往南京省父，事后返浙，赴龙场驿。

临行，妹婿徐爱奋然有志于学，守仁作《别三子序》赠之。

1508（明武宗正德三年）

途经湖南，讲学于长沙等地；至龙场，作石棺，日夜端居默坐，以求静一。

夜中忽大悟格物致知之旨，始知圣人之道，吾性自足，向之求理于事物者误也。

默记五经之言以证之，莫不吻合，因著《五经臆说》。居久，少数民族子弟亦日来聚会，乃伐木构龙冈书院及寅宾堂、何陋轩、君子亭、玩易窝以居之。

1509（明武宗正德四年）

受聘于提学副使席书，主讲贵阳文明书院，论"知行合一"说。后与毛宪副修葺书院，身率贵阳诸生，以所事师礼事之。

1510（明武宗正德五年）

出任庐陵知县，归途过湖南常德、辰州，随地讲授，并与诸生静坐僧寺。

在县阅七月，遗告示十有六，大抵谆谆慰父老，使教子弟，毋令荡僻；为政不事威刑，唯以开导人心为本。

入京，馆于大兴隆寺，引见黄绾于湛若水，订与终日共学。升南京刑部四川清吏司主事。

1511（明武宗正德六年）

调任吏部验封清吏司主事，为会试同考试官，升文选清吏司员外郎。

与徐成之论朱陆异同。

作《别甘泉序》送湛若水出使安南封国。

1512（明武宗正德七年）

升考功清吏司令郎中，改南京太仆寺少卿，便道归省。

与徐爱同舟归越，论《大学》宗旨，今之《传习录》所载首卷是也。

1513（明武宗正德八年）

至越，与徐爱同游天台、雁荡山；后又与徐爱等数友游四明山。盖守仁点化同志，多得之登游山水间也。

至滁州，督马政，地僻官闲，日与门人遨游琅琊、瀼泉间，于是从游之众自滁始。

1514（明武宗正德九年）

升南京鸿胪寺卿，大批门人云集南都，守仁只教学者存天理、去人欲，为省察克治实功。王嘉秀、萧惠好谈仙佛，守仁警之。

1515（明武宗正德十年）

立继子正宪为后，时年八岁。

祖母岑台夫人年九十有六，守仁思乞恩归，疏辞恳切。

1516（明武宗正德十一年）

升都察院左佥都御史，巡抚南赣、汀、漳等处，顺道归省至越。

1517（明武宗正德十二年）

至赣州，立十家牌法以避寇。选民兵，平漳寇；立兵符，奏设平和县，疏请疏通盐法，抚谕贼巢。

平横水、桶冈诸寇，奏设崇义县治。

1518（明武宗正德十三年）

征三浰，立社学，举乡约，奏设和平县。升都察院右副都御史，荫子锦衣卫，世袭百户。

刻古本《大学》《朱子晚年定论》；门人薛侃刻《传习录》；修濂溪书院以居学者。

举乡约，再请疏通盐法。

1519（明武宗正德十四年）

起义兵，擒宁王宸濠；疏谏亲征，武宗南巡，守仁献俘于钱塘，以病留。

1520（明武宗正德十五年）

返江西，门人冀元亨受冤入狱，守仁请归乡，不允。江西大水，上疏自劾。张忠、许泰欲害守仁。

撰《答罗整庵书》。王艮称弟子。欧阳德、陈九川、魏良弼等日侍讲席。

1521（明武宗正德十六年）

居南昌，始揭"致良知"之教。录象山子孙，刻《象山文集》，为序以表彰之。

集门人于白鹿洞。升南京兵部尚书，参赞机务，遂疏乞便道归省。

归余姚省祖茔，访瑞云楼，日与宗族亲友宴游，随地指示良知；钱德洪率余姚七十四人从之。

1522（明世宗嘉靖元年）

获封新建伯，疏辞封爵。

父王华病卒，年七十。守仁卧病，远方同志日至。

1523（明世宗嘉靖二年）

在乡守父丧。南宫策士以心学为问，阴以辟王学。

欧阳德、魏良弼等登进士，钱德洪下第归，守仁喜而相接。

与邹守益、薛侃、王艮等论狂、狷、乡愿事。

改葬王华于天柱峰、郑太夫人于徐山。至萧山，与张元冲在舟中论二氏。

1524（明世宗嘉靖三年）

辟稽山书院，聚八邑彦士，身率讲习以督之。

董沄等来游会稽，自号从吾道人，守仁为之作记。

中秋宴门人于碧霞池之天泉桥上，在侍者百余人。钱德洪携二弟读书于越城。

朝上起大礼议之争，霍韬、席书、黄绾等先后以大礼问，守仁竟不答。

门人南大吉续刻《传习录》。

1525（明世宗嘉靖四年）

夫人诸氏卒。归余姚省祖墓，定会于龙泉寺之中天阁。

作《答顾东桥》书，阐《大学》格物之旨。

立阳明书院于越城，作《稽山书院尊经阁记》《亲民堂记》《重修山阴县学记》。

1526（明世宗嘉靖五年）

继室张氏生子正亿。

致书邹守益、南大吉、欧阳德、聂豹，又作《惜阴说》。

钱德洪、王畿俱不廷试而归越，守仁喜，凡初及门者，必令其引导。

1527（明世宗嘉靖六年）

致书黄绾。邹守益刻《阳明文录》于广德。

受命兼都察院左都御史，征思、田，疏辞，不允。

与钱德洪、王畿等论道天泉桥上，后又论道桐庐严滩和南昌南浦。沿途讲学不辍。

过吉安，诸生刘阳、欧阳瑜等偕旧游三百余人，迎入螺川驿中。

至广西梧州，上谢恩疏，为田州边民请命，后驻行营于南宁。

1528（明世宗嘉靖七年）

平思、田，立碑田州。议迁都台于田州，不果。兴思、田学校与南宁学校。

袭八寨和断藤峡。疾剧上疏请告，疏入，未报。

行归，谒伏波庙，祀增城先庙，题诗湛甘泉居所。致书聂豹、邹守益、钱德洪、王畿等。

十一月二十五日，逾梅岭至南安。二十九日辰时病逝于江西南安府青龙铺（今大余县）舟中，时值公元1529年1月9日。

灵柩过南昌等地，门人、士民沿途痛哭。

1529（明世宗嘉靖八年）

二月，丧至越。每日门人来吊者百余人，有自初丧至卒葬不归者。书院及诸寺院聚会如师存。

桂萼责守仁擅自离职，又教异端。朝廷竟下诏革爵，并禁"伪学"。黄绾上疏力辩之，称其学为"孔门正传"。疏入，不报。

十一月十一日，葬绍兴兰亭洪溪鲜虾山南麓，会葬者千余人。

1567（明穆宗隆庆元年）

获封新建侯，谥文成。

1584（明神宗万历十二年）

从祀孔庙，列第58位，称先儒王子。

参考文献

陈克明点校：《周敦颐集》，北京：中华书局，1990年

章锡琛点校：《张载集》，北京：中华书局，2012年

王孝鱼点校：《二程集》，北京：中华书局，1981年

郭齐、尹波点校：《朱熹集》，成都：四川教育出版社，1996年

黎德靖编，王星贤点校：《朱子语类》，北京：中华书局，1986年

朱熹撰：《四书章句集注》，北京：中华书局，1983年

陈淳著，熊国祯、高流水点校：《北溪字义》，北京：中华书局，1983年

钟哲点校：《陆九渊集》，北京：中华书局，1992年

叶采集解，程水龙校注：《近思录集解》，北京：中华书局，2017年

杨世文点校：《张栻集》，北京：中华书局，2015年

冯会明点校：《胡居仁文集》，南昌：江西人民出版社，2013年

董平校点：《杨简全集》，杭州：浙江大学出版社，2016年

钟惺辑评：《刘文成公全集》，明天启年间刻本

林家骊点校：《刘基集》，杭州：浙江古籍出版社，1999年

刘基著，吕立汉、杨俊才、吴军兰注释：《郁离子》，郑州：中州古籍出版社，2008年

罗月霞主编：《宋濂全集》，杭州：浙江古籍出版社，1999年

方孝孺著，徐光大校点：《逊志斋集》，宁波：宁波出版社，2000年

孙海通点校：《陈献章集》，北京：中华书局，1987年

黎业明编校：《陈献章全集》，上海：上海古籍出版社，2019年

吴光、钱明、董平、姚延福编校：《王阳明全集》，上海：上海古籍出版社，1992年

吴光、钱明、董平、姚延福编校：《王阳明全集》，杭州：浙江古籍出版社，2010年

施邦曜集评，王晓昕、赵平略点校：《阳明先生集要》，北京：中华书局，2008年

湛若水著，钟彩钧、游腾达点校：《泉翁大全集》，台北："中央研究院"中国文哲研究所，2017年

湛若水著，钟彩钧、游腾达点校：《甘泉先生续编大全》，台北："中央研究院"中国文哲研究所，2017年

方献夫著：《西樵遗稿》，南宁：广西师范大学出版社，2014年

问永宁、周悦点校：《方献夫集》，上海：上海古籍出版社，2016年

霍韬著：《渭厓文集》，南宁：广西师范大学出版社，2015年

黄娇凤、黎业明点校：《张诩集》，上海：上海古籍出版社，2015年

米文科点校：《吕柟集·泾野先生文集》，西安：西北大学出版社，2015年

马美信、黄毅点校：《唐顺之集》，杭州：浙江古籍出版社，2014年

张梦新、张卫中点校：《周汝登集》，杭州：浙江古籍出版社，2015年

袾宏著，张景岗点校：《莲池大师全集》，北京：华夏出版社，2011年

傅秋涛点校：《耿定向集》，上海：华东师范大学出版社，2015年

王国轩、王秀梅整理：《吕坤全集》，北京：中华书局，2008年

焦竑著，李剑雄点校：《澹园集》，北京：中华书局，1999年

周道振辑校：《文征明集》（增订本），上海：上海古籍出版社，2014年

官长驰编注：《赵贞吉诗文集注》，成都：巴蜀书社，1999年

刘学智、孙学功点校：《冯从吾集》，西安：西北大学出版社，2015年

李似珍点校：《南大吉集》，西安：西北大学出版社，2015年

刘阳著，彭树欣编校：《刘三五集》，新北：花木兰文化出版社，2016年

钱明编校整理：《徐爱·钱德洪·董沄集》，南京：凤凰出版社，2007年

吴震编校整理：《王畿集》，南京：凤凰出版社，2007年

董平编校整理：《邹守益集》，南京：凤凰出版社，2007年

吴可为编校整理：《聂豹集》，南京：凤凰出版社，2007年

陈永革编校整理：《欧阳德集》，南京：凤凰出版社，2007年

徐儒宗编校整理：《罗洪先集》，南京：凤凰出版社，2007年

朱湘钰点校：《罗洪先集补遗》，台北："中央研究院"中国文哲研究所，2009年

方祖猷等编校：《罗汝芳集》，南京：凤凰出版社，2007年

陈椰编校：《薛侃集》，上海：上海古籍出版社，2014年

张宏敏编校：《黄绾集》，上海：上海古籍出版社，2014年

彭树欣编校：《刘元卿集》，上海：上海古籍出版社，2014年

张昭炜编校：《胡直集》，上海：上海古籍出版社，2015年

钱明编校：《张元忭集》，上海：上海古籍出版社，2015年

钱明、程海霞编校：《王时槐集》，上海：上海古籍出版社，2015年

邹建锋、李旭等编校：《北方王门集》，上海：上海古籍出版社，2017年

张昭炜点校：《万廷言集》，北京：中华书局，2015年

杨起元著，谢群洋点校：《证学编》，上海：上海古籍出版社，2016年

施利卓总编校：《李元阳集》，昆明：云南大学出版社，2008年

范志新编年校注：《徐祯卿全集编年校注》，北京：人民文学出版社，2009年

张宏敏等点校：《叶良佩集》，杭州：浙江大学出版社，2016年

刘建臻点校：《焦循诗文集》，扬州：广陵书社，2009年

王世贞著，魏连科点校：《弇山堂别集》，北京：中华书局，1985年

陆陇其著，彭忠德等校注：《松阳讲义》，北京：华夏出版社，2013年

朱鹤龄著，虞思征编：《愚庵小集》，上海：华东师范大学出版社，2010年

黄阿明点校：《彭定求诗文集》，上海：上海古籍出版社，2016年

王学伟编校：《顾宪成全集》，上海：上海古籍出版社，2022年

张天杰点校：《祁彪佳日记》，杭州：浙江古籍出版社，2017年

李嘉翼、祝鸿杰点校：《邵晋涵集》，杭州：浙江古籍出版社，2016年

程朱昌、程有全编：《程文德集》，上海：上海古籍出版社，2012年

程朱昌、程有全编，郑云山、项瑞英点校：《程文德集补遗》，香港：银河出版社，2006年

荏平县地方史志办公室编：《荏邑三先生文集精要》，北京：线装书局，2018年

马思聪、马明衡、马朝龙著，王传龙、何柳惠编校：《莆田马氏三代集》，武汉：武汉大学出版社，2018年

张昭炜主编，李会富编校：《陶望龄全集》，上海：上海古籍出版社，2019年

李会富编校：《陶奭龄集》，武汉：武汉大学出版社，2020年

王孙荣编校：《孙燧集》，宁波：宁波出版社，2020年

束景南著：《王阳明年谱长编》，上海：上海古籍出版社，2017年

束景南撰：《阳明佚文辑考编年》，上海：上海古籍出版社，2012年

束景南撰：《王阳明佚文辑考编年》（增订版），上海：上海古籍出版社，2015年

束景南、查明昊辑编：《王阳明全集补编》，上海：上海古籍出版社，2016年

孙应奎著：《燕诒录》，《四库全书存目丛书》集部第90册

许孚远著：《敬和堂集》，日本内阁文库藏万历二十二年叶向高序刻本

沈德符著：《万历野获篇》，北京：中华书局，1997年

周汝登纂修：《阳明先生祠志》（一册），中国国家图书馆藏明万历四十二年刻本

喻均撰，陈善校：《勋贤祠志》（一册），日本内阁文库藏明万历年间刻本

《新安理学先觉会言》，"万历癸巳初秋祁阊生甫谢存仁序"，安徽省图书馆藏明抄本

孟化鲤著：《孟云浦先生集》，《四库全书存目丛书》集部第167册

孟化鲤著，孟昭德主编：《孟云浦集》，北京：中国文联出版社，2007年

徐公喜等点校：《闽中理学渊源考》，南京：凤凰出版社，2011年

杨慎著：《太史升庵文集》，沈乃文主编《明别集丛刊》，合肥：黄山书社，2013年

黎业明点校：《陈建著作二种》，上海：上海古籍出版社，2015年

张岱著，路伟、马涛点校：《沈复灿钞本琅嬛文集》，杭州：浙江古籍出版社，2016年

墨憨斋新编，中田胜译：《王阳明出身靖乱录》，收入《王阳明全集月报》，东京：明德出版社，昭和58年6月20日第2号至昭和62年5月31日第9号

冯梦龙著：《王阳明出身靖乱录》，杭州：浙江古籍出版社，2015年

许相卿著：《云村集》，《景印文渊阁四库全书》第1272册

许相卿著：《许氏贻谋四则》，《续修四库全书》子部第938册

季本著：《季彭山先生文集》，《北京图书馆古籍珍本丛刊》第106册，北京：书目文献出版社，1998年

季本著：《说理会编》，《续修四库全书》第938—939册

季本著：《龙惕说》，明万历三十一年刘毅刻本，日本内阁文库藏，国家图书馆缩微制品第18019号

季本著：《四书私存》，林氏朴学斋藏本，国家图书馆缩微制品第12761号

季本著，朱湘钰点校：《四书私存》，台北："中央研究院"中国文哲研究所，2013年

季本著：《易学四同八卷别录四卷》（原缺卷一卷二），《四库全书存目丛书》经部第3册，嘉靖四十年刻本；《易学四同八卷》，《续修四库全书》经部第6册；《易学四同别录四卷》，《续修四库全书》经部第6册

季本著：《孔颜事迹图四卷》，《四库全书存目丛书》史部第77册

徐珊著：《卯洞集》四卷，《四库全书存目丛书》集部第146册

孙应奎著：《燕诒录》，《四库全书存目丛书》集部第90册

顾应祥著：《崇雅堂全集》，明万历三十八年刻本，日本内阁文库藏

顾应祥著：《惜阴录》，《四库全书存目丛书》子部第84册

顾应祥著：《人代纪要》，《四库全书存目丛书》史部第6、7册

卢可久著：《卢一松集》，黄灵庚等主编《重修金华丛书》第98册，上海：上海古籍出版社，2014年

吕璠著：《石崖文集》，黄灵庚等主编《重修金华丛书》第145册，上海：上海古籍出版社，2014年

徐霈著：《东溪先生文集》（十九卷，卷首一卷，卷末一卷），浙江省图书馆孤山分馆藏民国十五年线装活字本

林应麒著：《介山稿略》，《仙居丛书》第6册，杭州：浙江人民美术出版社2013年影印本

王激著：《王鹤山集四卷》，吉林大学图书馆藏善明隆庆间刻本

孙升著：《孙文恪公集》，《四库全书存目丛书》集部第99册

许应元著：《阶堂摘稿十六卷》，《续修四库全书》第1342册

朱应钟著：《青城先生诗选五卷》，吉林大学图书馆藏善明刻本

何鳌著：《沅溪诗集》，台湾"中研院"史语所藏明刻本

张綖著：《张南湖先生诗集四卷附录一卷》，《四库全书存目丛书》集部第68册

张汝立著：《张鳌山集》，江西省图书馆藏明刻本

南逢吉著：《〈会稽三赋〉注》，国家图书馆藏明刻本

南轩著：《渭上续稿》，国家图书馆藏明刻本

孟津著：《良知同然录》，台湾"中央图书馆"藏明刻本

刘魁著：《刘晴川集》，《重修广理学备考》本

陈九川著：《明水陈先生文集》，中山大学图书馆藏明刻本

魏良弼著：《魏水洲先生文集》，《四库全书存目丛书》集部第85册

万虞恺著：《枫潭集钞五卷附录三卷》，日本内阁文库藏明刻本

万虞恺著：《枫潭集钞二卷文录二卷》节本，台北图书馆藏明刻本

万虞恺著：《枫潭集钞二卷》节本，《四库未收书辑刊》集部第5辑第19册，北京：北京出版社，2000年

蒋信撰，刘晓林校点：《道林先生文粹》，长沙：岳麓书社，2009年

蒋信著，《蒋道林先生桃冈日录》，明万历三十六年杨鹤刻本，《哈佛大学哈

佛燕京图书馆藏中文善本丛刊》第17册，商务印书馆、广西师范大学出版社2003年影印本

陈祝生等校点：《王心斋全集》，南京：江苏教育出版社，2001年

王艮著：《重刻心斋王先生语录二卷》，《四库全书存目丛书》子部第10册

王襞著：《新镌东崖王先生遗集》二卷，《四库全书存目丛书》集部第146册

朱得之著：《宵练匣十卷》，日本内阁文库藏明刻本

朱得之著：《宵练匣一卷》，《四库全书存目丛书》子部第87册

熊铁基、陈红星主编：《老子集成》，北京：宗教文化出版社，2011年

朱得之撰：《庄子通义十卷》，济南：齐鲁书社，1995年

方勇主编：《子藏·列子卷》，北京：国家图书馆出版社，2013年

朱得之著：《新刻印古诗语》，国家图书馆藏明刻本

白悦撰：《白洛原遗稿八卷》，济南：齐鲁书社，1997年

马明衡著：《尚书疑义》（六卷），《景印文渊阁四库全书》经部第64册

马明衡著：《侍御马师山先生轶诗一卷》，国家图书馆藏清光绪二十四年刘鸿年刻马中节父子合刻本

黄省曾撰：《五岳山人集三十八卷》，济南：齐鲁书社，1997年

王道著：《顺渠先生文录》（十二卷），北京大学图书馆藏明万历六年朱延禧刻本

殷梦霞选编：《浙东学人年谱》，北京：北京图书馆出版社，2003年

尤时熙著：《尤西川拟学小记》，《四库全书存目丛书》子部第9册

王孝鱼点校：《王廷相集》，北京：中华书局，1989年

罗钦顺著，阎韬点校：《困知记》，北京：中华书局，1990年

罗钦顺、顾清撰：《整庵存稿》，上海：上海古籍出版社，1991年

李梦阳著：《空同集》，《景印文渊阁四库全书》集部第94册

许相卿著：《云村集》，《景印文渊阁四库全书》集部第60册

汪道昆著：《太函集》，《四库全书存目丛书》集部第174册

郑善夫著：《少谷集》，《景印文渊阁四库全书》集部第59册

顾璘著：《顾华玉集》，《景印文渊阁四库全书》集部第94册

陆粲、顾起元撰：《客座赘语》，北京：中华书局，1987年

汪循著：《汪仁峰先生文集》，《四库全书存目丛书》集部第47册

徐阶著：《世经堂集》，《四库全书存目丛书》集部第79、80册

徐阶著：《少湖先生文集》，《四库全书存目丛书》集部第80册

薛应旗著：《方山先生文录》，《四库全书存目丛书》集部第102册

董穀著：《碧里后集》，明嘉靖四十四年董鲲刻本

法聚著：《天池玉芝和尚内集》，明嘉靖四十三年刻本

黄宣民点校：《颜钧集》，北京：中国社会科学出版社，1996年

钱薇著：《承启堂稿》（《海石先生文集》），《四库全书存目丛书》集部第97册

唐枢著：《木钟台集》，明万历元年朱柄和序刊本。

李材著：《观我堂集》，明万历十五年顾宪成序刊本

李材著：《正学堂稿》，民国元年重印本

吕本著：《期斋吕先生文集》，《四库全书存目丛书》集部第99册

蔡汝楠著：《自知堂集》，《四库全书存目丛书》集部第97册

邹元标著：《愿学集》，《景印文渊阁四库全书》集部第95册

沈懋学著：《郊居遗稿》，《四库全书存目丛书》集部第163册

许孚远著：《敬和堂集》，明万历二十三年叶向高序刊本

《中国哲学》编委会编：《中国哲学》（第十九辑），长沙：岳麓书社，1998年

焦竑撰：《澹园集》，北京：中华书局，1999年

焦竑撰，李剑雄点校：《焦氏笔乘》，上海：上海古籍出版社，1986年

焦竑撰，顾思点校：《玉堂丛语》，北京：中华书局，1981年

王慎中著：《遵岩集》，长春：吉林出版集团，2005年

杨爵著：《杨忠介集》，《景印文渊阁四库全书》集部第60册

林春著：《林东城文集》，明嘉靖二十九年孔文谷刻本

郭汝霖著：《石泉山房文集》，《四库全书存目丛书》集部第129册

刘鳞长著：《浙学宗传》，浙江省图书馆藏明崇祯十一年自刻本

周汝登著：《东越证学录》，台北：文海出版社，1970年

周汝登著：《王门宗旨》，明万历年间余懋孳刊本

周汝登著：《圣学宗传》，明万历三十三年刊本

归有光著，周本淳校点：《震川先生集》，上海：上海古籍出版社，2007年

陶望龄著：《歇庵集》，台北：伟文图书出版社，1976年

王宗沐著：《敬所王先生全集》，明万历三年刊本

杨起元著：《续刻杨复所先生家藏文集》，《四库全书存目丛书》集部第167册

陶奭龄著：《小柴桑喃喃录》，明崇祯年间李为芝校刊本

陶奭龄著：《赐曲园今是堂集》，《四库禁毁丛刊》集部第80册

管志道著：《惕若斋集》，明万历二十四年刻本

管志道著：《惕若斋续集》，明万历二十四年刻本

管志道著：《问辨牍》《续问辨牍》，《四库全书存目丛书》子部第87、88册

黄挺校注：《林大钦集》，广州：广东人民出版社，1995年

林大春著：《井丹林先生文集》，潮阳郭氏双百鹿斋1935年刊本

范钦著，袁慧整理：《天一阁集》，宁波：宁波出版社，2006年

王世贞著：《弇州山人续稿》，《四库明人文集丛刊》，上海：上海古籍出版社，1993年

张宪文校注：《张璁集》，上海：上海社会科学院出版社，2003年

方长山、魏得良点校：《项乔集》，上海：上海社会科学院出版社，2006年

张宪文校注：《王叔杲集》，上海：上海社会科学院出版社，2005年

侯一麟撰，蔡克骄点校：《龙门集》，上海：上海社会科学院出版社，2006年

查铎著：《查毅斋先生阐道集》，明万历三十七年序刻本

傅山著：《傅山全书》，太原：山西人民出版社，1991年

沈佳著：《明儒言行录》，《景印文渊阁四库全书》史部第29册

陈龙正著：《几亭全书》，《四库禁毁丛刊》集部第11、12册

陆世仪著：《思辨录辑要》，台北：广文书局影印光绪丁丑江苏书局刻本

袁小修著：《珂雪斋外集》，台北：文津出版社影印本

董其昌著：《容台文集》，《四库全书存目丛书》集部第171册

张建业主编：《李贽文集》，北京：中国社会科学文献出版社，2000年

李贽著：《焚书》，北京：中华书局，1961年

李贽著：《续焚书》，北京：中华书局，1959年

徐渭著：《徐渭集》，北京：中华书局，1983年

戴琏璋、吴光主编：《刘宗周全集》，台北："中央研究院"文哲所，1996年

刘宗周著：《刘子全书及遗编》，京都：中文出版社，1981年

翟奎凤、郑晨寅、蔡杰编校：《黄道周集》，北京：中华书局，2017年

沈善洪主编，吴光执行主编：《黄宗羲全集》，杭州：浙江古籍出版社，1992年

沈芝盈点校：《明儒学案》，北京：中华书局，1985年

沈芝盈点校：《明儒学案》，北京：中华书局，2008年

顾炎武著，黄汝成集释，秦克诚点校：《日知录集释》，长沙：岳麓书社，1994年

孙奇逢著，朱茂汉点校：《夏峰先生集》，北京：中华书局，2004年

毛奇龄著：《西河合集》，清嘉庆元年刊本

张履祥著，陈祖武编校：《杨园先生全集》，北京：中华书局，2002年

李邺嗣著：《杲堂诗文集》，杭州：浙江古籍出版社，1988年

钱谦益著：《列朝诗集小传》，上海：上海古籍出版社，1986年

朱彝尊著：《静志居诗话》，北京：人民文学出版社，1990年

朱铸禹编：《全祖望集汇校集注》，上海：上海古籍出版社，2000年

邵廷采著，邵鸿杰点校：《思复堂文集》，杭州：浙江古籍出版社，1993年

四川大学古籍整理研究所、中华诸子宝藏编纂委员会编：《诸子集成续编（六）》，成都：四川人民出版社，1998年

王星贤、张芥尘、郭征点校：《颜元集》，北京：中华书局，1987年

陆陇其著：《三鱼堂文集》，《景印文渊阁四库全书》集部第98册

潘平格著：《求仁录辑要》，清康熙五十六年毛文强序刊本

陈确著：《陈确集》，北京：中华书局，1979年

李颙著，陈俊民编校：《二曲集》，北京：中华书局，1996年

罗泽南著：《姚江学辨》，《续修四库全书》第952册

王曾永著：《类辑姚江学脉附诸贤小传》，台北：文海出版社影印著者手定稿本

仓修良主编：《文史通义新编新注》，杭州：浙江古籍出版社，2005年

章学诚著：《章氏遗书》，上海：商务印书馆，1936年

徐象梅著：《两浙名贤录》，《四库全书存目丛书》史部第113—115册

何良俊著：《四友斋丛说》，北京：中华书局，1997年

沈德符撰：《万历野获编》，北京：中华书局，1959年

李清撰、顾思点校：《三垣笔记》，北京：中华书局，1982年

叶权、王临亨、李中馥撰：《贤博编》，北京：中华书局，1987年

张岱著，夏咸淳、程维荣校注：《陶庵梦忆·西湖梦寻》，上海：上海古籍出版社，2001年

查继佐著：《罪惟录》，杭州：浙江古籍出版社，1986年

伍袁萃著：《林居漫录》，《续修四库全书》第1172册

叶盛著：《水东日记》，北京：中华书局，1987年

傅岩撰、陈春秀校点：《歙纪》，合肥：黄山书社，2007年

郑思恭著：《东昆仰止录》，上海：上海社会科学院出版社，2005年

陆容著：《菽园杂记》，《景印文渊阁四库全书》子部第42册

潘曾纮著：《李温陵外纪》，《明代史料集珍》，台北：伟文图书出版社有限公司，1977年

万斯同著：《儒林宗派》，民国二十三年张氏约园《四明丛书》本

冯奉初著：《潮州耆旧集》，清道光二十七年辑，香港潮州会馆，1980年

章念驰编订：《章太炎全集》，上海：上海人民出版社，1982年

徐乾学著：《明史列传》，台湾学生书局清康熙抄1960年影印本

何乔远著：《名山藏》，明崇祯十三年序刻本

张廷玉等撰：《明史》，北京：中华书局，1974年

永瑢等编：《四库全书总目》，北京：中华书局，1965年

《明通鉴》，杭州：浙江古籍出版社，1995年

《余姚县志》，清光绪二十五年刻本

《山阴县志》，清嘉庆八年刊本，民国二十五年刻本

赵所生、薛正兴主编：《中国历代书院志》（第9册），南京：江苏教育出版社，1995年

梁启超著：《中国近三百年学术史》，北京：中国书店，1985年

梁启超著：《清代学术概论》，上海：上海古籍出版社，1998年

钱穆著：《中国近三百年学术史》，北京：中华书局，1984年

钱穆著：《中国学术思想史论丛》，台北：东大图书公司，1979年

钱穆著：《阳明学述要》，台北：正中书局，1955年

刘承干著，陈谊整理：《嘉业堂藏书日记抄》，南京：凤凰出版社，2016年

陈荣捷编：《王阳明传习录详注集评》，台北：学生书局，1972年

麦仲贵编著：《明清儒学家著述生卒年表》，台北：学生书局，1977年

麦仲贵著：《王门诸子致良知学之发展》，香港：香港中文大学出版社，1973年

牟宗三著：《从陆象山到刘蕺山》，台北：学生书局，1979年

牟宗三著：《王阳明致良知教》，台北：文物出版社，1980年再版

戴瑞坤著：《阳明学说对日本之影响》，台北：中国文化大学出版部，1981年

钟彩钧著：《王阳明思想的进展》，台北：文史哲出版社，1983年

唐君毅著：《中国哲学原论》，台北：学生书局，1984年

侯外庐编：《宋明理学史》，北京：人民出版社，1984年

曹聚仁著：《中国学术思想史随笔》，北京：生活·读书·新知三联书店，1986年

沈云龙编：《明清史料汇编》，台北：台湾文海出版社，1986年

秦家懿著：《王阳明》，台北：东大图书公司印行，1987年

邓艾民著：《朱熹王守仁哲学研究》，上海：华东师范大学出版社，1989年

杨国荣著：《王学通论——从王阳明到熊十力》，上海：上海三联书店，1990年

杨国荣著：《心学之思——王阳明哲学的阐释》，北京：生活·读书·新知三联书店，1997年

杨国荣著：《良知与心体：王阳明哲学研究》，台北：洪叶文化事业有限公司，1999年

杨国荣著：《杨国荣讲王阳明》，北京：北京大学出版社，2005年

陈来著：《有无之境——王阳明哲学的精神》，北京：人民出版社，1991年

陈来著：《中国近世思想史研究》，北京：商务印书馆，2003年

乔清举著：《湛若水哲学思想研究》，台北：文津出版社，1993年

吴宣德著：《江右王学与明中后期江西教育发展》，南昌：江西教育出版社，1996年

计文渊编：《王阳明法书集》，杭州：西泠印社出版社，1996年

何俊著：《西学与晚明思想的裂变》，上海：上海人民出版社，1998年

何俊、尹晓宁著：《刘宗周与蕺山学派》，北京：中国人民大学出版社，2009年

李庆龙著：《罗汝芳思想研究》，台北：台湾大学历史系博士论文，1999年

张学智著：《明代哲学史》，北京：北京大学出版社，2000年

左东岭著：《王学与中晚明士人心态》，北京：人民文学出版社，2000年

方祖猷著：《王畿评传》，南京：南京大学出版社，2001年

吴震著：《罗洪先·聂豹评传》，南京：南京大学出版社，2001年

吴震著：《阳明后学研究》，上海：上海人民出版社，2003年

吴震著：《明代知识界讲学活动系年：1522—1602》，上海：学林出版社，2003年

吴震著：《罗汝芳评传》，南京：南京大学出版社，2005年

吴震著：《泰州学派研究》，北京：中国人民大学出版社，2009年

吴震解读：《传习录》，北京：国家图书馆出版社，2018年

钱明著：《阳明学的形成与发展》，南京：江苏古籍出版社，2002年

钱明著：《儒学正脉——王守仁传》，杭州：浙江人民出版社，2006年

钱明著：《浙中王学研究》，北京：中国人民大学出版社，2009年

钱明著：《王阳明及其学派论考》，北京：人民出版社，2009年

钱明著：《东亚近世思想钩沉：钱明学术论集》，贵阳：孔学堂书局，2017年

郑晓江主编：《江右思想家研究》，北京：中国社会科学出版社，2003年

吕妙芬著：《阳明学士人社群——历史、思想与实践》，北京：新星出版社，2006年

吕妙芬著：《孝治天下：〈孝经〉与近世中国的政治与文化》，台北：联经出版有限公司，2011年

邓志峰著：《王学与晚明的师道复兴运动》，北京：社会科学文献出版社，2004年

王汎森著：《晚明清初思想十论》，上海：复旦大学出版社，2004年

林月惠著：《良知学的转折——聂双江与罗念庵思想之研究》，台北：台湾大学出版中心，2005年

彭国翔著：《良知学的展开——王龙溪与中晚明的阳明学》，北京·生活·读书·新知三联书店，2005年

彭国翔著：《近世儒学的辨正与钩沉》，台北：允晨文化实业有限公司，2013年

陈时龙著：《明代中晚期讲学运动（1522—1626）》，上海：复旦大学出版社，2007年

陈世英著：《赵贞吉研究》，北京：中央文献出版社，2007年

张卫红著：《罗念庵的生命历程与思想世界》，北京：生活·读书·新知三联书店，2009年

张卫红著：《邹东廓年谱》，北京：北京大学出版社，2013年

张卫红著：《由凡至圣：阳明心学工夫散论》，北京：生活·读书·新知三

联书店，2016年

张卫红著：《敦于实行：邹东廓的讲学、教化与良知学思想》，上海：上海古籍出版社，2020年

苟小泉著：《陈白沙哲学研究》，北京：中华书局，2009年

蒋国保著：《方以智与明清哲学》，合肥：黄山书社，2009年

徐儒宗著：《江右王学通论》，北京：中国人民大学出版社，2009年

郑宗义著：《明清儒学转型探析：从刘蕺山到戴东原》（增订版），香港：香港中文大学出版社，2009年

徐儒宗著：《婺学通论》，杭州：杭州出版社，2010年

黎业明著：《湛若水年谱》，上海：上海古籍出版社，2009年

黎业明著：《陈献章年谱》，上海：上海古籍出版社，2015年

董平著：《浙江思想学术史——从王充到王国维》，北京：中国社会科学出版社，2005年

董平著：《王阳明的生活世界——通往圣人之路》，北京：商务印书馆，2018年

王文娟著：《湛甘泉哲学思想研究》，成都：巴蜀书社，2012年

鲍永玲著：《"种子"与"灵光"：王阳明心学喻象体系通论》，上海：上海书店出版社，2012年

张艺曦著：《阳明学的乡里实践——以中晚明江西吉水、安福两县为例》，北京：北京师范大学出版社，2013年

耿宁著，倪梁康译：《人生第一等事——王阳明及其后学论"致良知"》，北京：商务印书馆，2014年

李丕洋著：《罗汝芳哲学思想研究》，北京：北京师范大学出版社，2014年

李丕洋著：《心学巨擘：王龙溪哲学思想研究》，北京：中国社会科学出版社，2016年

李丕洋著：《圣贤德业归方寸：杨慈湖思想研究》，北京：中国社会科学出版社，2020年

冯梦龙著，张昭炜编著：《皇明大儒王阳明》，北京：九州出版社，2013年

张昭炜著：《阳明学发展的困境及出路》，北京：中国社会科学出版社，2017年

张瑞涛著：《心体与工夫——刘宗周〈人谱〉哲学思想研究》，北京：人民出版社，2014年

王传龙著：《阳明心学流衍考》，厦门：厦门大学出版社，2015年

张宏敏著：《黄绾生平学术编年》，杭州：浙江大学出版社，2013年

张宏敏著：《黄绾道学思想研究》，北京：中国社会科学出版社，2017年

刘增光著：《晚明〈孝经〉学研究》，上海：上海古籍出版社，2015年

刘勇著：《中晚明士人的讲学活动与学派建构——以李材（1529—1607）为中心的研究》，北京：商务印书馆，2015年

邹建锋著：《明儒学脉研究——以吴康斋到刘念台的师承为线索》，北京：社会科学文献出版社，2014年

邹建锋著：《阳明夫子亲传弟子考》，北京：中国社会科学出版社，2017年

陈畅著：《自然与政教——刘宗周慎独哲学研究》，上海：上海人民出版社，2016年

陈畅著：《理学道统的思想世界》，上海：上海书店出版社，2017年

高海波著：《慎独与诚意——刘蕺山哲学思想研究》，北京：生活·读书·新知三联书店，2016年

陆永胜著：《心·学·政——明代黔中王学思想研究》，北京：中华书局，2016年

李伏明著：《江右王门学派研究：以吉安地区为中心》，南昌：江西人民出版社，2017年

吴孟谦著：《融合与批判——管东溟的思想及其时代》，台北：允晨文化实业有限公司，2017年

华建新著：《余姚竹桥黄氏家族研究》，杭州：浙江大学出版社，2017年

鹿博著：《"信己"且"安常"——罗汝芳的哲学建构与思想践行》，杭州：浙江大学出版社，2017年

陈立胜著：《王阳明"万物一体"论——从"身—体"的立场看》（修订

本），北京：北京燕山出版社，2018年

陈立胜著：《宋明儒学中的"身体"与"诠释"之维》，北京：商务印书馆，2019年

陈立胜著：《入圣之机——王阳明致良知工夫论研究》，北京：生活·读书·新知三联书店，2019年

余蓓荷著，邱黄海、李明辉译：《王艮及其学说》，台北："中央研究院"中国文哲研究所，2018年

贾乾初著：《主动的臣民——明代泰州学派平民儒学之政治文化研究》，北京：知识产权出版社，2018年

陈志强著：《晚明王学原恶论》，台北：台大出版中心，2018年

张实龙著：《阳明心学传播者钱德洪研究》，上海：上海交通大学出版社，2019年

张晚林著：《美的奠基及其精神实践——基于心性工夫之学的研究》，北京：知识产权出版社，2020年

高瀬武次郎著：《日本之阳明学》，东京：铁华书院，1898年

井上哲次郎著：《日本阳明学派之研究》，东京：富山房，明治三十三年

东泽泻著：《泽泻先生全集》，东京：泽泻会，1919年

安田二郎著：《中国近世思想研究》，东京：弘文堂，1948年

久须本文雄著：《王阳明の禅的思想研究》，东京：日进堂书店，1958年

楠本正继著：《宋明时代儒学思想の研究》，千叶：广池学园出版部，1962年

岛田虔次著：《朱子学と阳明学》，东京：岩波书店，1967年

岛田虔次著：《中国における近代思惟の挫折》，东京：筑摩书房，1970年

安冈正笃监修：《阳明学大系》，东京：明德出版社，1971年

冈田武彦著：《王阳明と明末儒学》，东京：明德出版社，1971年

冈田武彦编：《阳明学の世界》，东京：明德出版社，1971年

冈田武彦主编：《佐藤一斋全集》，东京：明德出版社，1999年

冈田武彦著：《王阳明大传》，东京：明德出版社，2002—2005年

山下龙二著：《阳明学の研究——成立・展开篇》，东京：现代情报社，1971年

山下龙二著：《阳明学の终焉》，东京：研文出版，1991年

荒木见悟著：《明代思想研究》，东京：创文社，1972年

荒木见悟著：《明末宗教思想研究——管东溟の生涯とその思想》，东京：创文社，1979年

荒木见悟著：《阳明学の开展と佛教》，东京：研文出版，1984年

荒木见悟著：《阳明学の位相》，东京：研文出版，1992年

荒木见悟著：《明清思想论考》，东京：研文出版，1992年

荒木见悟著：《中国心学の鼓动と佛教》，福冈：中国书店，1995年

荒木见悟监修、宋明哲学研究会译注：《竹窗随笔》，福冈：中国书店，2007年

佐野公治著：《四书学史研究》，东京：创文社，1988年

吉田公平著：《陆象山と王阳明》，东京：研文出版，1990年

吉田公平著：《中国近世の心学思想》，东京：研文出版，2012年

崔在穆著：《东アジア阳明学の展开》，东京：ぺりがん社，2006年

永冨青地著：《王守仁著作の文献学的研究》，东京：汲古书院，2007年

三浦秀一著：《中国心学の棱线——元朝の知识人と儒释道三教》，东京：研文出版，2005年

小路口聪著：《即今自立の哲学——陆九渊心学再思考》，东京：研文出版，2006年

小路口聪编：《语り合う〈良知〉たち——王龙溪の良知心学と讲学活动》，东京：研文出版，2018年

中纯夫著：《朝鲜の阳明学》，东京：汲古书社，2010年

沟口雄三著，孙军悦、李晓东译：《李卓吾・两种阳明学》，北京：生活・读书・新知三联书店，2014年

崔在穆著，钱明译，金月明校译：《比较阳明学：以中韩日三国为视域》，上海：上海古籍出版社，2021年

三浦秀一著：《科举と性理学：明代思想史新探》，东京：研文出版，2016年

冈田武彦著，吴光、钱明、屠承先译，钱明校译：《王阳明与明末儒学》，重庆：重庆出版社，2023年

冈田武彦著，杨田等译：《王阳明大传：知行合一的心学智慧》，重庆：重庆出版社，2014年

高濑武次郎著，张亮译：《日本之阳明学》，济南：山东人民出版社，2019年

墨憨斋新编，中田胜译：《王阳明出身靖乱录》，收入《王阳明全集月报》，东京：明德出版社，昭和58年6月20日第2号至昭和62年5月31日第9号

永冨青地：《上海图书馆藏〈新刊阳明先生文录续编〉について》，《东洋の思想と宗教》2006年第23号

永冨青地：《现存最古の王守仁の诗文集——北京、上海两图书馆の〈居夷集〉について》，《东洋の思想と宗教》2002年第19号

水野实、永冨青地：《九大本〈阳明先生诗录〉小考》，《汲古》第35号，日本汲古书院，1999年

郑齐斗：《霞谷集》，《韩国文集丛刊》第160册，首尔：景仁文化社，1997年

郑寅普：《阳明学演论》，首尔：三星文化文库，1979年

尹南汉：《朝鲜时代的阳明学研究》，首尔：集文堂，1982年

后　记

　　刚刚过去的2022年10月31日是中国历史上伟大的思想家、政治家、军事家、教育家王守仁阳明先生（其后裔一般称他为文成公）诞辰550周年纪念日。

　　阳明先生以其光明峻伟的崇高德行、励精图治的斐然政绩、卓荦超伦的军事才能、中国心学思想集大成者的学者风范，成为立德、立功、立言"三不朽"的人格典范。他创立"阳明心学"，继承孔、孟学脉，广泛吸纳包括佛教、道教在内的不同思想精髓，在改变中国思想发展基本格局的同时，将精妙思想播扬海外，丰富了人类智慧，影响了东亚乃至世界思想史。

　　阳明先生的弟子黄绾曾概括先师"学之大要有三"："一曰致良知""二曰亲民""三曰知行合一"。这道出了阳明先生在学问、德行上的成就。"其功之大者有四"：一是根治湖南、广东、福建、江西四省交界处的长年匪患；二是平定江西宁王朱宸濠的分裂叛乱；三是处置广西思恩、田州的地方之难；四是袭剿广西八寨、断藤峡的两广巨害。这四大事功是阳明先生践行其心学思想的最好例证，为大明王朝实现了"四个安定"，即地方安定、社稷安定、边疆安定和民族区域安定，体现了他在"事功"上的成就。

　　出于对阳明先生"立德"（德行）、"立言"（学问）、"立功"（事功）之"三不朽"的尊崇，数百年来围绕着他发生或正在发生神化、圣化与人化的反复纠缠。称其学说是经天纬地的成功学或法力无边的神灵学，即为其中的两个极端。于是乎，当代的"王阳明"形象，在碎片化思维、断点式思考、弹幕式从众、娱乐式人生的网络文化中，在庸俗化与神学化的双重夹击下，逐渐成为不少人视若灵明的神秘符号和顶礼膜拜的供奉偶像。阳明先生被神格化，虽然有人为塑造的因素，但也是其"百死千难"的传奇人生经历的某种反映。

实际上，阳明先生的成功密码在于他的初心、志向、天赋和勤勉。在其成长过程中，他始终不忘立志成圣之初心并努力践行之。其一生当中碰到的小事大事，件件影响久远，如边关考察、格竹求理、南昌问道、会稽修道、龙场悟道、赣州行道、天泉证道、两广成道。阳明先生的历史地位和深远影响，靠的就是他从小立志、上下求索、不惧权威、勇于实践、坚持创新。

因此，实事求是地说，"圣化"阳明先生有其合理性和必然性，是由他"立德""立言""立功"之"三不朽"的辉煌功绩和伟岸人生决定的。"神化"阳明先生则不可取，因为它是被人为加工甚至带有功利目的塑造出来的。我们反对"封神"，是因为"封神"所导致的结果必然是人为的"加害"；"封神"愈烈，则"加害"愈深。返归本真，回到人间，还阳明先生以真实，才能更好地传承与弘扬阳明心学。

本书传主阳明先生，可谓是自春秋越国以来的二千余年间，浙江大地涌现出的无数杰出哲学家中唯一能称得上世界级影响力的思想巨人。从明代中叶开始，他的思想学说与人格魅力对于知识精英乃至普通民众来说，就"如大寝闻钟，群渴饮河"，为其同时代人所推崇。譬如，其最早的门人徐爱将他的学说称为"孔门嫡传，舍此皆傍蹊小径、断港绝河矣"；其担任朝中要职的弟子黄绾称他的学说为"弗诡于圣，弗畔于道"的"孔门之正传"；嘉靖时期在慈湖北岸创办慈湖精舍的冯成能称他的学说为"吾儒之正脉"；明末关中大儒冯从吾称他的学说为"圣学真脉"。阳明先生还为其后来人所敬慕，譬如清儒朱鹤龄称他的学说为"儒家正传"；当代新儒学大师熊十力称他的学说为"儒学正脉"，强调"儒者之学，唯阳明善承孔孟"；作为熊氏哲学衣钵传承人的牟宗三亦认为，将孟子等人的尊德性作为儒学传统而传承的正是程颢、陆九渊、王守仁，而"程颐、朱熹、朱子后学并非儒教之正宗"。无论"孔门嫡传""孔门正传""圣学真脉"，还是"吾儒正脉""儒家正传""儒学正脉"，无不带有为阳明正名的意味，与其三传弟子周汝登编纂以王学为主脉的《圣学宗传》有异曲同工之妙。

这也是本书之旧版把主标题命名为"儒学正脉"的重要原因，即进一步消除视阳明先生为非正统"异端""伪学""霸儒"的历史偏见，还他以儒学正宗之形象，这并非学术史上或者以偏概全、或者持门户之见的宗王斥朱，更非抬高阳明、贬低朱子的褒王贬朱。称阳明学说为"儒学正脉"，并不意味着否定朱学的正宗性和主导性，而是想凸显王学与朱学之间的互补、互鉴、互动、互融之密切关系。

要言之，称阳明学说为"正脉"，从学术层面说，是认同其学说的道统合法性；从官方层面说，是认可他的政治合法性。明万历十二年（1584）王阳明入祀孔庙，标志着国家政权对其圣贤地位的承认和社会上下对其学术地位的接受。借用明代文学大家归有光或明代"理学儒宗"唐伯元的话说："自（南宋）九儒从祀，天下以为正学之源流。""今者守仁祀矣，赤帜立矣，人心士习，从此分矣。在朝廷虽曰'以祀而报功'，在儒生不无因祀而信学。向之延蔓也，止于江南，今之风动也，及乎天下。"可见，阳明先生入祀孔庙，证明其学说可作为儒家"正学"而与朱子学并驾齐驱、流传后世；亦因入祀孔庙，阳明先生由官方的"以祀报功"转变为学界与民间的"因祀信学"，阳明心学亦风动天下。

阳明先生之所以能入祀孔庙，完全靠的是他"三不朽"的人格精神、思想创造与历史功勋。"三不朽"一词出自《左传·襄公十四年》，叔孙豹说他听古人说过："太上有立德，其次有立功，其次有立言。"有关阳明先生的"三不朽"定位，则最早是康熙皇帝的意思，亦为当时知识界多数人之共识。据清初王士禛的笔记小说《池北偶谈》记载："王文成公为明第一流人物，立德、立功、立言皆踞绝顶。康熙中，开明史馆，秉笔者訾议太甚，亡友叶文敏（方蔼）时为总裁，予与之辩论，反复至于再四。二十二年四月，上宣谕汤侍读荆岘（斌），令进所著诗文，且蒙召对。中有《王守仁论》一篇，上阅之，问汤意云何？汤因对以守仁致良知之说，与朱子不相刺谬，且言守仁直节丰功，不独理学。上首肯曰：'朕意亦如此。'睿鉴公明，远出流俗之外，史馆从此其有定论乎！"王士禛的《赣州谒王文成公祠》诗亦云："新建当年此誓师，森然松柏见灵祠。军声不藉条侯壁，筹策唯应汉相知。万古许孙同庙食，一时张桂太倾危。后来论定烦青史，岘首犹存堕泪碑。"他将阳明先生与历史上的名臣周亚夫、诸葛亮、羊祜相类比，盛赞其匡扶社稷、安抚百姓之伟业。后来，王梓编阳明先生著作，

"取明王守仁著述分类编辑：以讲学者为立德，以论事者为立功，以诗文为立言。立德编摘述《传习录》及文录，立功编载奏疏、咨文、行牒、批呈、告谕，立言编载古今体诗、杂文，末附年谱"，名《三立编》，凡十二卷。再后来，作为余姚"四碑亭"之一的阳明先生碑亭，其碑文是"明先贤王阳明故里"，楹联是"曾将大学垂名教，尚有高楼揭瑞云"，横额则为"真三不朽"，此四字为清道光十二年（1832）所刻。同治五年（1866），叶墀、洪宗敏、诸福膺、邵庆莹、诸观重建余姚"王文成公祠"，在阳明先生像的上方是清乾隆皇帝亲笔题写的"名世真才"之匾额，旁边的一块匾额则写着"古三不朽"四个大字。这足以证明，清康熙以后，"古三不朽""真三不朽"之类的用语已为世人所广泛采纳。

正因为此，本书遂将旧书名"儒学正脉"改为"真三不朽"。除了立德、立言、立功之外，本书还涉及立志（成长过程）与立势（传播过程），故而又可名之为"五不朽"。本人认为，"五不朽"才能最全面、最真实地反映阳明先生跌宕起伏的人生和开时代先锋的思想学说。然因"三不朽"已成世人共识，用作书名更为合适，于是借用余姚"阳明先生碑亭"，将新书名定为"真三不朽"以与丛书体例相符合。

记得2006年年底在交出本书旧版《儒学正脉》时，本人心里就一直发毛，对其中的个别章节甚为不满，感觉离自己想要写的王阳明传还差得很远，实在拿不出手。可当时为了赶时间、抢进度，不仅仓促上阵，而且草草收场，把一些很不成熟的章节也放了进去，留下诸多缺憾。

2022年初，执行主编卢敦基先生告知我，这本曾被列入浙江文化名人传记丛书的旧著，又被列入精选重修的浙江文化名人传记丛书。而我当时因刚刚完成一项国家重大课题、两项省级重大课题，感觉很累，且早已过了法定退休年龄，不想再做任何课题。后来一想，何不趁此机会弥补一下15年前的遗憾，重新写一本"新传"？于是便勉强应允下来，并再次把自己的生物钟调整到有规律的科研节奏上。

但是，动起笔来才发现，本书绝非"重修"这么简单，于是又下了个决心，从原计划的"重修"改为"重写"。之所以要"重写"，乃是因为经过十多年学术界的不断积累、持续推进，无论本人还是学界，在王阳明研究的文献资料和理论深度上都有了长足进步，仅仅做些修订和调整已完全不能反映当前学术界的研究水平和本人这些年的研究成果。只有对旧著内容进行大刀阔斧、改头换面式的重写或改写，才能把自己近十多年来在王阳明研究方面的新材料、新观点、新想法表达出来。因此，现在呈现给读者的这本书，不仅书名变了，而且内容也大变，除了第四章"创立新说"的前三节为旧篇，其余皆为新加或重新改写的内容，新的内容占全书的80%以上。称此为另起炉灶，亦不为过。

此外，有关阳明先生的传记类读物如今已是汗牛充栋了，是否有必要再出新书，这是我自受命开始便纠结于心的一大困惑。后来仔细一想，在东西南北有数以千计的孔子学堂、各类书院、国学机构、基层儒学社团如雨后春笋般涌现的当下社会，广大民众需要的不仅仅是物质的、形而下的文化产品，还需要经典的、形而上的精神享受。将像王阳明这样二者兼备的"三不朽"圣人和"儒学正脉"，以相对独特的视角、较为通俗的方式奉献于读者，正好可为广大受众提供急需的精神佳肴。这也是本人在王阳明的传记类书籍已汗牛充栋的情况下仍然接受丛书主编之任务的根本初衷。

需要说明的是，本书与本人另一部专著——《思想与社会：王阳明的"事""术""道"》，在内容上有些相近，个别章节有些重复，但基本上属于相对独立、自成系统的两本新著；两书的侧重点也有所不同，本书的受众为普通读者，另一本书的读者对象为学界专家。两书可以说有着互补关系，是"姐妹篇"。

还需要说明的是，在重写本书的过程中，本人以入世的态度去耕耘，以出世的态度去收获，在激情中让传主的生命得以呈现，在恬淡中让自我的心灵获得洗礼，力争做到生平事迹完满充实、思想诠释准确无误、逻辑叙述条分缕析、语言表达通俗易懂。但事情总会有时事与愿违，最后呈现给读者恐怕还是一部挂一漏万、材料不确、观点偏颇、充满学究气的不甚满意之作。对此，祈望广大读者予以谅解。

是为后记。

2022年岁末撰于寓所心闲斋